調査資料・論文集（調査地：滋賀県野洲市三上・妙光寺・北桜・南桜）

18世紀以降近江農村における死亡動向および暮らし・病気・対処法

―過去帳分析、村落社会調査による―

大柴弘子

鳥影社

序

本論は、滋賀県野洲市三上・妙光寺・北桜・南桜における過去帳調査分析を中心に、戸籍人別取調印年帳・宗門帳などの古文書資料調査、および住民の暮らしと「病気」に関する聞き取り調査を行った結果である。歴史人口学および医療社会学・民俗学・人類学の分野に関わる。

社会伝承研究会による三上村落社会調査は 1975 年（昭和 50）から 1981 年（昭和 56）の間に行われた。その後、2013 年（平成 25）までの間に個人的に補充調査を行った。

過去帳は、とくに近代移行期の人口現象を復原するうえで貴重な資料であるが 1981 年以降閲覧が不可能になり、一方で寺の統合や廃寺も現れるようになり過去帳調査・研究は難しくなった。過去帳調査に携わった者として資料・研究報告の必要性と義務を痛感し、ここに調査資料・論文集として提示することにした。

調査地 地図(滋賀県野洲市三上・妙光寺・北桜・南桜)

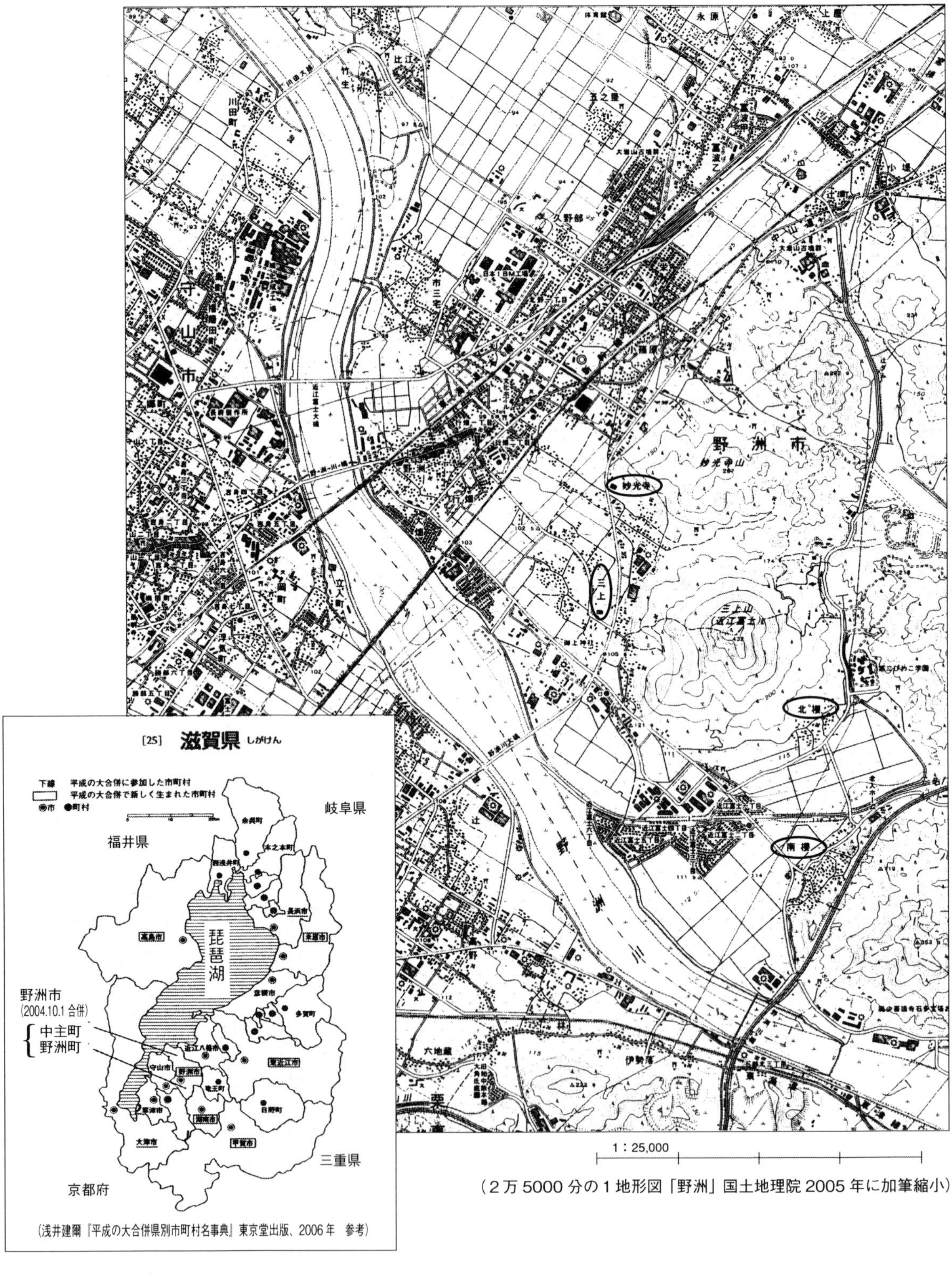

1：25,000

(2万5000分の1地形図「野洲」国土地理院2005年に加筆縮小)

(浅井建爾『平成の大合併県別市町村名事典』東京堂出版、2006年 参考)

調査資料・論文集（調査地：滋賀県野洲市三上・妙光寺・北桜・南桜）

18世紀以降近江農村における死亡動向
および　暮らし・病気・対処法

―過去帳分析、村落社会調査による―

目　次

序 …… 1
調査地地図 …… 2

はじめに …… 9
付記（過去帳記載もれと訂正）…… 17

第Ⅰ章　近世後期近江農村の生活構造と月別出生数 …… 19
『公衆衛生』第47巻　第12号　1983年12月

第Ⅱ章　19世紀以降近江農村の母性健康障害 …… 29
『公衆衛生』第49巻　第7号　1985年7月

第Ⅲ章　18世紀以降の近江農村にみる死亡の動向 …… 39
『民族衛生』第54巻　第1号　1988年1月

第Ⅳ章　Child bearing and maternal mortality：
A case study of a Japanese village, 1700-1960 …… 55
『一橋コンファレンス　経済発展と人口変化：国際比較』
セッションⅢ：人口学的行動における特徴―イングランドと日本
歴史人口学研究会共催　於：一橋大学経済研究所　1991年12月1日～3日

第Ⅴ章　過去帳死亡者の母集団人口と社会背景 …… 77
―18世紀以降近江三上地域における社会調査から―
『人口学研究』第24号　1999年6月

第Ⅵ章　過去帳にみる三上地区の死亡動向（1696 － 1975）…… 89
―夏期ピーク消失および死亡数減少の時期と地理的環境―
2013年6月

調査資料・論文集（調査地：滋賀県野洲市三上・妙光寺・北桜・南桜）

18 世紀以降近江農村における死亡動向
および　暮らし・病気・対処法
―過去帳分析、村落社会調査による―

はじめに

1．過去帳研究の経過

過去帳や宗門帳は、日本人口の歴史的研究の優れて貴重な資料といえる。しかし、過去帳や宗門帳資料を活用した日本の歴史人口学（historical demography）研究は新しい。1950年代から始まり（小林　1956、丸山　1956 など）[1)]、1960 年代に宗門帳による本格的な研究が開始され（速水　1967、1973）、1965 年に過去帳の専門委員会設置に因る全国的調査研究が開始され[2)]、それぞれ大きな成果をあげた。過去帳研究では、死亡年齢や寿命研究・死因や疫病流行・衛生状態・死亡の疫学的研究、そして宗門帳とも合わせた人口動態・死亡動態・通婚圏・家系図などの研究がなされた[3)]。

それら研究の中で常に云われたことは、過去帳・宗門帳の研究資料としての精度の問題であった。死亡に関しては、過去帳は宗門帳より精密な数値を得ることができる（阿倍　1970：4）と結論されているものの、対象地の母集団人口の情報が得られないことに始まり地域の歴史・地理・社会などの背景が見えないことが最大の問題であった。それを解決するために、なにより学際的研究の必要性が云われ続けていた（丸山・松田　1976：227-235）。

そのような経過の中で広大な地域を対象にした膨大な過去帳資料分析を行った研究では、日本の歴史人口学に貴重な成果が齎された。例えば、宮城県・岩手県内の 328ヵ寺におよぶ過去帳と文献から３大飢饉とそれに伴う伝染病惨害の実態解明(青木　1962)、岐阜県全域 251ヵ寺の過去帳から昔の人の寿命を推定（平田　1963)、岐阜飛騨 O 寺院過去帳２万人におよぶ住民の人口動態死因分析および疾病の具体相の明示（須田　1973)、山梨峡東地区７寺院の過去帳 19,600 名と飛騨寺院過去帳資料の死因の疫学的考察から疾病構造の解明（中沢忠雄・中沢良英　1976)、同じく山梨県下 45 寺院 22 万人の死因の疫学的解明（中沢忠雄・中沢良英　1979)、地理学の立場から全国 189ヵ寺の過去帳記録の死亡者と災害の実態を解明（菊池万雄　1980)、などが代表的な研究と云える。

その後も地域の歴史・地理・社会調査を伴った学際的研究報告がないまま、1980 年代以降には過去帳の閲覧が出来なくなった。それにより、過去帳研究報告は稀な例外を除き[4)]頓挫の状態となっている。加えて、急速に進行する寺の統合や廃寺、寺檀関係の変化・変動などの事情により、過去帳の散逸も生じていて研究発展が妨げられている状態である。

そのような現在、過去帳や宗門帳についてコンピューターの本格的利用と作業の機械化・自動化が進展している。稀に閲覧が許される過去帳に限っては資料をデータベース化し、コンピューターによるマクロ的なデータ処理の手法が見られるようになった。宗門帳の精度（記載されない出生）を得るためのマイクロシュミレーション手法の試み（木下　1996)、コンピューターによる過去帳分析システムの開発（川口　2007、2009)。また、過去帳の膨大なデータの CD-ROM 収録（倉木・榎本　2008）など。コンピューターによる手法は利便性と、膨大な資料の量的分析に威力を発揮し成果が期待できる。しかし、従来から云われ続けてきた地域の歴史・地理・社会調査を伴った研究が未実行のままである限り、質的成果には限界がある。貴重で膨大な資料分析には生の調査（記述）が伴って、初めて生きた研究となると云えるだろう。

2．本論における過去帳研究報告の意義および内容

明治期以前の日本の人口動態・人口静態、疫病の流行などについて、特に地域的差異などの詳細を伴った調査研究は少なく、全国的視野で見ると明らかにされてないことが多い。それらを明らかにできる貴重な資料となる宗門帳や過去帳研究の歴史が浅く、調査対象地域も少なく限られているためである。

ここでの過去帳分析の報告は、従来の膨大な寺院を対象にした過去帳研究とは異なり地域は比較的小規模であるが（7寺院、312年間、10,580人）、唯一調査地の社会背景調査を伴った研究である。従来の研究は過去帳・宗門帳などの資料分析のみであったが、ここでは多分野の研究者による村落共同調査（筆者は主に医療・民俗調査を行う）を行う中で、過去帳の社会的背景を明らかにすることができた（大柴　1999：57-66）。不十分ながらも過去帳・宗門帳研究において、初めての地域調査を伴った学際的研究報告といえる。また、過去帳研究の地域について見ると、前述した宮城、岩手、岐阜、山梨などの膨大な地域を対象にした報告や小地域を対象にした報告もあるが、全国的に見たら報告されている地域は僅かで部分的である。例えば、滋賀県における過去帳による歴史人口学的調査研究は、本論を除き今のところ見当たらない

本文は過去帳（宗門帳、地域の古文書も含む）資料分析に加えて、不十分ながらも地域の社会調査をおこなったことで得ることができた成果であり、滋賀県野洲郡野洲町（現在は滋賀県野洲市）三上地域における17世紀以降のこの地域の暮らしと死亡動向・病気の流行・死因、および病気・対処法・病気観について初めて明らかにされる。内容は、以下の如くである。

Ⅰ章．『近世後期近江農村の生活構造と月別出生数』（1983）では、過去帳分析および南桜の 明治7年の「戸籍人別取調印年帳」による月別出生数の分析結果と地域の暮らしの調査により、月別出生数の偏差が地域農村の生活構造に規定されているという結論を得た。

Ⅱ章．『19世紀以降近江農村の母性健康障害―過去帳成人女子死因の考察―』（1985）では、過去帳の月別死亡数の分析結果による成人女子死亡の6、7月ピークの背景が、地域調査により農業労働のサイクルと密接であることが明らかになったものである。

Ⅲ章．『18世紀以降の近江農村過去帳にみる死亡の動向』（1988）では、妙光寺、南桜、北桜（各旧村）の過去帳から年度別、月別、成人・子供別死亡動向の分析と考察を行った。ここで、各3つの旧村の社会調査により近世以降の固定的な寺檀関係が維持されてきた地域であることが確かめられたために、地域の近世以降の死亡動向を展望することができた。

Ⅳ章．『Child bearing and maternal mortality : A case study of a Japanese village,1700-1960』(1991) では、日本の典型的２毛作農村地（稲の裏作として麦と菜種）であった滋賀県野洲町南桜と妙光寺（２つの旧村）における人別帳と過去帳分析および聞き取り調査の結果から、農村生活（労働・年中行事・食生活など）と妊娠出産および母性死亡や健康障害に関する医療人類学的考察を行った。その結果、当地の２毛作農村地域の暮らしと母性健康障害が密接に関係していることが明らかであった。

Ⅴ章．『過去帳死亡者の母集団人口と社会背景―18 世紀以降近江三上地域における社会調査から―』(1999) では、以上のⅠ．Ⅱ．Ⅲ．Ⅳ．の人別帳や過去帳死亡者がいかなる社会背景に依拠しているのかについて、社会調査および文書調査により示した。

Ⅵ章．『過去帳にみる三上地区の死亡動向―夏期ピーク消失・死亡数減少の時期と地理的環境―』(1696-1975) では、三上地区の過去帳分析結果を示し、Ⅲ章で報告した妙光寺、南桜、北桜地区との比較から死亡の夏山消失および死亡数減少の時期に差異が見られ、その差の要因として両地区の地理的環境が注目された。なお、三上地域農業の特徴と生活構造が密接に関係して、三上地域の死亡数減少の時期は日本の平均よりも後になる。

Ⅶ章．『過去帳にみる近江三上地域の死亡動向および死亡構造・死因の考察（1696–1975)』では、三上地域の死亡動向・死亡指数に基づいて、高死亡数を示す年（クライシス年）について病因の考察を行った。近江地域における 18 世紀以降の死亡動向、死亡構造、疫病流行の諸相、世界的・全国的パンデミックや地域的な流行病の様子が明らかにされた。また、三上地域における多産多死の状態は、日本の平均よりも長く続いていたことが示唆された。

Ⅷ章．『現代医学以前の近江農村社会における病気と対処法―医療・人類学の視点から―』では、現代医学が普及する以前（ここでは、ほぼ昭和 20 年代以前）の三上農村地域における人々の暮らしと病気・対処法・病気観についての調査ノートである。

Ⅸ章．『衛生統計からみた近江野洲郡三上地域―死亡、出産、出生、乳幼児死亡』では『明治期衛生局年報』及び『滋賀県統計全書』を基に粗死亡率、出産率、出生率、死産率、乳児・幼児死亡について、全国および滋賀県、野洲郡、三上地域を比較して見た。明治・大正期の野洲郡・三上地域はわが国有数の多産の地域であったことが見られた。

Ⅹ章．『資料』Ⅰ．では、過去帳分析一覧表を提示した。Ⅱ．では、調査ノートおよび写真を掲載した。

3．調査地概要（地図参照）

三上地域と村の変遷：調査対象地である三上地域とは、旧三上村（小中小路（こなこうじ）、大中小路（おなこうじ）、前田（まえだ）、東林寺（とうりんじ）、山出（やまで）の５つの集落）および、妙光寺（みょうこうじ）、北桜（きたざくら）、南桜（みなみざくら）の３つの旧村をいうことにする。旧三上村（小中小路、大中小路、前田、東林寺、山出の５つの集落）は、中世文書にそれぞれ村として登場し、独立村であったことがわかる（滋賀県市町村沿革史編纂委員会編　1988 : 622,3)。近世になると、小中小路、大中小路、前田、東林寺、山出と妙光寺は三上村を形成した。うち、妙光寺は1665（寛文5）年に分離独立して妙光寺村となる。後の1889（明治22）年に、三上村、妙光寺村、北桜村、南桜村が合併して三上村となる（合併による同村・同町名の混乱をなくすため、本文では4つの旧村のうち三上村は三上地区とし、他の3つの旧村は妙光寺・北桜・南桜地区と記し、この4つの旧村全体は三上地域と記すことにした。また、村と云うときは4つの各旧村を云うことにする）。1942年に、この三上村が野洲町と合併して新たな野洲町となり、さらにまた1955年にこの野洲町が祇王村、篠原村と合併して大きな野洲町となった（滋賀県市町村沿革史編纂委員会編　1988：619,631,632）。

そして、平成の大合併と云われた2004年には野洲町と中主町が合併し、野洲市が新設され現在に至っている（浅井　2006：194）。そして、大合併後は郡、町が消え、地名は野洲市三上、野洲市妙光寺、野洲市北桜、野洲市南桜と表記されるようになった。

地理・歴史・文化：三上地域は、かつて琵琶湖の島であった古生層の孤立丘陵と日野川・野洲川の沖積した平野から構成され、主に野洲川が作り上げた平坦な扇状地平野が連なる。水利の便も比較的恵まれ、土壌は砂質・埴質壌土で表層土が深くて加里分の含有量も高く肥沃な湖東南部最大の扇状地三角州上に展開する穀倉地帯で、条里遺構が残る古い集落地域である。古代より経済・歴史・文化の中心的地域である。古墳や日本最大の銅鐸の遺跡発掘などをはじめ、主要な歴史上の出来事といえる大宝令、壬申の乱、悠紀斉田と田植祭の行事、平清盛と祇王井川、天保義民の農民一揆などの舞台になってきた。

三上地域は、農業経済の土台となった水利、灌漑に恵まれている一方で、河川は「天井川」を形成しているため[5]、干ばつや洪水時の苦労があった。干ばつ時の「井堀り」作業および他村との水争奪戦が繰り返され（福田　1978：75-81,1981：106-126）、また、洪水時の水質・土壌汚染に伴う伝染病の蔓延などによる住民の苦闘の歴史が窺える。

三上地域の北側（現在のＪＲ東海道線・新幹線、国道8号線が並行して通る）を中山道、朝鮮人街道（朝鮮使節が必ず通ることから朝鮮人街道と呼ばれた）が通り、南方面側は東海道という主要な街道が通り、村の周囲は人々の往来が盛んであった。また、三上地域は京都に近いため奉公や出稼ぎなど、都との往来が盛んであった。従って、人の接触を通じて流行病の先進地ともなったと予想される。また、湖岸に近く低地に位置し排水の悪い地域では蚊が発生しマラリアの好発地でもあった。マラリアは滋賀県の代表的風土病とされていたが、ことに、古い濠が城を囲み不潔な流水貯水の悪い彦根を筆頭に多発し隣接する八幡および野洲町もマラリア好発地であった。

生業：三上地域の中心には、近江富士と呼ばれる秀麗な三上山が位置し、三上山を中心に広がる野洲平野は滋賀県を代表する穀倉地帯である。農業は奈良時代の条理遺構に遡る。三上山のふもとにある式内大社三上神社は、農耕と鍛冶の神である。生業の大部分を農業に依存する純農村として存在してきた。明治以降の三上地域の農業の特徴として、水田稲作への圧倒的依存、1戸当たりの経営規模が相対的に大きいこと、また、それを支える家族規模が大きいことなどが指摘されている（上野　1978：62-74）。そして、明治初期にはすでに昭和50年代とほとんど変わらぬ農業形態が形成されていたとみられている（ibid）。文書資料（南桜区有文書「御用日記」「庄屋日記」）によると、本論の過去帳分析の対象年代となる1800年代には水稲の裏作に菜種、小麦を作る２毛作農業が行われていたことが明らかである[6)]。従って、明治期以前の1800年代に遡り、この２毛作農業の形態が形成されていたと見なされる。

４．研究経過

民俗学、歴史学、社会学等を通して日頃、日本の村落社会に関心をもつ研究者で構成された社会伝承研究会[7)]が母体となって、日本の村落調査を行ってきた。1975（昭和50）年８月から1981（昭和56）年３月の期間に滋賀県野洲郡野洲町三上（東林寺、前田、山出、大中小路、小中小路）、妙光寺、北桜、南桜の地区を対象に調査が行われた[8)]。筆者は1974（昭和49）年に恩師・松園万亀雄教授から社会伝承研究会の上野和男教授を紹介されたことを契機に会のメンバーとなり、1975年の滋賀県野洲郡野洲町三上の調査に加わった。ここでは、民俗、歴史、社会、法律、医療など多様な分野の者で構成されていたので、調査は各自の専門分野に添って項目と作業の分担を行い、調整・統合のミーテングを重ねながら共同して行われた[9)]。筆者は医療・看護の視点で、年中行事や暮らしについて調査分担した。その中で、盆行事から死者や過去帳に出会い、多死亡と伝染病および農業労働と暮らしに関心をもち過去帳調査を行うことになった。

ところで、1975年当時の過去帳の拝謁は特に拘束もなく可能であったが、1981年以降は厳重になり過去帳の閲覧はできなくなった。一方、その後の寺の事情は無住の寺・兼務の寺などが現れ、檀家の急増や移籍・移動も多くなり、過去帳の管理や保存が危ぶまれ破損や紛失も心配されるようになった。プライバシー保護の一方で歴史的資料が失われていくことで、貴重なデータが得られなくなることにもなる。このような社会事情を見るにつけ、1981年時までに過去帳資料を得ていた者としては、閲覧した資料の報告を果たす義務があるだろう。私事ながら、研究の継続が途切れてしまい、これでは過去帳の故人にも申しわけがないと思いはじめ、補足調査を加えながら報告することにした。なお、報告済の論文も、併せてここに収録する。

Ⅰ、Ⅱ、Ⅲ、Ⅳ、Ⅴ章は過去に学会誌および学会において報告したものである。Ⅵ、Ⅶ、Ⅷ章、Ⅸ章およびⅩ章（資料―過去帳分析一覧表、調査ノート、写真、その他）は未発表のまま手元に置いていた原稿に補足調査を行い、今回初めてここに資料として提示する。

注

1）部分的な日本人口の歴史的研究は第2次世界大戦以前から試みられていたが、人口資料を組織的に利用する本格的な研究は1950年代以降になって宗門帳の分析研究から始まる（速水・鬼頭・友部　2001：3-4）。また、食糧需給・人口過剰問題を背景にした経済学や社会学分野からの人口研究が見られるが、欧州の研究に刺激され過去帳・宗門帳資料に注目した歴史人口学的研究の萌芽は1955（昭和30）年代と云える（丸山・松田　1976：227-235参考）。

2）1965（昭和40）年に日本民族衛生学会による「過去帳研究委員会」（委員長 阿倍弘毅）が結成された。この時「過去帳が歴史人口を民族衛生的・社会学的視点から検討に耐えうる史料価値を持つものかどうか、使用するとすれば資料としての限界性をどのように確定すべきであるか、をまず検討することなしに安易に利用すべきでないという立場をとった」（阿倍　1970：2）と記されていて、分析資料の依拠する社会背景の研究、つまり、「記述」的調査研究の必要性が強調されていた。

3）それらの当初は、主に『民族衛生』（民族衛生学会）誌に報告されてきた。

4）例えば、杉山聖子・阿倍英樹らによる研究報告（2004、2005年の広島県賀茂郡中黒瀬村寺、2005年の出羽国大山村、2006年の広島県東広島市森近地区などの院過去帳分析）、また、溝口常俊　2007「近世因島の過去帳」、倉木常夫・榎本龍治　2008　『高野山龍泉院過去帳の研究』などがある。

5）北桜と南桜の間を流れる大山川（野洲郡大字北桜）は、野洲川支流の一つで長さ6㎞、川幅15-20m、淀川水系1級河川。上流は古琵琶湖層の粘度や砂礫質の菩提寺磧の流土地帯のため天井川となり、水害多発地帯。昭和16年の大洪水の後、下流1.5㎞の野洲川本流までを、南川に1㎞の新川を開削し、河床を低下させ廃川跡は道路にした（『角川日本地名大辞典　25　滋賀県』　1991：184）。

6）『天保八年　御用日記』（南桜区有文書）に「四月弐参日菜種飛き始める」、『戌天保九年　弐番　御用日記』（南桜区有文書）に「閏四月七日　種飛き始め」「二八日小麦後の植附」とあり、『安政弐年　庄屋日記』（木村末男氏蔵）に「四月十二日　今日ヨリ種カリ」「十五日　麦カリ」「十七日　麦カリ」「二十日　種打　二十一日種打じまい」などが記されている。

7）社会伝承研究会は大学闘争直後に旧来の研究に対する批判的な意見が結集したことに端を発し、1971年7月に設立された。発端は、東京教育大学大学院で社会組織や社会制度を専攻していた福田アジオ、上野和男、高桑守史らにより組織化され、成城大学、明治大学、早稲田大学など他大学の院生、卒業生、学生も加わり20人ほどのメンバーになった。当初から意欲的な調査・研究活動を続け、それらの研究成果は「年齢集団」「親分子分」「宮座」「近隣組織」「祖先祭祀」「家格・階層」「人生儀礼」の各テーマごとに刊行された。三上におけるフィールドでの共同調査は、社会伝承研究会近江村落調査委員会を組織して開始した。1985年からは社会民俗研究会に組織替えされ、社会伝承研究会の旧メンバーは退いた（以上は、社会伝承研究会のメンバーからの情報・資料に基づく）。

8）社会伝承研究会による滋賀県野洲郡野洲町三上調査（1975-1981）報告は、『近江村落社会の研究』1976（第1号）、1977（第2号）、1978（第3号）、1979（第4号）、1980（第5号）、1981（第6号）をそれぞれ刊行した。

9）調査の参加メンバーは（以下、順不同）福田アジオ、上野和男、高桑守史、牧田　勲、塩野雅代、前田安紀子、石川国雄、竹本康博、桜井純子、斉藤弘美、小松理子、内山清美、遠藤孝子、大柴弘子、畠山　豊、喜多村　正、西山やよい、根岸准子であった。６年間の調査期間中、数名の変動があるがほぼこのメンバーであった。各メンバーは調査終了後も、個人的に調査・研究を継続し独自に報告・発表をおこなっている。

文献

1837　『天保八年　御用日記』（南桜区有文書）

1838　『戊天保九年　弐番　御用日記』（南桜区有文書）

1852　『安政弐年　庄屋日記』（木村末男氏蔵）

橋川　正　1927　『野洲郡史』（上・下）野洲郡教育会

古林和正　1956　「江戸時代の農村住民の寿命」『人類学雑誌』65（1）

丸山　博　1956　「お寺で調べたある部落の死亡表」『厚生の指標』４（7）

青木大輔　1962　「疫癘史」宮城懸史刊行会『宮城懸史　22 巻』.331-499.

平田欽逸　1963　「過去帳からみた昔人の寿命」『民族衛生』29（4）

速水　融　1967　「徳川後期尾張一農村の人口統計続編―Family　Reconstruction 法の適用」『三田学会雑誌』60（10）

阿倍弘毅　1970　「歴史人口の民族衛生学的研究」『民族衛生』36（1）

速水　融　1973　『近世農村の歴史人口学的研究―信州諏訪地方の宗門改帳分析』東洋経済新報社

須田圭三　1973　『飛騨Ｏ寺院過去帳の研究』私家版

丸山　博・松田　武　1976　「歴史人口学におけるわれわれの課題―回顧と展望」『民族衛生』42（5）

中沢忠雄・中沢良英　1976　「過去帳による江戸中期から現代に至る山梨峡東農村住民死因の疫学的観察」『民族衛生』42（3）

樺沢寿雄　1977　「明治時代以前の武州における人口動態に関する調査研究」『民族衛生』43（3･4）

上野和男　1978　「三上の農業構造と労働力構成―1970 年・1975 年農業センサス農業集落カードの分析を中心として―」『近江村落社会の研究』第３号、社会伝承研究会

福田アジオ　1978　「野洲川中流域における水利秩序とムラ―明治・大正の水利紛争を中心に―」『近江村落社会の研究』第３号、社会伝承研究会

中沢忠雄・中沢良英　1979　「過去帳に因る山梨県住民の死因に関する疫学的観察」『公衆衛生』43（2）

菊池万雄　1980　『日本の歴史災害―江戸後期の寺院過去帳による実証』古今書院
福田アジオ　1981　「水利をめぐる村落の連合と対抗―野洲川下流神ノ井を中心に―」『近江村落社会の研究』第6号、社会伝承研究会
滋賀県市町村沿革史編纂委員会編　1988　『滋賀県市町村沿革史』第2巻　弘文堂
平凡社地方資料センター編　1991　『滋賀県の地名』日本歴史地名体系25　平凡社
木下太志　1996　「記録されなかった出生―人口人類学におけるシュミレーション研究―」『国立民族学博物館研究報告』21（4）
大柴弘子　1999　「過去帳死亡者の母集団人口と社会背景―18世紀以降近江三上地域における社会調査から―」『人口学研究』24号
友部謙一　2001　「歴史人口学の課題と展望」速水融・鬼頭宏・友部謙一編『歴史人口学のフロンティア』東洋経済新報社
浅井建爾　2006　『平成の大合併　県別市町村名事典』東京堂出版
川口　洋・上原邦彦・日置慎治　2007　「『過去帳』分析システムの構築と活用―大都市近郊農村における民衆の死亡地」情報処理学会研究報告
倉木常夫・榎本龍治　2008　『高野山龍泉院過去帳の研究―近世荒川流域の庶民・村・信仰』三省堂
川口　洋　2009　「武蔵国多摩郡の寺院『過去帳』に記録されている子供の戒名―過去帳分析システムを用いた史料検討」『統計』60（6）

付記（過去帳記載もれと訂正）

過去帳の閲覧が難しくなった1981年以降に調査結果を学会に報告した（本文Ⅰ章、Ⅱ章、Ⅲ章、Ⅳ章）。1981 年以降の、1988 年１月に補充調査の為に訪れた南桜報恩寺で、過去帳の 1923、24、25 年（大正 12、13、14）の３ヶ年間の記載漏れがあったことが判明した（これは、南桜における 1916–1925 の 10 年間の死者数が少ないことに疑問をもち確認をしたことで、果たして筆者の記載ミスであることが分った）。それで、すでに報告した論文の結果を再確認をしたところ、本論のⅠ章、Ⅱ章、Ⅲ章、Ⅳ章の結論において差異のないことが確かめられた。

本論、**第Ⅹ章．資料Ⅰの８．「南桜　年度別、月別、男女別、成人子供別死亡者一覧表（1796–1975）」**では大正 12、13、14 年を加えた正しいものを記した。念のため、以下に記載もれの 1923、24、25 年（大正 12、13、14）の月別、男女別、成人子供別死亡者一覧を付記する。また、本論**第Ⅱ章の**文末には 1923、24、25 年（大正 12、13、14）を加えた「死亡者の月別、性別、成人・子供別数と割合（1873～1945 年）」の新たな表およびグラフを付記した。

		1月		2月		3月		4月		5月		6月		7月		8月		9月		10月		11月		12月		計		合計	
		男	女	男	女	男	女	男	女	男	女	男	女	男	女	男	女	男	女	男	女	男	女	男	女	男	女		
1923 大正12	成人		1	1												1					2		1		1	2	5	7	
	子供									1																1	0	1	
	孩・水														1	2							2		1	2	4	6	14
1924 大正13	成人			1	1	1	1									2			2							4	4	8	
	子供																			1				1		2	0	2	
	孩・水				1											1	1									1	2	3	13
1925 大正14	成人			1								1	2		1	1		1				1				5	3	8	
	子供							1										1								2	0	2	
	孩・水			1			1					1						1			1	1				4	2	6	16
計	成人	0	1	3	1	1	1	0	0	0	0	1	2	0	1	4	0	1	2	0	2	1	1	0	1	11	12	23	
	子供	0	0	0	0	0	0	1	0	1	0	0	0	0	0	0	0	1	0	1	0	0	0	1	0	5	0	5	
	孩・水	0	0	1	1	0	1	0	0	0	0	1	0	0	1	3	1	1	0	0	1	1	2	0	1	7	8	15	43

第Ⅰ章　近世後期近江農村の生活構造と月別出生数

（『公衆衛生』第 47 巻　第 12 号　1983 年 12 月）

調査報告

近世後期近江農村の生活構造と月別出生数

大柴　弘子*

はじめに

出生，死亡および病気の諸相は，その地域の社会生活を背景として存在することはいうまでもない．それらに関する研究報告は戦前，とくに明治年間からそれ以前の時代になるとほとんどなく不明な点が多い．この研究は，主に昭和30年代以前の2毛作米作地帯の純農村である近江地域を対象に，生活と出生・死亡，病気の状況を明らかにすることを目的として始めた．対象となる時代は，1955年（昭和30）以前で，上限は文書資料や伝承などから生活状況が確かめられる，およそ1700年代までとする．調査地は滋賀県野州郡野州町南桜，北桜，妙光寺の3部落である．ここでは1800年代当時およびそれ以後の南桜における月別出生数の実態を明らかにし，その結果が当時の生活構造と，どう関わっていたかを考察する．

研究方法

訪問面接による聞き書き調査を主とし，その他，地域に埋蔵されていた文書資料をもとに研究を行った．調査研究期間は，昭和52年以降現在も継続しているが，ここで報告するのは現在までに判明した点についてのまとめである．

結果

1．生活構造からみた調査地の概要

調査地は，琵琶湖の南に位置し，野州川を主流とし南西部の草津川と北東部の日野川の各河川に堆積した沖野平野が複合する，湖東南部最大の扇状地性三角州上に展開する穀倉地帯である．歴史的には，条里遺構が残る古い集落地域の中の1つで，調査地域にある三上山は，古代農耕社会における信仰の中心であったこと[1,2]，また日本最大の銅鐸が多数発掘されたことからも，この地域が農耕とともに栄えた歴史の古いことがわかる．文化的には京都に近く，中仙道，東海道が近くを通り，古代から軍事，政治，宗教，経済，交通の面において重要な位置を占めていた地域である．ここで取り上げる1800年代以降1955年までの特徴的な生活事項についてまとめると次の如くである．

（1）気候は温和で，冬の気温がマイナスになるのは数回[3,4]である．したがって，それほど厳しいものではなく暖房は火鉢が主で，囲炉裏は伝統的に使用していない．

（2）生業は，米作と，裏作に麦と菜種を作ってきた2毛作純農村地域である．昭和30年代までの農業規模・形態は，明治初年当時すでに同様の安定した農業が行われていたことが推定される[5]．さらに天保八年，九年の「御用日記」[6]，ならびに住民の面接調査を総合すると，明治年間にみられた2毛作の形態や農業規模は，ほぼ1800年代にさかのぼっても同様な展開がなされていたと推定される[8]．

（3）労働は，平担地耕作で腰を曲げ腕の筋肉を使うことが主となり，とくに男は牛耕による筋肉労働が主となる．また，野州川の水を頼りに米作りが行われていたので，再々の洪水や旱魃には苦労を重ねてきた歴史[9,10,11]がある．

（4）食生活は米が主食であった．天明・天保の飢饉を除いては，餓死するほどの厳しい食糧難にあったことはなく，戦中，戦後においても食べていく米に困ったことはなかったといわれている．穀倉地帯である近江米は有名だが，南桜では

* Ooshiba, Hiroko：信州大学医療技術短期大学
別刷請求先：（〒 390）長野県松本市旭 3-1-1
信州大学医療技術短期大学　大柴弘子

1ヶ月に1〜2回ハレの日があり必らず餅搗が行われる．それは「サクラの餅」といわれ近郷在所に知れわたっている．年中行事の「御神事」に当家が各戸に配る餅は，1戸当り5合分が一重ね，つまり一升の餅が配られる．戦前までは，一戸に男の人数分だけ配っていたという．現存する文書にみられる1800年代から，すでに南桜は100戸程度の戸数を維持存続させてきて，男の人口は270人程だったので，「御神事」には約6〜7俵分の餅を当家は配っていた．したがって，凶作の年が続くと祭は行えなくなり，古文書に再々「御神事」が行えない年が記されている[12,13]．それにしても，これだけの祭を年中行事の中心に据えて存続させてきたことは，日本の農村の中でも経済的優位を保ってきた地域といってよい．

（5）経済的には，恵まれた生活基盤があったといえる．そのため京都の近郊にあり軍事・政治・宗教・交通の重要な位置を占めてきた[14,15]．そして文化の先進地域圏内にある近郊農村として存続してきたといえる．

（6）村の社会環境をみると，家の転退，流入が多く，それに伴う人の移動は激しかった．しかし，ムラ（在所）としての戸数は，ほとんど固定したまま存続してきた[16]．つまり，この地域は，ムラとしての枠を戸数で維持しても，人が家と共に永久的にその土地に固定して生きねばならぬ必要性，保守性はなく，かなり流動性のある社会であったといえる．

（7）通婚圏は，村内婚と近郷在所との通婚が主で，イトコ結婚が多かった．

（8）丁稚や奉公先は京都が主であった．ここで取り上げる年代には，ムラの戸数は固定しており村内分家はごくまれである．分家先は京都が多かった．したがって藪入りや，街道を往来する人々との間接，直接の接触など，外来者との接触の機会が多かった．このことは，外来伝染病や種々の伝染性疾患の蔓延に暴され脅やかされる機会を多く体験してきた地域ともいえる．

（9）病気治療についてみると，やはり恵まれた先進地域だったといえる．当時の漢方医，針灸師を含めた医者とよばれた人は，近郷在所に常に2〜3人は存在し，また，加持祈祷や薬の処方をする寺の僧や行者が近くにいた．また，家庭薬として，甲賀，富山から薬屋が入ってきた歴史は古く[17]，それ以外にも，行者の持薬として作られたとされているダラニスケ，神教丸，まわた薬などの薬[18]が各家庭で使われ始めたのも，先進地域といってよいだろう．

2．月別出生数の実態

月別出生数と受胎の時期について，それが地域の生活，つまり農業労働とどう関わっていたかをみていく．

南桜には，「明治7年5月16日改戸籍人別取調印年帳」が保存されている[19]．これは，明治5年の壬申戸籍を基に書き改められた様子で，したがって明治5年2月以降に死亡した者は線を引いて消され，一方その後の出生者は各家ごと付記されている．これには，各人の生年月日が記されているため，それを基に住民が何月に出生しているかを示したのが，図1である．明治7年5月16日現在で，最年長者は1792年（寛政4）生れの82歳である．当時，南桜の戸数は108戸，人口は男255人，女271人，計526人であった．

図1Ⓐのグラフには，全人口の526人に加えて，明治5年2月から明治7年5月16日までの間に死亡が記してある25人も含めた，計551人についての月別出生を記した．なお，出生者については，明治8年生れも記してあったが，この図には明治7年5月16日までに生れた者とした．なお，受胎の時期をみていくために，出生月の下に受胎の月を記した[注1)]．

ここで，受胎の時期をみていくとき問題となるのは閏月の影響である．明治6年の改暦前には再々閏月がある[20,21]．したがって念のため，受胎の時期を正確に把握するために，グラフⒶの551人のうちから，閏月のある年に生れた者と，その年の次年に生れた者を合せた376人を除いた計175人の出生月についてのみグラフに示したのがⒶ′である．これを基にみると，出生月がもっとも多いのは6月と1月である．

次に，昭和34年9月23日現在の南桜の世帯台帳（野洲町役場に現存するもっとも古いものであ

注1）受胎から出生までの期間は266日（280日−14日）で計算した．

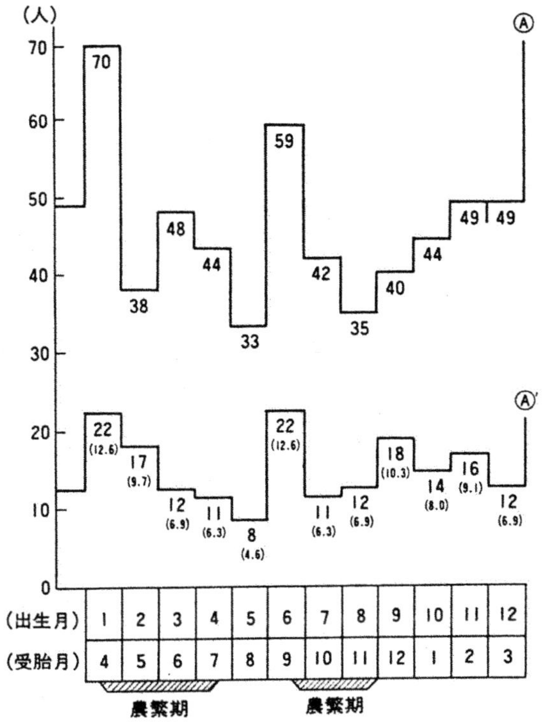

図 1　月別にみた出生数と受胎時期

- 1792年（寛政 4 —82歳）～1874年（明治 7 — 0 歳）の出生月　Ⓐ 551人（526＋25）
- Ⓐから閏月のある年およびその次年に生れた者を除いた出生月　Ⓐ′ 175 人
- （　）内はパーセント

　＜南桜村明治七年五月十六日改戸籍人別取調印年帳から＞

る）から，当時の住民の出生月を示したのが**図 2**のⒷである．当時の世帯数は 101 戸．人口は男 276 人，女 273 人の計 549 人である．世帯台帳には，昭和 34 年 9 月 23 日現在で 42 名の死亡者が記されていたが，出生月をみていく上ではこの人たちも含めた．また，明治 2 年から 5 年の間に生れた者で生存者が 6 名あったが，受胎の時期を考えるとき，旧暦の閏月の影響を考えて統計から除いた．したがって 549 人＋42 人－6 人の計 585人についての出生月をグラフⒷに示した．

次に，生活構造の変動の著しい昭和 30 年以降についてみていくために，昭和 55 年 3 月現在の世帯台帳を基に，1955 年（昭和 30）から，1980 年（昭和 55）の出生者 165 名についての出生月を示したのが，グラフⒸである．**図 2** のグラフⒷによると，1873 年（明治 6）から，1959 年（昭和

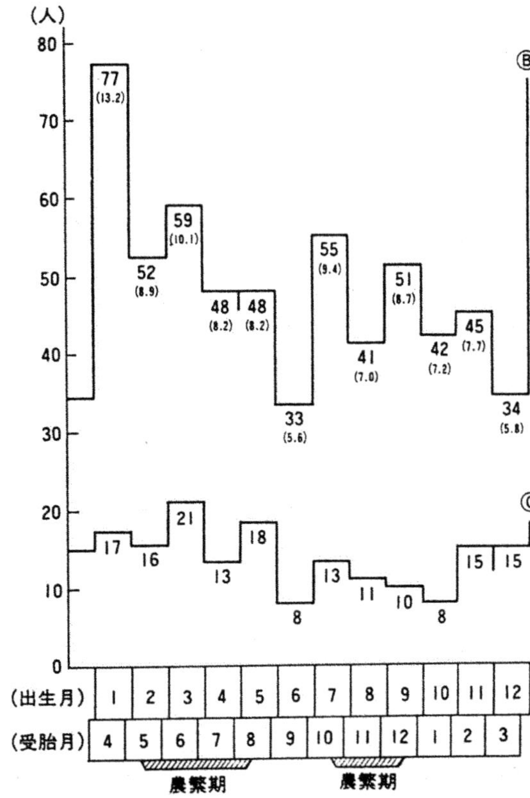

図 2　月別にみた出生数と受胎時期

- 1873年（明治 6 —86歳）～1959年（昭和34— 0 歳）の出生月　Ⓑ 585人（549＋42—6）
- 1955年（昭和30—25歳）～1980年（昭和55— 0 歳）の出生月　Ⓒ 165人
- （　）内はパーセント

　＜Ⓑ 昭和 34 年 9 月現在南桜世帯台帳から＞
　＜Ⓒ 昭和 55 年 3 月現在南桜世帯台帳から＞

34）の出生数がもっとも多いのは，1 月，3 月，7 月の順で多い．

ここでまた統計上問題となるのは，出生届の正確性である．立川によると[22]，1 月と 3 月に集中するといわれ，1 月集中の理由は特に女子に多く，年齢を若くみせたいために届出を遅らせるためであり，3 月届出は 1 年早く小学校へ入学できるからだろう，と推察されている．この傾向は，戦後は戦前ほどみられなくなったといわれている．**図 1**，**図 2** のグラフⒶⒶ′Ⓑをみて，6 月，7 月に出生数の多いことは，以上を考慮した上で，さらに地域での調査からもとくに配慮すべき理由は見当らなかった．

そこで 6 月，7 月に出生の多かったことについ

てみていくと，まず旧暦の6月新暦の7月は，菜種，麦の収穫につづき田植・田草取りと労働密度の高い農繁期である．この時期になぜ出産が集中的に多かったのか．労働の激しいこの時期に出産が多かったことは結果としてこの後の時期に妊産婦が原因と思われる，成人女子死亡の高率となって数値に表われている[23]（過去帳分析による詳細は稿を改め報告する）．まずここではなぜこの時期に出産が多かったかという背景について考察する．

3. 受胎の時期と農業労働

当時の生活実態をみていくと，すでに1800年代には2毛作農業が行われており，南桜は全戸が農業である．前述した祭の「御神事」も行われている[24,25]．南桜の主な農作業と年中行事を示すと，表1の如くである．春の農繁期は，旧暦だと4月中旬，新暦だと5月中旬から始まり，もっとも労働が集中する約40日間の後に，田草取り，菜種揉みなどの作業がありお盆までつづく．もっとも忙しいのは，菜種および麦の収穫と，刈り取った後すぐ耕作し稲の植付をしていく作業である．秋の農繁期は9月中旬から，新暦だとおよそ10月中旬から始まり約40日間つづく．秋は，米の収穫と麦・菜種の蒔付け作業を行う．春と秋，この間の労働の詳細は略すが，植付け，播種の時期が遅れると次年の収穫に影響するから，天候と水を頼りに短期間に労働量は集中する．

この時期の村における作業の様子をみると，「代かき」のため村の水田に井の取水口を開き，水を導入する日を「井ロアケ」といい，これは農作業の進行状況をみながら村の長が決定した．旧暦では，4月27日前後[26]，新暦になって6月10日前後に行われている．井ロアケまでには，代かき作業ができるようにしておかなければ，村全体の足並が揃わず，遅れた家は村中に迷惑をかけることになる．秋の作業も野蔵神社の祭を「秋じまい」といって，この日までには農作業を終るようにした．春秋の農繁期の約40日間は，村の祭行事はいっさいない（表1参照）．ひたすら労働に専念しなければ，農作業は間にあわず殺気だった雰囲気の中で，競争で働いたと思われる．だが，現実的に40日間も激労働を持続できるものではないから，村内には「定」として，“仕事休み”の触れがだされていた[27]．この日は，青年団が見張役に付いていて野良に出た者は罰金を科せられた．このことは，いかに競争の中で労働したかという証拠でもある．

農繁期の作業時間および労働の質をみていくと，この間の作業時間は14～16時間が普通で，昔はカンテラの明り，月明りで夜中まで仕事をし，食事時間を含めて3～4時間休むだけの日が続くこともあったという．寝床に入って寝る暇もなく，土間の竈の側で寝た人も多かったといわれる．労働の質は，男は主に牛による田鋤作業となり，激しい筋肉労働である．秋の麦播は穴播する地域もあるが[28]，この地域は穴播せず秋も耕したという．その他，刈り取り，脱穀，菜種打ち，臼ずり，蒔付など男女とも腰を曲げる作業姿勢を長時間持続することと，筋肉を使う重労働，激労働である．この時期，人々は著しい体重減少と夜盲症に罹ったといわれている．農繁期は長時間の激労働と睡眠不足と，それに栄養も低下して，体力は消耗の極限に近い状態におかれたといえる．

春の農繁期の1つの区切りは，田植えの終了であり，つづいての約1ヶ月間は，田草取り作業と，とりあえず納屋に積んでおいた菜種を実にする作業が主に行われる．そして，一段落したところで旧暦では7月，新暦では8月に「お盆」がある．この時期の女の仕事は洗濯，布の張替え，縫いかえしなどで，雨の日は針仕事を持って実家へ行って過ごしたものだという．男の仕事は「井のぼり[注2)]」が終ると田の見廻りや，前栽物の畑仕事をする．旧暦では7月中旬から9月中旬，新暦では8月中旬から10月中旬の間にあたり，この時期が1年中でもっとものんびりできる時だったといわれている．休息ができ，「お盆」をはじめ，祭行事が入り御馳走をたべるので栄養状態も改善してくる．農閑期になり1ヶ月ぐらい経て体力は回

注2）野洲川周辺の村々は，野洲川から井を引いて灌漑した．したがって，旱魃や洪水の時期は井をめぐり激しい争いが生じた．取水口に向って井を掘下げ登っていく作業を「井のぼり」あるいは「井掘り」といった．用水の必要な時期は，ほとんど毎日，村の男はこの作業にでかけた．

表１　南桜の主な農作業と年中行事

月	昭和20～30年代までの主な農作業(米，麦，菜種が主)	主な年中行事	桜の餅つきの日	備考	およそ旧月
1	・わら仕事―俵，むしろ，縄編み 麦踏み	・正月 山の神のオコナイ　3日 ・旧正月	旧正月	正月〈薮入り〉	12
2	・糸とり　機織り ・綿とり，針仕事 切上げ 土入れ 菜種耕作 追肥 土寄せ	・節分　獅子舞　13日 ・お日待ち　27日 ・野蔵神社祭　27日	27日	獅子舞い〈昔は薮入り〉 若者の見合いになった	1
3	・臼ずり―米麦をたべられるようにする ・木の葉かき 柴とり 井口の抗打ち・大樋普請	神明神社祭　6日 ・お日岸　20日ごろ	20日(よもぎを入れる		2
4	4月末～苗代作り (S50年代になると4月10日前後～)	ひな祭り(節句)　3日 ・稲荷神社祭　9日 ・日吉神社祭　14日	3日		3
5	5月7.8.田に肥料(ニシン切り，豆かす割) 畔草刈 5月25　菜種刈→代おこし→畔ぬり 5月23～5月25 菜種刈	・節旬　上旬　・大峰山行者参り　7日 ・野蔵神社例祭5日(←旧←2の申)	旧(ちまきと白餅)	野蔵さん春祭〈薮入り〉 (たっしゃで植付ができますように)	4
6	6月10　井ロアケ　代かき 6月17～6月25までに　田植 井のぼり 麦刈 脱穀 田ぼし 6/20までに種上げ(一納屋につんでおいて)		6月末	サナブリ村中が仕事休む	5
7	田草取1番どり(アラクサ)　7月2(ハゲシオ半作) 2　〃 3　〃 4　〃 5　〃　(アゲドリ)→土用ぼし 大水普請 菜種打ち 種揉み (雨の日)	・井戸替え　7日・八坂神社祭　14日 ・あたご神社祭　24日 ・野上神社祭　28日	24日 28日	田草取りは，ほぼ終る 田仕事は一段落する	6
8	7月23　うまやのコイダシ―田に堆肥をしく ・畔草刈　・ひえとり ・男は草刈―牛に踏ませて田にしく ・かんぴょうつくり 女は洗タク 布張り 縫かえし (雨の日) 屋根のふきかえ(s30年代までは麦わら屋根)	・七夕　7日 ・お盆　13日～16日 ・宮ごもり　31日	13日(ぼたもち) 16日	お盆〈薮入り〉	7
9	夏やさい収穫 秋やさい蒔立て (ナタネ，カブ，ネギ，ホウレンソウなど) 9月彼岸 菜種苗床作り	・八幡さん祭　15日 ・お彼岸　24日ごろ	24日(ぼたもち白餅)		8
10	10月17(秋祭り)→すんで稲刈となる	・お日待ち　16日 ・野蔵神社秋祭(相模・とう酒)　17日	16日 17日	秋祭〈薮入り〉翌日から 稲刈―(たっしゃで刈入ができますように)	9
11	稲刈 ↓→田鋤→麦播 脱穀 ↓ もみかざし 雨がふると小屋の内で臼ずり 11月3 小麦播 やさいまき付 畝作りをして一本一本植える	・野蔵神社祭(秋じまい)　23日	23日	昔はアケノカシラといい旧11月1日	10
12	12月16(伊勢講)までに 籾を乾燥し終る 麦の切上げ	・午王祝い　28日 ・正月もちつき　月末	29・30日ごろ		11

表 2　昭和22，30，40，55年月別出生数と割合
<「母子衛生の主なる統計」より>　　( ) 内はパーセント

	1947年（昭和22）	1955年（昭和30）	1965年（昭和40）	1980年（昭和55）
1 月	295,465 (11.0)	197,359 (11.4)	166,177 (9.1)	135,848 (8.6)
2 月	226,018 (8.4)	155,823 (9.0)	150,772 (8.3)	125,070 (7.9)
3 月	235,891 (8.8)	156,069 (9.0)	159,230 (8.7)	129,692 (8.2)
4 月	209,159 (7.8)	147,685 (8.6)	154,603 (8.5)	128,240 (8.1)
5 月	195,574 (7.3)	132,743 (7.7)	140,057 (7.7)	134,367 (8.5)
6 月	194,633 (7.3)	118,422 (6.9)	135,135 (7.4)	128,227 (8.1)
7 月	226,560 (8.4)	132,484 (7.7)	151,326 (8.3)	138,952 (8.8)
8 月	236,831 (8.8)	142,265 (8.2)	157,272 (8.6)	138,266 (8.8)
9 月	231,874 (8.6)	138,364 (8.0)	158,842 (8.7)	136,886 (8.7)
10 月	229,058 (8.8)	137,586 (7.9)	159,177 (8.7)	133,342 (8.5)
11 月	210,764 (7.8)	133,138 (7.7)	144,308 (7.9)	120,455 (7.6)
12 月	186,961 (7.0)	135,102 (7.8)	144,942 (8.0)	127,544 (8.1)
月不詳	4			
計	2,678,790 (100)	1,727,040 (100)	1,821,841 (100)	1,576,889 (100)

復してくる．つまり，この時期がもっとも受胎を可能にした．それが，5月，6月の出生数の低下につづいて，旧暦で6月，新暦では7月に出生数の増大という結果となって数値に表われているとみてよいだろう．

ところで，以上の結論には考慮しなければならない問題がある．その1つは結婚シーズンである．この地域では，かって2月13日の「獅子舞」が藪入りの日であり，若者は郷里に帰り獅子舞を見物しながら「見会い」の場になった．つづいて，3月～5月の間は結婚が成立し，農繁期の労働力の期待にも答えられることになった．ただし，結婚は，桜の花の散る時期はよくないといわれ，この時期だけは避けた．1月に出生数が多いのは前述の出生届を次年に遅らせた，という背景と，結婚シーズンの影響も多少考えられよう．しかし，かっては多産多死の状況であったから，顕著に結婚シーズンの影響が現われることはないとみてよい．いずれ，結婚シーズンが6月・7月の多出生に影響しているとはいえない．

2つ目には，バースコントロール (Birth control) の問題がある．地域の調査では，家族計画の思想が普及したのは戦後であり，大正中期に始まった産児調節運動[29]については影響の及ばぬ地域であった．図1の明治7年までの時代には，全く妊娠，出産に関する生理学的知識はなかったとみてよい．図2のⒷは，明治6年から昭和34年の間であるから，戦後になっては家族計画が普及し

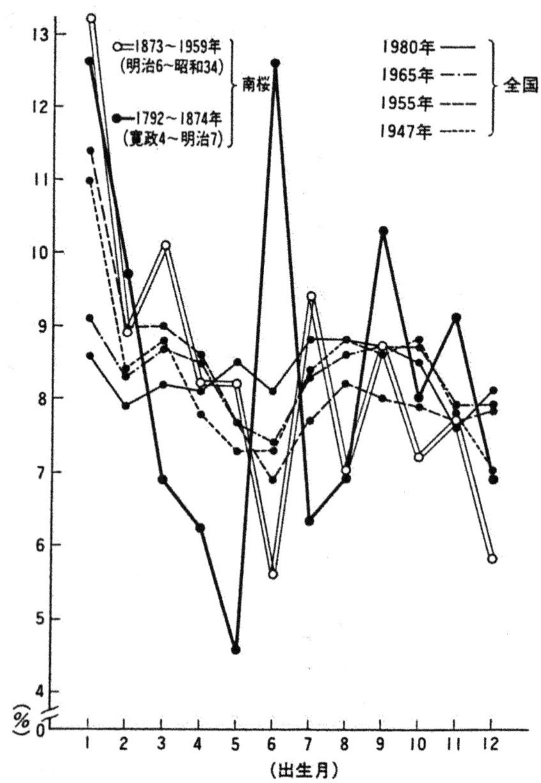

図 3　月別にみた出生数の割合

た影響も多少あろうかと思われる．昭和30年代までの農業形態についてみると，昭和20年代より菜種・麦の栽培は減少傾向にあったが，ほぼ従来通りの労働と生活を続けてきた．しかし，昭和30年以降になると，裏作は減少の一途をたどり，近年に至ってはほとんど作られなくなっている．また，昭和30年代以降の農業には機械が導入され，従来からの農業労働形態は一変した．一方結婚シーズンは，労働力の期待とは関係なくなり，子供数は少なくなり，バースコントロールは普及している．その背景が，30年以降の図2に示した©の結果に出ている．

ここで，現存する日本の母子に関する統計資料から，昭和22年以降の月別出生数についてみていく[30,31),32,33)]．この統計は，出生数で報告されているが，解りやすくグラフに示すために割合に直したものを表2と図3に示した．統計書では，昭和22年がもっとも古く，その後は毎年報告されているが，それらは似た傾向を示しているため，1947年（昭和22），1955年（昭和30），1965年（昭和40），1980年（昭和55）についてのみ示した．そして，南桜のⒶ′とⒷを比較のため割合で表わし図3に記した．図3のグラフから，全国と南桜を比較してみるとその様子は異なる．これは，その地域や時代の，生活背景の差が月別出生率に影響していることがわかる．

■結　論

妊娠・出産は生物的，生理的現象でもあるが，月別出生数の諸相は社会的意味をもっている．1700年代以降，ほぼ1955年までをみたとき，2毛作地帯での農繁期の労働は質量ともに過酷なものであった．米作と裏作に麦・菜種という2毛作農業労働の生活構造の中で，農繁期の過酷な労働状況は受胎の可能性を少なく，農閑期には受胎の可能性を多くしていた．その結果として，当時は春の農繁期にあたる旧暦で6月，新暦で7月の時期に出生数がピークを示した．かって，この地域の農村生活が，出生時期つまり受胎の時期に密接に影響していた，といえる．

参考文献

1) 橋川正　編：野洲郡史，上，滋賀県野州郡教育会；84-94，1927.
2) 小林博監修：滋賀県誌，滋賀県高等学校社会科教育研究会地理部会編；72-74，地人書房，1976.
3) 武田栄夫：近江気象歳時記；205-209，サンブライト出版，1980.
4) 橋川正　編：前掲書；15-17.
5) 上野和男：南桜の隠居制家族と屋敷先祖祭祀，近江村落社会の研究，社会伝承研究会編，2；19-20，1977.
6) 天保八酉年日記，南桜区有文書，1837.
7) 戌天保九年弐番御用日記，南桜区有文書，1838.
8) 大柴弘子：近江村落における農民の健康と生活—2—，近江村落社会の研究，社会伝承研究会編，6；79-80，1981.
9) 福田アジオ：野洲川中流における水利秩序とムラ・近江村落社会の研究，社会伝承研究会編，3；75-81，1978.
10) 苗村和正：庶民からみた湖国の歴史，滋賀県歴史教育者協議会編；112-113，文理閣，1977.
11) 橋川正　編：前提書；129-132.
12) 題欠(「御神事」のない年について)，南桜　天野宇右ェ門家所蔵文書，1840 ca.
13) 大柴弘子：近江村落における農民の健康と生活近江村落社会の研究，社会伝承研究会編，5；117-121，1980.
14) 小林博監修：前提書；72-74.
15) 苗村和正：前掲書；129-132.
16) 上野和男：南桜の隠居制家族と屋敷先祖祭祀，近江村落社会の研究，社会伝承研究会編，2；19-20，1977.
17) 杣庄章夫：滋賀の薬業史，滋賀県薬業協会；34-35，1975.
18) 杣庄章夫：上記：36，41-43，58，65，1975.
19) 明治七年五月十六日改戸籍人別取調印年帳，南桜区有文書，1874.
20) 能田忠亮：暦，至文堂；132，1957.
21) 内田正男：日本暦日原典，雄山閣；463-490，1981.
22) 立川　清：新衛生統計学，第一出版株式会社；504，1974.
23) 大柴弘子：前掲書；100-101，1981.
24) 前掲文書，1840 ca.
25) 前掲文書，1837，1838.
26) 安政弐年庄屋日記，南桜　木村末蔵家所蔵文書，1855.
27) 上記文書，1855.
28) 大橋一雄：米麦二毛作農業の衰退と小農的農法の後退，農村研究，41；60-66，1977.
29) 森山　豊：家族計画の指導指針，南山堂；29-30，1971.
30) 厚生省編：母子衛生の主なる統計，財団法人母子衛生研究会；17，1949.
31) 厚生省編：上記；10，1955.
32) 厚生省編：上記；12，1965.
33) 厚生省編：上記；17，1980.

第Ⅱ章　19 世紀以降近江農村の母性健康障害

(『公衆衛生』第 49 巻　第 7 号　1985 年 7 月)

調査報告

19世紀以降近江農村の母性健康障害

――過去帳成人女子死因の考察――

大　柴　弘　子*

●はじめに

滋賀県野州郡野洲町南桜の 19 世紀以降，昭和 20 年代までの月別出生数は，農繁期の旧暦 6 月・現 7 月と，農閑期の旧暦 1 月・現 1 ～ 3 月に集中していた[1)]．旧暦 9 月，現10 月の農閑期受胎より生じた農繁期出生ピークは，母性に著しい健康障害をもたらすと予想されたので，過去帳から成人女子死亡数を月別に算出し，その背景となる生活実態を社会調査により把握した．

その結果，出生ピークと成人女子死亡のピークがほぼ一致し，死因となる母性健康障害が当時の食生活，衛生状態，とくに農業労働に起因していることが判明したので，その結果をここに報告する．なお，この過程で成人・子供の月別死亡の年代別推移など，今後の研究の参考となる結果がみられたので付帯して報告する．

●対　象

対象地域は，滋賀県野州郡野洲町南桜と妙光寺（共に旧村）で，時代は 1796～1945 年の間とする．対象地域の概要については，前回の報告[1)] を参照されたい．

●方　法

1）訪問面接による聴取調査を主とし，その他，地域に関する文書資料を用いた．

2）月別死亡者数の分析には，南桜村の報恩寺と妙光寺村の宗泉寺に現存する，1796～1975 年までの過去帳を用いた．19 世紀以降現在まで，二つの村の戸数は，南桜約 100 戸，妙光寺約 30 戸が固定的で，一村一ヶ寺を原則的に維持存続させてきたことが判明し，過去帳から月別死亡数を正確に把握できた．また戒名の童子，童女の死亡時年齢が 13 歳未満であることが判明したので，戒名より成人・子供の別を同定した．その他は，すでに検討の上で統計処理したので[2)] ここでは略す．

●結果・考察

1．過去帳分析からみた成人女子死亡数と出生ピーク

妙光寺には，1663 年以降の過去帳が現存するが，ここでは南桜にあわせて 1796 年以降を対象とした．南桜と妙光寺は，およそ 2 km 隔たった位置にある．両村は，山林所有の有無に伴う冬期間の柴刈り作業，水利系統に伴う労働の質など多少の差異があるが，地理的，文化的背景，農業規模，二毛作農業形態を基盤とした生活構造においては，基本的に同質な地域である．

まず，両地区の 1796～1975 年までの過去帳分析結果を，表 1，2 と図 1，2 に示す．ここで年代区分の 1872 年を境にした理由は，第一に改暦[3)] による影響を整理するためである．第二は，1872 年以降は予防衛生に関する行政レベルでの改革がみられるため[4)]，時代の推移を比較していく上で必要となるためである．また，1945 年の区分は，戦後の著しい変化を考慮したためで，なお 1945 年以降は死亡者数激減のため図 1，2 には略した．

死亡の実態を表 1，2 と図 1，2 からみると，南桜・妙光寺とも共通した傾向が読みとれる．全体的に，1872 年以前は夏期に死亡の山が表れているが，以後は夏期の山が消失し冬期に表れている．とくに子供死亡に，その傾向が顕著である．夏から冬へ移行するこのピークは，籾山の「季節病カレンダー」に一致する[5)]．1872 年以降の夏山の消失は，生活向上や衛生行政の成果に負うところも大きいと思われるが，詳細は他村の過去帳分析もあわせて検討する必要があるため，別稿に譲るとして，ここでは成人女子死亡に注目していく．

成人女子死亡が，男子と比較して高率なのは，1872 年以前は 5 ～ 8 月に集中し，1873 年以降は 2 ～ 4 月と，9・10 月に分かれて集中している．この事実は，すでに報告した地域の出生時期と密接に関わっている．南桜の 1792～1874 年の出生ピークは，6 月と 1 月，ついで 9 月にあった[6)]．1 月出生は，12 月出生を 1 月に届出した

* Ooshiba, Hiroko：信州大学医療技術短期大学
別刷請求先：(〒 390) 長野県松本市旭3-1-1　信州大学医療技術短期大学　大柴弘子

表 1　死亡者の月別，性別，成人・子供別数と割合（1796～1975）
＜南桜村，報恩寺過去帳分析より＞

（　）内はパーセント

1796（寛政８）～1872（明治５）年

	1月		2月		3月		4月		5月		6月		7月		8月		9月		10月		11月		12月		合　計	
	成人	子供	成人	子供	成人	子供	成人	子供	成人	子供	成人	子供	成人	子供	成人	子供	成人	子供	成人	子供	成人	子供	成人	子供	成人	子供
男	26 (2.4)		25 (2.3)		27 (2.4)		18 (1.6)		10 (0.9)		22 (2.0)		31 (2.8)		38 (3.5)		43 (3.9)		26 (2.4)		43 (3.9)		26 (2.4)		335 (30.4)	
女	24 (2.2)		24 (2.2)		23 (2.1)		17 (1.5)		21 (1.9)		20 (1.8)		42 (3.8)		40 (3.6)		41 (3.7)		29 (2.6)		30 (2.7)		25 (2.3)		336 (30.4)	
計	50	39 (3.5)	49	34 (3.1)	50	42 (3.8)	35	31 (2.8)	31	38 (3.5)	42	24 (2.2)	73	34 (3.1)	78	49 (4.4)	84	51 (4.6)	55	26 (2.4)	73	33 (3.0)	51	32 (2.9)	671 (60.8)	433 (39.2)
合計	89 (8.1)		83 (7.5)		92 (8.3)		66 (6.0)		69 (6.3)		66 (6.0)		107 (9.7)		127 (11.5)		135 (12.2)		81 (7.3)		106 (9.6)		83 (7.5)		1,104 (100)	

1873（明治６）～1945（昭和20）年

	1月		2月		3月		4月		5月		6月		7月		8月		9月		10月		11月		12月		合　計	
	成人	子供	成人	子供	成人	子供	成人	子供	成人	子供	成人	子供	成人	子供	成人	子供	成人	子供	成人	子供	成人	子供	成人	子供	成人	子供
男	28 (2.6)		18 (1.7)		22 (2.1)		26 (2.4)		33 (3.1)		20 (1.9)		30 (2.8)		27 (2.5)		30 (2.8)		18 (1.7)		31 (2.9)		23 (2.1)		306 (28.5)	
女	26 (2.4)		23 (2.1)		28 (2.6)		24 (2.2)		22 (2.1)		26 (2.4)		19 (1.8)		29 (2.7)		37 (3.5)		26 (2.4)		31 (2.9)		24 (2.2)		315 (29.4)	
計	54	57 (5.3)	41	46 (4.3)	50	43 (4.0)	50	34 (3.2)	55	28 (2.6)	46	31 (2.9)	49	48 (4.5)	56	29 (2.7)	67	21 (2.0)	44	29 (2.7)	62	27 (2.5)	47	58 (5.4)	621 (57.9)	451 (42.1)
合計	111 (10.4)		87 (8.1)		93 (8.7)		84 (7.8)		83 (7.8)		77 (7.2)		97 (9.0)		85 (7.9)		88 (8.2)		73 (6.8)		89 (8.3)		105 (9.8)		1,072 (100)	

1946（昭和21）～1975（昭和50）年

	1月		2月		3月		4月		5月		6月		7月		8月		9月		10月		11月		12月		合　計	
	成人	子供	成人	子供	成人	子供	成人	子供	成人	子供	成人	子供	成人	子供	成人	子供	成人	子供	成人	子供	成人	子供	成人	子供	成人	子供
男	7 (3.6)		5 (2.6)		16 (8.2)		14 (7.2)		9 (4.6)		9 (4.6)		5 (2.6)		4 (2.1)		7 (3.6)		9 (4.6)		5 (2.6)		4 (2.1)		94 (48.2)	
女	7 (3.6)		5 (2.6)		6 (3.1)		4 (2.1)		6 (3.1)		4 (2.1)		6 (3.1)		4 (2.1)		4 (2.1)		11 (5.6)		10 (5.1)		6 (3.0)		73 (37.4)	
計	14	4 (2.1)	10	5 (2.6)	22	1 (0.5)	18	0 (　)	15	2 (1.0)	13	2 (1.0)	11	5 (2.6)	8	3 (1.5)	11	1 (0.5)	20	0 (　)	15	1 (0.5)	10	4 (2.1)	167 (85.6)	28 (14.4)
合計	18 (9.2)		15 (7.7)		23 (11.8)		18 (9.2)		17 (8.7)		15 (7.7)		16 (8.2)		11 (5.6)		12 (6.2)		20 (10.3)		16 (8.2)		14 (7.2)		195 (100)	

(1)　月不明者が１（孩子１）あったが統計から除いた．
(2)　子供とは，過去帳に童子，童女，孩子，孩女，桜子，桜女，水子と記された者で，ほぼ13歳以下の者である．
水子は性別不明がほとんどである．したがって以上は，男女を分けず子供として一括した．

表 2　死亡者の月別，性別，成人・子供別数と割合（1796～1975）
＜妙光寺村，宗泉寺過去帳分析より＞

（　）内はパーセント

1796（寛政８）～1872（明治５）年

	1月		2月		3月		4月		5月		6月		7月		8月		9月		10月		11月		12月		合計	
	成人	子供	成人	子供	成人	子供	成人	子供	成人	子供	成人	子供	成人	子供	成人	子供	成人	子供	成人	子供	成人	子供	成人	子供	成人	子供
男	4 (1.2)		12 (3.5)		11 (3.2)		6 (1.7)		9 (2.6)		6 (1.7)		8 (2.3)		7 (2.0)		15 (4.3)		9 (2.6)		8 (2.3)		6 (1.7)		101 (29.2)	
女	5 (1.4)		5 (1.5)		4 (1.1)		5 (1.5)		11 (3.2)		10 (2.9)		12 (3.5)		15 (4.3)		12 (3.5)		3 (0.8)		10 (2.9)		6 (1.7)		98 (28.3)	
計	9	8 (2.3)	17	9 (2.6)	15	16 (4.6)	11	9 (2.6)	20	18 (5.2)	16	11 (3.2)	20	10 (2.9)	22	22 (6.4)	27	10 (2.9)	12	10 (2.9)	18	10 (2.9)	12	14 (4.1)	199 (57.5)	147 (42.5)
合計	17 (4.9)		26 (7.6)		31 (8.9)		20 (5.8)		38 (11.0)		27 (7.8)		30 (8.7)		44 (12.7)		37 (10.7)		22 (6.3)		28 (8.1)		26 (7.5)		346 (100)	

1873（明治６）～1945（昭和20）年

	1月		2月		3月		4月		5月		6月		7月		8月		9月		10月		11月		12月		合計	
	成人	子供	成人	子供	成人	子供	成人	子供	成人	子供	成人	子供	成人	子供	成人	子供	成人	子供	成人	子供	成人	子供	成人	子供	成人	子供
男	9 (3.4)		7 (2.6)		9 (3.4)		9 (3.4)		6 (2.3)		7 (2.7)		4 (1.5)		8 (3.0)		10 (3.8)		8 (3.0)		9 (3.4)		10 (3.8)		96 (36.4)	
女	6 (2.3)		11 (4.2)		10 (3.8)		10 (3.8)		7 (2.6)		3 (1.1)		4 (1.5)		5 (1.9)		10 (3.8)		11 (4.2)		2 (0.8)		8 (3.0)		87 (32.9)	
計	15	7 (2.6)	18	6 (2.3)	19	12 (4.5)	19	4 (1.5)	13	4 (1.5)	10	6 (2.3)	8	9 (3.4)	13	7 (2.7)	20	8 (3.0)	19	5 (1.9)	11	2 (0.8)	18	11 (4.2)	183 (69.3)	81 (30.7)
合計	22 (8.3)		24 (9.1)		31 (11.7)		23 (8.7)		17 (6.4)		16 (6.1)		17 (6.4)		20 (7.6)		28 (10.6)		24 (9.1)		13 (4.9)		29 (11.0)		264 (100)	

1946（昭和21）～1975（昭和50）年

	1月		2月		3月		4月		5月		6月		7月		8月		9月		10月		11月		12月		合計	
	成人	子供	成人	子供	成人	子供	成人	子供	成人	子供	成人	子供	成人	子供	成人	子供	成人	子供	成人	子供	成人	子供	成人	子供	成人	子供
男	0 (　)		1 (2.2)		0 (　)		1 (2.2)		1 (2.2)		3 (6.5)		2 (4.3)		2 (4.3)		1 (2.2)		3 (6.5)		1 (2.2)		3 (6.5)		18 (39.1)	
女	2 (4.3)		2 (4.3)		0 (　)		3 (6.5)		3 (6.5)		1 (2.2)		3 (6.5)		4 (8.7)		0 (　)		1 (2.2)		1 (2.2)		0 (　)		20 (43.5)	
計	2	4 (8.9)	3	0 (　)	0	0 (　)	4	0 (　)	4	0 (　)	4	0 (　)	5	0 (　)	6	2 (4.3)	1	0 (　)	4	0 (　)	2	1 (2.2)	3	1 (2.2)	38 (82.6)	8 (17.4)
合計	6 (13.0)		3 (6.5)		0 (　)		4 (8.7)		4 (8.7)		4 (8.7)		5 (10.9)		8 (17.4)		1 (2.2)		4 (8.7)		3 (6.5)		4 (8.7)		46 (100)	

(1)　月不明者が４（成人３，童子１）あったが，統計から除いた．
(2)　子供とは，表１と同じ．

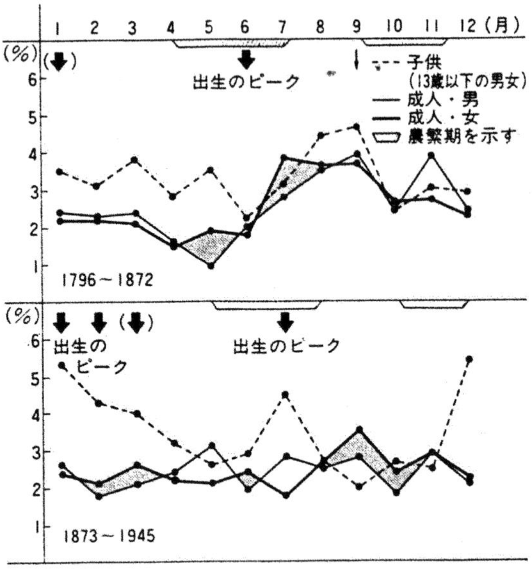

図 1 死亡者の月別，性別，成人・子供別の割合と推移（南桜，報恩寺過去帳分析より）

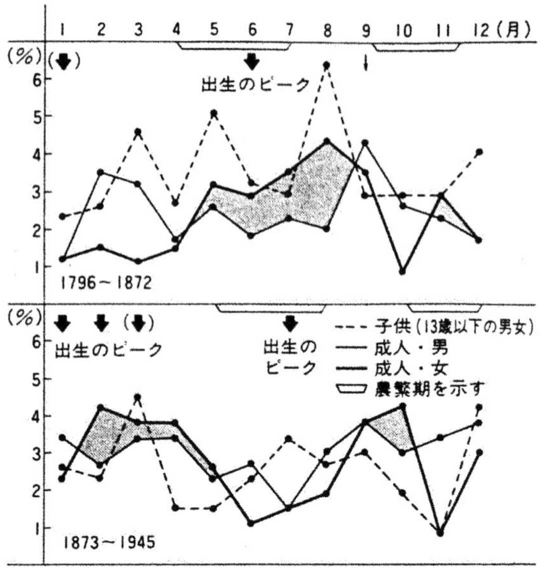

図 2 死亡者の月別，性別，成人・子供別の割合と推移（妙光寺，宗泉寺過去帳分析より）

者も含まれることが予想されるため[7]，出生ピークは圧倒的に6月に集中していた．5～8月に成人女子死亡が高率となるのは，農繁期の6月に出生ピークがあったことと密接に関係している．次に南桜の1873～1959年をみると[6]，出生ピークは1月・3月・7月の順にある．1月は12月出生も含まれる事が予想され，また新暦後の3月出生は，入学時期を早めたいことから[7]，2月や1月生まれも含まれていたことが予想される．これらを考慮して出生は，12～2月の連続した時期に最大のピークがあり，もう一つは7月にピークがあった．図1から成人女子死亡のピークをみると，やはり出生時期と関係がある．つまり，12～2月の出生ピークの続く後の2～4月の時期と，7月出生ピーク後の9～10月に成人女子死亡が高率となる．新暦7月は，旧暦6月と同様に農繁期に当たる．以上のことは，図2でわかるごとく，妙光寺についても全く同様の傾向が看取できる．

1872年の前後を比べて，成人女子死亡が高率を示す時期の変化は，出生ピークの変化に伴う．つまり，受胎の時期の変化による結果である．いずれとも受胎の時期は，農閑期に多いが，1872年以降は3～4月の農閑期にその機会が増大している．この背景は，農業労働の変化や食生活，住居等，生活向上の要因が考えられる．まずは出産後の高死亡を招来した，当時の生活背景をみていく．

2. 農業労働と母性健康障害

1）作業姿勢と「およぎ腰」

地域では，「女は30歳過ぎて少したつとおよぎ腰になった」といわれていた．およぎ腰とは，腰を曲げ胸を張り，両腕を後方にまわし梶を取るようにして歩く姿勢をいう．そして，加齢と共に腰曲りは著しくなり「二ツ折れ」（極端な前屈姿勢を地域ではこのようにいった）になった．これは，長時間腰と膝を屈曲し，上体を前方に上げて四つん這いになる姿勢，つまり田植えや田草取り，稲刈り，鍬取りなど農作業の姿勢と関連する．とくに地域では，田草取り作業の姿勢を「のたる」，田草取作業を「のたり」といい，辛い作業の一つと考えられていた．

かつて田草取りは，朝4時から夫婦で田に行き，8時頃まで働いてからいったん帰宅して朝食をとる．それから男は「井登り」注[1]にでかけるから，後は女が田草取りを行った．田打車が出回る昭和以前は，一番取りものたって歩いた．地域の水稲の平均耕作面積は，1～1.2 haである．この規模は，明治年間以前1800年代にさかのぼって同様であったと推定される[8,9]．仮りに1 ha (100 a)として，一番取りから五番取りは延べ500 aとなる．作業は，7月1日頃から始めて7月23日に終了する．この間，ほぼ5日間の休みがあるから[9]，実際には18日間の行程で行った．500 aを18で割ると，およそ28 a（約2反8畝）となり，これが1日の作業量であった．1人1日精一杯働いて1反歩のたるのが限度であったと

注 1）灌漑用水を得るため野洲川の取水口に向かって井を掘り下げて登っていく作業のこと．「井掘り」ともいった．

いうから，少なくとも3人は労働力を要した．現に1834（天保5）年においても，その後も南桜では比較的規模の大きい直型家族制に基づいた家族型態が基本であったとみなされ[10,11]，一戸に2～4人の成人労働力が存在した．男はこの時「井登り」に出かけ，田草取りは女が主になって行った．

前述の如く，出生ピークの旧暦6月，新暦7月は，田草取りの最中である．この時期は，伝染病の急増と労働力欠如から無理して作業することになる．出産を控えた嫁にとっては，労働力の欠ける気がねから余計に働くこともあったろう．麦，菜種の収穫，田おこし，稲の植付と労働が集中する農繁期は，妊娠後期に当たり，満期は田草取りでのたって歩く作業を長時間・連日続ける．

「腰曲り」は，農作業の反覆前屈運動，肩担作業等と関係し，早老現象の一つの現れとみなす報告[12]や，農作業との関連で農村婦人に多く，また血清Ca値の低下を指摘した報告がある[13]．以上と関連し，腰痛症がとくに農村婦人に多く，その原因は婦人科疾患との関係が多くみられる[14,15,16]，などの報告もある．以上のような長時間連続の前屈作業姿勢で，妊娠・出産時の母体にどのような影響が及ぶか，その詳細は解明されていないが，障害となったことは明白である．その一つが，30歳半ばにして「およぎ腰」を招き，また子宮脱や「長血」の原因となり，また栄養不良や貧血を伴い，産後の高死亡率を示す結果となったといえる．

2）過労・栄養不良と「とり目」

かつては，春秋の農繁期になると「とり目になって見えなくなった」「一秋すぎるとげっそり瘠せた」といわれていた．この地域の農繁期は，収穫と植付，播種が重なり，作付時期が遅れると次期の収穫量に影響した．天候を計算に入れての作業であるから，春と秋の約40日間に集中する作業量は莫大なものであった．睡眠時間は平均4～5時間，労働時間は14～16時間，しかも筋肉労働である．「とり目」になるのが，春の農繁期より秋の時期に多く語られたのは，一つには食生活の影響が考えられる．10月以降になると，春には村内の川に上ってきていた魚が，上ってこなくなるから蛋白源の摂取が減る[17]．また，副食の主になる野菜類は旬をすぎてくる．「井登り」につづいて，脱穀や牛耕による田鋤は男の仕事であったが，鍬取りなどの筋肉労働は女が主に行った．1日に3,000～4,000 Kcal 以上を摂取したとしても[17]，米麦が主の栄養だけでは[17]この激労働は支えられない．それが「とり目」や「げっそり瘠せた」状態を招いた．

極度の体力消耗は，農閑期の祭行時の御馳走と休息がある数ヵ月を要して回復した．この体力回復後の時期が受胎の時期に一致している．「とり目」や「げっそり瘠せた」状態を招く労働状況と，栄養不良の中での妊娠・出産は，著しい危険を伴ったことはいうまでもない．

3）寄生虫と貧血

回虫が口に上ってくると，嘔気がして虫を吐く．これを，地域では「サカムシ」とよんでいた．回虫症の人は多く「腹の瘤をデキモンだと思って膏薬を貼って手当てしていたが，亡くなったら口や肛門から虫が出てきて驚いた」という話も聞く．また「娘の頃，青い顔をして，人が訪ねてきて逢っただけで動悸がして苦しかった．医者で虫下しをもらってのんだ．また父親が若鶏を買ってきて食べさせてくれて治った」（妙光寺・川端しげさん談，明治35年生まれ）という．かつては農業に下肥は欠かせなかったから，寄生虫の保有率も高かった．寄生虫による貧血状態が，また妊娠・出産には大きなマイナス要因となった．

4）「血の道」注2）による死亡

当時の生活における妊娠・出産の状況と，健康障害の事例を2～3記しておく．

〔A〕南桜，南井さとさん談．明治31年生まれ

「一番目の子供は11月生まれだった．6～7月頃は4時起きで田草取りをした．田草を取っていると目がまわり，暑い時は胸がおどるし，くらくらした．2番目は7月生まれだった．生む日は夕方まで田草取りをしていて，いよいよ苦しくなってきて，やっと家まで這うようにたどりついて生まれた」

〔B〕南桜，間宮しげさん談，明治31年生まれ

話者は，村内婚で隣の家に嫁いだ．舅の先妻について「舅の先妻は明治35年に20歳で亡くなっている．2番目を産んで後，血の道で死んだと聞いている．」また，実家の兄嫁について，「実家の兄嫁は，明治30年生まれで42歳で死亡した．田草取りの忙しい時に6人目を流産して，その後，具合が悪くてずっと寝込んでいて11月に亡くなった．」

〔C〕妙光寺，川端ちかさん談，明治33年生まれ

「一番目は，9月1日生まれ．その時は実家にもどり，1ヵ月養生してから田刈に出たので良かったが，2番目の時は10月18日生まれで，明日から稲刈りという時だった．少し休んで仕事に出たが，とり目がひどくなった．夫が養生するようにいい，玉子を毎日食べた．不思議なもんで玉子を食べると夕方はちゃんと見えた．」

また，舅の先妻について「舅の先妻は，明治35年6月に37歳で，血の道で亡くなった．家の田植が済んだ直後に5番目を産んでまもなく死んだという．近所の人の話だと産後に青い顔をしてエンドウを実にしていたというから，すぐ仕事を始めたのではないか」

注2）生理や妊娠，出産に関する病態を地域では「血の道」といった．

表 3　産後死，難産死が総死亡数の中で占める割合（1771～1850年の11～50歳について）

（　）内は各年代ごとのパーセント

区分 ＼ 年齢	11～20	21～30	31～40	41～50	21～50歳の合計
産後死による死亡者数	5	14 (5.1)	29 (9.4)	10 (2.7)	53 (5.6)
難産死による死亡者数	1	9 (3.2)	10 (3.2)	6 (1.7)	25 (2.6)
合　計	6	23 (8.3)	39 (12.6)	16 (4.4)	78* (8.2)
年代ごと死亡者総数 (死因不明も含む．男・女共)	234	277	310	361	948

＜須田圭三「飛騨O寺院過去帳の研究」10年毎死因統計から算出する．＞

* 須田が死因統計で「婦人病」として分類している内には，このほかに長血，白血がある．
長血は30歳代 2，40歳代 1，白血は40歳代 1 の計 4 人が記されている．
従って，21～50歳までの婦人病で死亡した者は948人中82人（8.6%）である．

先祖の病歴を調査する中で，先妻は「血の道」で亡くなったという人が多く，たいがいの家で記憶されている範囲に「血の道」で死亡した人がいる．また，昔は「ナスビが下った（子宮脱のこと）」人や，「長血」でわずらった人がよくいた，といわれている．

面接調査で得られる実態は，明治年間までであるが，かつては妊娠・出産に伴う死亡率が高く，それらの疾患も多かったことがわかる．

3．農閑期受胎による農繁期出産と妊産婦死亡

明治時代の妊産婦死亡率は，40（出産 10,000 対）を越えていた[18,19]．明治時代以前にはさらに高率であったことが予想され，その原因については，多産多死の時代で出産回数が多かったこと，適切な医療と母体保護思想の欠如，不確かな避妊がもたらす堕胎の習慣，などが一般論として言われている．しかし，これらの実証的研究は稀である．その中で一つは，須田の過去帳分析による貴重な資料がある．1771 年以降 10 年ごとの基礎資料の死因統計に基づいて[20]，「産後死・難産死が総死亡数の中で占める割合」を整理し，算出したものを表 3 に示した．21～50 歳に限ると，産後死・難産死は 8.2% を占めている．特に 30 歳代は産後死が非常に高く 9.4% を占め，難産死を含めると 12.6% となる．この値は，男女共で死因不明者も含めての数値であるから，実際はさらに高率であった．30 歳代女性に限ってみると，その死亡者のうち 4 分の 1 以上が産後死・難産死によって生命を失っていたことになる．もう一つは，鬼頭が 1675～1796 年の木曽湯舟沢の宗門帳から分析した報告がある[21,22]．女子の 20～40 歳代にかけての死亡が，男子に比べ高率であることや，結婚解消理由が，結婚 10 年以内の妻の死亡によるものが夫の 3 倍に及ぶことから，出産との関連を推測している．明治前の著しい妊産婦死亡高率の実態は，これらの研究から具体的に示されたが，どのような生活背景が存在していたかは明らかでない．

かつての南桜・妙光寺についてみると，農業労働に関わり受胎の時期が規定されていた．農繁期には，夜盲症や体重減少，時には生理の招来がないという極度の体力消耗を来す中で，妊娠・出産が存在していた．妊産婦の栄養不良，貧血，消耗性疾患は，陣痛微弱や子宮復故不全の原因となり，それは弛緩出血による大出血を伴う[23,24]ことが多い．流・早産の原因ともなる．また妊婦の就労やストレスは，妊娠中毒症の原因論と関係深く[25]，妊娠中毒症は微弱陣痛や弛緩出血の原因ともなる．さらに貧血や栄養不良は，感染症を来しやすい．戦前の妊産婦死亡の原因が，出血・中毒症・産褥熱によって上位 3 位までが占められていた[26]背景は，極度の栄養不良，貧血，消耗という生活状況の中に妊産婦がおかれていたことによる．

1872 年以降の成人女子死亡のピークが，出生ピークのやや後に移行しているのは，それだけ生命が延長している．それは以前と比べ貧血，栄養，体力消耗の状態が改善されたこと，母子保健の向上などによる結果とみなされる．図 1，2 の 1872 年以前についてみるなら，妊産婦はより過酷な状態にあり，分娩が直接的契機で死亡するケースが多かった．原因は一層過酷な体力消耗状態を基盤に中毒症，感染症を背景にした，微弱陣痛，弛緩出血によるものが主に占めていたものとみなされる．

●結　論

須田の研究から，近世後期飛騨地方の妊産婦死亡率の実態は，21～50歳についてみると産後死，難産死が全死亡者のうちで8.2%を占め，とくに30歳代女性では死亡の4分の1以上を産後死と，難産死で占めていたと推察できる．妊産婦死亡率が高かった原因には，一般に論じられている当時の農村生活の過重労働，栄養不良，貧血状態があったのは明らかである．しかし，それ以上に18世紀以降，当地域の二毛作農業における表裏両件の労働が重複・集中する農繁期の体力消耗は，ほとんど極限状態に近かったといえる．このため，受胎の機会が農繁期には著しく減少し，農閑期の体力回復をまって始めて，受胎の機会が増大した．その結果，農繁期の旧暦6月，現7月の一時期と，旧暦12，1月，現12，1，2月の連続した時期に出産が集中した．そのため，とくに農繁期の出産は，一層妊産婦死亡の増加を招いた．

1872年以前では，出産とその前後を中心に成人女子死亡が集中し，出血死を招く栄養不良，貧血，体力消耗が，著しい状況にあったことが推察される．1872年以後になって，成人女子死亡のピークと出生ピークの時間差が拡大する方向にむかったことは，衛生，栄養などの一般状態が改善され，出産による危険な状態を多少もちこたえられるようになった結果とみられる．

最後に，南桜報恩寺の住職さん，妙光寺宗泉寺の住職さん，区長さん，故天野宇右左門さん，西村昇之助さん，山田俊夫さんはじめ，お世話になった南桜と妙光寺の皆様方に厚くお礼申し上げます．

参考文献

1）大柴弘子：近世後期近江農村の生活構造と月別出生数，公衆衛生，47(12)，839-845，1983.
2）大柴弘子：近江村落における農民の健康と生活，近江村落社会の研究，社会伝承研究会編，5，111-113，1980.
3）内田正男：日本暦日原典，雄山閣，463-490，1981.
4）厚生省医務局：医制八十年史，3，13-15，1965.
5）籾山政子：疾病と地域・季節，大明堂，142-150，1971.
6）大柴弘子：前掲書，841-844，1983.
7）立川　清：新衛生統計学，第一出版株式会社，504，1974.
8）上野和男：三上の農業構造と労働力構成，近江村落社会の研究，社会伝承研究会編，3，73，1978.
9）大柴弘子：近江村落における農民の健康と生活（2），近江村落社会の研究，社会伝承研究会編，6，79-90，1981.
10）上野和男：前掲書，3，73，1978.
11）上野和男：明治初期南桜の家族構成と婚姻形態，近江村落社会の研究，社会伝承研究会，4，63，65，1979.
12）天海隆一郎他：腰まがりの研究―変形性脊椎症との関連について，日本農村医学会雑誌，8，478，1959.
13）大淵重敬他：農村におけるいわゆる「腰曲り」に関する研究，日本農村医学会雑誌，7，8，1956.
14）榊原昭男：病院外来における神経痛．リウマチ及び腰痛症の統計的観察，日本農村医学会雑誌，4(2-3)，26-30，1956.
15）米光権吉：隣接町村における農村婦人の腰痛について，日本農村医学会雑誌，5(12)，78-84，1957.
16）緒形　健：農村婦人の腰痛，日本農村医学会雑誌第17回総会抄録，12，1968.
17）大柴弘子：前掲書，6，87-89，1981.
18）倉智敬一他：新産科学，南山堂，568，1981.
19）厚生省編：母子衛生の主なる統計，財団法人母子衛生研究会，62，1949.
20）須田圭三：飛弾O寺院過去帳の研究，私家版，424-439，1973.
21）鬼頭　宏：木曽湯舟沢の人口統計―1675～1796年―，三田学会雑誌，67(5)，81，1974.
22）鬼頭　宏：日本二千年の人口史，大日本印刷株式会社，108，125，1983.
23）倉智敬一他：前掲書，166，326，1981.
24）杉山陽一：小産科書，金芳堂，250，1984.
25）倉智敬一他：前掲書，152，153，1981.
26）倉智敬一他：前掲書，568，1981.

付記（訂正表、グラフ）

Ⅱ章 「19世紀以降近江農村の母性健康障害—過去帳成人女子死因の考察—」

表 1 死亡者の月別、性別、成人・子供別の割合と推移（南桜、報恩寺過去帳分析より）の訂正

1873（明治6）～1945（昭和20）年　※大正12, 13, 14年が加わった数値表、グラフ

	1月		2月		3月		4月		5月		6月		7月		8月		9月		10月		11月		12月		合計	
	成人	子供	成人	子供	成人	子供	成人	子供	成人	子供	成人	子供	成人	子供	成人	子供	成人	子供	成人	子供	成人	子供	成人	子供	成人	子供
男	28 (2.5)		21 (1.9)		23 (2.1)		26 (2.3)		33 (2.9)		21 (1.9)		30 (2.7)		31 (2.8)		31 (2.8)		18 (1.6)		32 (2.9)		23 (2.1)		317 (28.4)	
女	27 (2.4)		24 (2.2)		29 (2.6)		24 (2.2)		22 (2.0)		28 (2.5)		20 (1.8)		29 (2.6)		39 (3.5)		28 (2.5)		32 (2.9)		25 (2.2)		327 (29.3)	
計	55	57 (5.1)	45	48 (4.3)	52	44 (3.9)	50	35 (3.1)	55	29 (2.6)	49	32 (2.9)	50	39 (3.5)	60	33 (2.9)	70	23 (2.1)	46	31 (2.8)	64	30 (2.7)	48	60 (5.4)	644 (57.8)	471 (42.2)
合計	112 (10.0)		93 (8.3)		96 (8.6)		85 (7.6)		84 (7.5)		81 (7.3)		89 (8.0)		93 (8.3)		93 (8.3)		77 (6.9)		94 (8.4)		108 (9.7)		1,115 (100)	

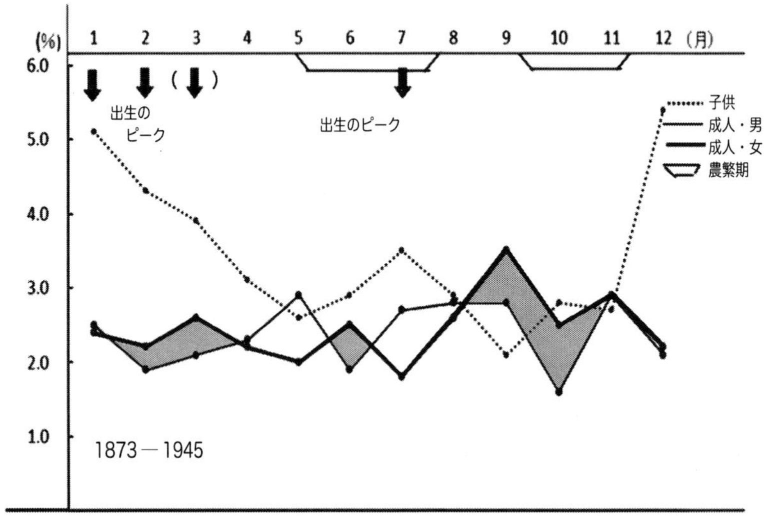

図1　死亡者の月別、性別、成人・子供別の割合と推移（南桜、報恩寺過去帳分析より）

第Ⅲ章　18世紀以降の近江農村にみる死亡の動向

Rural Mortality Trends in Shiga Prefecture, 1696—1975
An Analysis of *KAKOCHOO* (The Death Registers)

(『民族衛星』第54巻　第1号　1988年1月)

〔原　著〕　民　族　衛　生　第54巻　第1号　3～15(1988)

18世紀以降の近江農村過去帳にみる死亡の動向

大柴　弘子

Rural Mortality Trends in Shiga Prefecture, 1696—1975 An Analysis of *KAKOCHOO* (The Death Registers)

Hiroko OOSHIBA

An analysis of *KAKOCHOO* (the death registers) of three villages reveals the mortality trends in the Shiga rural region as follows:

1) Pre-1875 yearly and monthly death tolls jumped intermittently. After 1875 the modern hygenic administration ceased these fluctuations.

2) Before 1875 the number of deaths increased from July to September is presumed to be due to digestive epidemics.

3) Surface water drinking aggravated the summer infections.

4) During the July-September peak in 1796—1875, the adult mortality was significantly higher than the child mortality. This is attributed to increase of perinatal deaths.

5) The mortality fell temporarily around 1920 and decreased monotonously after 1945.

6) Mortality decline of the region was delayed due largely to surface water drinking, while the national mortality had been declining since 1900.

7) Infant mortality with nominal share of 40—45% would have been much higher if unrecorded child deaths due to miscarriage, premature birth, stillbirth, abortion and infanticide had been included.

Ⅰ 緒　　言

明治期およびそれ以前の人口動態の実態報告は極めて少ない．16，17世紀以降の人口動態については，宗門帳，過去帳などを手掛りに実態を部分的に探ることができる．従来の過去帳研究では，宮城県内および旧仙台領の寺院の過去帳を基に，宝暦，天明，天保の三大飢饉に伴う伝染病流行の様相を報告したもの(青木1962)，山梨県下の過去帳から死因に関する疫学的観察を行った報告（中澤1976, 1979)，岐阜県全域を対象とした寿命の推定に関する報告(平田1963)，また飛騨高山地域の死因および死亡の動向に関する報告（須田1973）など，いずれも広大な地域と多数の寺院の過去帳を対象に，長い年月を費した貴重な研究結果が示されている．

一般に過去帳に基づいて，比較的狭い範囲の一定地域における死亡の動向を把握することはむずかしい．それは，寺檀関係の流動性や過去帳記載上の問題などから，基礎となる人口構成の把握が

* 信州大学医療技術短期大学部
* *School of Allied Medical Sciences, Shinshu University*

できないことが主な原因となっているためである．ところが，ここで報告する年代における三つの村は，戸数がほぼ固定しており（上野1977，山岡1977，大柴1980）ほとんど一村一ヶ寺を存続させてきた．妙光寺村宗泉寺の檀家数は30戸前後，南桜村報恩寺の檀家数は100戸前後，北桜村多聞寺，得生寺（明治45年より多聞寺一寺に併合される）の檀家数は50戸前後で，ほぼ固定的であった．この地域は，屋敷に地番が付けられており，聴取調査によると「絶家，退転により空家が生ずると，他村から代わりの者を探がしてきてその屋敷に住まわすようにした」といわれている．厳密には，天保期の凶作が原因と思われる戸数および人口の減少がみられるが(大柴1980)，以上の条件は，基礎人口が示されていなくても一定地域の数量的な死亡の動向を得られる．

ここでは，以上のような特異性をもつ近江の三つの村の過去帳から，年代別，月別，成人・小児別，性別にみた死亡状況の分析結果を得たので報告する．また，文書資料，聴取調査による地域の生活背景を視野に入れ，その結果を考察する．

II　対象地域・年代

調査地域は，滋賀県野洲町妙光寺，南桜，北桜（共に旧村）の三ヶ村である．対象とした年代は，妙光寺は1696（元録９）～1975（昭和50）年，南桜，北桜は1796（寛政８）～1975（昭和50）年とした．なお，対象地域の概要については，別稿(大柴1983）を参照されたい．

III　方　　法

1．過去帳分析

1）対象年代一妙光寺村では1663（寛文３）年以降の過去帳が現存しているが，当初は特定の家系の成人死亡者のみを記載し，小児の死亡者を記載していない．当時の寺檀関係は歴史的にも確立されていない(福田1976)．従って，これらがほぼ確立されたとみなされる（複数の家の戒名，小児の戒名の記載が現われる）1696（元禄９）年以降を対象とした．また，南桜村，北桜村（旧村，以後村は略す）では，過去帳が現存している1796（寛政８）以降とした．この間，両村の寺檀関係は確立されており，過去帳の記載も整っている．

2）寺檀関係一対象とした年間の妙光寺，南桜，北桜の檀家数は，ほぼ固定的であった．妙光寺，南桜は一寺で維持存続してきたが，北桜では，1912（明治45）年まで二寺で，その後多聞寺一寺に併合された．また，北桜では数戸が村外に檀那寺をもっている．しかし，北桜にある寺の檀家数50戸前後は，固定的であった．

なお，昭和30年代以降の村の戸数は，新興住宅の増設に伴い変化している．しかし，歴代継続してきた旧村の家々は，過去帳から判明できるため，旧村の家を基本に死亡数を算出した．

3）年齢，性，その他一成人，小児の別は戒名から同定した．小児としたのは，戒名より童子・童女，桜子・桜女，孩子・孩女，水子と記されている者で，年齢は13歳以下である．水子については，性別不明である．したがって小児とした群の性別は分けていない．

その他，過去帳分析上の整理方法は以前に報告した(大柴1980)．なお，戦死者は統計数値から除外した．

2．訪問面接による聴取調査を行い，また文書資料を用いた．

IV　結　　果

1．年代別，月別，成人・小児別死亡数(表１～３，図１～３）

死亡数を10年ごとに区分し，年代別，月別，成人・小児別に整理した．妙光寺の1696～1795年は表１-aに，1796～1875年は表１-A，1876～1975年は表１-Bに，南桜の1796～1875年は表２-A，1875～1975年は表２-Bに，北桜の1796～1875年は表３-A，1876～1975年は表３-Bに示した．また，表１～３の各々の結果をもとに，月別にみた死亡割合と数の年代ごとの推移を図１～３に示した．図１～３のＡは，月別にみた死亡数の割合を各期に分けて示し，図１～３のＢは，各期の内の時代の推移をみるために，月別の死亡数を20年ごとの

表１-a.　年代別，月別及び成人・小児別死亡数（10年単位）—妙光寺1696（元禄９）～1795（寛政７）—

	1月		2月		3月		4月		5月		6月		7月		8月		9月		10月		11月		12月		計		合計
	成人	小児	成人	小児	成人	小児	成人	小児	成人	小児	成人	小児	成人	小児	成人	小児	成人	小児	成人	小児	成人	小児	成人	小児	成人	小児	
1663～1665（総計から除く）									3																3		3
1666～1675（総計から除く）			1														1								2		2
1676～1685（総計から除く）							1		1		2				1		2				2		2		11		11
1686～1695（総計から除く）					1				1				2				1		2		2		1		10		10
1696～1705	2				2		1		3		4				3		1	1	4	2	2		4	1	26	4	30
																									(86.7)	(13.3)	(100)
1706～1715	1				4		1		4		3	1	1				3		1	1	2		2	2	22	4	26
	3				6		2		7		8		1		3		5		8		4		9		(84.6)	(15.4)	(100)
1716～1725	2	1		2	1	5	2	3	1	1	2	1	3	1	1	3	1	3	2	1	2				17	21	38
																									(44.7)	(55.3)	(100)
1726～1735	6	1	3		3		2	1	2	1		2	2	1	7	4	4	6	4	4	1		5	2	39	22	61
	10		5		9		8		5		5		7		15		14		11		3		7		(63.9)	(36.1)	(100)
1736～1745	3	2	1	3	2	1	2	1	1		2		3	1	3	3	4	1	3		3	1			27	13	40
																									(67.5)	(32.5)	(100)
1746～1755	1		1	1	1	1	2		3	2	1	2	3	2	3	1	12	5	7	2	6		3	6	43	22	65
	6		6		5		5		6		5		9		10		22		12		10		9		(65.2)	(33.8)	(100)
1756～1765	1	5	2	1			2	3	1	3	2	1	6	1	3	2	4	6	4	1	4		8	4	37	27	64
																									(57.8)	(42.2)	(100)
1766～1775	2	2	1		1	1		2	4	3	2	3	2	3	3	2	2	1	4	5		2	3	1	24	25	49
	10		4		2		7		11		8		12		10		13		14		6		16		(49.0)	(51.0)	(100)
1776～1785	2	1	2	2	2	1	2	1	3	1	2	2	5	2	4	1	1	1	4	3	3	3	2	2	32	20	52
																									(61.5)	(38.5)	(100)
1786～1795	3	2	3	2	3	3	3	1			4	2	2	2	3	4	3	3	2	2	2		6	1	34	22	56
	8		9		9		7		4		10		11		12		8		11		8		11		(60.7)	(39.3)	(100)
1696～1795	23	14	13	11	19	12	17	12	22	11	22	14	27	13	30	20	35	27	35	21	25	6	33	19	301	180	481
	(4.8)	(2.9)	(2.7)	(2.3)	(3.9)	(2.5)	(3.5)	(2.5)	(4.6)	(2.3)	(4.6)	(2.9)	(5.6)	(2.7)	(6.2)	(4.2)	(7.3)	(5.6)	(7.3)	(4.2)	(5.2)	(1.2)	(6.9)	(3.9)	(62.6)	(37.4)	(100)
合計	37		24		31		29		33		36		40		50		62		56		31		52		481		
	(7.7)		(5.0)		(6.4)		(6.0)		(6.9)		(7.5)		(8.3)		(10.4)		(12.9)		(11.6)		(6.4)		(10.8)		←(100)		

表１-A.　年代別，月別及び成人・小児別死亡数（10年単位）—妙光寺1796（寛政８）～1875（明治８）—

	1月		2月		3月		4月		5月		6月		7月		8月		9月		10月		11月		12月		計		合計
	成人	小児	成人	小児	成人	小児	成人	小児	成人	小児	成人	小児	成人	小児	成人	小児	成人	小児	成人	小児	成人	小児	成人	小児	成人	小児	
1796～1805	2	1	2		2	1	1	3	3	1	1	2	3	1	3	4		1	1		2			3	20	17	37
																									(54.1)	(45.9)	(100)
1806～1815		1	3	3	1		1	2	3	3	1	1	3	3	2	3	1	2	2	1	3	2	1		21	21	42
	4		8		4		7		10		5		10		12		4		4		7		4		(50.0)	(50.0)	(100)
1816～1825	1	2	3	1	4	5	2	2	4	6	1	1	3		6	8	6	3	1	4	3		2	1	36	33	69
																									(52.2)	(47.8)	(100)
1826～1835			6	1	3	6	3	1	5	3	4	2	2	3	6	2	5		2	2	2		3	1	41	21	62
	3		11		18		8		18		8		8		22		14		9		5		7		(66.1)	(23.9)	(100)
1836～1845	4				2	2				2	2		4	1	2	1	3	2	1		2	2	1	1	21	11	32
																									(65.6)	(34.4)	(100)
1846～1855	1	1		1	2		1		2	3	1	3			2	2	5		2	3	2	3	2	5	20	21	41
	6		1		6		1		7		6		5		7		10		6		9		9		(48.8)	(51.2)	(100)
1856～1865		2	2	2		1	2	1	2		2		4	2	1	1	4	1	3		2	3	1	1	23	14	37
																									(52.2)	(37.8)	(100)
1866～1875	1	1	2	1	2	2	3		1		4	2	2		1	1	7	1		1	3		3	3	29	12	41
	4		7		5		6		3		8		8		4		13		4		8		8		(70.7)	(29.3)	(100)
1796～1875	9	8	18	9	16	17	13	9	20	18	16	11	21	10	23	22	31	10	12	11	19	10	13	15	211	150	361
	(2.5)	(2.2)	(5.0)	(2.5)	(4.4)	(4.7)	(3.6)	(2.5)	(5.5)	(5.0)	(4.4)	(3.1)	(5.8)	(2.8)	(6.4)	(6.1)	(8.6)	(2.8)	(3.3)	(3.1)	(5.2)	(2.8)	(3.6)	(4.2)	(58.4)	(41.6)	(100)
合計	17		27		33		22		38		27		31		45		41		23		29		28		361		
	(4.7)		(7.5)		(9.1)		(6.1)		(10.5)		(7.5)		(8.6)		(12.5)		(11.4)		(6.4)		(8.0)		(7.8)		←(100)		

人数で示した．

今回，時代を前後二つに大きく区分して前期のはじめを1796年として，1796～1875（80年間）年に，後期を1876～1975（100年間）年とした．その理由として前者は，南桜，北桜の過去帳が現存する初めの年に揃えたためであり，後者は，1872(明治５）年までの旧暦による閏月の影響を考慮したためである．過去帳記載上では，明治中頃まで旧新両暦の月日を記載している例が多くみられ，1872（明治５）年の改暦直後は，旧暦のまま記載されている例も多い．改暦後の両暦日の記載は，新暦の月日を採用した．明治５～８年の間は，暦日の記載に多少の流動がみられる．本論では，20年ごとの時代区分でみてきた結果，明治５年でなく1875（明治８）年がその区切りの年となったが，統計上の誤差は少ないためこの年を区切とした．

また旧暦においては閏月の影響が考えられるが，月別死亡算出の際の閏月の誤差は，わずかで

表1-B. 年代別，月別及び成人・小児別死亡数（10年単位）—妙光寺1876（明治9）～1975（昭和50）—

	1月		2月		3月		4月		5月		6月		7月		8月		9月		10月		11月		12月		計		合計
	成人	小児	成人	小児	成人	小児	成人	小児	成人	小児	成人	小児	成人	小児	成人	小児	成人	小児	成人	小児	成人	小児	成人	小児	成人	小児	
1876～1885	4	3			3	1	4	1		1	1	1		1	2	2	3	1	1		2	1	3	2	23	14	37
																									(62.2)	(37.8)	(100)
1886～1895		2	3	1	3	3	1				3	2	1	5	1		3	1	5	1	2			1	22	16	38
	9		4		10		6		1		7		7		5		8		7		5		6		(57.9)	(42.1)	(100)
1896～1905			4	2	2		2		4	2	1	2					1	2	1				3		18	8	26
																									(69.2)	(30.8)	(100)
1906～1915	2	1	3		2	2	1		2		1	1	3		4	2	5	1			1		5	4	29	11	40
	3		9		6		3		8		5		3		6		9		1		1		12		(72.5)	(27.5)	(100)
1916～1925			2	2	2	3	2	2	2						1			1	7	2	2	1		1	18	12	30
																									(60.0)	(40.0)	(100)
1926～1935	3	1	2	1	3	2	3		2		1		2	3	3		1		3	1	1		2	2	26	10	36
	4		7		10		7		4		1		5		4		2		13		4		5		(72.2)	(27.8)	(100)
1936～1945	6		3		3		4	1	3	1	3		1		1	3	3	2	2		2		4		35	7	42
																									(83.3)	(16.7)	(100)
1946～1955	2	1	1				1		2		1		1		2	2	1		2			1	1	1	14	5	19
	9		4		3		6		6		4		2		8		6		4		3		6		(73.7)	(26.3)	(100)
1956～1965		2	2				1				1		2		3				1		1		1		12	2	14
																									(85.7)	(14.3)	(100)
1966～1975		1					2		2		2		2		1				1		1		1		12	1	13
	3		2				3		2		3		4		4				2		2		2		(92.3)	(7.7)	(100)
1876～1975	17	11	20	6	18	11	21	4	17	4	14	6	12	9	18	9	17	8	23	4	12	3	20	11	209	86	295
	(5.8)	(3.7)	(6.8)	(2.0)	(6.1)	(3.7)	(7.1)	(1.4)	(5.7)	(1.4)	(4.7)	(2.1)	(4.0)	(3.1)	(6.1)	(3.1)	(5.8)	(2.7)	(7.8)	(1.3)	(4.1)	(1.0)	(6.8)	(3.7)	(70.8)	(29.2)	(100)
合計	28		26		29		25		21		20		21		27		25		27		15		31		295		
	(9.5)		(8.8)		(9.8)		(8.5)		(7.1)		(6.8)		(7.1)		(9.2)		(8.5)		(9.1)		(5.1)		(10.5)		←(100)		

（注） 表1-a，表1-A，表1-B について

1） 妙光寺村宗泉寺過去帳分析より

2） 月不明者4（成人3，小児1）は統計から除いた．

3） （ ）内はパーセント

表2-A. 年代別，月別及び成人・小児別死亡数（10年単位）—南桜1796（寛政8）～1875（明治8）—

	1月		2月		3月		4月		5月		6月		7月		8月		9月		10月		11月		12月		計		合計
	成人	小児	成人	小児	成人	小児	成人	小児	成人	小児	成人	小児	成人	小児	成人	小児	成人	小児	成人	小児	成人	小児	成人	小児	成人	小児	
1796～1805	1	3	3	4	6	5	6	1	1	1	1	1	4	3	9	2	3	7	5	3	5	5	5	4	49	39	88
																									(55.7)	(44.3)	(100)
1806～1815	5	4	9	1	4	6	3	3	2		1	2	6	4	7	3	9	3	4	1	12	2	7	2	69	31	100
	13		17		21		13		4		5		17		21		22		13		24		18		(69.0)	(31.0)	(100)
1816～1825	12	5	10	3	5	5	3	4	3		4	3	9		10	10	18	10	11	1	7	5	10	5	102	51	153
																									(66.7)	(33.3)	(100)
1826～1835	8	10	6	6	13	8	5	8	8	10	7	7	19	4	3	12	13	1	4	5	18	4	5	5	109	80	189
	35		25		31		20		21		21		32		35		42		21		34		25		(57.7)	(42.3)	(100)
1836～1845	4	2	4	7	9	4	7	6	3	13	6	4	14	8	18	5	19	8	5	1	9	3	5	4	103	65	168
																									(61.3)	(38.7)	(100)
1846～1855	5	5	4	2	5	5	5	3	4	7	7	2	7	3	10	3	11	7	7	7	6	8	4	3	75	55	130
	16		17		23		21		27		19		32		36		45		20		26		16		(57.7)	(42.3)	(100)
1856～1865	7	6	8	5	6	8	3	4	9	5	9	3	5	9	13	11	8	10	8	6	9	3	10	7	95	77	172
																									(55.2)	(44.8)	(100)
1866～1875	8	4	6	7	4	3	7	2	1	3	8	6	12	5	11	6	6	6	13	6	9	3	5	6	90	57	147
	25		26		21		16		18		26		31		41		30		33		24		28		(61.2)	(38.8)	(100)
1796～1875	50	39	50	35	52	44	39	31	31	39	43	28	76	36	81	52	87	52	57	30	75	33	51	36	692	455	1147
	(4.4)	(3.4)	(4.4)	(3.0)	(4.5)	(3.9)	(3.4)	(2.7)	(2.7)	(3.4)	(3.7)	(2.5)	(6.6)	(3.2)	(7.1)	(4.5)	(7.6)	(4.5)	(5.0)	(2.6)	(6.5)	(2.9)	(4.4)	(3.2)	(60.3)	(39.7)	(100)
合計	89		85		96		70		70		71		112		133		139		87		108		87		1147		
	(7.8)		(7.4)		(8.4)		(6.1)		(6.1)		(6.2)		(9.8)		(11.6)		(12.1)		(7.6)		(9.4)		(7.6)		←(100)		

一般に無視しても差し支えないとされている（速水1966）のでこれに拠った．

以上を整理した上で，死亡についてまず，月別の死亡数に差があるといえるか否かを検定した．方法は，1696～1795年，1796～1875年，1876～1975年の各期について，その内の20年毎の各月の死亡数を算出した値に基づき，分散分析法によって検定した．ついで，7～9月の夏期は，伝染病に伴う死亡数が急増するのではないかと考え，残りの月の死亡数と比較した．その方法は，1696～1795年，1796～1875年，1876～1975年の各々100年間，80年間，100年間の各月の合計死亡数を基に，7～9月の3カ月における1カ月平均の死亡数と，残り9カ月における1カ月平均の死亡数とについてt検定を行なった．その結果，次のことが明らかとなった．

1）1696～1795年の妙光寺では，月別死亡数に差がみられた（$F=2.30$，$df=11/48$，$p<.05$）．

表2-B.　年代別，月別及び成人・小児別死亡数（10年単位）—南桜1876（明治9）～1975（昭和50）—

	1月		2月		3月		4月		5月		6月		7月		8月		9月		10月		11月		12月		計		合計
	成人	小児	成人	小児	成人	小児	成人	小児	成人	小児	成人	小児	成人	小児	成人	小児	成人	小児	成人	小児	成人	小児	成人	小児	成人	小児	
1876～1885	9	3	5	5	7	4	5	3	6	7	12	4	10	7	9	4	8	2	4	3	9	2	9	12	93 (62.4)	56 (37.6)	149 (100)
1886～1895	4	15	8	5	3	8	5	6	12	4	5	3	8	5	7	6	5	3	6	2	4	4	2	8	69 (50.0)	69 (50.0)	138 (100)
	31		23		22		19		29		24		30		26		18		15		19		31				
1896～1905	8	8	9	7	6	8	3	8	9	3	4	5	7	5	11	3	14	4	5	3	6	4	2	5	84 (57.1)	63 (42.9)	147 (100)
1906～1915	5	8	4	8	8	1	8	3	7	4	5	3	8	15	9	4	11	3	9	4	12	2	6	8	92 (59.4)	63 (40.6)	155 (100)
	29		28		23		22		23		17		35		27		32		21		24		21				
1916～1925	7	10	8	9	10	3	7	7	3	4	10	4	4	6	7	5	8	5	4	4	6	7	6	12	80 (51.3)	76 (48.7)	156 (100)
1926～1935	10	5	1	5	8	7	8	4	10	2	6	8	3	6	7	2	8	1	4	5	6	4	13	5	84 (60.9)	54 (39.1)	138 (100)
	32		23		28		26		19		28		19		21		22		17		23		36				
1936～1945	11	8	5	6	6	10	10	3	8	3	3	2	6	2	3	2	10	2	10	4	17	2	9	4	98 (67.1)	48 (32.9)	146 (100)
1946～1955	5	3	2	2	10	1	2		4	2	4	1	4	1	2	1	7	1	10		6	1	5	3	61 (79.2)	16 (20.8)	77 (100)
	27		15		27		15		17		10		13		8		20		24		26		21				
1956～1965	8	1	3	2	6		8		8		3	1	4	2	4	2	4		5		4		1	1	58 (86.6)	9 (13.4)	67 (100)
1966～1975	1		5	1	6		8		3		6		3	2	2				5		5		4		48 (94.1)	3 (5.9)	51 (100)
	10		11		12		16		11		10		11		8		4		10		9		6				
1876～1975	68	61	50	50	70	42	64	34	70	29	58	31	57	51	61	29	75	21	62	25	75	26	57	58	767	457	1224
	(5.5)	(5.0)	(4.1)	(4.1)	(5.7)	(3.4)	(5.2)	(2.8)	(5.7)	(2.4)	(4.8)	(2.5)	(4.7)	(4.1)	(5.0)	(2.4)	(6.1)	(1.7)	(5.1)	(2.0)	(6.1)	(2.2)	(4.7)	(4.7)	(62.7)	(37.3)	(100)
合計	129 (10.5)		100 (8.2)		112 (9.1)		98 (8.0)		99 (8.1)		89 (7.3)		108 (8.8)		90 (7.4)		96 (7.8)		87 (7.1)		101 (8.3)		115 (9.4)		1224 ←(100)		

（注）表2-A，表2-B について

1）南桜村報恩寺過去帳分析より

2）月不明者1（小児1）は統計から除いた.

3）(　)内はパーセント

表3-A.　年代別，月別及び成人・小児別死亡数（10年単位）—北桜1796（寛政8）～1875（明治8）—

	1月		2月		3月		4月		5月		6月		7月		8月		9月		10月		11月		12月		計		合計
	成人	小児	成人	小児	成人	小児	成人	小児	成人	小児	成人	小児	成人	小児	成人	小児	成人	小児	成人	小児	成人	小児	成人	小児	成人	小児	
1796～1805	2	1	2	2	4	2	2	3	3	2	2	2	2	3	4	5	3	1	4	2	4		2		34 (59.6)	23 (40.4)	57 (100)
1806～1815	5	2	3	1	2	2	1	3	1	1	1	1	2	2		1	3		2	1	1	1	1		22 (59.5)	15 (40.5)	37 (100)
	10		8		10		9		7		6		9		10		7		9		6		3				
1816～1825		2	2		1	2	5	2	2	3	2		1	5	1	2	3	1	2	2	1	1			20 (50.0)	20 (50.0)	40 (100)
1826～1835		4	5	4	1	2	4	5	2	4	1	2	2	2	1	1	3		1	2	2	4	1		23 (43.4)	30 (56.6)	53 (100)
	6		11		6		16		11		5		10		5		7		7		8		1				
1836～1845	4	4	2	2	3	1		2	5		3		5	3	1	3	4	4	1	8	10	1	2	4	40 (55.6)	32 (44.4)	72 (100)
1846～1855	4	3	2	3	3	2	4	3	4	4		7	1	2	1	1	5	2	3	2	6	3	2		35 (52.2)	32 (47.8)	67 (100)
	15		9		9		9		13		10		11		6		15		14		20		8				
1856～1865	4		5		1	5	2		1	5	4		2		3	4	2	3	4	1	2	1	5	4	35 (60.3)	23 (39.7)	58 (100)
1866～1875		6	4	4	2	3	2	1	2	2	2	1	4	3	2		2	1		2	3	2	2	3	25 (47.2)	28 (52.8)	53 (100)
	10		13		11		5		10		7		9		9		8		7		8		14				
1796～1875	19	22	25	16	17	19	20	19	20	21	15	13	19	20	13	17	25	12	17	20	29	13	15	11	234	203	437
	(4.4)	(5.0)	(5.7)	(3.7)	(3.9)	(4.3)	(4.6)	(4.3)	(4.6)	(4.8)	(3.4)	(3.0)	(4.3)	(4.6)	(3.0)	(3.9)	(5.7)	(2.8)	(3.9)	(4.6)	(6.6)	(3.0)	(3.4)	(2.5)	(53.5)	(46.5)	(100)
合計	41 (9.4)		41 (9.4)		36 (8.2)		39 (8.9)		41 (9.4)		28 (6.4)		39 (8.9)		30 (6.9)		37 (8.5)		37 (8.5)		42 (9.6)		26 (5.9)		437 ←(100)		

ついで，1696～1795年の妙光寺の7～9月の1カ月平均死亡数は56.7名，残りの月の1カ月平均死亡数は39.1名で，統計的にも7～9月の夏期死亡数の方が有意に多かった(t＝2.50，df＝10，p＜0.5)．さらに，成人と小児について分析すると，小児に傾向差はみられるが成人，小児いずれも有意差は，みられなかった（成人t＝1.79，df＝10，p＜.20，小児t＝1.97，df＝10，p＜.10)．

2）1796～1875年の月別死亡数に差があるか否か検定すると，妙光寺では月による死亡数の差がみられなかった(F＝0.92，df＝11/36，n.s)．南桜では，月による死亡数の差が明らかであった(F＝4.04，df＝11/36，p＜.01)．また，北桜では，月による死亡数の差はみられなかった（F＝0.55，df＝11/36，n.s)．

ついで，1796～1875年の7～9月の夏期と残りの月の死亡数とを比較すると，妙光寺では，7～9月の1カ月平均死亡数は39.0名，残りの月の1カ

表3-B. 年代別，月別及び成人・小児別死亡数（10年単位）—北桜1876（明治9）～1975（昭和50）—

	1月		2月		3月		4月		5月		6月		7月		8月		9月		10月		11月		12月		計		合計
	成人	小児	成人	小児	成人	小児	成人	小児	成人	小児	成人	小児	成人	小児	成人	小児	成人	小児	成人	小児	成人	小児	成人	小児	成人	小児	
1876～1885	3	3	6	1	2	4	1		3	3	5	3	4		8	3	5	3	3	4	4	3	4	1	48 (63.2)	28 (36.8)	76 (100)
1886～1895	5	3	2	2	5	2	3	2	4		3	3	2	2	4	2	1	3	1	3	2	4	4	6	36 (53.0)	32 (47.0)	68 (100)
	14		11		13		6		10		14		8		17		12		11		13		15				
1896～1905	5	3	3	5	2	5	2	2	2	4	1	4	3	2	4			2	3		3	4	3	3	31 (47.7)	34 (52.3)	65 (100)
1906～1915	5	1	1	5	4	2	6	5	9	2	3	2	4	6	1	4	5	1	2		2	1	1	2	43 (58.1)	31 (41.9)	74 (100)
	14		14		13		15		17		10		15		9		8		5		10		9				
1916～1925	8	5	9	4	3	6	3	2	3	3	5	4	4	4	4	2	2	4	5	3	1	3	3		50 (55.6)	40 (44.4)	90 (100)
1926～1935	5	2	2		3		3	1	5	1	3	3	4	1	2	2	5	1	3	3	2	1	4	2	41 (70.7)	17 (29.3)	58 (100)
	20		15		12		9		12		15		13		10		12		14		7		9				
1936～1945	4	1	1		6	2	7	1	2	1	2	1	1	1	3	3	7		4	1	5	2	3	3	45 (73.8)	16 (26.2)	61 (100)
1946～1955	3		2	4	2	1			4		4		5		5		2		2		6		4		39 (88.6)	5 (11.4)	44 (100)
	8		7		11		8		7		7		7		11		9		7		13		10				
1956～1965	1		2		5	1	3		2		2		3		1	1	2		2	1	2		3		28 (90.3)	3 (9.7)	31 (100)
1966～1975	4		4		2	1			2	1	3		2	1	3		1		2		3		6	3	32 (84.2)	6 (15.8)	38 (100)
	5		6		9		3		5		5		6		5		3		5		5		12				
1876～1975	43 (7.1)	18 (3.0)	32 (5.3)	21 (3.5)	34 (5.6)	24 (4.0)	28 (4.6)	13 (2.2)	36 (5.9)	15 (2.5)	31 (5.1)	20 (3.3)	32 (5.3)	17 (2.8)	35 (5.8)	17 (2.8)	30 (5.0)	14 (2.3)	27 (4.5)	15 (2.4)	30 (5.0)	18 (2.9)	35 (5.8)	20 (3.3)	393 (65.0)	212 (35.0)	605 (100)
合計	61 (10.1)		53 (8.8)		58 (9.6)		41 (6.8)		51 (8.4)		51 (8.4)		49 (8.1)		52 (8.6)		44 (7.3)		42 (6.9)		48 (7.9)		55 (9.1)		605 ←(100)		

（注） 表3-A，表3-Bについて

1） 北桜村得生寺，多聞寺過去帳分析より．

2） 月不明者5（成人4，小児1）は統計から除いた．

3） （ ）内はパーセント

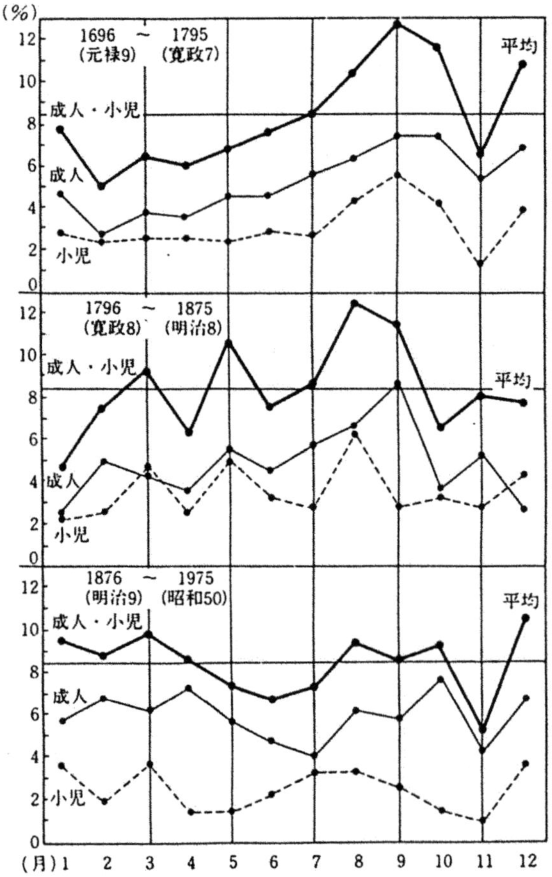

図1-A 月別死亡数の割合—妙光寺—

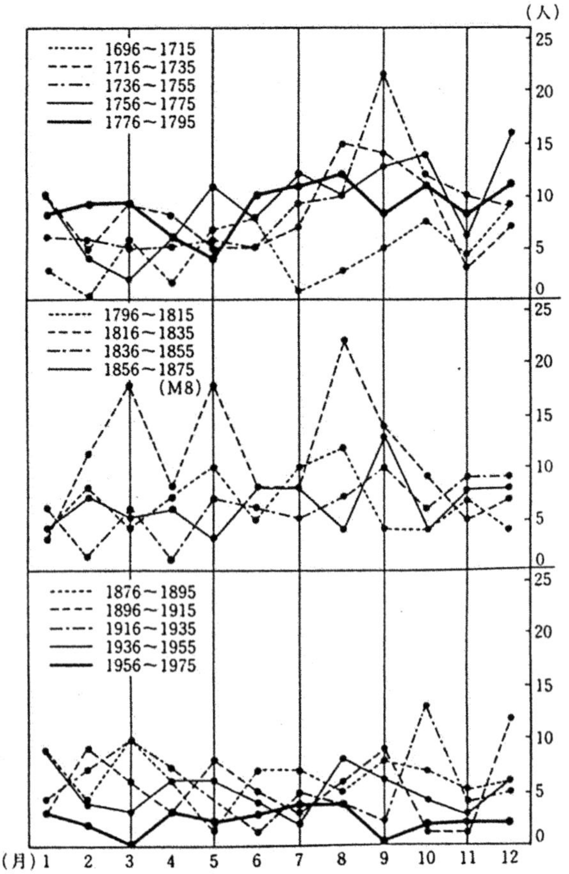

図1-B 月別死亡数の推移(20年ごと)—妙光寺—

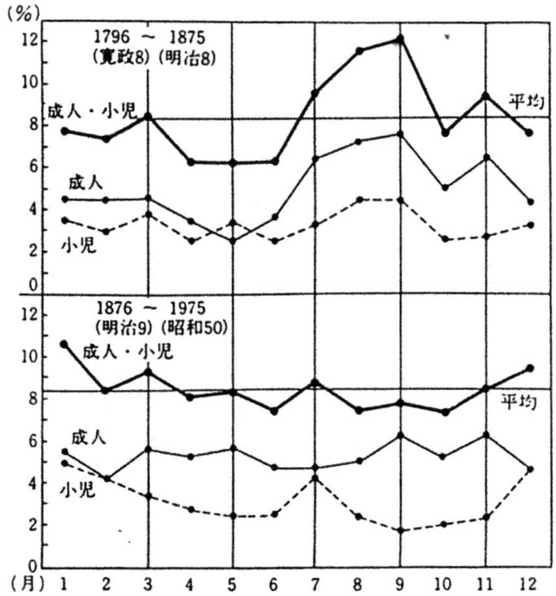

図2-A　月別死亡数の割合—南桜—

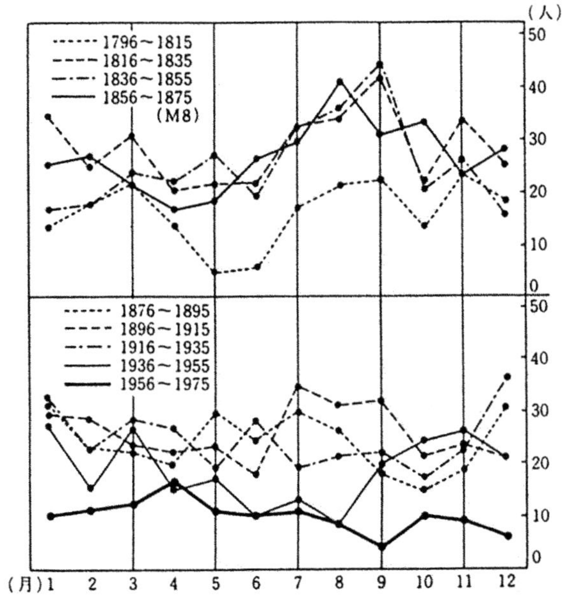

図2-B　月別死亡数の推移（20年ごと）—南桜—

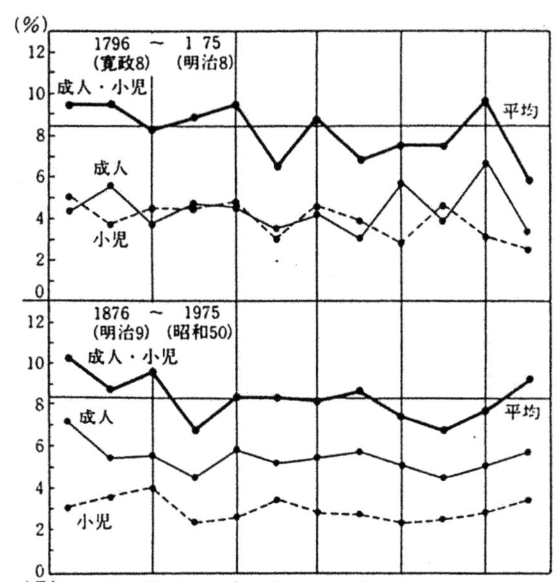

図3-A　月別死亡数の割合—北桜—

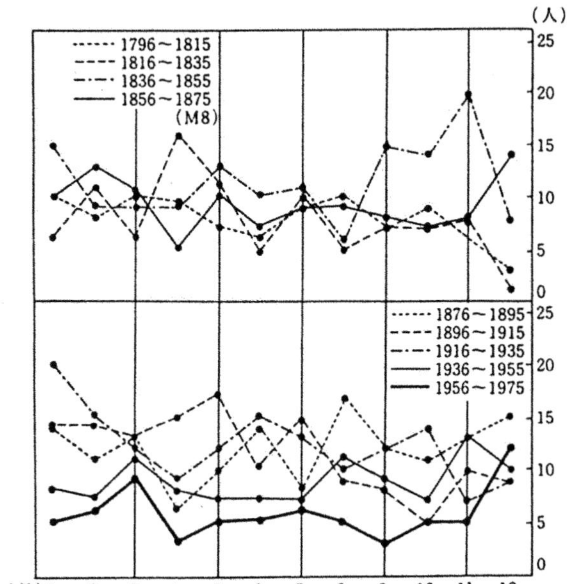

図3-B　月別死亡数の推移（20年ごと）—北桜—

月平均死亡数は27.1名で，夏期の死亡数が有意に多かった(t=2.81, df=10, p<.02)．さらに，成人と小児について分析すると，成人のみに有意差がみられ(t=3.70, df=10, p<･005)，小児では差がみられなかった（t=0.66, df=10, n.s)．

南桜についても，7～9月の1カ月平均死亡数は128.0名，残りの月の1カ月平均死亡数は84.7名で，夏期の死亡数が有意に多かった(t=4.9, df=10, p<.001)．また，成人と小児に分けてみると，いずれも有意差がみられたが，とくに成人の方での差の有意性が大きかった（成人t=4.20, df=10, p<.002, 小児t=2.90, df=10, p<0.1)．

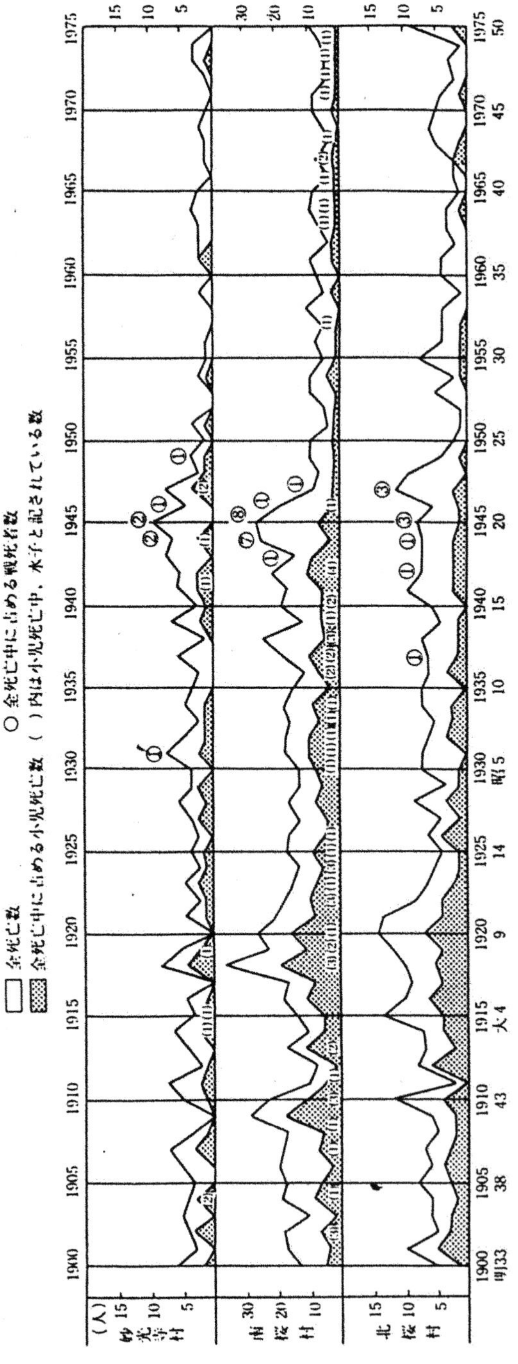

図4　1900～1975年における年毎の死亡数の推移

北桜では，7～9月の死亡数と残りの月のそれとの間に，統計上の差が全くみられなかった（t=－0.39，df=10，n.s)．

3）1876～1975年の月別死亡数の差については，三つの村とも差がみられなかった（妙光寺 F≒0.48，df=11/48，n.s，南桜 F=0.44，df=11/48，n.s，北桜 F=0.45，df=11/48，n.s)．

ついで，7～9月の夏期死亡数と残りの月のそれについても，三つの村とも統計上の差はみられなかった．

2．死亡数減少の時期（図4，表4，表1～3，図1～3）

1696年以降の妙光寺，1796年以降の南桜，北桜における毎年の死亡数の推移は，すでにグラフで示した（大柴1980)．それによると死亡数の推移が詳細にわかり，1920年と1945年頃を境に死亡数の変化がみられる．ここでは，1900年以降のみを（1900年以前は，その時期と死亡数に増減の差がない）図4に示し，とくに1920年前後の変化の様子をみるために，1881年以降について10年ごと死亡数を表4に示した．表4から1881～1920年の10年ごとにみた平均死亡数と，1921～1950年の10年ごとにみた平均死亡数を算出し，それにもとづいて1920年を境とした前と後に，死亡数の差があるか否かをt検定により確かめた．その結果は次の如くであった．

1）北桜では，1920年を境とした前と後の死亡数に統計的な差がみられないが（t=1.26，df=5，

表4　1881～1950年における10年ごと死亡数の推移

	妙光寺	南　桜	北　桜	合　計
1881～1890	38	160	80	278
1891～1900	36	152	54	242
1901～1910	39	188	71	298
1911～1920	39	179	92	310
1921～1930	32	144	67	243
1931～1940	(1)　34	156	(1)　57	(2)　247
1941～1950	(6)　32	(18)　126	(8)　62	(32)　220

（ ）内は戦死者．統計数値からは除外した．

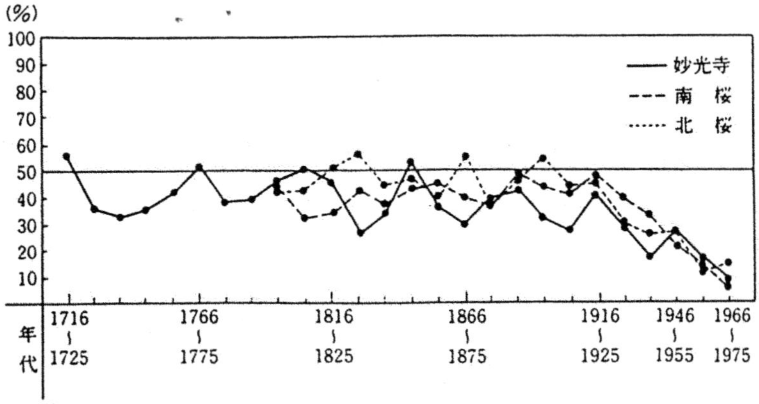

図5　10年ごとにみた全死亡のうち小児死亡の占める割合

p<.30)，南桜，妙光寺では1920年以降の死亡数が，統計的にも減少しているといえる（南桜 t=2.28, df=5，p<.10, 妙光寺 t=5.35, df=5，p<.005).

2）1945年以降は，図4からみて，統計的な検討を行なうまでもなく三つの村とも著しい死亡数の減少がみられる．

3. 成人男・女別死亡の動向

男・女別にみた死亡の動向について，1796年以降の妙光寺と南桜については，数値結果をすでに報告した(大柴1985)．それによると女性死亡が男性死亡を上回る時期が，二つの村とも共通してみられた．つまり，当時この地域では，旧暦で6月新暦で7月に出生数のピークがみられ，それに続く7～9月に成人女子死亡の増大がみられた．

4. 全死亡中に占める小児死亡の割合(図5，表1～3，図1～3)．

全死亡中に占める小児死亡の割合は，表1～3の結果をもとに，10年ごとの年代にそって図5に示した．以上から次のことがいえる．

1）1925年以前の三つの村の小児死亡は全死亡数の，およそ40～45%を占めている．

2）全死亡中に小児死亡の占める割合が変化する時期をみると，1926年以降に減少の一途をたどり現在に至っている．

V 考　　察

1. 明治初期以降の死亡数の変化と衛生行政．

1875(明治8)年を境に前後を比較すると，1875年以前には，ある年，またある月に著しい死亡数の増加がみられるが，1876年以降は，死亡数の著しい増減がみられなくなる．この変化は，特に明治維新後の衛生行政とも関連すると考えられる．

維新後日本は，はじめて本格的に衛生行政に取組み，医学教育の確立にも力をそそぎ，当時，流行をくり返していた痘瘡，コレラ，赤痢，腸チフスなどの伝染病に対しても対策がたてられていった（厚生省1955)．天然痘の対策についてみると，滋賀県では，明治3年5月1日に種痘規則を定め種痘を実施している(松村1968)．南桜では，明治6年と12年の種痘実施記録が残っている（南桜村1873，1879)．明治6年の記録によると，種痘実施者27名の氏名，年齢が記されており，その年齢をみると，最年少は5歳11カ月で，年長は16歳9カ月であった．また，明治12年の記録では，人別に種痘実施者は○印され，その時すでに天然痘に罹患した者は，㊇と赤印が附されている．明治12年の南桜の人口は，524名でこの時44名の天然痘罹患者が記されている．天然痘が深刻な疾患であったことは，種痘が普及している大正元年から昭和3年の間の天然痘罹患と死亡状況の詳細な研究報告(井口1929)からもわかる．ことに種痘実施前の天然痘の猛威は，凄まじく，死因の主を占めていた(須田1973，立川1976)．

他に当時は，コレラ，腸チフス，赤痢，疫痢，麻疹などの流行病が，再々猛威をふるっていたことが記録されており(滋賀県1971, 橋川1927), これら伝染病に対して,村ぐるみで対策をたてた記録がある.明治16年に北桜村役場から「虎列刺病鑑識表」(北桜村1883)が,名戸に配布されている.また,明治23年に三上村役場が常設委員あてに対して,食物,衛生,日常の摂生について書いた「触れ」(三上村1890)をだしたものが残っている.

これら伝染病による爆発的死亡数が減少した要因の一つには,このような維新後の衛生行政の取組みが影響していたと思われる.

わが国の死亡数は,1900年頃を境に一変して減少の傾向に変わった(厚生省1976).その原因は,社会経済の発展に伴う総合的な要因,すなわち経済の発展,教育水準の向上と医療技術の向上であろうと考えられている(高橋1982,大塚1984).1900年を境とした変化の直接の要因は,猛威を極めていた急性伝染病が慢性伝染病に変化したためといわれているが,急性伝染病の中では,とくにコレラ,疱瘡による死亡が著しかった(厚生省1976).

ところで,近江の三つの村の調査結果によると死亡数減少の時期は1900年より遅れて1920年代となっている.図4,表4についてみると,1920年以降には,それまでのような著しい死亡数の増加の年はみられず,死亡数も減少している.これは,全国的にみたわが国の死亡数減少の時期より遅れている.この差は,当地域の地理,気候,文化などを含む生活背景と関連があるのではなかろうか.とくに妙光寺,南桜において有意性がみられたことは,次にのべる水利との関係も一つの要因と考えられるが,詳細な考察は今後に委ねたい.

さらに,もう一つ大きな死亡数減少の変化は,1945年以降にみられる.これは,全国的趨勢とも一致する.その要因は,すでに知られているように,戦後の社会経済の著しい発展に伴う生活の向上,医療技術,衛生知識の向上が関係しているといえる.

2.夏期の死亡数増加と飲用水

1696~1795年の妙光寺,1796~1875年の妙光寺,南桜では,ともに7~9月の夏期の死亡数が,他の月と比較して多い結果がみられた.しかし,北桜では,この時期の死亡数の増加はみられなかった.北桜が,妙光寺,南桜と異っているのは何に因るか,生活調査をしている中で,当時の飲用水の使用方法が異っていることがわかった.三つの村とも山を背にした山根にある集村であるが,北桜では各戸ごとの井戸水を使用していた.それに対し南桜では,地下水の質が悪いため,山から流れる川水を村内に樋で引き,各戸は樋の水を数戸ごと共同で使用していた.また妙光寺では,1~2戸のみが井戸水を使用,他は村内を流れる一本の川水を飲用して共同使用していた.

夏期集中型の疾患は,下痢,腸炎,結核—かつては腸結核が多かった—,赤痢,腸チフスが主であった(籾山1971).須田の飛騨O寺院過去帳分析結果によると,1800年代の7~10月に圧倒的多数の死者をだしたのは,痢病(疫利,赤痢など)であったことが示されている(須田1973).実際に南桜では,夏期に村内のタケナガ川筋(共同水系)にそって,再々疫病の集団発生があったことが伝承されている.新しくは,昭和初期にも赤痢の集団発生があり,隔離病舎に入った人のことが語られている.明治期前の伝染病流行の文書資料は,今のところ見当らないが住民の中に伝承されている話は多々ある.例えば「いつのことか知らないが,大昔にチビスが流行して村が絶えるほど人が死んだそうだ.病人は薬師堂に籠って楽師さんの庭で便を鍋で煮たという」(妙光寺川端しげさん—明治35年生れ—談.川端はなさん—明治41年生れ—談).また「先祖は,サナブリ(6月の苗代の祭り)にソーメンを御馳走になり霍乱(注)をおこして死んだ.その時のソーメンで霍乱をおこした人が何人もいたという」(南桜,西村昇之助さん—明治39年生れ—談).などがある.以上から,妙光寺,南桜の明治期前の夏期死亡ピークの背景には,飲用水が関与した消化器伝染病の流行が伺える.

夏期に死亡のピークを招いた疾患には,麻疹の大流行もある(青木1962).死亡数のピークをみると,1875(明治8)年以前には,夏期以外にも時々みられる.この死亡のピークは,全国的な疫病と一致するものもみられるが,これら死因とその背景については，今後の課題とする．

1876年以降になると，夏期死亡のピークはみられない．伝染病に対する衛生行政の取組み，住民の衛生知識の向上，経済・生活の向上などが関係するものであろう．

（注）明治16年の「虎列剌病鑑識表」には，眞性虎列剌，假性虎列剌，霍乱の3つの病気と，その識別が書かれている．
霍乱は「悪心，嘔吐ヲ以テ始マリ，煩悶シ，虚脱，腹痛，尿分泌閉止セス…」などが書かれている．

3．夏期の死亡数増加と成人女子死亡

1875（明治8）年以前の夏期に，死亡数増加がみられる原因は，主に伝染病に因ると考えられるが，小児よりも成人にあって死亡数の差の有意性が大きいのはなぜかという疑問が残る．1696～1795年の結果は，妙光寺のみの成績であるが，この間の成人死亡は高くない．しかし，1796～1875年には，妙光寺，南桜とも成人死亡の有意水準が高い（妙光寺　成人 p<.005，小児 p<.02，南桜　成人 p<.002，小児 p<.01）．

1796～1872（明治5）年の死亡について特異的なことは，6月の出産ピークにつづいて6～9月に分娩と産褥に伴う成人女子死亡が高率となることがみられた（大柴1985）．この年代における当地域の農業形態は，米作の裏作に菜種，麦を作る二毛作が盛んに行なわれていた（森未他1981）．その結果，別稿（大柴1983）で明らかにされた如くに，農閑期受胎により6月の出産が集中し，それに伴う成人女子死亡が6～9月の時期に増大したと考えられる．従って，1796～1875年において，成人死亡が高率となったことは，成人の女子の死亡が高かったことが影響しているといえる．

4．全死亡中に占める小児死亡の割合

全死亡中に占める小児死亡の割合は，図5に示した如く，1925年頃までは40～45％であった．飛驒地域の報告においても（須田1973）1771～1890年の1～5歳の死亡割合は，40～50％を占めている．6～10歳，11～20歳の年代での死亡率は低くて，現在との大差がない．

ところで，当調査地の過去帳には，孩子・孩女，桜子・桜女，水子などの乳児死亡の記載のない時期がある．また，面接調査から流早死産は，戒名を付けずに葬っていた例が多いこと，かつては間引，堕胎が推察されることなど，これらを考慮すると，過去帳に記載されない小児の死亡が相当数あったと思われる．従って，実際の小児の死亡は，この数値結果をかなり上回っていたことが明らかである．

なお，飛驒地域では，乳幼児死亡の減少する時期が1890年代以降にみられるが（須田1973），本調査地では，1926年以降となっている．その差の背景は，両地域の全死亡率の比較考察ともあわせて今後の課題である．

Ⅵ　ま　と　め

近世後期近江農村の三つの村の過去帳分析から，次のような結果と考察をえた．

1）1875（明治8）年前には，年により，また月により死亡数の著しい増加がみられる．

とくに，1875年前の妙光寺，南桜では7～9月の夏期の死亡数の著しい増加がみられる．

死亡数増加をもたらした主な要因は，痘瘡，コレラ，腸チフス，疫痢，赤痢，麻疹などの伝染病の猛威に因るものと考えられる．

2）1876（明治9）年以降には，それ以前と比べて死亡数の著しい増加の年はみられない．さらに，同年以降には妙光寺，南桜の7～9月の夏期死亡数増加が消失する．この要因の一つに，明治維新後の衛生行政の成果が考えられる．

3）1875年以前の7～9月における死亡数増加は，各戸ごとに井戸水を使用していた北桜にはみられず，飲用水に川水を共同使用していた妙光寺，南桜で著しい増加がみられることから，川水の共同使用と夏期の伝染病流行による死亡数増加の関係が推察される．

4）1796（寛政8）～1875（明治8）年の妙光寺，南桜における7～9月の死亡数増加は，小児より成人にあって死亡数の有意差が大きい．それは，この時期の分娩，産褥に伴う成人女子死亡の増大が関与していたと考えられる．

5）死亡数が減少する時期は，1920年頃と1945年頃にみられる．とくに，1945年以降の死亡数減少は著しい．1920年以降の死亡数減少の要因は，社会経済の発展に伴う医療技術，衛生知識の普及向上が考えられる．また，1945年以降については，よく知られているように戦後のめざましい経済発展，生活および医療技術・知識の向上が，大きな原因となったと考えられる．

6）わが国の全体としての死亡数減少の一つの時期は，1900年頃にみられるが妙光寺，南桜では，それより遅れて1920年代にみられる．妙光寺，南桜では，川水の共同使用に関連する衛生知識の普及が，1920年代以降に奏効したと推察される．

7）全死亡中に占める小児の死亡の割合は，1925年頃まで40～45％を占めていた．過去帳に記載されない乳幼児死亡，流早死産，間引，堕胎など加えると，小児の死亡割合は，50％以上を占めていたことが明らかである．

8）今まで報告されている一般的な過去帳研究に比べると，対象寺院，人数とも多いとはいえないが，檀家が一村に限られ，しかも檀家数が固定的であるという特異性をもった三つの村の調査結果であるため，近世後期以降のこの地域の死亡の動向をかなり把握することができた．

おわりに：毎年の訪問にあたたかく励ましご指導下さった妙光寺，南桜，北桜の区長さんはじめ住民のみなさま，また貴重な過去帳の閲覧をお許し下さり，ご教示，ご指導下さいました宗泉寺，報恩寺，多聞寺の住職さんに心より感謝し，お礼申し上げます．

またこの研究のまとめにあたり，信州大学医学部公衆衛生学教室釘本完教授，信州大学人文学部佐々木明助教授，同大学医療技術短期大学部内藤哲雄助教授のご指導に深く感謝しお礼申し上げます．

文　　献

青木大輔(1962)： 疫癘志，宮城縣史22巻，331—499，宮城縣史刊行会（宮城県）

福田アジオ（1976）： 近世寺檀制度の成立と複檀家，社会伝承研究会編，祖先祭祀の展開と社会構造一社会伝承研究Ⅴ一，32—49，社会伝承研究会（東京）

橋川　正 編(1927)： 野洲郡史(上)，929—932，滋賀県野洲郡教育委員会（滋賀県）

速水　融（1966）： 徳川後期尾張一農村人口統計一海西郡神戸新田の宗門改帳分析一，三田学会雑誌，59(1)，62

平田欽逸（1963）： 過去帳からみた老人の寿命，民族衛生，29(4)，73—96

井口乗海(1929)： 痘瘡及び種痘論，39，44，106，文光堂書店（東京）

北桜村役場（1883）： 虎列刺病鑑識表，北桜村後藤茂衛門家所蔵文書

厚生省（1955）： 医制八十年史，3—6，大蔵省印刷局（東京）

厚生省医務局編（1976）： 衛生統計からみた医制百年の歩み一医制百年史付録一，26—30，ぎょうせい(東京)

松村英男 編(1968)： 滋賀百年，254，毎日新聞社(東京)

三上村役場(1980)： 題欠(虎列刺蔓延に対する食物，衛生，日常の摂生について)，妙光寺村山田俊夫家所蔵文書

南桜村役場（1873）： 明治六年返種痘淋再種ノ分一野洲郡第三区南桜村一，天野宇右衛門家所蔵文書

南桜村役場（1879）： 明治十二年五月改戸籍人別取調帳，南桜区有文書

森末義彰 他編(1981)： 体系日本史叢書16，生活史 II，182—183，山川出版社（東京）

籾山政子(1971)： 疾病と地域•季節，144，大明堂(東京)

中澤忠雄・中澤良英（1976）： 過去帳による江戸中期から現代に至る山梨峡東農村住民死因の疫学的観察，民族衛生，42(3)，129—151

中澤忠雄・中澤良英（1979）： 過去帳による山梨県住民の死因に関する疫学的観察，公衆衛生，43(2)，109—115

大柴弘子（1980）： 近江村落における農民の健康と生活，社会伝承研究会編，近江村落社会の研究（5），111—138，社会伝承研究会（東京）

大柴弘子（1983）： 近世後期近江農村の生活構造と月別出生数，公衆衛生，47(12)，839—840

大柴弘子（1985）： 19世紀以降近江農村の母性健康障害一過去帳成人女子死因の考察一，公衆衛生，49(7)，489—495

大塚友美（1984）： 社会経済開発と死亡力低下の関係について一明治・大正期の日本を中心として一，経済集誌，54(3)，302

滋賀県編(1971)： 滋賀縣史，4，437—451，名著出版（東京・再版）

須田圭三(1973)： 飛騨O寺院過去帳の研究，24—46，

私家版
高橋重郷（1982）：死亡力（mortality）の人口学的分析―その１―，人口学的・社会経済的分析の視点―，人口問題研究，164，61―64
立川昭二（1976）：日本人の病歴，124―136，中公新書（東京）
上野和男（1977）：南桜の隠居制家族と屋敷先祖祭祀，社会伝承研究会編，近江村落社会の研究(2)，19―20，社会伝承研究会（東京）
山岡栄市（1977）：近江農業村落資料（1）―野洲町北桜―，東京教育大学文学部社会学教室編，続現代社会の実証的研究―東京教育大学社会学教室最終論文集―，1―13，東京教育大学社会学教室（東京）

（受稿　1987．8．13）

第Ⅳ章　Child bearing and maternal mortality:
A case study of a Japanese village, 1700-1960

(『一橋コンファレンス　経済発展と人口変化：国際比較』セッションⅢ：
人口学的行動における特徴―イングランドと日本　歴史人口学研究会共催、
一橋大学 経済研究所　1991 年 12 月 1 日―3 日 口頭発表)

Child bearing and maternal mortality: A case study of a Japanese village, 1700-1960

HIROKO OOSHIBA
(Tokyo Metropolitan University)

Introduction

It is rare to come across a study on the population before the 1930's in Japan. As to the population behaviour of the Tokugawa period, it is possible to discover a partial trend based on SHUMON-ARATAME-CHŌ, KAKOCHŌ, etc.

By analyzing the kakochō and interviewing, I have made a study of the child bearing and female mortality in a rural village in the Ōmi district after the 18th century. As a result, I have clarified the aspects of rural life, child bearing and maternal mortality. I shall focus my attention on the following points:

1) Peak of birth in June and the village life.
2) Maternal mortality accompanying child bearing.
3) Agricultural labour and obstacles for the health of mother.
4) Child bearing and death of mother in the busy farming season and the conception during the leisure season.

I. Object of study

My research covered the area including Minami Sakura of Yasuchō, Shiga prefecture, and Myōkōji of the same district. The period covered by the research stretches from the 18th century to 1975.

II. Method

1 Analysis of manuscripts such as 1) KAKOCHŌ, 2) SHŪMONCHŌ, and 3) other sources.
2 Interviewing

III. Results

1. Outline of the area under investigation.

The villages are located on the south of the Lake Biwa in Shiga prefecture. The area is a granary developed on the delta forming an alluvial fan that is largest in an area located southeast of the Lake. The river Kusatsu on the southwest and the river Hino on the northwest whose main river is the river Yasu silted up the area. The area has a long history of a flourishing agriculture and the Mt.Mikami was the religious centre of the rural society back in the ancient time.

Geography shows that the area is near to Kyoto, and the two main roads of Nakasendō and Tōkaidō pass by the villages. The area occupied an important strategical, political, economic and traffic locus. The following are the features of the village life.

(1) The climate is moderate and in winter, only a few days record the temperature below the freezing point.

(2) As for the agricultural activity, the main crop was rice with wheat and rapeseed as second crops. Thus the villages form a part of the purely rural area consisting of double cropping. The scale and form of agriculture practised up to 1950's enables us to surmise that similar form of agriculture was already practised in the early years of Meiji. Together with the fact obtained by reading 'Goyō Nikki' in tempo 8-9(1837-8) and interview, it is possible to imagine that similar form of agriculture was already taking place in the 18th century.

(3) Agricultural work consisted of operations practised with bent-over back and manual labour. Since rice making depended on the water from the river Yasu, overwork and struggle over water rights with nearby villages took place when there was a

water dearth.

(4) Staple diet was rice. The village did not suffer from shortage of food except in the dearths of Tenmei and Tempo. At Minami Sakura a day or two every month was set aside for festivities in which rice cake was made. The custom was called as 'Rice cake of Sakura' and was well-known in the locality. Until 1945, the household which was in charge of the festivity of autumn was asked to make rice cake, in a unit of Issho per male, and distribute them according to the number of men in the whole village. The household, in this case, made rice cake out of rice of 6 to 7 bales. Thus, according to various manuscripts, it was impossible to celebrate this festivity in lean years. The fact that the tradition survived is a proof of the economic well-being of the village among other villages.

(5) The village experienced frequent emigration and immigration. However, the number of the households within the village remained fairly constant. That is to say, the area could maintain a certain number of households, yet was free from necessity or conservatism whereby people were compelled to stick to the place, and experienced a fail rate of mobility.

(6) The number of households remained fixed and it was rare to set up a branch family within the village. In case, a branch family was set up, the new family was mainly in Kyoto. The number emmigrating set up themselves as apprentices to the masters in Kyoto. Thus, the area had a good opportunity of contact either directly or indirectly with the outside world and in case of infections, contact with outside influenced the village life.

(7) In the villages under study, there existed 1 to 2 Buddhist temples. The relationship between the temple and parishioners was stable and as a principle, there was 1 temple to 1 village. By the existence of the temple, it was possible to analyze the kakochō and look at a trend of population of the area.

2. Peak of birth in June and village life

2.1 Peak of birth in June

At Minami Sakura, there survives an annual record of households as of Meiji 7(1874), May,16. The record seems to have been a revised version of Jinshin Koseki of Meiji 5. Thus, the name of the dead after the Meiji 5, Feb. is deleted by a line. On the other hand, those who were born after the date are added. The record consists of the dates of birth, and Diagram I shows the distribution of the months in which the villagers were born. As of May 16, Meiji 7, the oldest is a man, aged 82, born in 1792. As of the date, the households in Minami Sakura counted 108, the population consisted of 255 males and 271 females.

In graph Ⓐ of the Diagram I, in addition to the total population of 526, 25 who were dead between Meiji 5(1872), February to Meiji 7(1874), May 16 were included. Thus, the birth according to the months of these 551 is recorded. As to those born, there was a record of those who were born in Meiji 8(1875) and they were counted as born up to Meiji 5(1872), May 16. In order to clarify the timing of conception, I have written the month of conception under the month of birth.

What will cause a problem in looking at the timing of conception is the leap months. Before the calendar reform of the Meiji 6(1873) there were leap months. In order to have a correct grasp of the situation, I have excluded 376 persons who were born in a year with leap months and in the following year. The graph Ⓐ' is the analysis of 175 whose birth date is correctly known. It is clear from the graph that there are peaks in June and January.

Next, by looking at the Household Records of Minami Sakura(the oldest surviving in the municipal cooperations of Yasu), the oldest as of 1959, I have formed graph Ⓑ of Diagram 2, for the same period. The households counted 101, with the population of 276 males and 273 females(549). In the Household Records, 42 deaths as of September 23, 1959 were included for looking at their birth months. Only 6 survived out of those born between Meiji 2 to 5, and they were excluded from the analysis because of obstacles formed by leap months of the old lunar calendar. Thus, 585(549+42-6)samples were recorded for analysing their months of birth.

In order to look at the trend after 1950's which have experienced violent changes in life style and structure, I have written graph Ⓒ based on the Household Records present as of March 1980, covering the months of 165 births from 1955 to 1980. According to graph Ⓑ of the Diagram 2, the months which have experienced the largest number of births between 1873 to 1959 were in the order of magnitude, January, March and July.

The statistical problem is caused by the problem of accuracy of the birth registration. According to Tachikawa, the births are registered most frequently in January and March. The reason for the peak in January is, mainly for women; that since they tend to wish to appear younger, there was a tendency for the registration to be retarded. The reason for the peak in March is that the parents wished to register early for the consideration of an early entrance to primary schools. These tendencies thus explained are said to have disappeared after the War. The graphs Ⓐ , Ⓐ ', and Ⓑ of the Diagrams 1 and 2 clearly show that, withstanding these arguments, June and July are the peak months of births. The conclusion still stands even after conducting research to detect local peculiarities.

The reasons behind the peak of births in June and July are complex. June of the lunar calendar, that is to say July of the solar calendar is the month in which hardest work was conducted; the wheat harvest, rice planting and weeding took place. Why was it so that the births concentrated in this period?

2.2 Timing of conception and village life

Table I. shows the annual festivities and main work in the field of Minami Sakura. The busy farming season starts in mid April (lunar calendar), or mid May(solar calendar). Intensive work of roughly 40 days are followed by weeding, rapeseed extraction which continues to the Bon(Buddhist festivity). The busiest period is the harvest of rapeseed and wheat, followed by plowing and rice planting. The busy farming season of the autumn starts from mid September (lunar calendar), mid October (solar calendar) and continues for 40 days. In the autumn, there is a rice harvest and sowing of wheat and rapeseed starts. Omitting the details of work in between spring and autumn, the work tends to be concentrated for a short period under the influence of climate and water supply, and the care is taken so as to finish the planting and sowing in short time for the fear of not influencing the farming schedeule of the following year.

When one takes a closer view of the agricultural operation in the village, the supply of water is at the discretion of the village head who gives the direction as to open a gate from which water is led to paddy fields. The decision is given roughly around April 27 (lunar calendar), June 10, (solar calendar). Until preparation for ploughing (SHIROKAKI) is completed before the gate is opened, the cooperation among the villagers will not be in concordance and a household which causes the delay will be a nuisance to the whole village. The operations in the autumn are to be completed by all concerned with the coming of the festivity of Nokura Shrine. No festivities take place in the busy season of spring and autumn (refer to Table I). Unless wholly devoted to their work, villagers could not complete their norm, and they seemed to have worked extremely hard, competing with each other. However, since it was impossible to overwork themselves for 40 days in succession, a rule whereby any work had to come to halt was set and given a notice of. In these days of halt, the youths would observe the villagers so that no work was done in breach of the rule. In case there were people who worked, they were fined. It is a proof that they were competing with each other.

The quality of labour and number of working

hours during the busy season required nearly 14 to 16 working hours per day. In the old times, people worked late in the evening through the light of metal lantern and moon. The number of hours spent for sleep and diet was cut down to 3 to 4 hours a day. Some, because they did not have time to reach their beds, slept near the oven. The work for the male mainly consisted of ploughing with cow; hard manual labour. There are districts where people put seeds in the holes while sowing wheat, but in the area under study, land was again ploughed. Otherwise, the work consisted of reaping, threshing, beating the rapeseeds, milling and sowing ; in all of them, both male and female worked with the posture of bending over, working extremely hard. During the busy season, people experienced loss of weight and suffered from nyctalopia. The season ended up with lack of sleep due to hard works, plus malnutrition and as for the workers, their physique was exhausted.

The busy season in springtime was ceded by the end of rice planting. The following month consisted of weeding and beating the rapeseeds to obtain the content. After these works, there comes Bon, in July of the lunar calendar and August of the solar calendar. The female work during the period consisted of laundry, reclothing, and rainy days were spent in needleworks. The work for the males, after digging the creek, consisted of looking after rice fields and light field works. It is said the months between mid July to mid September in the lunar calendar, i.e. mid August to mid October were the most relaxed moments for the villagers. That is because they could take rest, eat good food prepared for the festivity occasions which contributed to the recovery of good health. The relaxation of 2 month in this leisure season encouraged conception. That is to say, after the drop in the number of births in May and June, there was a peak of number of births in June of the lunar calendar and July of solar calendar.

However, there are problems to be considered before we take the above to be conclusive. One of the problems concerns the timing of marriage. In the area under study, February 13 was commemorated by 'Lion Dance' when the apprentices took holiday, and came back to the village. Thereupon, youths subjected themselves to preparation for arranged matches, resulting into marriage taking place between March and May. The procedure suited well into the supply of new labour in the busy farming seasons. However, the legend goes that the marriage should not take place when there was a cherry blossom and the warning was adhered. The reason for a peak in January, together with the above-mentioned fact of retarding the registration for females, may have been caused by marriage season. However, the past is a period of high fertility and high mortality and no conspicuous trend of marriage season seems to effect the trend. Moreover, the timing of marriage seems to be neutral factor in considering the peak of births in June and July.

Second problem is the problem of practicing birth control. According to the investigation, concept of family planning took root only after the War, and the area was not influenced by the birth control movement that started in the mid Taishō period. Thus, it is safe to conclude that there was no knowledge of birth control in the Diagram 1 of the data of up to Meiji 7(1874). Graph Ⓑ of the Diagram 2 covers the period from Meiji 6(1873) to Showa 34 (1959), and may be influenced a little. The agricultural operations up to mid 1950's are more or less the same although the cultivation of rapeseed and wheat took a declining turn after 1940's. However, after 1955, double cropping came to be exceptional and recently almost reduced to null. Moreover, after the 1950's, mechanization starts and the working behaviour of the past era underwent drastic change. On the other hand, the timing of marriage was determined as irrelevant of the supply of labour. The number of children per couple became smaller and birth control spread. The foregoing is reflected in the Diagram 2 showing the 1950's.

I would like to draw your attention to the number

of births according to months after 1947 from the existing statistical documents of Japanese children and mothers. The statistics are presented in the form of the number of births and were translated into a graph of ratio in the Table 2 and Diagram 3. 1947 is the starting month of the annual report. However, the trends are similar, and in order to provide for simplicity, I have picked up the years 1947,1955.1965,1980. The graphs of Ⓐ' and Ⓑ of Minami Sakura were reworked to present ratio in order to make the comparison possible. The result is Diagram 3. From the graph, it is possible to see that the overall trend and Minami Sakura trend differs. It also makes it clear that the difference in the number of births recorded for each month between the overall tendency and Minami Sakura reflects the background peculiar to Minami Sakura.

Viewed from the 18th century to 1955, the labour employed in the busy farming season adopting double cropping was exhausting. In the structure of double cropping with the rice as the main crop together with the wheat and rapeseed, life was hard, and the possibility of conception was scarce in the busy season while increasing such opportunity in the leisure season. As a result, the child bearing took place in June of the lunar calendar and July of solar calendar; busy farming season. The rural life of the village had close relation with the timing of conception, and thus child bearing. Next, I shall take notice of the influence of the child bearing in June and July from the point of view of the health of the mothers.

3. Maternal death due to child bearing An analysis of KAKOCHŌ

Myōkōji; holds the kakochō that survives from 1663. However, our analysis will start with 1796 in order to make comparison with Minami Sakura possible. Minami Sakura is only 2 km from Myōkōji. Both villages are geographically, culturally, and from the point of view of pattern of agriculture, nearly identical. There is a difference between them as to the gathering of firewood and water works.

The results of the analysis of kakochō of the two areas between 1796 and 1975 are shown in the Tables (See page 32-33; chapter II Table1.2.), and Diagrams 4 and 5. The reason why 1872 was chosen as the mark year is to adjust to the reform of the calendars in 1872. Another reason for the choice is due to the fact of the administrative improvement for preventive hygiene is relected in the life of two villages after 1872. The reason for marking 1945 is due to the consideration that there occurred drastic changes in the village life. After 1945, no data are given because of the marked decrease in mortality.

The Tables (See page 32-33; chapter II Table1.2.), and Diagrams 4 and 5 show that similar trend was observed in both Minami Sakura and Myōkōji. On the whole, mortality is highest in the summer before 1872, while this trend disappears and is replaced by a peak in winter. The trend is most apparent in the death of children. The peak that shifts from summer to winter corresponds to the calendar of seasonal illness pointed out by Dr Momiyama. The disappearance of the peak in summer is due largely to improved living standard and administrative control of public hygiene. However, the trend is not conclusive and I shall refer to it in another article. For our present purpose, it is necessary to concentrate on female death.

Mortality of grown-up female is higher by comparison to the male in the months between May and August before 1872, and February to April, together with September and October after 1873. The fact is closely connected with the trend of the number of births according to months mentioned above. The peak in the number of births is observed in June and January, followed by September. The births registered in January has to consider the inclusion of births of preceding December and thus, the utmost peak was observed for the month of June. The reason that there is a high mortality during May to August is closely related to the peak in child bearing in the busy farming season of June.When we look at the records of Minatni

Sakura between 1873-1959, the peaks of child bearing are for the months of, in the order of magnitude, January, March and July. The registration in January, for the reasons already explained, includes those born in the preceding month. And the month of March included the registration of those born in preceding Janaury and February, also for the reason given at the outset of the article. Having taken into consideration these factors, highest peak covers the successive months of December, January and February, with another peak in July. When one looks at the peak of maternal death from the Diagram 4, there is a close correspondence with the timing of child bearing. That is to say, maternal mortality was concentrated in the months from February to April (right after the peak of child bearing between the months of December, January, and February). The same is true of the months of September and October which experienced another peak of high mortality following the child bearing peak of July. July in the solar calendar corresponds to June in the lunar calendar and is in the busy farming season. As the Diagram 5 shows, the same trend is obvious for the village of Myōkōji.

When one compares the periods before and after 1872, the change in the months in which the female mortality was high is accompanied by the change in the months in which there was child bearing. That is to say, there was a shift in the period of conception. Both cases testify that the conception falls into the period of leisure season. After 1872, the conception seems to have been the case in the leisure season of March and April. They seem to suggest that there was a change in the diet, leisure season, and living standards. I would like to describe the rural life that induced high mortality after the child bearing.

4. Rural work and obstacles to the health of mothers

4.1 Postures of work and OYOGIKOSHI

In the area under investigation, people talked of OYOGIKOSHI that starts for women from their thirties. Oyogikoshi is a term given to a posture in which back is bent over, with the breast up, with both hands moved as though rowing. As women grew older the posture became pronounced and in some extreme cases, women with back completely bent over while walking were observed. The posture was the result of working with such posture for a long time; rice planting, weeding, reaping, ploughing. Weeding gave rise to a term of NOTARU: to wriggle (Diagram 6)

Workers would work on weeding from 4:00a.m. to 8:00a.m.. Then they would come home to take breakfast. A husband will go to dig well and wife and female hands were expected to work for weeding. Before the 1960s, NOTARU was common. The average area under cultivation was 1-1.2ha. The figure seems to have been similar for the era preceding Meiji. Suppose we assume that 1 ha (100a) corresponds to ICHIBAN TORI (the first weeding: a unit of work), from the first to fifth TORI, 500a are to be covered. The weeding starts from the beginning of the month of July and ends on July 23. There are 5 holiday days, so that the weeding was conducted within 18 days. 500a divided by 18 days would give us 28a per day. The exhaustive work for weeding could be carried by an individual one TANBU (10 ares) per day. Thus 3 working people were necessary to cover the norm. The family structure of Minami Sakura as of 1834 was direct stem family with the working population (grown up) of 2 to 4 per household. During the period, males would go to dig creeks and femae labour was counted as indispensable for weeding.

The peak of child bearing was observed for June for the lunar calendar (July, solar calendar) coincided with the peak of weeding work. The season saw the rapid increase of infections and overwork. A woman with child may have been prompted to work in order to contribute to family work. The season in which the harvest of wheat and rapeseed, digging the field, rice planting took place was the very season for late stage of pregnancy. The last stage of pregnancy came in the weeding period with the posture of NOTARU.

'Bent-over posture' is caused by the repetitive bending over posture and shouldering. This was reported to be the symptom of being prematurely old. Also there are reports suggesting the posture in relation to the farming work or the decrease of Ca value in serum. Lumbargo is often seen in the case of women working in agricultural sector, and is associated with reasons suggested by gynecologists. The detail of the influence exerted on the health of mothers who work with such posture in pregnancy and child bearing is unknown. It is more than obvious to consider the posture as an obstacle to the health of mother. The consequence was the OYOGIGOSHI in their thirties, or prolapse of the uterus, NAGACHI*, and malnutrition and anemia added to the high mortality experienced after the delivery.

*Literally 'long bleeding'.

4.2 Over work malnutrition and nyctalopia

It was said that in the busy farming seasons of spring and autumn, people talked of nyctalopia and loss of weight. The busy farming season in the district saw harvest, rice planting and sowing overlapping each other and any delay in the operation resulted in the loss of harvest in the following season. The operation took fact of climate and was intensively carried out for 40 or so days. The sleeping hours counted only 4 to 5 hours on the average, with working hours of 14 to 16 hours per day, during this hard manual labour. The nyctalopia was observed mostly for the busy faming season of autumn, because the fresh fish from the rivers was not available after October, thus reducing the supply of protein. Also, the vegetables that would supply additional nutrition would not be available during the season. After the digging of the creek threshing was men's work. However, plowing was women's work. Even after taking the diet of 3000-4000 kcal, the work was still exhaustive with the staple diet being rice and wheat. Thus nyctalopia and loss of weight was only natural outcome.

The loss of physical well being recovered only after festivities of leisure season supplied ample diet and rest. The period of recovery corresponded to the timing of conception. Pregnancy and child bearing during the working conditions which would induce nyctalopia and exhaustive loss of weight must have been dangerous.

4.3 Parasites and anemia

When the roundworms come up to the mouth, one would vomit out the worm, SAKAMUSHI was the term given to such symptom. The number of patients with the parasites was large and there was even a tale that a person took the symptom as swelling and applied an ointment to a swollen abdomen. When a person was dead, often, the roudworms came out of the body of the dead. Or there is another tale that in her youth, a woman suffered from the parasites which made her feel sick. A doctor gave her a medecine and her father bought the poultry meat for the cure and she was healed (Myōkōji, Shige Kawabata, born in Meiji 35). In old days, manure was indispensable for agriculture and the number of people with worms was large. The anemia caused by parasites was a negative factor for pregnancy and child bearing.

4.4 Death by illness peculiar to women

I would like to mention a few cases of the obstacles for the health of mother during her pregnancy and delivery.

[A]. Minami Sakura, Sato Minai (born in Meiji 31)

The first child was born in November. In the months of June and July of the same year, I have worked on weeding, and the hot weather made me feel giddy and sick. The second child was born in July. I have delivered the child on the day on which I have worked until the sunset. I had to reach home nearly dragging myself.

B. Minami Sakura, Shige Mamiya (born in Meiji 31)

Shige married into her neighbourhood within the same village. She is talking about her mother-in-law who was the first wife of her father-in-law. His first wife passed away in Meiji 35 when she was barely 20 years of age. I have heard that the cause of her death after delivering the second child was illness peculiar to women. My sister-in-law was born in Meiji 30 and passed away when she was 42. She failed in delivering her sixth child and that was the cause of her death.

C. Myōkōji, Chika Kawabata (born in Meiji 33)

My first child was born in September. I could go home to my parents for the delivery and could rest for a month before going to work for harvest. The second child was born in October, a day before the harvest. Naturally I took rest yet I suffered from nyctalopia. My husband advised me to take an egg a day which healed the nyctolopia. As for the first wife of my father-in-law, she was 37 as of June Meiji 35, and passed away for illness peculiar to women. It is reported that she passed away after delivering the fifth child in the rice planting season. She is reported to have worked immediately after the delivery.

In making investigation of the history of health of the people in the past, there were many cases in which the first wife passed away due to the illness peculiar to women. Many reports exist for those who have passed away, due to illness of womb and bleeding. The pattern lasts until the end of the Meiji era and it is observed many women have died of the illness peculaiar to women accompanying pregnancy and delivery.

5. Child bearing in the busy farming season due to conception in the leisure season

The mortality of the pregnant women in the Meiji era have exceeded 40 (against 10,000 delivery). Before the period, it is most likely that the figure is higher. As for the reason, greater number of delivery in the period of high fertility and high mortality, lack of adequate cure and the consideration for maternal health, or the custom of abortion due to unsuccessful contraception are suggested.However, it is rare to come across an article proving these causes. There exists a work by Suda who has analyzed the KAKOCHŌ. Table 3 shows the result of calculating the ratio of the deaths due to difficult delivery and immediate death to the total number of deaths, based on the statistics taken for decades after 1771. Limiting our attention to the deaths between the age of 21 and 50 give us the figure of 9%; 9.4% for the thirties and if we are to include death caused by difficult delivery, the figure reaches 13%. The total figure includes those who are dead for reasons unknown, covering both the male and female. If we are to focus our attention on women in their thrities, nearly a quarter of them lost their lives during and immediately after the delivery. Another report by Kito is presented for the years between 1675 and 1796 when he analysed the shūmonchō of Yufunezawa of Kiso. Higher mortality of women between their twenties and forties compared to men is noted. The reason for the dissolution of marriage seems to have been high mortality since the number of dead wives in marriages within their first ten years was three times as much as the deaths of the husbands. Here, relation with delivery is hinted at. The above research shows high mortality connected to pregnancy and delivery was the feature of the period before Meiji, yet does not show the relevant background which explains the phenomenon.

When looking at the 2 villages of Minami Sakura and Myōkōji, the timing of conception was related to the structure of rural work. In the busy farming season, nyctalopia, and loss of weight, together with irregular mensturation was caused by exhausting labour and this was the condition under which pregnancy and delivery occurred. Malnutrition, anemia and exhaustion of pregnant women caused weak pains and malinvolution of the uterus, accompanied by bleeding (atonische blutung). The same is true in causing miscarriage and premature delivery. The work and stress caused by the work of pregnant women is deeply related to toxemia of pregnancy which again triggered weak pains and bleeding (atonische blutung). Moreover, both anemia and malnutrition leaves women vulnerable to infection. The top three reasons for the mortality of pregnant women were bleeding, toxemia, and puerperal fever. The background against which these statistics are to be seen was malnutrition, anemia and exhaustion which consisted the working conditions of women.

The peak for the death of grown up women after 1872 has shifted to a place little later than the peak for delivery. That is because, compared to the earlier years, there was an improvement in hygienie as far as anemia, nutrition, and exhaustive labour are concerned, and mothers benefited. Before 1872 in the diagrams 4 and 5, pregnant women worked under harsher conditions and deaths occurred directly related to delivery. The reason, again to repeat, was mainly consisting of bleeding (atonische blutung), weak pains caused by infection and toxemia resulting in exhaustion.

IV. Conclusion

It is clear that the reasons for the high mortality of pregnant women were exhausting labour, malnutrition and anemia, as generally discussed. However, more than these conditions was the degree of exhaustion in the busy farming season when double cropping adopted in the agriculture of the area required. The fact led to another fact that the timing of conception was inadequate for the busy season, compensated by more opportunities for conception during the leisure season after the recovery of health. As a result, there were 2 peaks of delivery; one concentrating in the months of December and January (lunar calendar), i.e., in the months of December, January and February (solar calendar), and another in the month of June (lunar calendar), i.e., in the month fo July (solar calendar). These deliveries, especially those that took place during the busy farming season, have increased the number of the deaths of pregnant women.

Before 1872, the deaths of grown-up women concentrated in the periods before and after delivery coupled by malnutrition, anemia and exhaustion inducing bleeding. Only after 1872, is there a trend that the time lag between the peak of mortality and peak of delivery widened. This was because there was general improvement in nutrition and hygiene which resulted in decreasing the vulnerability of women in question.

*This paper is based on the following articles I wrote in Japanese:

'Kinsei kōki Ōmi nōson no seikatsu kōzō to tsukibetsu shusshōsū', Kōshu eisei, vol.47, no.12 (1983);

'19-seiki ikō Ōmi nōson no bosei kenkō shōgai: kakochō seijin joshi shiin no kōsatsu', Kōshu eisei, vol.49, no.7 (1985);

'18-seiki ikō no Ōmi nōson kakochō ni miru shibō no dōkō', Minzoku eisei, vol.54, no.l (1988);

Diagram 1 Number of births and the timing of conception:
Minami Sakura, 1792-1874

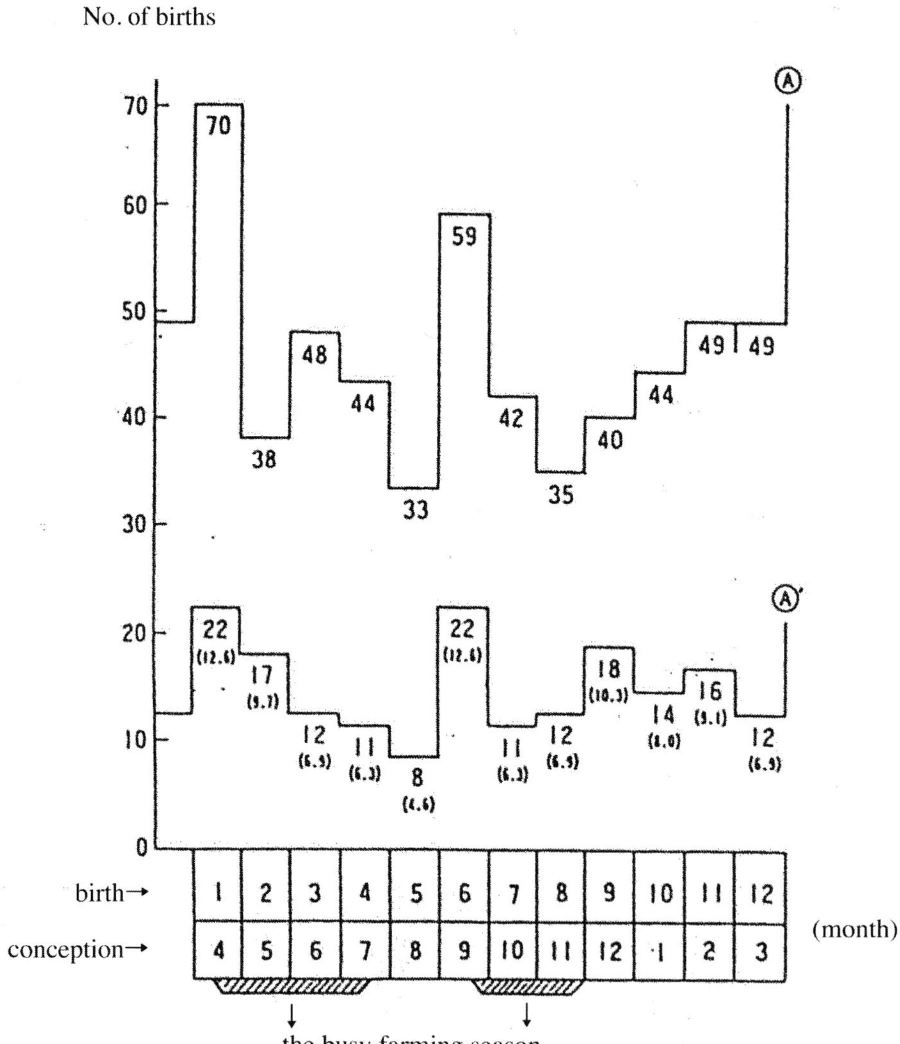

Ⓐ No. of cases: 551

Ⓐ' No. of cases: 175 Those born in a year with leap nonth(s) and in the following year excluded

Diagram 2 Number of births and the timing of conception: Minami Sakura, 1873-1959 and 1955-1980

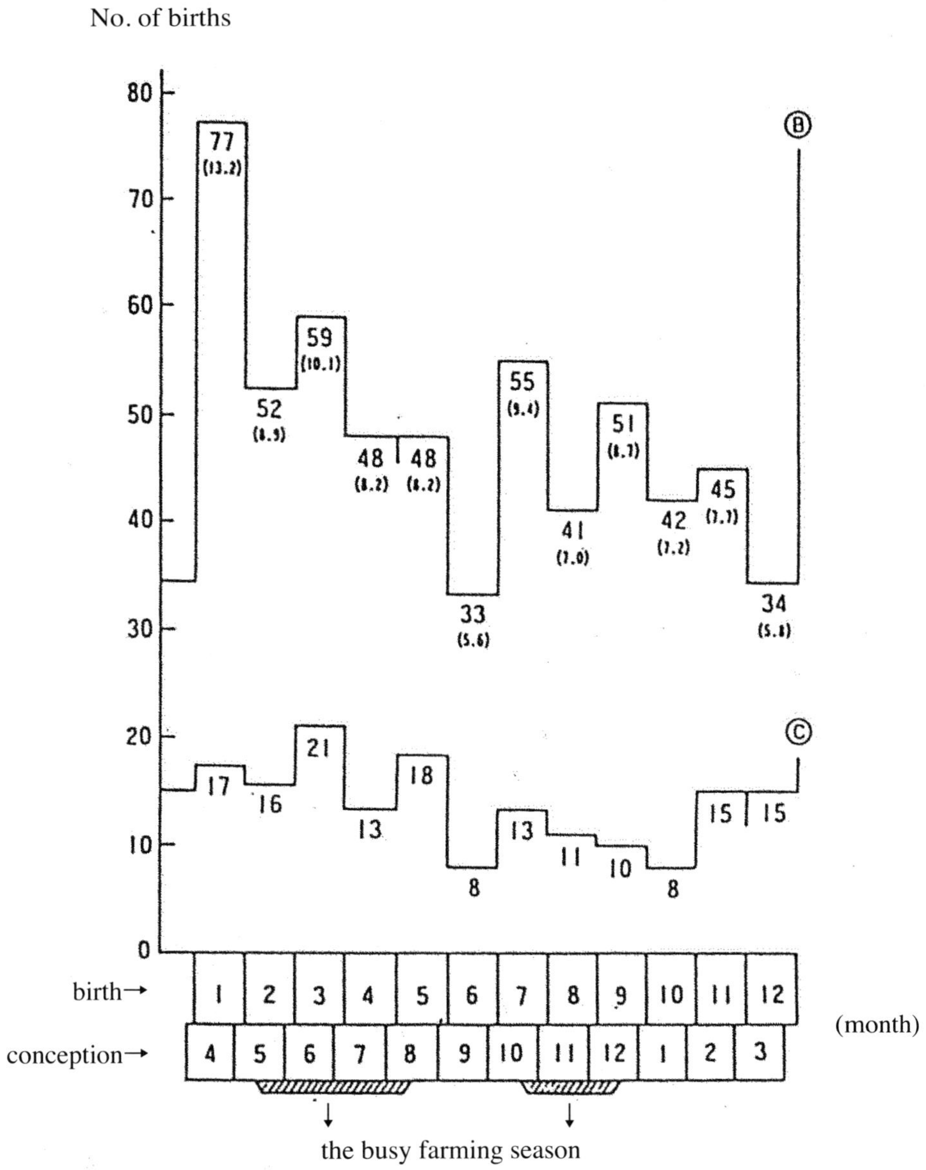

Ⓑ 1873-1959　No. of cases: 585
Ⓒ 1955-1980　No. of cases: 165

Table 1 Festivities and major works, the cycle in the fields of Minami Sakura: prior to the 1960s

※Month	Works(rice wheat rapeseed)	Festivities(rice cake was made)
1		Jan.1-7 The New Year Day
2	b	Feb.27 OHIMACHI
3		Mar.20 OHIGAN
4	1 2 3	Apr.3 SEKKU
5	4 5 6 ⑨ 10 ⑪ 12	May.5 NOKURA **A.** The busy farming season
6	⑦ a 13 14	(June. the end SANABURI)
7	(1) ~ (5) 8	Jul.24 ATAGO Jul.28 NOGAMI
8	21	Aug.13-16 BON festival
9		Sep.24 OHIGAN
10	⑮ 16 17 18 19 ⑳ 22 ㉓	Oct.16 OHIMACHI Oct.17 NOKURA **B.** The busy farming season
11		Nov.23 NOKURA
12		Dec.29 New Year's Eve

※ Solar Calender

A Spring

Rice

1. Making seedbeds
2. Manuring
3. Cutting the grass
4. Ploughing (SHIRO OKOSHI)
5. Making ridges
6. Ploughing (SHIRO KAKI)
   (June 10 : creeks are opened)
7. Transplanting (TAUE)
   (Until June 17-25)
8. Weeding (1)–(5)
   (July 1-23)

Creeks

a. Digging
b. Maintenance

Wheat

9. Reaping
   (June 1-)
10. Threshing

Rapeseeds

11. Reaping
    (May 23-)
12. Drying
13. Beating
14. Squeezing

B Autumn

Rice

15. Reaping
    (Oct.18-)
16. Threshing
17. Drying of husks
18. Ploughing

Wheat

19. Making furrows
20. Sowing
    (Nov. 3-20)
    Tread wheat plants

Rapeseeds

21. Making seedbeds
22. Making furrows
23. Planting
    (Nov. 1-20)

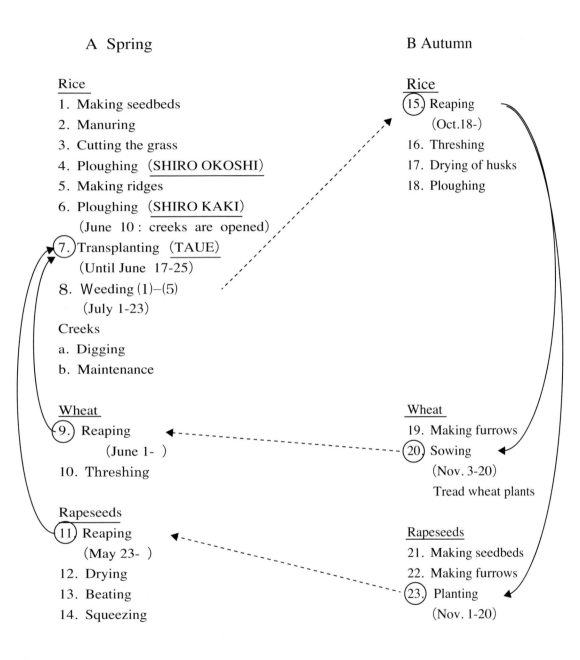

Table 2 Monthly distributions of births: 1947, 1955, 1965 and 1980

( )%

month \ year	1947	1955	1965	1980
1	295,465 (11.0)	197,359 (11.4)	166,177 (9.1)	135,848 (8.6)
2	226,018 (8.4)	155,823 (9.0)	150,772 (8.3)	125,070 (7.9)
3	235,891 (8.8)	156,069 (9.0)	159,230 (8.7)	129,692 (8.2)
4	209,159 (7.8)	147,685 (8.6)	154,603 (8.5)	128,240 (8.1)
5	195,574 (7.3)	132,743 (7.7)	140,057 (7.7)	134,367 (8.5)
6	194,633 (7.3)	118,422 (6.9)	135,135 (7.4)	128,227 (8.1)
7	226,560 (8.4)	132,484 (7.7)	151,326 (8.3)	138,952 (8.8)
8	236,831 (8.8)	142,265 (8.2)	157,272 (8.6)	138,266 (8.8)
9	231,874 (8.6)	138,364 (8.0)	158,842 (8.7)	136,886 (8.7)
10	229,058 (8.8)	137,586 (7.9)	159,177 (8.7)	133,342 (8.5)
11	210,764 (7.8)	133,138 (7.7)	144,308 (7.9)	120,455 (7.6)
12	186,961 (7.0)	135,102 (7.8)	144,942 (8.0)	127,544 (8.1)
uncertainty	4			
Total	2,678,790 (100)	1,727,040 (100)	1,821,841 (100)	1,576,889 (100)

Source: Ministry of Health and Welfare

Diagram 3 Changing monthly distributions of births: Minami Sakura, 1792-1874, 1873-1959 Whole Japan, 1947, 1955, 1965, 1980

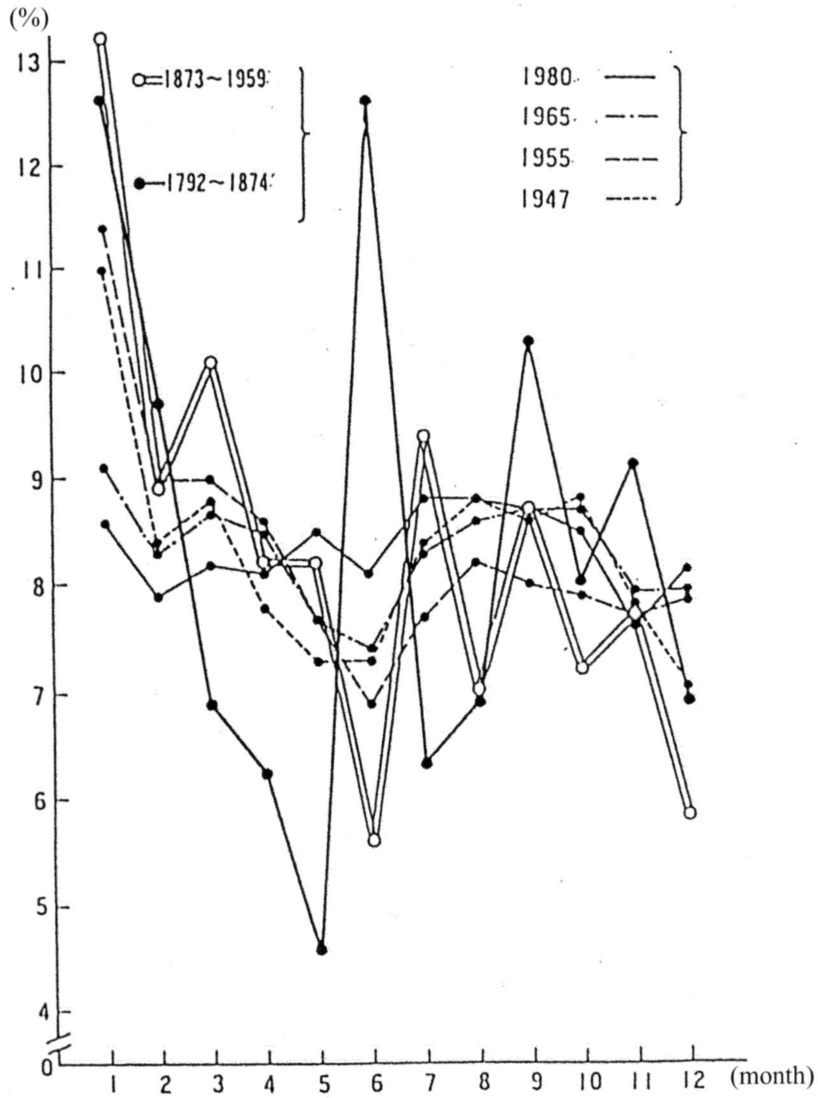

Diagram 4 Monthly distributions of deaths: Minami Sakura, 1796-1945

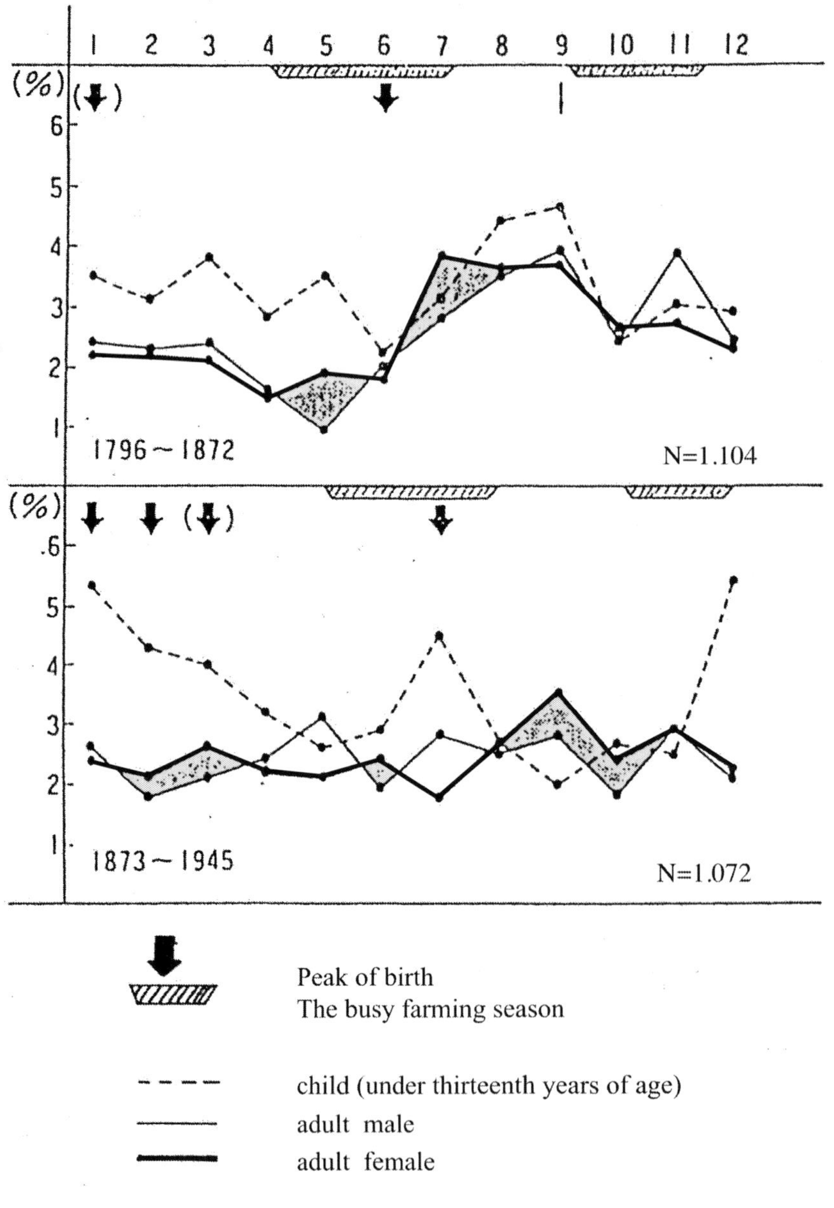

Diagram 5 Monthly distributions of deaths: Myōkōji, 1796-1945

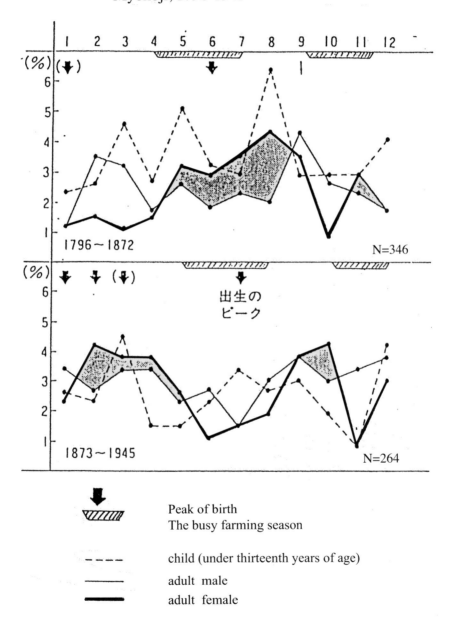

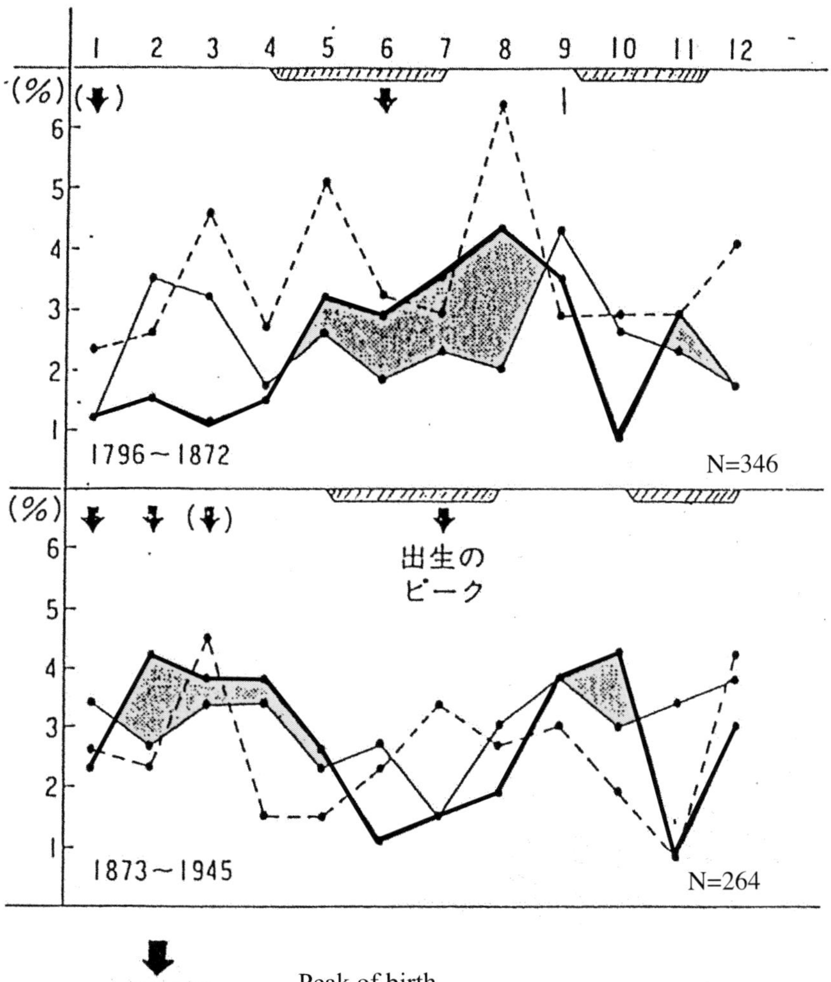

Peak of birth
The busy farming season

child (under thirteenth years of age)
adult male
adult female

Diagram 6. The posture of weeding, reaping and plowing and "OYOGIKOSHI"

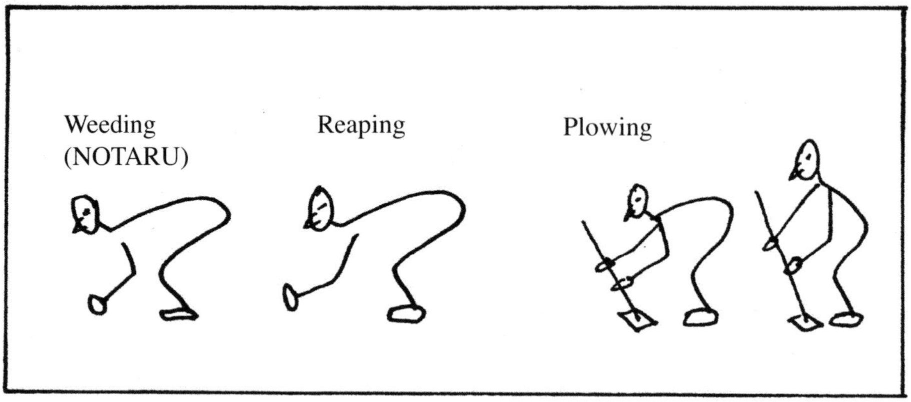

Table 3　Maternal deaths: ŌJitemple, Hida Province, 1771-1850

Cause \ Age	11—20	21-30	31-40	41-50	Total(21-50)
Postpartum	5	14	29	10	53
Difficult delivery	1	9	10	6	25
NAGACHI ※1	0	0	2	1	3
SHIRACHI ※2	0	0	0	1	1
Total	6	23	41	18	82
Proportion of maternal deaths to total deaths	3%	8%	13%	5%	9%
Total deaths ※3	234	277	310	361	948

Source: Dr Keizo Suda' s workings.

※1　Lit long bleeding.
※2　Leukorrhea.
※3　Total death include male deaths and unknown cases.

第Ⅴ章　過去帳死亡者の母集団人口と社会背景
―18 世紀以降近江三上地域における社会調査から―

（「人口学研究」第 24 号　1999 年 6 月）

過去帳死亡者の母集団人口と社会背景
―18世紀以降近江三上地域における社会調査から―

大　柴　弘　子

（東京都立大学大学院）

はじめに

過去帳は宗門帳とならび，歴史人口学における貴重な研究資料である[1]。しかし，全県的あるいは全国的におよぶ広大な地域を対象にした過去帳研究とは別に，比較的小規模な特定地域を対象にした過去帳研究では，死亡者数の背景にある母集団の情報が示されない限り，それは資料として生かされない。従来の過去帳研究では，母集団に関する情報の欠如が最大の欠点となり，過去帳死亡者数の資料的価値が問われてきた（丸山，松田 1976：227-235）。

筆者は滋賀県野洲郡野洲町三上地域（南桜，北桜，妙光寺，三上）にある７つの全寺院の過去帳調査を行った（図１，表１）。ここで，過去帳に示された死亡数がどのような母集団人口において発生したものか，また，その母集団における死亡をどの程度正確に反映したものであるかを明らかにするために社会調査を行い，その結果から1700年以降の死亡動向を得ることができた。すでに三上地域の「過去帳成人女子死因の考察」および「18世紀以降の死亡動向」を報告したが（大柴 1985,1988），社会背景については補足的に述べただけであった。本文では，

A．三上
　a．大中小路 ― 西林寺
　b．小中小路 ― 西養寺
　c．前　田 ―― 照覚寺
　d．東林寺 ―― 王林寺（檀家なし）
　e．山　出 ―― 宝泉寺
B．妙光寺 ―― 宗泉寺
C．北　桜 ―― 多聞寺
D．南　桜 ―― 報恩寺
　　　　　　　聖応寺（檀家なし）

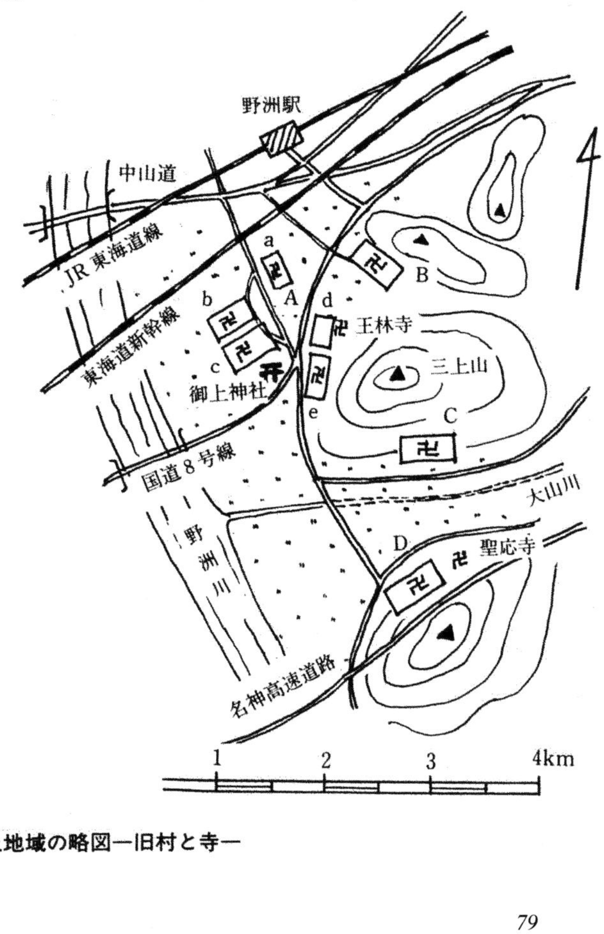

図１　三上地域の略図―旧村と寺―

表1　三上地域における寺と檀家数（1976年現在）※1

旧村，地区	寺（宗派）	開山年 (過去帳初年)	檀家数369戸の内訳（地区と戸数）＜＞内は地域外の檀家　※2
三上			
大中小路	西林寺(浄土宗)	1602(1692～)	32（大中小路23．小中小路2．山出2．東林寺2）＜駅前2．守山1＞
小中小路	西養寺(天台宗)	不詳(1696～)	19（小中小路15．前田1）＜行畑2．近江八幡1＞
前田	照覚寺(浄土真宗)	1525(1616～)	108（小中小路30．前田28．東林寺26．山出18．大中小路6）
東林寺	玉林寺(真言宗)	不詳 ―――	なし
山出	宝泉寺(天台宗)	1575(1716～)	30（山出26．東林寺1）＜野洲3＞
妙光寺	宗泉寺(浄土宗)	1548(1663～)	30（妙光寺25）＜行畑2．近江富士団地1．小篠原他2＞
南桜	報恩寺(浄土宗)	1480(1796～)	92（南桜92）
	聖応寺(天台宗)	不詳 ―――	なし
北桜	多聞寺(浄土宗)	不詳(1794～)	58（北桜47）＜野洲8．近江八幡2．草津1＞

※1．1976年現在の檀家数は遠藤の調査にもとづき（遠藤1976：55-65）その後，大柴が確認調査し一部訂正した。
※2．地域外の檀家は，ほとんど旧村からの分家，転出によるものである。

死亡動向を得るに至った過去帳記載上の統計処理，母集団人口と背景，過去帳および寺檀関係についての調査結果を主に報告する。過去帳分析の対象年は1663年～1975年である。

I　研究経過

滋賀県野洲町三上の民俗・社会調査を1975年から1981年に社会伝承研究会が行った。この調査は民俗学，歴史学，社会学，医療を通して日頃，日本の村落社会に関心を持つ会のメンバーによって自主的に組織された共同調査であった。成果は報告書に示した[2]。筆者は民間医療・看護の分野を調査し，当時，過去帳調査は妙光寺地区の流行病の死者の確認のために行った。妙光寺過去帳は詳細に調査できたが，他の地区については住職の前でだけ閲覧が許され，その場で村の死亡者を記載する調査で終わった。その後，過去帳記載や死亡数の確認のため共同調査が終了した後も個人的に継続調査を行った。過去帳調査はすでに1981年以降，厳重になり閲覧ができなくなった。従って，不十分な点もあるが，この調査により地域の死亡動向を得ることができた。寺檀関係および民俗・社会についての理解は，共同調査の成果に負うところが大きい。

II　調査期間および研究方法

1　調査期間：1975年～1985年の期間，および1998年。

2　研究方法

1）過去帳調査・分析
2）聞き取り調査（三上地域7寺院の全住職および住民を対象）
3）文書調査（宗門改帳，旧村所有の文書・区有文書，山田家文書，後藤家文書，天野家文書，野洲町役場台帳など）

III　結　　果

1　過去帳記載と統計処理

1）過去帳記載事項

(1)　死亡年月日：必ず故人の死亡年月日が記載されている。従って，過去帳から年度別・月別死亡者が明らかになる。

(2)　性別：戒名では，水子を除いては性別を明らかにできる（表2）。浄土真宗の法名では，一般に“尼”“妙”の字が付くと女性とされているが，最近は特に例外もあり法名からの性別判断は期待できない。

(3)　俗名と屋号：戒名，法名にはその人の俗名が同時に記載される。三上地域の場合，俗名は基本的に屋号あるいは屋名で記載されてきた。例えば，新左衛門（新左衛門は屋号あるいは屋名），新左衛門母，新左衛門子などと記される。近年になると名字付きの屋号あるいは屋名，あるいは個人名の記載が増えて来る。しかし，旧村の家には旧来からの記載方法が見られる。この習慣は旧村の者と，それ以外の者との区別がつき易い。

(4)　年齢区分：法名では年齢区分がないが，戒名では年齢区分が意識されている。ただし，年齢記載のある戒

表2　戒名による性・年齢区分

年齢区分	男の戒名	女の戒名	備　　考
およそ14歳以上 (成人)	・禅定門 ・信士 ・居士 ・禅士あるいは禅子	・禅定尼 ・信女 ・大姉 ・禅女	・禅定門・禅定尼，信士・信女，居士・大姉は，14歳以上において記されている。1例のみ13歳の信女があった。 ・禅士(子)・禅女は14歳，15歳が多い。 14歳以下に禅士(子)・禅女はなかった。 ・14歳以上で童子・童女は1例のみ14歳の童女があった
およそ13～2歳 (子供)	・童子 ・善子 ・法子	・童女 ・善女	・童子・童女は13歳以下において記されている。・13歳，12歳の童子・童女が7例あった。 ・2歳は童子・童女，あるいは善子・善女と記されているものが多いが，1歳においても18例あった。
およそ2～0歳 (乳幼児)	・孩子 ・桜子	・孩女 ・桜女	・孩子・孩女あるいは桜子・桜女は年齢の記載がないものが多い。 ・2歳の孩子・孩女が3例あった。 ・1歳の孩子・孩女が3例あった。 ・死産と但し書きされた桜子・桜女が3例あった。
(流産，早産，死産児)	・水子	・水女あるいは水子	・水子がほとんどで水女の記載はまれである。 ・死産と但し書きされた水子・水女が5例あった。
(妊産婦)		ナガレカンジョウ (流潅頂)	・成人の戒名とともにナガレカンジョウと記されているものが4例あった(報恩寺の1880年，1883年，1884年2例)。

注）三上地域における報恩寺と宗泉寺の2寺の分析にもとずく。

名は少ない。三上地域において年齢記載が比較的多く見られたのは，南桜の報恩寺と妙光寺の宗泉寺の過去帳であった。報恩寺の場合，過去帳初年の1796年から童子・童女が，1797年から孩子・孩女が登場し，年齢記載は1808年に初まる。1808年に13人中6人(うち童子・童女が2人)の年齢記載が登場し，以後，毎年記載され1808年～1976年までの年齢記載率（1887年～1899年の記載は1例のみで例外的であった)は，全体で49.8%(2392人中1191人)，うち大人66.9%(1441人中964人)，子供23.9%(951人中227人)であった。過去帳初年が1663年の宗泉寺では，1699年から童子が，1831年から孩子が登場し，年齢記載は1709年に初まる。1709年に童子1人の年令記載が登場し，その後，1904年までは稀に1人の記載が見られる程度で年齢記載率は1.7%(924人中16人)であった。そして，1905年に3人中3人共（うち童子・童女が2人）年齢記載があり，以後，毎年数例の記載があり1976年までの年齢記載率は全体で79.2%(211人中167人)，うち大人89.2%(157人中140人)，子供50%（54人中27人）であった。以上，2寺の戒名から，およそ13歳前後を境にした大人と子供の区分，およそ2歳以下の乳幼児の区分ができる(表2)。

(5)　死因：妊産婦死亡について，南桜の報恩寺で明治期に4例のみナガレカンジョウ（流潅頂）の記載があった。戦死者の戒名には，「戦死」と但し書きされ地位や戦地が記載されている者もあった。戦死者は南桜18，北桜9，妙光寺7，三上35の合計69名の記録があった。これは，太平洋戦争の戦死者67名（1998年現在の，太平洋戦没者遺族会会長である小島繁和氏からの聞き取り調査によると，三上地域の戦死者は67名であり一致している）と，他に満州事変戦死者1名，支那事変戦死者1名の合計である。死因病名の記載は結核，中風，感冒，肺病，結核，肺患，脳病，赤痢，などが20例あった。

(6)　その他：災害，事故死，密葬，変死の記載が20例ほどあった。飢饉による死者として判明できる記載の者はなかった。

2）年次別，月別死亡者数と統計上の処理

(1)　閏年，改暦と死亡月：閏月の影響はほとんどないので無視しても差し支えないと言われている（速水 1966)。念のため死亡者の月別を閏年とそれ以外の年とに分けて集計し，それぞれを比較して見たが大差がないことを確かめたので(大柴 1980：138)，死亡月では閏年を無視して算出した。次に明治5年（1872）の改暦については，三上地域の過去帳で見る限り，明治8，9年まで旧暦がそのまま使われていた様子が見られる。この間の死亡月は新・旧両日を記載した例が多い。この場合は，新暦の死亡月日を採用した。

(2)　婚出者：婚出者は婚家先の壇那寺に戒名が載るこ

とになるが，実家に戻って死亡した時は実家の寺に戒名が記載されることがある。妙光寺では，1894年からこの記載が登場し1975年までに，全部で7例あった。妙光寺以外では，全体で40例以上あった。これらは，対象数値から除いた。

(3) 転出・転入，村外者：戦前までの三上地域では15歳すぎると殆どの若者が大津，京都，大阪方面に女中奉公，丁稚奉公に出たと言われている。一方，出稼ぎの転入者もある。出先での死亡者は，基本的には実家で葬式を行い戒名は実家の寺に載る。村外者の戒名は，村内の寺に記されないのが基本である。ただし，地域内で仮葬儀を行った者，他村に出ていても寺檀関係を継続している者，僧侶仲間などで住職が葬儀に出席した者については，但し書きをして村の過去帳に記載されている。妙光寺の場合，このような記載は1886年から登場し，1975年までに全体で46人（村外者37，村外者であるが村名が不明3，僧侶6）があり，これらは統計上除外した。妙光寺以外では，過去帳閲覧時に村外者を除いた数を直接書き取る調査をしたため数値を示すことができない。

(4) 「家別過去帳」と民俗慣行の理解：過去帳の記載様式には，命日ごとの日割別記載と死亡者順の年次別記載との2種類が一般的である。これら以外に照覚寺には家別の過去帳がある。「家別過去帳」では分家の場合に限り，筆頭者には必ず本家の初代夫婦の戒名を記載する習わしになっている。この場合，同一人の戒名が本家と分家の両方に記載がされているから，死亡者数が重複する。従って，統計上で地域の民俗慣行の知識・理解が必須であった。

(5) 住職による記載上の差異：住職により戒名の記載方法が，異なることがあるので注意を要する。例えば，南桜では1886～1898年の間の孩子・孩女の記載がほとんどない。この間は17代目の住職の在任期間に当たることが調査から明らかになった。これは乳幼児・子供の区別をせずに童子・童女とのみ記していることが判明した。なお，この間の年齢記載においても，前述の如く1例のみの記載であった。

2　母集団人口と背景

三上地域の1800年以降の戸数・人口の安定性について，北桜については山岡（山岡 1977：1-13）が，三上と南桜については上野（上野 1978：73，1979：63）が指摘している。また，市町村沿革史によると三上地域の1890年～1941年までの人口・戸数について，本籍人口，現住人口の多少の増減はあるが，戸数は1890年の350から1924年の363までの間を上下しただけで，きわめて停滞的であったことが示されている（滋賀県市町村沿革史 1988：645）。ここでは，三上の1696年以降，妙光寺の1700年以降，南桜の1805年以降，北桜の1792年以降について檀家数・檀徒数および戸数・人口が安定的であったことを示す。

1）村史概要

本文でいう三上地域とは，旧三上村（小中小路，大中小路，前田，東林寺，山出の5集落）と，妙光寺，南桜，北桜の3つの旧村である。旧三上村の5つの集落は，中世文書に各々「村」として登場し，独立村であったことが伺える（滋賀県市町村沿革史編纂委員会編 1988：622，623）。近世になると，小中小路，大中小路，前田，東林寺，山出，妙光寺は三上村を形成していた。このうち妙光寺は1665（寛文5）年に分離独立した。1889（明治22）年に三上村，妙光寺村，南桜村，北桜村が合併して三上村となる（合併による同村・同町名の混乱をなくすため，本文ではこの三上村は三上地域と記し，各4つの旧村は三上，妙光寺，南桜，北桜と記すことにした。また，村というときは旧村のことを差す）。1942年に，この三上村が野洲町と合併して新たな野洲町となり，さらにまた1955年にこの野洲町が祇王村，篠原村と合併して大きな野洲町となり現在に至っている（滋賀県市町村沿革史編纂委員会編 1988：619，631，632）。なお，三上地域は奈良時代からの古い歴史をもつ純農村地帯である。昭和30年代以降は兼業化が進み現在に至っている。

2）1村1寺制と固定的寺檀関係

三上地域内にある寺は，中世にさかのぼる村単位毎に存在していたことが伺える（現在，東林寺のみ不明）。地理的条件から（図1）三上のみ寺檀関係が旧村の枠を越えて乱れているが（表1），住民は「A寺は○在所（村）の寺」と言い，寺と村は一体となって認識されている。1976年現在における三上地域の各村の寺と檀家数を示すと，三上の4つの寺の総檀家数は189戸（うち地域外は9戸），妙光寺の宗泉寺檀家数は30戸（うち地域外は5戸），南桜の報恩寺檀家数は92戸，北桜の多聞寺檀家数は58戸（うち地域外は11戸）である（表1）。地域の住職，住民によると「檀家数は昔からほとんど変化がない」と言われている。

3）村の戸数・人口の推移と安定性

17，18世紀以降の戸数[3]・人口は表3．表4．表5．表6．に示す。出典・資料は，各表の下欄に示した如くである。1942年～1959年の戸数・人口は，町村合併により書類が紛失したということで不明である。1960年以降の役場の「野洲町人口世帯数調」によると，戸数は生産世帯と非生産世帯に分けて記されている。なお，農林業セ

表3　三上の戸数・人口の推移（1696～1998）

NO	西暦(年号)	戸数(人口)	NO	西暦(年号)	生産世帯数(人口)	総世帯数(人口)
1	1696(元禄9)	142(795)	11	1960(昭和35)	158 ──	── ──
2	1781(安永10)	173(785)	11'	1960(昭和35)	183(677) ※1	── ──
3	1791(寛政3)	175(750)	12	1961(昭和36)	158(950)	204 ──
4	1872(明治5)	176(814)	13	1962(昭和37)	157(940)	201 ──
5	1879(明治12)	176(814)	14	1963(昭和38)	159(936)	204 ──
6	1925(大正14)	180 ──	15	1964(昭和39)	158(930)	210 ──
7	1927(昭和2)	184 ──	16	1965(昭和40)	157(932)	213 ──
8	1932(昭和7)	177 ──	17	1970(昭和45)	158(846)	225 ──
9	1937(昭和12)	176 ──	17'	1970(昭和45)	180(664) ※1	── ──
10	1942(昭和17)	178 ──	18	1975(昭和50)	155 ──	237 ──
			18'	1975(昭和50)	171 ── ※1	── ──
			19	1976(昭和51)	155 ──	241 ──
			20	1979(昭和54)	155 ──	238 ──
			21	1980(昭和55)	── ──	234 ──
			22	1998.4.1	── ──	257(1089)

1998年3月現在における三上にある全寺の檀家総数は，およそ180戸である。この約180戸は，三上村以来の戸である。

(出典・資料)

NO 1～3.「滋賀県市町村沿革史（大谷文書による)」第2巻，1998，pp.623.625

NO 4.「野洲郡史（下)」1927，pp.835

NO 5.「滋賀県物産史」(滋賀県市町村沿革史，第2巻，1967)

NO 6.「滋賀県市町村沿革史」第6巻，資料編(2)，1988，pp.550

NO 7～10.「委託林関係綴」三上山委託林事務所(三上区)

NO 11～22．野洲町役場「野洲町人口世帯数調」

NO 11'.17'.18'．農林省農林経済局統計調査部「世界農林業センサス農業集落カード」

※1．生産世帯数として記した内訳は次の如くである

	1960	1970	1975
専業農家	45	6	4
1種兼業農家	96	56	4
2種兼業農家	42	118	163
合　計	183	180	171

ンサスの1960年，1970年，1975年の結果から，ここに生産世帯数として記した内訳は専業農家と兼業農家（1種，2種共）を合計したものである。この数と役場の生産世帯数との差は，兼業農家の判断の差異によるものと思われる(内訳は各表の注を参照のこと)。全戸が農業世帯の時代から，非農家世帯が現れ増加していくのは1955年以降である。住民によると「旧村の戸数は一定している」と言う。文書資料から，ほぼ1700年以降の旧村の戸数・人口が固定的・安定的であったことが裏づけられる（表3．表4．表5．表6）。その戸数・人口は，少数の例外を除き基本的に村寺の檀家数・檀徒数であった。転出・転入人口の流動性はあっても（後述），戸数・人口が一定していた背景を次に記す。

4）耕地，生産高の限界と安定性

滋賀県市町村沿革史によると（滋賀県市町村沿革史編纂委員会編1988：625）三上では，1602（慶長7）年と1679（延宝7）年に各村の検地が行われた。その時の年貢率が1615年～1691年の間に，5年～10年間隔で記録され，その後1803年にも記録されている。それによると時代による変化はさほど顕著ではなかったことが述べられている（滋賀県市町村沿革史編纂委員会編 1988：624)。また，1701（元禄14）年，1837（天保8）年，1859（安政6）年の石高の記録があり，ここから見て三上，妙光寺，南桜，北桜とも，これらの年度の石高が一定している（橋川 1927：107，111，112)。これについて，「…若干の新開地はあるが大きな変動はなく，そしてこれは明治に引き継がれて行く」(橋川 1927：109)と述べられている。そして，明治以降から昭和の時代における耕地，生産高の安定性については上野が指摘している（上野 1978：62-74，1979：62-79)。上野は，明治初期すでに耕作可能な土地がほとんど開発されつくされ，田畑面積および生産される生活資源の量が明治以降ほとんど変化し

表4　妙光寺の戸数・人口の推移（1700～1998）　　○内は外国人の数

NO	西暦(年号)	戸数(人口)	NO	西暦(年号)	生産世帯数(人口)	総世帯数(人口)
1	1700(元禄13)	32 —	32	1960(昭和35)	26 —	— —
2	1746(延享3)	31 —	32'	1960(昭和35)	26(111) ※1	— —
3	1759(宝暦9)	32(155)	33	1961(昭和36)	26(146)	72 —
4	1760(宝暦10)	32(149)	34	1962(昭和37)	26(144)	76 —
5	1764(宝暦14)	34(151)	35	1963(昭和38)	27(146)	66 —
6	1780(安永9)	—(160)	36	1964(昭和39)	26(137)	75 —①
7	1785(天明5)	—(158)	37	1965(昭和40)	26(136)	84 —①
8	1803(享和3)	—(156)	38	1970(昭和45)	27(137)	95 —
9	1805(文化2)	32(163)	38'	1970(昭和45)	25(98) ※1	— —
10	1811(文化8)	31(165)	39	1975(昭和50)	26(129)	— —
11	1817(文化14)	31(168)	39'	1975(昭和50)	25 — ※1	— —
12	1819(文政2)	32(161)	40	1976(昭和51)	24 —	118 —
13	1821(文政4)	31(163)	41	1979(昭和54)	24 —	93 —
14	1823(文政6)	32(156)	42	1980(昭和55)	— —	80 —
15	1824(文政7)	32(154)	43	1998.4.1	— —	102(299)
16	1825(文政8)	32(157)				
17	1827(文政10)	32(156)				
18	1829(文政12)	30(135)				
19	1830(文政13)	27 —				
20	1831(天保2)	29(136)				
21	1833(天保4)	30(140)				
22	1835(天保6)	29(128)				
23	1838(天保9)	27(114)				
24	1840(天保11)	26(109)				
25	1842(天保13)	26(110)				
26	1844(弘化元)	—(115)				
27	1852(嘉永5)	—(116)				
28	1871(明治4)	—(134)				
29	1872(明治5)	30(134)				
30	1879(明治12)	30(134)				
31	1925(大正14)	25 —				

1998年3月現在における，妙光寺の檀家と戸数は宗泉寺檀家(浄土宗)のみの31戸である。この31戸は，妙光寺村以来の戸である(昭和30年以降の分家は3戸あり，この内2戸は村外分家である)。

(出典，資料)

NO 1．山田俊夫家文書「題欠(村明細帳)」
NO 2．山田俊夫家文書「妙光寺村町間反別之覚」
NO 3～8．滋賀県立図書館所蔵「人別帳野洲郡妙光寺村」
NO 9～28．山田俊夫家文書「江州野洲郡妙光寺村宗旨御改帳」「人別帳野洲郡妙光寺村」
NO 29．「野洲郡史（下）」1927，pp.835
NO 30．「滋賀県物産誌」（滋賀県市町村沿革史，第2巻，1967）
NO 31．「滋賀県市町村沿革史」第6巻，資料編(2)，pp.550
NO 32～43．野洲町役場「野洲町人口世帯数調」
NO 32'.38'.39'．農林省農林経済局統計調査部「世界農林業センサス農業集落カード」
※1．生産世帯数として記した内訳は次の如くである

	1960	1970	1975
専業農家	6	0	0
1種兼業農家	19	3	0
2種兼業農家	1	22	25
合　計	26	25	25

表5　南桜の戸数・人口の推移（1805〜1998）　　○内は外国人の数

NO	西暦(年号)	戸数(人口)	NO	西暦(年号)	生産世帯数(人口)	総世帯数(人口)
1	1805(文化２)	―(472)※1	16	1960(昭和35)	94 ―	100(545)
2	1822(文政５)	―(458)※1	16'	1960(昭和35)	93(363)※2	― ―
3	1828(文政11)	―(495)※1	17	1961(昭和36)	93(517)①	99(535)①
4	1834(天保５)	96(497)※1	18	1962(昭和37)	92(503)①	100(525)①
5	1840(天保11)	―(453)※1	19	1963(昭和38)	90(494)①	99(517)①
6	1858(安政５)	―(463)※1	20	1964(昭和39)	90(490)	101 ―
7	1868(明治元)	―(492)※1	21	1965(昭和40)	90(477)	99(501)
8	1872(明治５)	104(530)	22	1970(昭和45)	90(454)	98(470)
9	1874(明治７)	108(526)	22'	1970(昭和45)	90(370)※2	― ―
10	1879(明治12)	107(524)	23	1975(昭和50)	90 ―	103(496)
10'	1879(明治12)	104(530)	23'	1975(昭和50)	88 ― ※2	― ―
11	1925(大正14)	100 ―	24	1976(昭和51)	90 ―	101(495)
12	1927(昭和２)	102 ―	25	1979(昭和54)	90 ―	101(493)
13	1935(昭和10)	100(733)	26	1980(昭和55)	―	99(485)
14	1937(昭和12)	98 ―	27	1998.4.1	― ―	100(468)
15	1942(昭和17)	95 ―				

1998年３月現在における南桜の檀家と戸数は，報恩寺檀家(浄土宗）の92戸と，浄土真宗３戸，創価栄会１戸，無宗派１戸の合計98戸である。この98戸は，南桜村以来の戸である。

（出典・資料）

NO 1〜3．天野右エ門家文書による。（天野右エ門氏より）

NO 5〜7．天野右エ門家文書による。（天野右エ門氏より）

※１広幡（公家）領のみの入口。多羅尾・朽木（旗本）領の５〜６戸は含まれていない。

NO ４．南桜区有文書「天保５年宗門改帳」

NO ８．「野洲郡史（下）」1927，pp.835

NO ９．南桜区有文書「明治７年５月日改戸籍人別取調印年帳」

NO 10．南桜区有文書「明治12年５月改戸籍人別取調帳」

NO 10'．「滋賀県物産史」(滋賀県市町村沿革史第２巻，pp,967)

NO 11．「滋賀県市町村沿革史」第６巻，資料編(2)，1988，pp.550

NO 12.14.15．「委託林関係綴」三上山委託林事務所（三上区）

NO 13．滋賀県「昭和大禮悠紀斎田記録」1935

NO 16〜27．野洲町役場「野洲町人口世帯数調」

NO 16'.22'.23'．農林省農林経済局統計調査部「世界農林業センサス農業集落カード」

※2．生産世帯数として記した内訳は次の如くである

	1960	1970	1975
専業農家	51	1	3
１種兼業農家	34	59	0
２種兼業農家	8	30	85
合　計	93	90	88

ていない点を挙げている。三上地域において1700年頃には，すでに耕地の開発が限界にあったことが予想される。それが，村の固定的な戸数・人口を維持・存続させてきた背景と言えるだろう。

５）「屋敷先祖祭祀」と固定的戸数・檀家数

戸数・人口の安定性にもかかわらず，南桜では明治12年(1879)以降100年間に４分の１の家が交替している(上野 1979：64)。三上地域における家の転退，転入の流動性が高かったことと，屋敷先祖祭祀は関連する（上野 1979：64)。屋敷先祖祭祀とは，自家の系譜につながる先祖の他に以前の屋敷居住者の先祖を合わせて祭祀することで，自家の先祖と合せて３つの先祖を祀る事例もある。「屋敷先祖祭り」と呼ばれる民俗慣行は，人口流動と密接と言える。村では地番が付いた屋敷地に家（建物）が建てられている。転退や絶家後の屋敷地には，村が必ず新たな転入者（分家あるいは親類）を探してきて住まわすようにしたという。地番のついた屋敷地は基本的に固定していることと，屋敷地の前居住者の先祖も祀られるべきであるという祖先観の存在とが，家の転退・転入において，このような慣行を生むことになったと言えるだろう。戸（住人）の流動にもかかわらず常に村の戸数（人口）は，一定に保たれるべく努力され維持されてきたと

表6　北桜の戸数・人口の推移（1792～1998）　　○内は外国人の数

NO	西暦(年号)	戸数(人口)
1	1792(寛政4)	48(213)
2	1793(寛政5)	48(219)
3	1794(寛政6)	48(216)
4	1795(寛政7)	49(210)
5	1800(寛政12)	49(226)
6	1805(文化2)	46(234)
7	1810(文化7)	48(228)
8	1815(文化12)	46(231)
9	1820(文政3)	45(216)
10	1825(文政8)	45(223)
11	1830(天保元)	46(222)
12	1831(天保2)	46(224)
13	1832(天保3)	46(225)
14	1834(天保5)	46(224)
15	1835(天保6)	46(223)
16	1836(天保7)	46(241)
17	1838(天保9)	46(243)
18	1839(天保10)	46(244)
19	1843(天保14)	48(227)
20	1862(文久2)	44(208)
21	1872(明治5)	55(251)
22	1874(明治7)	51(237)
23	1877(明治10)	52(247)
24	1879(明治12)	51(251)
25	1925(大正14)	52 ──

NO	西暦(年号)	生産世帯数(人口)	総世帯数(人口)
26	1960(昭和35)	50 ──	53(283)
26'	1960(昭和35)	50(205) ※1	── ──
27	1961(昭和36)	49(265)	51(276)
28	1962(昭和37)	49(265)	52(276)
29	1963(昭和38)	49(264)	51(273)
30	1964(昭和39)	49(263)①	── ──
31	1965(昭和40)	49(261)①	52(272)①
32	1970(昭和45)	48(262)	51(272)
32'	1970(昭和45)	49(213) ※1	── ──
33	1975(昭和50)	49	54(278)
33'	1975(昭和50)	49 ── ※1	── ──
34	1976(昭和51)	49 ──	57(284)
35	1979(昭和54)	49 ──	56(291)
36	1980(昭和55)	── ──	57(289)
37	1998.4.1	── ──	57(255)

1998年3月現在における北桜の檀家と戸数は多聞寺檀家（浄土宗)の47戸と，浄土真宗6戸，金光教1戸，転入者の無宗派1戸の合計55戸である。近年の転入者1戸を除く54戸は，北桜村以来の戸である。

(出典・資料)

NO 1～14．後藤茂右エ門家文書「家数人別改帳江州野洲郡北佐久良村」

NO 15～18．後藤茂右エ門家文書「家数人別改帳」

NO 19．後藤茂右エ門家文書「天保十四村高人別家数書上帳」

NO 20．後藤茂右エ門家文書「文久二年戌十月村高家数書上帳」

NO 21．「野洲郡史（下)」1927，pp.835

NO 22～24．後藤茂右エ門家文書「北桜村戸籍取調帳」

NO 25．「滋賀県市町村治革史」第6巻，資料編(2)，pp.550

NO 26～37．野洲町役場「野洲町人口世帯数調」

NO 26'.32'.33'．農林省農林経済局統計調査部「世界農林業センサス農業集落カード」

※1．生産世帯数として記した内訳は次の如くである

	1960	1970	1975
専業農家	15	0	0
1種兼業農家	20	19	2
2種兼業農家	15	30	47
合　計	50	49	49

いえる。なお，寺檀の関係でいうと檀家即ち村の戸であり，その条件となる権利・義務が伴う。従って，村外者になると村寺の檀家を維持することはむずかしい。一方，前居住者が転退後の屋敷地へ転入あるいは分家する場合は，前居住者の戸の継続として村寺の檀家になる。一般には，村寺の檀家入籍は自由と言われているが，新参の転入者（例えば，妙光寺の場合）は管理・維持費の負担などから，ほとんど新たな檀家入籍の見られないのが現実である。

以上から，統計上過去帳死亡者数の背景にある母集団人口の固定的安定性が，三上地域の社会的特徴として明らかになった。

3　過去帳および寺檀関係の歴史

1）いつから現在のような過去帳記載がなされたか

過去帳が一般化するのは，寺檀関係の成立と関わる。大桑によると「…近世に入って寺檀制度が成立すると，過去帳は全寺院に備えられるものとなった。1635年（寛永12）の寺社奉行設置と寺請制度の開始がその契機となっており，その年以前の過去帳はきわめてまれである」（大桑 1995：118）と言われる。また，過去帳の記載の一般化については，はじめは葬儀を行った成人の当主のみであったらしく，宝暦ころになって次，三男や子供の戒名がみられるという報告もある（芳賀 1980：138）が，実際的に葬儀と戒名の有無（特に子供の場合），身分階層差と戒名，地域差などの実態は明らかにされてない点が多い。従来の過去帳研究報告を見て（e.g.樺沢 1977：86-87，中沢ら 1979：110），1600年代当初の死亡者数は少なく順次増えるパターンになっているのは，死亡率増加によるのではなく過去帳記載内容の変化によると見なされる。

三上地域における最も古い過去帳記載は，照覚寺の1616年からと宗泉寺の1663年からである。1600年代の戒名記載は，少数の大人のみである。宗泉寺の場合当初は，妙光寺の祖と言われている三上氏と僧侶のみの記載である。また，子供の記載は1699年から登場する。三上地域において過去帳が現在とも変わらぬ記載内容になっているのは，ほぼ1700年以降である。従って，1700年以降でないと，過去帳死亡数増減をもって地域の死亡率増減と見なすことは出来ない。

2）複檀家の存在

現在の日本人の大多数は，1家1寺の寺檀関係が一般的であるが，江戸時代のはじめには一家の中で宗派，寺院を異にする例は珍しいことではなかった（豊田 1937：124，大桑 1968：27）。現在でも，地域により1家で複数の檀那寺をもつ例がみられる（e.g.大柴 1976）。このような事例は，民俗学会において「半檀家」あるいは「複檀家」として報告されてきた（本文では，1家が2寺以上の檀那寺をもつ形態を「複檀家」と記す）。1家1寺制の起源と過程については，現在，学会の定説がない（豊田 1982：108-138）。豊田武は近世の寺檀制度の特徴として「1寺1家の制」と「離檀の禁止」の2つを指摘した（豊田 1937：123-127）。福田は，このような特定の寺院との持続的関係が全国的規模で制度化されたのは，近世の幕藩体制の確立期であったとするのが常識とされているが，では幕藩体制の確立期をいつに設定するか，となると説が別れる，という現状を述べた上で，それは「おそくみても寛文・延宝期（1660，70年代）である」と言っている（福田 1976：32）。過去帳研究において複檀家の予備的知識をこの程度は心得ておき，複檀家の存在と内容を確認する必要がある。つまり，家（戸）が調査対象外の村にまたがる複檀家の場合で，どの寺も自寺の檀徒の戒名のみ記している場合は一戸の成員の戒名は分散している。その場合は統計上，対象外の寺に記された死亡者数は欠落する。また，複檀家が調査対象地域内にある場合で，どの寺にも一家全員の戒名が記載される場合は統計上，死亡者数の重複が生じる。三上地域では，北桜においてこの事例が存在する。北桜のS姓6戸の戒名は村外にある檀那寺と村寺の双方の過去帳に記載されている。北桜では，このS姓6戸と金光教1戸も含め，全村民の戒名が村寺の過去帳に記載される。この場合，村寺の戒名から全戸（全人口）の死亡数が把握できる。

Ⅳ　結　　語

過去帳の死亡者数の背景にある母集団の実態が明らかにされない限り，その死亡数は資料として生かされない。従来の過去帳研究では，一部母集団人口について宗門帳との付け合わせを行った報告があるものの，実態調査から母集団の人口と生活背景を明らかにした報告はなかった。死亡数において宗門帳より過去帳の方が精度が高いとされているが（e.g 阿部 1970：4），その場合，過去帳記載の重複や村外者の記載事例などを処理した上で見ていかなければならないことが，実態調査により明らかである。本文では，過去帳分析と平行してその母集団の社会調査を行い統計処理を行った。その結果，過去帳死亡者の資料的価値が従来より信頼できるものとなり，三上地域における1700年以降の死亡動向を把握することができた。

（謝辞） 長年にわたり，たいへんお世話になりました天野宇右エ門，後藤茂右エ門，山田俊夫，川端太郎，市木修の各氏をはじめ，三上地域の住民の皆様，各寺の住職様，野洲町役場の皆様に心より厚く感謝申しあげます。

注）

1）過去帳開示が殆ど不可能になっている現在，過去帳研究報告は途絶えている。一方，寺院の兼務や統配合，廃寺が進み，その中で過去帳の散逸も生じている。三上地域においても1990年以降，7寺のうち3つの寺が無住，兼務となった。このような事態を憂い過去帳研究に関心を示されている住職や住民の方々もいる。住職と住民自身によって過去帳研究が行われることは理想的であり，それを実現させていくのも研究者の役割と考える。

2）社会伝承研究会編「近江村落社会の研究」1976（第1号），1977（第2号），1978（第3号），1979（第4号），1980（第5号），1981（第6号）。

3）古文書の記載にならい「戸」数と記すが，17，18世紀の文書に記された「戸」と，現在の「世帯」および「家」の構成人口は同一ではない。例えば，三上の1696年の戸数142（人口795）の内訳は，本百姓111，水呑31とある（滋賀県市町村沿革史 第2巻 1988：625-626）。また，妙光寺の1591（天正19）年の文書によると登録名請人は27で，内訳は屋敷所有者14，無所有者13とあり，1700（元禄13）年の32戸については，「32間中従人21間」とある。妙光寺の中世から近世にかけての戸と階層構成については斎藤論文に，一部述べられている（斎藤 1979：3-16）。ここで焦点は人口にある。

文　献

上野和男，1977.「南桜の隠居制家族と屋敷先祖祭」社会伝承研究会編「近江村落社会の研究(2)」，社会伝承研究会（東京），pp.16-23.

上野和男，1978.「三上の農業構造と労働力構成―1970年・1975年農業センサス農業集落カードの分析を中心として―」，社会伝承研究会編『近江村落社会の研究(3)』社会伝承研究会（東京），pp.62-74

上野和男，1979.「明治初期南桜村の家族構成と婚姻形態」社会伝承研究会編「近江村落社会の研究会(4)」社会伝承研究会（東京），pp.62-79

遠藤孝子，1976.「三上の檀家制度と墓制」社会伝承研究会編「近江村落社会の研究(1)」社会伝承研究会（東京），pp.56-65.

大桑斉，1968.「寺檀制度の成立過程（上）（下）」日本歴史，242，243

大桑斉，1995.「日本大百科全書（秋庭隆，編集著作出版）」小学館（東京），pp.118

大柴弘子，1976.「複檀家と『家』―長野県水内郡と新潟県上越市の事例を通して」社会伝承研究会編『祖先祭祀の展開と社会構造』社会伝承研究会（東京）pp.64-82

大柴弘子，1980.「近江村落における農民の健康と生活」社会伝承研究会編「近江村落社会の研究(5)」社会伝承研究会（東京），pp.111-140.

大柴弘子，1985.「19世紀以降近江農村の母性健康障害―過去帳成人女子死因の考察」公衆衛生，49(7)，pp.65-71.

大柴弘子，1988.「18世紀以降の近江農村過去帳にみる死亡の動向」民族衛生，54(1)，pp.3-15.

樺沢寿雄，1977.「明治時代以前の武州における人口動態に関する調査研究」民族衛生，43（3・4），pp83-90.

斎藤弘美，1979.「近江村落の形成と分析―妙光寺村の場合」社会伝承研究会編『近江村落社会の研究(4)』社会伝承研究会（東京），pp.3-16.

滋賀県編集，1971.「滋賀県史」第3巻　名著出版

滋賀県編集，1870.「滋賀県史 最近世」第4巻（滋賀県）

滋賀県市町村沿革史編纂委員会編著，1988.「滋賀県市町村沿革史」第2巻，弘文堂（東京）

豊田武，1937.「日本宗教制度史の研究」厚生閣（東京）

豊田武，1982.「宗教制度歴史」豊田武著作集第5巻　吉川弘文館（東京）

中沢忠雄，中沢良英，1976.「過去帳による江戸中期から現代に至る山梨峡東農村住民死因の疫学的観察」民族衛生，42(3)，pp.129-151.

芳賀登，1980.「葬儀の歴史」雄山閣（東京）

橋川正編集，1927.「野洲郡史（上）」滋賀県野洲郡教育委員会（滋賀県）

速水融，1966.「徳川後期尾張―農村人口統計―海西郡神戸神田の宗門改帳分析」，三田学会雑誌，59(1)

福田アジオ，1976.「近世寺檀制度の成立と複檀家」社会伝承研究会編「祖先祭祀の展開と社会構造」社会伝承研究会（東京），pp.32-49.

丸山博，松田武，1976.「歴史人口研究におけるわれわれの課題―回顧と展望」『民族衛生』，42(5)，pp.227-235.

山岡栄市，1977.「近江農業村落資料(1)―野洲町北桜」東京教育大学文学部社会学教室編「続現代社会の実証的研究」東京教育大学社会学教室最終論文集東京教育大学社会学教室（東京）pp.1-13.

第Ⅵ章　過去帳にみる三上地区の死亡動向（1696 − 1975）
──夏期ピーク消失・死亡者数減少の時期と地理的環境──

（2013 年 6 月）

Ⅵ. 過去帳にみる三上地区の死亡動向（1696−1975）

—夏期ピーク消失・死亡者数減少の時期と地理的環境—

はじめに

目的・経過：過去帳分析による18世紀以降の滋賀県野洲市三上地区[1]の死亡動向について示すと共に、妙光寺・北桜・南桜地区との差異について見ていく。妙光寺・北桜・南桜地区の過去帳分析による死亡動向については、すでに報告した（**Ⅲ章.** 参照）。過去帳対象となる三上地区の概要および過去帳母集団人口・社会背景については、すでに述べた（**Ⅴ章.** 参照）。妙光寺・北桜・南桜地区の死亡動向では、年度別、月別、成人・子供別、男・女別分析を行ったが、三上地区では年度別、月別分析に限る。理由は成人・子供別、男・女別の区分分析ができないため（童子・水子、孩子などの記載のない過去帳があること、男性に“尼”“妙”の付く法名があることなどによる）である。

死亡動向を展望すると、我が国の死亡率減少の時期が1900年代、ことに1920年以降に見られるが、三上地域においては遅れて見られた。また、夏期ピーク消失および死亡者数減少の時期において地区の差異がみられた。江戸期における死亡の態様について、地域差および階層間格差が存在する可能性が言われている（鬼頭　2000：160,177 - 179）[2]。これについて、山形県山家村の宗門帳分析による死亡率について、平常年は影響ないがクライシス期には階層間の違いが明らかになることが指摘され（木下　2002）、また、庄内平野の過去帳分析による死亡構造について地域差が大きいことが指摘され（阿倍・杉山2005:77）その差異は江戸期の村落構造の多様性に因るのではないかと考察している（ibid）。

三上地域における地区内の差異の背景には地理的環境が影響していると想定されたので、ここでは両地区の死亡動向の差異と地理的環境に視点をあて比較考察を行った。

意義：明治期以前の人口動態を知るには手がかりとなる宗門帳や過去帳資料が存在するが、資料入手の制約や困難により[3]明治期以前の人口動態は解明されていないことが多い。ことに死亡動向・構造についての研究は少なく、地域的な差異などは未知な状態と云える。本論は社会調査を踏まえて過去帳分析を行った初めての事例といえるもので、これにより、近江・三上地域における明治期以前の死亡動向・死亡構造、および地理的差異による死亡様態が初めて明らかにされる。

対象地区の寺・檀家：対象地区の地図と寺および檀家数は、すでに示したので略す（**Ⅴ章、Ⅶ章**、参照）。

過去帳対象年および死亡者数：過去帳記載は小中小路の1676−1695年（20年間24

名―この24名は対象から除いた）より存在するが、分析対象は1696－1975年（280年間）合計5,780人とした。内わけは1696－1795年（100年間）1751人、1796－1875年（80年間）1793人、1876－1975年（100年間）2236人の合計5,780人である（**表A.**）。なお、三上地区の戦死者35名はこの数値に含まれる。

表A．過去帳調査対象年および死亡者数

年	三上地区				合計
	小中小路	前田	山出	大中小路	
1676-1695	24（対象外）	―	―	―	24（対象外）
1696-1715	63	178	―	―	241
1716-1795	251	1,054	205	―	1,510
小計	314	1,232	205	―	1,751
1796-1875	251	1,013	303	226	1,793
1876-1975	248	1,347	312	329	2,236
小計	499	2,360	615	555	4,029
合計	813	3,592	820	555	5,780

結果・考察

1．三上地区における年次別死亡者数の推移（1696－1975）

三上地区における過去帳は、1696年から前田の照覚寺と小中小路の西養寺があり、1716年から山出の宝泉寺、1796年から大中小路の西林寺があり、地区全体の過去帳が揃うのは1796年からである（**表A.**）。三上地区の死亡者数の年次別推移をグラフで見ると（**図1．参照**　数値については　X章　資料1の11.参照）、次の事が見られる。

① 高死亡者数の年（年間30人以上死亡）が1934年まで見られ、およそ5年から10－15年間隔で現れる。

② 比較的高死亡の連続年が、天保期の1830－40年代、幕末から明治初期の1860－70年代、また明治末から大正年間の1904－1926年ころにみられる。

③ 第2次大戦期の死者数増加を除くと、30人以上の高死亡は1934年（昭和9）を最後に見られなくなり、1950年以降の死亡者数は激減していく。（三上地区の人口は、ごく大雑把にみて800～900人くらいである。**V章**参照）

図１．三上地区　年次別死亡者数（1696－1975 年）

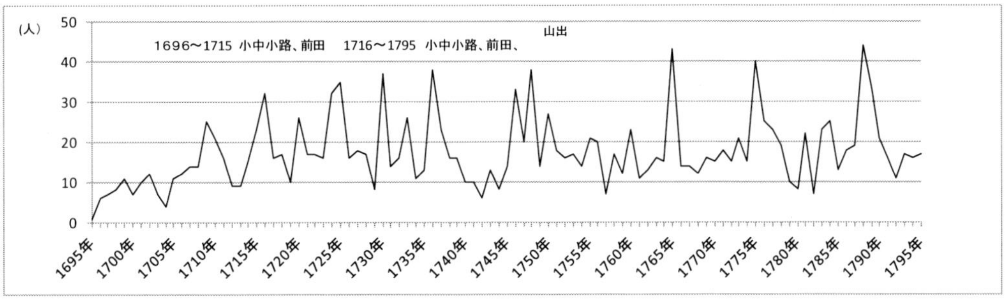

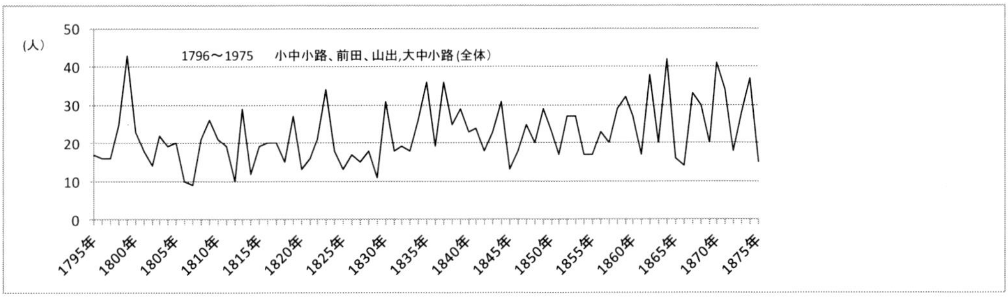

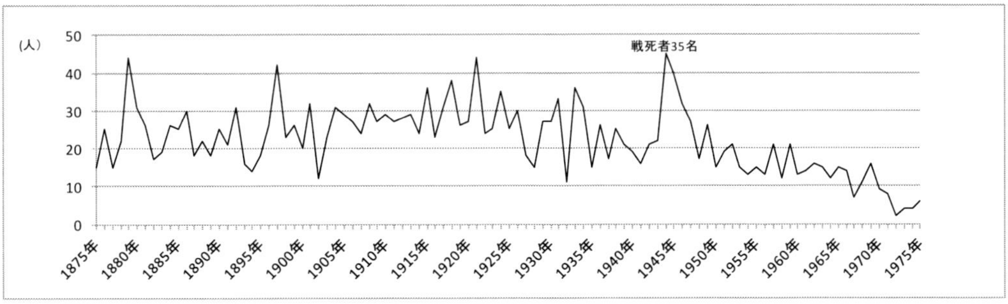

以上の結果を、従来の過去帳や宗門帳研究結果および衛生統計に照らして見ると、18、19 世紀までの死亡者数の鋸歯状の大きな変動と 5－10 年、15 年間隔で死亡ピークの出現（須田　1973、中沢忠雄・中沢良英　1976、鬼頭　2000 : 158）は、同様な傾向が見られた。また、我が国における死亡率減少は 1900 年代、ことに 1920 年以降に見られる（厚生省医務課　1976 : 7-14）が、三上地区では時期が遅れている。以下で詳細に見よう。

２．三上地区の年次別・月別死亡者数と夏期ピーク

三上地区の年次別・月別死亡者数と推移、および死亡者数のピークについて見よう。年次月別死亡者数を 20 年ごと３期に分けた。３期の区分は[4]、Ⅰ期を 1696－1795 年（100 年間）、Ⅱ期を 1796－1875 年（80 年間）、Ⅲ期を 1876－1975 年（100 年間）とし、20 年ごとの月別死亡者数と推移を示した（**表１．表１の図．Ａ**、以下Ａは三上地区とする）。

また、Ⅰ期、Ⅱ期、Ⅲ期ごとの月別死亡割合と推移を見た（**表２．表２の図．Ａ**）。なお、妙光寺・北桜・南桜地区との比較のために、妙光寺・北桜・南桜地区の結果についても並行して見ていく（**表１．表１の図．Ｂ**、 **表２．表２の図．Ｂ**、以下Ｂは妙光寺・北桜・南桜地区とする）。

三上地区の 1696－1795 年（100 年間 1751 人）について見ると（**表２の図．Ａ：Ⅰ期**）、７－10 月と 12－２月にピークが見られる（７－10 月は t =2.88　p ＜.02）。これを 20 年ごとの月別死亡の推移でみると（**表１の図．Ａ：Ⅰ期**）、ほぼ、どの年度においても、夏期と冬期に山が見られるが、1776－1795 年は 10 月のピークが目立つ。このピークは 1788、1789 年（天明８、寛政１）にクライシス年があり（**Ⅶ章の表３．**参照）凶作・飢饉の影響が考えられる。

次の 1796－1875 年（80 年間、1793 人）について見ると（**表２の図．Ａ：Ⅱ期**）、７－10 月にピークがあり（７－10 月は t =4.43　p ＜.002）、12 月と４月に小さなピークがみられるだけで冬期のピークが消えている。これを、20 年ごとの月別死亡の推移でみると（**表１の図．Ａ：Ⅱ期**）、おしなべて従来より春期に山が現れる傾向がみられ、ことに 1856－1875 年については４、５、６月にピークが現れている。このピークは 1862 年（元文２）、1864 年（元治１）、1870 年（明治３）、1871 年（明治４）、1874 年（明治 7）にクライシス年があり（**Ⅶ章の表３．**参照）凶作・飢饉の影響（後述）が考えられる。

次の 1876－1975 年（100 年間、2236 人）について見ると（**表２の図．Ａ：Ⅲ期**）、夏山ピークは消えて、１、２、３月の冬期にピークが見られる。これを、20 年ごとの月別死亡の推移でみると（**表１の図．Ａ：Ⅲ期**）、1916－1935 年の夏期にピークが見られるが、それは主に昭和２、３年と８、９、10 年に赤痢やチフスの流行が度々発生し隔離病舎を利用したことから夏期の伝染病に因る。また、この間の冬期のピークは、大正７－10 年のスペインカゼに因る。1936 年以降は死亡者数が減少をたどり、1956 年以降の減少は著しい。

ここで、妙光寺・北桜・南桜地区においても、三上地区と同じ方法で分析した結果を見ておこう。

表１．年次別（20年ごと）月別死亡者数（1696－1975年）

Ⅰ期：1696－1795　　Ⅱ期：1796－1875　　Ⅲ期：1876－1975

Ａ：三上地区

Ⅰ期:1696-1795　※1696-1715は小中小路、前田のみ、　1716-1795は小中小路、前田、山出のみ

	1月	2月	3月	4月	5月	6月	7月	8月	9月	10月	11月	12月	合計
1696-1715	25	17	10	15	11	14	22	30	28	24	23	22	241
1716-1735	36	31	33	26	32	25	39	42	41	26	27	36	394
1736-1755	35	34	19	11	15	20	36	46	37	40	43	36	372
1756-1775	37	42	24	17	19	13	41	28	37	31	32	36	357
1776-1795	38	28	19	17	30	22	35	43	38	56	30	31	387
合計	171	152	105	86	107	94	173	189	181	177	155	161	1751
(%)	(9.8)	(8.7)	(6.0)	(4.9)	(6.1)	(5.4)	(9.9)	(10.8)	(10.3)	(10.1)	(8.8)	(9.2)	(100)

Ⅱ期:1796-1875

	1月	2月	3月	4月	5月	6月	7月	8月	9月	10月	11月	12月	合計
1796-1815	30	28	26	26	17	22	28	39	52	51	40	33	392
1816-1835	34	20	28	36	26	27	50	39	36	32	35	43	406
1836-1855	36	37	30	37	40	38	41	44	47	39	31	41	461
1856-1875	37	34	38	48	43	49	32	62	50	60	49	32	534
合計	137	119	122	147	126	136	151	184	185	182	155	149	1793
(%)	(7.6)	(6.6)	(6.8)	(8.2)	(7.0)	(7.6)	(8.4)	(10.3)	(10.3)	(10.2)	(8.6)	(8.3)	(100)

Ⅲ期:1876-1975

	1月	2月	3月	4月	5月	6月	7月	8月	9月	10月	11月	12月	合計
1876-1895	34	45	45	33	21	35	37	46	43	44	49	31	463
1896-1915	51	56	40	36	47	35	53	40	54	43	40	52	547
1916-1935	48	53	48	25	38	37	54	71	47	45	39	36	541
1936-1955	40	45	46	47	27	40	34	29	25	43	33	43	452
1956-1975	30	25	22	16	20	11	12	19	14	19	23	22	233
合計	203	224	201	157	153	158	190	205	183	194	184	184	2236
(%)	(10.2)	(10.2)	(9.0)	(7.0)	(6.8)	(7.1)	(8.5)	(9.2)	(8.2)	(8.7)	(8.2)	(8.2)	(100)

B ：妙光寺・北桜・南桜地区

Ⅰ期:1696-1795 ※妙光寺のみ

	1月	2月	3月	4月	5月	6月	7月	8月	9月	10月	11月	12月	合計
1696-1715	3	0	6	2	7	8	1	3	5	8	4	9	56
1716-1735	10	5	9	8	5	5	7	15	14	11	3	7	99
1736-1755	6	6	5	5	6	5	9	10	22	12	10	9	105
1756-1775	10	4	2	7	11	8	12	10	13	14	6	16	113
1776-1795	8	9	9	7	4	10	11	12	8	11	8	11	108
合計	37	24	31	29	33	36	40	50	62	56	31	52	481
(%)	(7.7)	(5.0)	(6.4)	(6.0)	(6.9)	(7.5)	(8.3)	(10.4)	(12.9)	(11.6)	(6.4)	(10.8)	(100)

Ⅱ期:1796-1875

	1月	2月	3月	4月	5月	6月	7月	8月	9月	10月	11月	12月	合計
1796-1815	27	33	35	29	21	16	36	43	33	26	37	25	361
1816-1835	44	47	55	44	50	34	50	62	63	37	47	33	566
1836-1855	37	27	38	31	47	35	48	49	70	40	55	33	510
1856-1875	39	46	37	27	31	41	48	54	51	44	40	50	508
合計	147	153	165	131	149	126	182	208	217	147	179	141	1945
(%)	(7.5)	(7.9)	(8.5)	(6.7)	(7.7)	(6.5)	(9.4)	(10.7)	(11.2)	(7.6)	(9.2)	(7.2)	(100)

Ⅲ期:1876-1975

	1月	2月	3月	4月	5月	6月	7月	8月	9月	10月	11月	12月	合計
1876-1895	54	38	45	31	40	45	45	48	38	33	37	52	506
1896-1915	46	51	42	40	48	32	53	42	49	27	35	42	507
1916-1935	56	45	50	42	35	44	37	35	36	44	34	50	508
1936-1955	44	26	41	29	30	21	22	27	35	35	42	37	389
1956-1975	18	19	21	22	18	18	21	17	7	17	16	20	214
合計	218	179	199	164	171	160	178	169	165	156	164	201	2124
(%)	(10.3)	(8.4)	(9.4)	(7.7)	(8.1)	(7.5)	(8.4)	(7.9)	(7.8)	(7.3)	(7.7)	(9.5)	(100)

表１の図．Ａ：三上地区　Ｂ：妙光寺・北桜・南桜地区

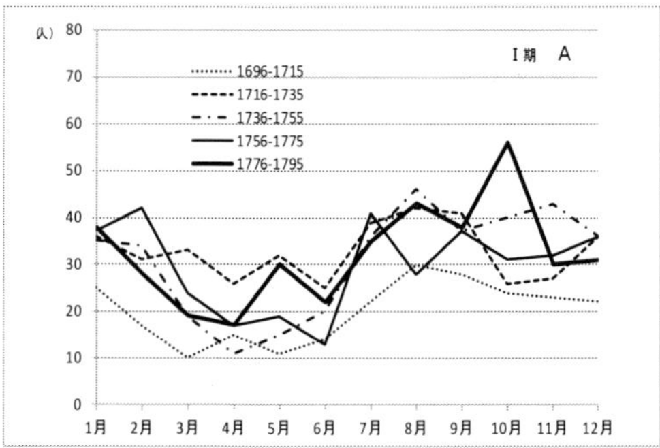

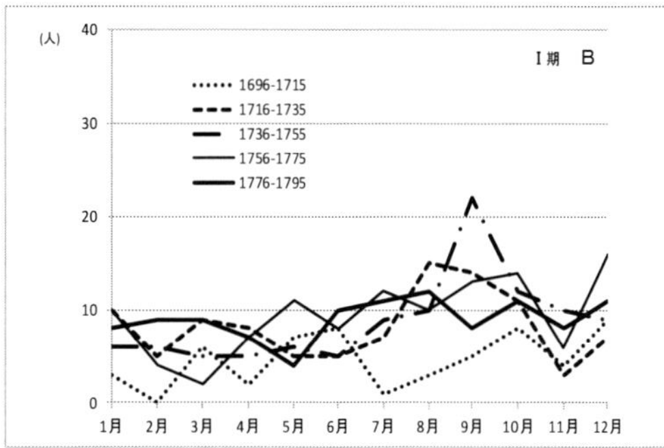

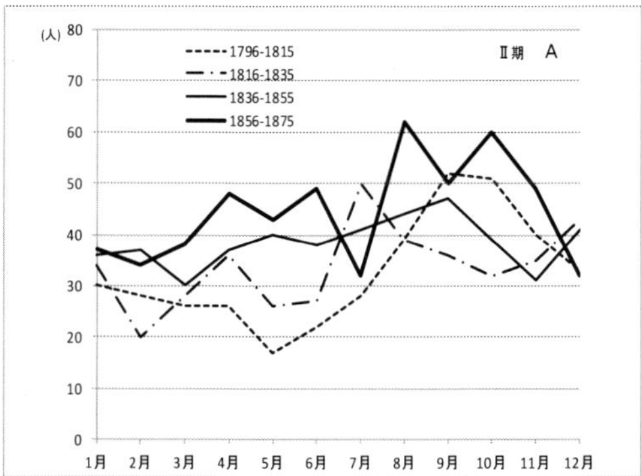

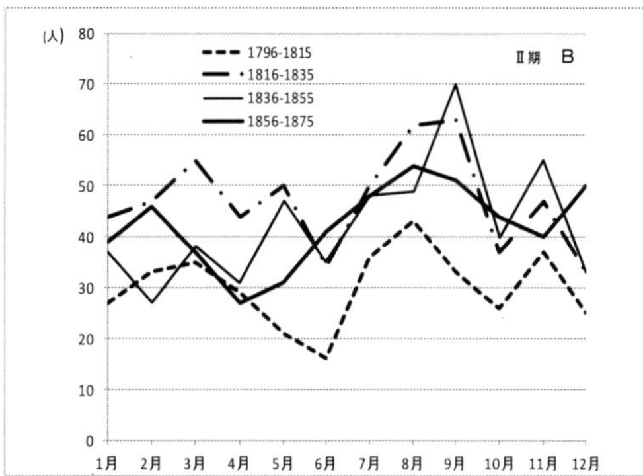

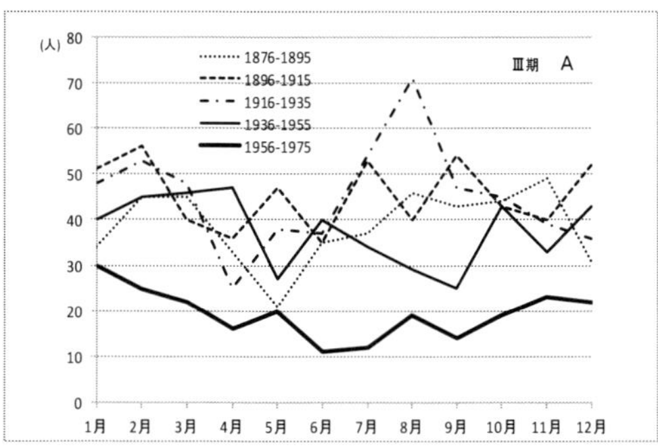

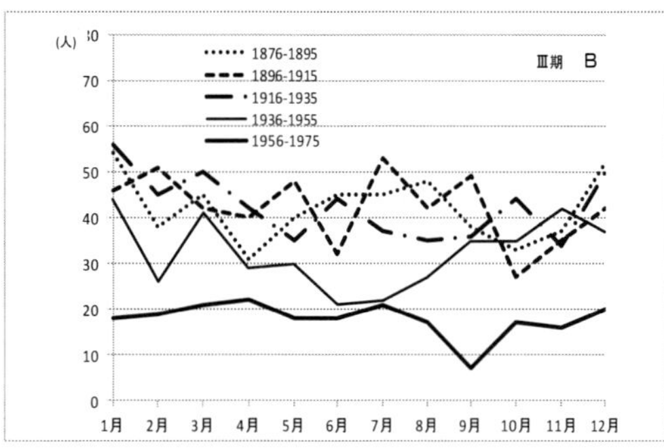

表２．Ⅰ期、Ⅱ期、Ⅲ期ごとの月別死亡者数・割合と推移（1696－1975）

Ａ：三上地区

	1月	2月	3月	4月	5月	6月	7月	8月	9月	10月	11月	12月	合計
Ⅰ期:1696-1795	171 (9.8)	152 (8.7)	105 (6.0)	86 (4.9)	107 (6.1)	94 (5.4)	173 (9.9)	189 (10.8)	181 (10.3)	177 (10.1)	155 (8.8)	161 (9.2)	1751 (100)
Ⅱ期:1796-1875	137 (7.6)	119 (6.6)	122 (6.8)	147 (8.2)	126 (7.0)	136 (7.6)	151 (8.4)	184 (10.3)	185 (10.3)	182 (10.2)	155 (8.6)	149 (8.3)	1793 (100)
Ⅲ期:1876-1975	203 (10.2)	224 (10.2)	201 (9.0)	157 (7.0)	153 (6.8)	158 (7.1)	190 (8.5)	205 (9.2)	183 (8.2)	194 (8.7)	184 (8.2)	184 (8.2)	2236 (100)

Ｂ：妙光寺・北桜・南桜地区

	1月	2月	3月	4月	5月	6月	7月	8月	9月	10月	11月	12月	合計
Ⅰ期:1696-1795	37 (7.7)	24 (5.0)	31 (6.4)	29 (6.0)	33 (6.9)	36 (7.5)	40 (8.3)	50 (10.4)	62 (12.9)	56 (11.6)	31 (6.4)	52 (10.8)	481 (100)
Ⅱ期:1796-1875	147 (7.5)	153 (7.9)	165 (8.5)	131 (6.7)	149 (7.7)	126 (6.5)	182 (9.4)	208 (10.7)	217 (11.2)	147 (7.6)	179 (9.2)	141 (7.2)	1945 (100)
Ⅲ期:1876-1975	218 (10.3)	179 (8.4)	199 (9.4)	164 (7.7)	171 (8.1)	160 (7.5)	178 (8.4)	169 (7.9)	165 (7.8)	156 (7.3)	164 (7.7)	201 (9.5)	2124 (100)

表２の図．Ａ：三上地区　Ｂ：妙光寺・北桜・南桜地区

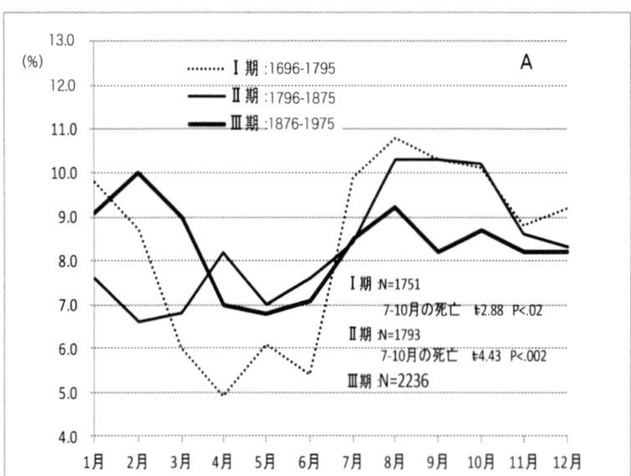

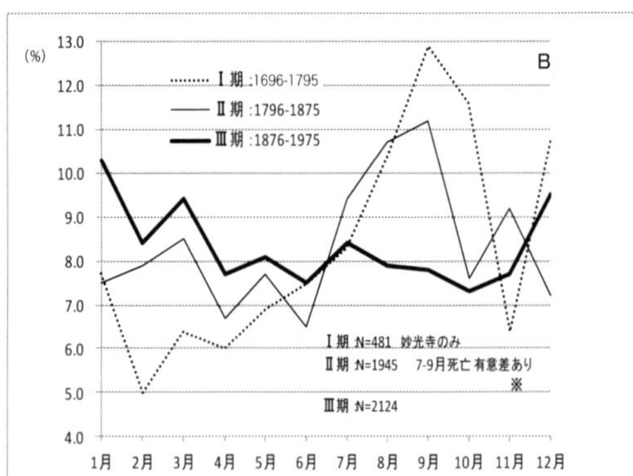

※詳細はⅢ章参照

3．妙光寺・北桜・南桜地区の年次別・月別死亡者数と夏期ピークとの比較

すでに、妙光寺・北桜・南桜地区（各旧村）それぞれの 10 年ごと、20 年ごとの月別死亡者数の推移をみたが（**Ⅲ章　表 1.2.3. および図 1.2.3.**参照）、ここでは三上地区に揃えて、妙光寺・北桜・南桜地区全体の 20 年ごと（**表 1．表 1 の図.**）、および 3 期ごとの月別死亡割合の推移を示した（**表 2．表 2 の図.**）。これに沿ってみていこう。

1696－1795 年（100 年間 481 人　妙光寺のみ）について見ると（**表 2 の図. B：Ⅰ期**）、7 －10 月と 1 、2 月にピークがある（7 －10 月　t=2.50　p<0.5）。これを 20 年ごとの月別死亡の推移でみると（**表 1 の図．B：Ⅰ期**）、ほぼ、どの年度においても、夏期と冬期に山が見られる。ことに 1736－1755 年は 9 月のピークが際立つが、この間の 1743 年（寛保 3）、1754 年（宝暦 4）は高死亡が見られ（**Ⅶ章の表 3**．参照）、宝暦 4 年はチフス流行と思われるクライシス年であった（**Ⅶ章**）。

次の 1796－1875 年（80 年間、1945 人）について見ると（**表 2 の図．B：Ⅱ期**）、7 － 9 月にピークがあり（妙光寺 t=2.81　p<0.2、南桜 t=4.9　p<.001、北桜 n.s）、冬期のピークが消えている。これを、20 年ごとの月別死亡の推移でみると（**表 1 の図．B：Ⅱ期**）、夏期と春、11 月に、やや山が見られるが、おしなべて従来より春期に山が現れる傾向が見られる。1816－1835 年については、他の年度と比較して 3 、4 、5 月にピークが現れ、1836－1855 年の 9 月にピークが見られる。それらは寛政と文政期および天保期の凶作・飢饉のクライシスの影響と考えられる（**Ⅶ章の表 3**．参照）。

次の 1876－1975 年（100 年間、2124 人）について見ると（**表 2 の図．B：Ⅲ期**）、夏山ピークは消えて、1 、2 、3 、12 月の冬期にピークが見られる。これを、20 年ごとの月別死亡の推移でみると（**表 1 の図．B：Ⅲ期**）、1876－1935 年までは、冬期にやや高い傾向がみられる以外に際立ったピークが無い。そして、1936 年以降には死亡者数が減少し、1956 年以降の死亡者数減少は著しい。

以上から、三上地域における三上および妙光寺・北桜・南桜の両地区とも類似の傾向が見られ、次のように要約できる。

①Ⅰ期（1696－1795）には、夏期に最大のピーク、冬期に小さなピークという 2 つの山が見られる。Ⅱ期（1796－1875）には、夏期のピークがあるが冬期のピークが消える。Ⅲ期（1876－1975）には、夏期のピークが消えて冬期にピークが現われる。以上、夏と冬の 2 つの山が冬山へ移行する死亡の季節変動のパターンは、日本の 18 世紀以降あるいは明治以降から現代にかけての特徴的パターンと云われ（鬼頭　2000：162-64、籾山 1971：148,9）、三上地域においても同様なパターンが見られた。

②夏山ピークは、1696 年以降 1875 年（明治初年）まで続いた。そして、1875 年（明治初年）以降に夏山ピークが消えて、小さな冬山ピークに移行する。

③Ⅱ期において、夏期ピーク以外に三上地区の 1856－1875 年の４、５、６月、また、妙光寺・北桜・南桜地区の1816－1835 年の３、４、５月にピークが見られるが、これは、凶作年において収穫期前の春夏に死亡増加が見られるパターン（鬼頭　2000：165）と見なされる。寛政 11 年と文政１年における窮状、天保期の凶作年、また、明治初年－８年頃においても凶作年が連続したことによる（Ⅶ章　参照）。

④三上地区の 1916－1935 年の７、８月のピークは赤痢やチフスなどの夏期伝染病によるもの、同じく両地区の冬期のピークは大正期のインフルエンザ流行による（Ⅶ章参照）。

⑤1918 年以降の大正期のインフルエンザによるクライシス年が、冬期ピークに影響しているものの、明治期以前の夏期ピークの高さには及ばない。つまり、明治期以前までの、月別死亡は夏季に甚大であった。これらは、今まで報告されている日本の死亡動向の趨勢に同様である。

ここで、両地区を比較してみると、夏期ピークが消える時期および死亡者数減少の時期に差異が見られる。つまり、三上地区では 1916－1935 年においても夏期の山が見られるのに対し、妙光寺・北桜・南桜地区では夏山は消えている。三上地区の夏期ピークが消え、また死亡者数が減少する時期は何時なのか。1876 年以降について、詳しくみていこう。

４．三上地区の夏期ピーク消失の時期
—明治以降、および 1936 年以降の月別死亡割合の推移

１）1876－1975 年の月別死亡者数と推移

年次別死亡者数の推移を見ると（**図１．表Ⅰの図．**）、1936 年以降に死亡者数の減少（戦死者を除く）がみられるので、1936 年前後を含む 1876－1975 年のⅢ期を詳細にみることにしよう。つまり、夏期死亡ピークは明治５年の衛生行政改革により消えるのではないかと云う推定に基づき、1876 年（明治９年）以降について 1936 年を境に月別死亡を分析した（**表３．図３．**）。

その結果、三上地区の 1876－1935 年（60 年間、1551 人）は、7、8、9 月にピークが見られる（$t=2.3 \quad p<.05$）が、1936－1975 年（40 年間、685 人）については夏のピークは消えて冬にピークが現れている。つまり、夏期の死亡ピークは 1935 年ころまで続いている。そして、1936 年以降になると夏期の死亡ピークは全く消えて、死亡者数も減少していく（**表３の図．Ａ**）。ここで、妙光寺・北桜・南桜地区についても同様な集計方法で比較して見ると、妙光寺・北桜・南桜地区の 1876－1935 年（60 年間、1521 人）は夏山ピークは無く、12、１月にややピークがある。そして、1936－1975 年（40 年間、603 人）については、夏のピークは全く消えて冬期の山が見られる（**表３の図．Ｂ**）。

表３．1935 年を境にみた月別死亡者数・割合と推移（1876－1975）

Ａ：三上地区

	1月	2月	3月	4月	5月	6月	7月	8月	9月	10月	11月	12月	合計
1876－1935	133	154	133	94	106	107	144	154	144	132	128	119	1551
Ⅲ－a	(8.6)	(9.9)	(8.6)	(6.1)	(6.8)	(6.9)	(9.3)	(10.1)	(9.3)	(8.5)	(8.3)	(7.7)	(100)
1936－1975	70	70	68	63	47	51	46	48	39	62	56	65	685
Ⅲ－b	(10.2)	(10.2)	(9.9)	(9.2)	(6.9)	(7.4)	(6.7)	(7.0)	(5.7)	(9.1)	(8.2)	(9.5)	(100)

Ｂ：妙光寺・北桜・南桜地区

	1月	2月	3月	4月	5月	6月	7月	8月	9月	10月	11月	12月	合計
1876－1935	156	134	137	113	123	121	135	125	123	104	106	144	1521
Ⅲ－a	(10.3)	(8.8)	(9.0)	(7.4)	(8.1)	(7.9)	(8.9)	(8.2)	(8.1)	(6.8)	(7.0)	(9.5)	(100)
1936－1975	62	45	62	51	48	39	43	44	42	52	58	57	603
Ⅲ－b	(10.3)	(7.5)	(10.3)	(8.5)	(7.9)	(6.5)	(7.1)	(7.3)	(6.9)	(8.6)	(9.6)	(9.6)	(100)

表３の図．Ａ：三上地区　Ｂ：妙光寺・北桜・南桜地区

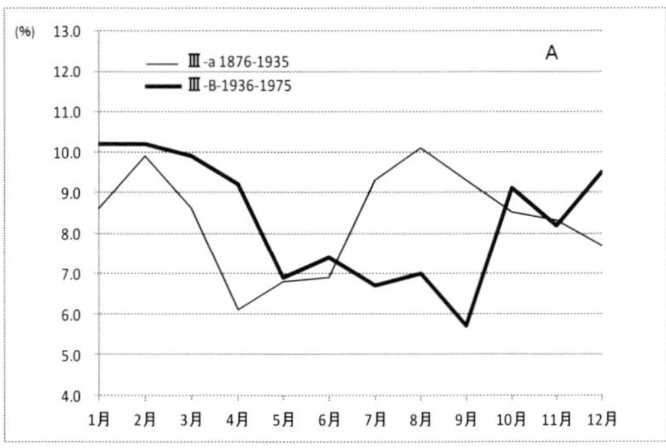

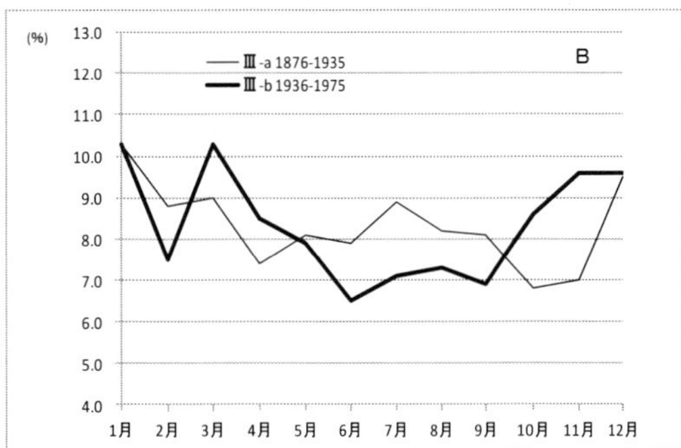

以上から、1876－1935 年まで三上地区では夏のピークがみられるのに対し、妙光寺・北桜・南桜地区では夏山ピークは消えている。ここで、この時期（1871 年以降とする）の三上地区の死亡者数について 10 年ごとを見よう。

２）1871 年以降の死亡者数の推移（10 年毎）

三上地区の死亡者数減少の時期を詳細にみるために、1871 年（明治４）以降、10 年毎

の死亡者数の推移を見た（**表４．図１．**参照)。これにより、1941－1950 年の戦死者 35 名は異常なピークの原因になっていて、この戦死者を除くと 226 名になり、1950 年代以降には死亡者数が激減することが分かる。

表４．三上地区における 1871－1950 年の 10 年毎死亡者数の推移

	前田 照覚寺	小中小路 西養寺	大中小路 西林寺	山出 宝泉寺	合計
1871-1880	154	30	42	42	268
1881-1890	140	18	34	34	226
1891-1900	145	17	37	38	237
1901-1910	180	32	27	27	266
1911-1920	192	26	35	36	289
1921-1930	162	26	47	35	270
1931-1940	130	29	34	41	234
1941-1950	150	40	43	28	261※
1951-1960	99	26	19	19	163
1961-1970	69	15	21	24	129

※35 名の戦死者が含まれている。

20 年ごとの推移からみると、三上地区の 1936－1955 年は夏期（７－10 月）の山が低くなり（**表３の図．Ａ**）全体の死亡者数減少傾向は 1930 年代以降に見られ 1950 年以降に激減する（**図１．表４．**)。一方、妙光寺・北桜・南桜地区の 1936－1955 年は夏期（５－８月）の山が低くなる（**表３の図．Ｂ**）のは三上地区と同様だが、死亡者数減少傾向はほぼ 1920 年代以降に見られ 1950 年以降に激減する（**Ⅶ章の図１．Ⅲ章の表４．**)。つまり、死亡者数の減少が三上地区では妙光寺・北桜・南桜地区より遅れている。隣接地区内にある両地区の差は、何に因るのか。また、わが国における衛生統計では、1900 年代、ことに 1920 年以降に死亡者数が減少方向をたどるが（厚生省医務局　1976 : 7-14)、三上地域では減少傾向が顕著に見られず、また時期が遅れているのはなぜなのか。

死亡率の減少は、直接的には伝染病死亡、そして乳児死亡の減少が主な要因となる。それらの様子を次に見よう。

５．死亡者数減少の要因および背景

三上地域における乳児死亡について、次に伝染病と地理的環境について見よう。

１）死亡者数減少の時期と乳児死亡

わが国における死亡率の推移について 1900 年以降を見ると、1920 年代スペイン風邪の大流行の後より死亡率は減少の方向をたどり、1940（昭和 15）年代以降は激減の一途を経る（厚生省医務課　1796:8-10)。この、戦後の死亡率の激減は、戦前において極めて高かった乳児死亡率と結核死亡率が著しく低下したことによる（ibid：14）と云われている。ここで、過去帳と文書資料から知り得る三上地域の子供死亡の様子を見よう。

わが国における明治 30、40 年代の日本では、生まれた赤ん坊 1,000 人のうち 150 人以上が１年未満に死亡し、全死亡のうちに占める乳児死亡の割合は２割を超えていた（厚生省医務局　1976：7）というデータがあるが、三上地域でも高死亡が推測される。明治 14 年の野洲郡 11 ヵ村の『（題欠）出産流産死亡統計表　野洲郡明治十四年自七月至十二月』の文書では、死産率（流産件数÷出産件数×100）が 9.0 と高い値である（**Ⅶ章.**）。また、妙光寺・北桜・南桜地区における全死亡中に占める子供死亡の割合の 10 年毎の平均で４割を超える年が 1925 年まで続いている（**Ⅶ章の図２．Ｘ章資料Ｉの 10.**）。ここに、三上地区の過去帳から子供死亡数を提示することが出来ないが、妙光寺・北桜・南桜地区の結果とほとんど差が無いと見てよい（死亡動向、「流早死産」の 11 ヵ村の文書、地区の社会背景などから）。以上、三上地域における全死亡中に占める子供死亡割合の高い状態が 1930 年代頃まで続いていた（**Ⅶ章の図２．Ｘ章資料Ｉの 10.** 参照)。これは、我が国において多産多死型から少産少死型の人口動態への転換が 1920（大正 9）年頃を境に始まった（厚生省医務局　1976：10）と云われているが、三上地域においては 1930 年代頃まで、比較的多産多死の状態が続いていたと云える。

２）夏期ピーク消失および死亡者数減少の時期と地理的環境

高死亡率を示す疾患には伝染病が考えられる。明治期の「季節病カレンダー」によると、夏期８月、９月の死亡多発疾患は消化器系伝染病の下痢・腸炎、赤痢、腸チフスと、そして脚気がある（籾山　1971:135,7)。消化器伝染病は経口経路による、飲用水使用の問題が関与していたと考えられる。この視点から、三上地域の飲用水使用の様子と地理的特徴を見よう（**表５．**参照)。

集落の特徴を見ると、妙光寺・北桜・南桜地区はそれぞれ山を背に平地に向かって集落が位置する。一方、三上地区の集落は平地に位置している（**地図**、参照)。また、妙光寺・北桜・南桜地区の妙光寺（約 30 戸）は妙光寺山を背にした集村で隣村とは離れており、北桜（約 50 戸）も妙光寺山を背にした集村で隣村とは１－２キロ離れ、最寄りの南桜とは婚姻関係を持たない[5)]から孤立的な集落と云える。南桜（約 98 戸）も、山を背にした山裾の集落で隣村とは離れ、最寄りの北桜とは婚姻関係がないが隣に菩提寺村があり縁組も多い。一方、三上地区（約 150 戸）の５つの旧村は平地に各集落を形成し（山出のみ、一部山裾に家があり湧水使用)、旧村は互いに隣接しあった集落を成している。

飲用水使用について見ると、妙光寺は、堀井戸使用の２戸を除き他は山からの川水を共同使用した。北桜は、一部山からの湧水を使用する家以外にほとんど全戸が各家の堀井戸を使用した。南桜は、約半数の家は堀井戸を使用したが、他は山水を川筋ごと樋で引いて共同使用した。このように、妙光寺・北桜・南桜地区では堀井戸や湧水、山水の共同使用であった。一方、三上地区は、ほとんどが平地での堀井戸使用で、雨期の長雨になると井戸水の汚染が問題になった。つまり、この地域は天井川地域であるため[6]、長雨になると「土地から水が湧き出てきた」と云われ、加えて下肥の溜池がいたる所に在る農村地帯であるため、溜池の氾濫と共に井戸水は汚染された。

夏期伝染病の代表には赤痢、疫痢、腸チフス、コレラなどがあり、これらはいずれも汚染飲食物の摂取により経口感染する。汚染の源は、高温多湿の条件下で腐敗食物や排泄物の中で細菌が繁殖し、ハエや人を通して伝染する。なかでもチフス菌は清浄な水中では死滅が早いが、不潔な水中では10日くらい生存し、糞尿中では数週間、便池中では最長183日の生存が証明されている（美甘・中村・川口　1953：259,364,395,403）。三上地区の地理的環境は、このチフス菌繁殖の好条件といえる。

妙光寺・北桜・南桜地区の旧村ごとの死亡動向を見たとき、北桜では著しい夏期死亡ピークが見られない（**Ⅲ章．図３-Ａ**）。それは、北桜の地理的特徴（山裾で地下水の浸水・汚染がない、飲用水の個別的使用、隣村との交流がない孤立的集落など）により、伝染病蔓延の機会が比較的少なかったことに因ると考えられる。

表５．三上地域における地理的特徴と飲用水、死亡者数

旧村・地区	飲用水	地理的特徴（農村、下肥・溜池、天井川地域）	最多死亡者数の月と割合（%） 1696-1795	1796-1875	1876-1975	死亡者数の減少時期
三上						
小中小路	各戸堀井戸	平地 ・雨期は井戸水汚染 ・集落は隣接	7月(13.6)	9月(12.0)	2月(13.5)	1930年代以降
大中小路	各戸堀井戸	平地	—	10月(11.6)	10月(11.8)	
前田	各戸堀井戸	平地	8月(11.3)	10月(10.8)	2月(9.4)	
東林寺	各戸堀井戸	平地	—	—	—	
山出	山から湧水	山裾	9月(12.7)	8月(11.2)	2月(10.9)	
妙光寺	川水の共同使用 堀井戸１－２戸	山裾、一部平地、独立集落	9月(12.9)	8月(12.5)	2月(10.5)	1920年代以降
北桜	各戸が堀井戸、一部山からの湧水	山裾、孤立集落、最寄りの南桜とは婚姻関係を持たない※。	—	11月(9.6)	1月(10.1)	不明瞭（1945年以降激減）
南桜	山水を樋で川筋ごと共同使用と堀井戸が半々	山裾、独立集落	—	9月(12.1)	1月(10.5)	1920年代以降

両地区の比較から三上地区は、妙光寺・北桜・南桜地区より夏期死亡ピークが消える時期が遅れ、また、死亡者数の減少時期が遅れている。その理由は、ことに三上地区では飲用水が汚染され易い環境下にあったため[6)]、夏期の細菌繁殖と経口伝染病の蔓延が遅くまで続いていたことによると云える。

以上、三上地区においては死亡者数減少の時期の遅れが見られ、妙光寺・北桜・南桜地区においてもわが国の平均より遅れている傾向が見られた（**Ⅲ章**．参照）。つまり、三上地域においては、わが国の死亡率の減少傾向をたどる 1900 年頃より遅れている（三上地区では 1930 年代以降、妙光寺・北桜・南桜地区では 1920 年代以降）。遅れているのは、夏期死亡ピーク消失がおよそ 1920−30 年代以降、そして子供（乳児）死亡者数の減少がおよそ 1930−40 年以降に遅れて見られることに関連する。

※三上地域における母集団人口の確定ができない（従って死亡率が示せない）が、母集団人口は固定的であると推定されているため死亡者数の多・少（高・低）で記した。

まとめ

三上地区の過去帳分析結果および妙光寺・北桜・南桜地区との比較から、三上地区の死亡動向について、併せて三上地域全体について、次のことが見られた。

1）全体的に死亡の夏期ピークは 1875 年（明治８）頃まで顕著に見られ、その後、夏期から冬期のピークに移行していく。この夏期から冬期への季節変化は日本のパターンに同様だが、移行の時期がことに三上地区では遅れて見られる。

2）三上地区の 1856−1875 年と妙光寺・北桜・南桜地区の 1816−1835 年の春期に見られる死亡ピークは、収穫期前の春夏に死亡増加が見られる飢饉のパターンで、地域における天保期、および明治期の凶作の影響に因るものと考えられる。

3）死亡者数減少の時期が、我が国の平均より三上地域ことに三上地区においては遅れて見られる。それは、夏期死亡ピーク消失および子供（乳児）死亡割合の減少時期が、我が国の平均より遅れていることに関連する。

4）高死亡者数は妙光寺・北桜・南桜地区で 1920 年頃まで、三上地区では 1930 年代まで続く。三上地区では夏期死亡ピークが 1930 年代まで見られる。これは、主に夏期伝染病の蔓延に因る。

夏期伝染病蔓延は三上農村の地理的環境と密接であった。つまり、三上の天井川、平地農村、隣接集落、飲用水使用における井戸・湧水の汚染、川水の共同使用、などの地域である。この地理的環境状況は 1967〜1981 年まで続いた為（水道完備は 1967 年、天井川の改修工事が完了するのは 1981）、1930 年代以降より 1950 年代にも度々伝染病の発生による死亡者を発生させた。しかし、1930、40 年以降に死亡者数が減少方向を示すのは、戦後の社会経済の発展に伴う生活の向上、医療・衛生知識の向上が効を奏したことに因ると云えるだろう。また、1940年代以降の死亡者数減少には、抗生物質の影響が大きいと云える。抗生物質は1940年代終わり頃から医療現場で使用され始め、普及していった。

5）三上地域における子供の死亡割合は、我が国の平均より高く1920年代まで平均40%以上、その後の1930代以降50年代になっても30、40%以上の年が度々見られる（**資料Ⅱの10.**）。子供死亡割合の高率は、三上地域の農業と密接であったと云える。

豊かな穀倉地帯農業を支える労働力は三上地域の家族規模の大きさ（上野1978:62-74）[7]であり、家族規模の大きさは多産による。その一方で、地域農業の特徴的生活構造が母性健康障害を齎し妊産婦死亡や乳児死亡の高率を齎していた（**1章、Ⅱ章、資料Ⅱの10.**参照）。この多産多死の状態は1930年代以降も続いていた。子供（乳児）死亡割合20%以下を維持するようになるのは、農業形態が下肥や溜池を必要としない化学肥料に移行していき、2毛作農業も衰退して生活構造が変化し、農村環境が変貌する1940，50年以降の時期である。

6）死亡者数減少の時期が、わが国の平均より三上地域（とくに三上地区）において遅れている原因は地域の農業と密接であった。死亡者数が1920，30年代頃からやや減少に向いはじめるのは、三上地域農村の地理的社会環境の変化が伴う。死亡者数が激減するのは農村環境が激変する1940，50年以降になる。そして、1940年代以降の抗生物質の出現が大きく作用した。

注

1）滋賀県野洲市三上地域とは、旧三上村（三上村、妙光寺村、北桜村、南桜村の四村が明治22年に合併し三上村となり、昭和17年の町村合併するまで存続した。）をここでは三上地域と記すことにした。そして、旧三上村の中の三上村を三上地区とし、妙光寺・北桜・南桜の各村を妙光寺・北桜・南桜地区と記すことにした（「はじめに」の調査地概要も参照）。

2）危機の地域性（飢饉のときの死亡率の地域差）については、都市と農村、そして漁村との差、藩領の政策などによる差が指摘されている（鬼頭　2000：161,177,179）。三上地域のなかで隣り合わせの地区での差異も見られる。

3）まず、資料の入手が難しい、個人情報制約に因り開示が困難、社会調査の困難などの問題がある。

4）3期の区分理由を記すと、三上地区全体の過去帳は1796年から揃うため1796－1795年（100年間）を1期の区切りにした。つぎに、1795の区切りは、1872年（明治5）の改暦、衛生行政の大改革などの影響が考慮されるため1796－1875年（80年間）Ⅱ期とし、次に1876－1975年（100年間）Ⅲ期とした。以上、この100年、80年、100年の区切りで統計処理した。

5）北桜と南桜は、昔から“縁組をしない村”どうしとして知られ、実際に両村の婚姻関係はない。両村の起源を伝える「不老山本命寺縁起」巻物によると両村は先祖が同じで兄弟であるという。この伝承が意識されていて、「神様が兄弟だから」「氏神が姉妹だから」「シンメイさんの祟りがあるから」などと云い両村の縁組は行われていない（詳細は斉藤　1978、西山　1979参照）。

6）この飲用水の水質汚染を招き易い環境は、三上地域に水道が完備する1967年（昭和42）まで、持続していたと見なされる（水道工事は昭和40年から開始され、昭和42年に全地域の給水が完成する。なお、天井川の大山川改修工事が昭和48に着工し昭和56に完成する）。

7）上野（1978）は三上農業の特徴として、水田稲作への圧倒的依存、1戸当たりの経営規模の大きさとそれを支える家族規模の大きいこと（滋賀県のなかでも平均世帯人員が多い地域）を上げ、また、三上の農業は農家数、耕地面積において安定的であり、明治初期にすでに現在と変わらぬ農業形態が形成されていたとみられる、と述べている。

文献

・美甘美夫・中村敬三・川口伊通　1953 :『伝染病学　中巻』　南山堂

・籾山政子　1971　『疾病と地域・季節』大明堂

・須田圭三　1972　『飛騨O寺院過去帳の研究』私家版

・厚生省医務局編　1976　『衛生統計からみた医制百年の歩み』ぎょうせい

・中沢忠雄・中沢良英　1976　「過去帳による江戸中期から現代に至る山梨峡東農村住民死因の疫学的観察」『民族衛生』42巻3号

・上野和男　1978　「三上の農業構造と労働力構成―1970年・1975年農業センサス農業集落カードの分析を中心として―」『近江村落社会の研究』3号　社会伝承研究会

・斉藤弘美　1978　「南北桜村の成立伝承と講組織―“不老山本命寺縁起”の分析―」『近江村落社会の研究』3号　社会伝承研究会

・西山やよい　1979　「縁組をしない村どうし―意識としての民俗の世界―」『近江村落社会の研究』4号　社会伝承研究会

・大柴弘子　1983　「近世後期近江農村の生活構造と月別出生数」『公衆衛生』47巻12号

・大柴弘子　1985　「19世紀以降近江農村の母性健康障害」『公衆衛生』49巻7号

・鬼頭　宏　2000　『人口から読む日本の歴史』講談社

・木下太志　2002　『近代化以前の日本の人口と家族』ミネルバァ書房

・阿部秀樹・杉山聖子　2005　「1寺院の過去帳からみた在郷町の死亡構造―出羽国田川郡大山村の事例―」『中京大学経済学論叢』16号

・阿部秀樹・杉山聖子　2006　「寺院過去帳による死亡構造の長期的分析　広島県東広島市森近地区の1寺院過去帳を事例として―1810（文化7）年～1999（平成11）年―」『中京大学経済学論叢』17号

第Ⅶ章　過去帳にみる近江三上地域の死亡動向および死亡構造・死因の考察（1696 － 1975 年）

（2013 年 6 月）

Ⅶ．過去帳にみる近江三上地域の死亡動向および死亡構造・死因の考察（1696－1975 年）

A．はじめに

日本の歴史人口学において宗門帳、過去帳は貴重な資料である。宗門帳とならび近代以前の死亡態様を知り得る唯一の資料とも云える過去帳研究は少なく[1)]、その地域も限られている。近代以前の死亡動向や死亡構造に関する解明は、地域的差異などを含め今後の課題が多い。滋賀県における過去帳による明治期以前の死亡態様に関する研究報告は、今のところ本論以外に見当たらない。ここでは、滋賀県野洲市三上地域における過去帳分析（1696－1975年）により死亡動向および死亡構造、高死亡年における死因について明らかにする。死因については、疫病史文献・文書資料、民俗調査を参考にした。

1．過去帳調査地概要―三上地域および寺

対象地の滋賀県野洲市三上地域とは、三上地区（小中小路、大中小路、前田、東林寺、山出）、妙光寺・北桜・南桜地区の各旧村をいうことにする。三上地域における各旧村は、それぞれ１村１か寺の形で寺檀関係をなしている（**Ⅴ章　地図１．**参照）[2)]。なお、過去帳の母集団人口の社会背景については**Ⅴ章**を参照されたい。

2．三上地域における寺と檀家数

三上地域における昭和 52 年当時の寺と檀家数は、三上地区の前田 84 戸、小中小路 19 戸、大中小路 32 戸、東林寺は檀家なし、山出 30 戸の合計 165 戸（地域外の檀家９戸を除くと156 戸）、および妙光寺 28 戸、北桜 47 戸、南桜 92 戸の合計 167 戸で、三上地域総合計 332戸（地域外の檀家９戸を除く）である（**表Ⅰ．**注は再調査一部追記の為再掲）。

3．過去帳調査対象年および死亡者数

過去帳死亡者数は、妙光寺の 1663－1975 年間に 1,164 人の記載があり、次の三上地区の小中小路は 1676－1975 年間に 837 人、前田は 1696－1975 年間に 3,592 人、山出は 1716－1975 年間に 820 人、大中小路は 1796－1975 年間に 555 人、そして北桜は 1796－1975年間に 1,042 人、南桜は 1796－1975 年間に 2,414 人、以上、三上地域全体で 10,424 人であった。この数は、村外者、一時寄留者などを除き統計上の処理をおこなった数値（詳細は**Ⅴ章**参照）である。さらに、不明子（性、死亡月不明の孩子・水子が主。以下、不明子と記すことにする）が妙光寺・北桜・南桜地区全体で 85 人ある。また、戦死者の三上地区 35

人は 1942 年から 1949 年の間の数値に含まれ、妙光寺・北桜・南桜地区の戦死者の 34 人は年度別数値を別に記した。集計表には不明子と妙光寺・北桜・南桜地区の戦死者は別に表記した（**表 2.** 参照)。以上、10,424 人に不明子の 85 人と妙光寺・北桜・南桜地区の戦死者 34 人の合計 119 人を合わせると、1663－1975 年間に 10,543 人となる（**表 2.**）。

過去帳記載において三上地域全部の村（旧村）が揃うのは、1796－1975 年（180 年間）である。また、過去帳記載が整うのは、およそ 1700 年代以降になる（大柴　1999 : 65)。従って、1696 年以降を主な統計対象とした。

4．集計方法：年次別、月別、男・女別、大人・子供別分析

集計方法については、まず、寺の過去帳記載にそって書き写した。その際に戒名の水子・孩子・桜子・童子など（以上はおよそ 13 歳以下で、子供とした)、禅定門・禅定尼・信士・信女・居士・大姉・禅士・禅女・法士など（以上は成人）の区分を明確にして、死亡年月日および付記事項を書き写していった（**X 章　資料 1．写真 1．**)。これを土台にして、死亡年月、子供・成人別、男・女別の集計用紙を作成して分析のための統計作業を開始した（**X 章　資料 1．写真**)。

なお、三上地区は過去帳記載の都合で成人・子供、男・女、の区別なく月別のみの死亡者数を過去帳から書き写した。その際、村外者、一時寄留者などは除き統計上の処理をおこなった（詳細は**V 章** 参照)。

5．死因の考察にあたって

死因考察にあたっては、三上地区（小中小路・前田・山出・大中小路）と妙光寺・北桜・南桜地区の２つのグループに分けて分析した。この２つの地区に分けた理由は、地理的環境の差と過去帳記載年の年度を考慮したためである（**VI 章　表 5．** 参照、過去帳記載年は、**表 2．** 参照)。なお、過去帳に死因の病名記載および災害・事故・密葬・変死などの記載が、数例あった（大柴　1999:59-60)。

表 1．三上地域における寺と檀家数（昭和 51 年現在） ※1.

旧村・地区	寺(宗派)	檀家数　332 戸（地区）〈　〉内は三上地域外の檀家　※2.
三上（村）		
前田	照覚寺（真宗)	84（前田 28、小中小路 30、大中小路 6、東林寺 2、山出 18)
小中小路	西養寺（天台宗)	19（前田 1、小中小路 15)〈行畑 2、近江八幡 1〉
大中小路	西林寺（浄土宗)	32（小中小路 2、大中小路 23、東林寺 2、山出 2)〈駅前 2、守山 1〉
東林寺	玉林寺（真言宗)	なし※3.
山出	宝泉寺（天台宗)	30（山出 26、東林寺 1)〈野洲 3〉
妙光寺（村）	宗泉寺（浄土宗)	28（妙光寺 25)〈行畑 2、他 1〉
北桜（村）	多聞寺（浄土宗)	47（北桜 47)
南桜（村）	報恩寺（浄土宗)	92（南桜 92)
	聖応寺（天台宗)	なし

※1．表1．は主に遠藤の調査に基づく（遠藤　1976：56-65）

※2．三上地域外の檀家 12 戸は、ほとんど近年の分家・移転によるものである。

※3．東林寺地区の戸数は 34 戸（昭和 51 年現在）である。照覚寺檀家２、西林寺檀家２、宝泉寺檀家１の合計 5 戸を除く 29 戸は地域外に旦那寺をもっている。

表２．過去帳調査対象年および死亡者数

対象年	三上地区				妙光寺・北桜・南桜地区			合計
	小中小路	前田	山出	大中小路	妙光寺	北桜	南桜	
1663-1671					5			5
1676-1695	24				22			46
1696-1715	63	178			56			297
1716-1795	251	1,054	205		425			1,935
小計	338	1,232	205		508			2,283
1796-1875	251	1,013	303	226	361	437	1,147	3,738
1876-1975	248	1,347	312	329	295	605	1,267	4,403
小計	499	2,360	615	555	656	1042	2,414	8,141
合計	837	3,592	820	555	1,164	1,042	2,414	10,424
戦死者	三上地区３５名は上記の数値にふくまれている				7	9	18	34
不明子					26		59	85
綜合計	837	3,592	820	555	1,197	1,051	2,491	10,543

※妙光寺・北桜・南桜地区の戦死者 34 名と不明子 85 名の合計 119 名を 10,424 に加えると 10,543 名になる。

B.　過去帳分析作業および結果—過去帳一覧表

過去帳分析結果の一覧は以下の如くである（内容は、**X章 資料Ⅰの 1.～11.**参照）。以下について、本文中では**資料 2．資料 11．**のように記していく。

1．過去帳分析作業

2．三上地区小中小路　年度別、月別、死亡者数一覧表（1676−1975）

3．三上地区前田　年度別、月別、死亡者数一覧表（1696−1975）

4. 三上地区山出　年度別、月別、死亡者数一覧表（1716－1975）
5. 三上地区大中小路　年度別、月別、死亡者数一覧表（1796－1975）
6. 妙光寺　年度別、月別、男女別、成人子供別、死亡者数一覧表（1696－1975）
7. 北桜　年度別、月別、男女別、成人子供別死、亡者数一覧表（1796－1975）
8. 南桜　年度別、月別、男女別、成人子供別、死亡者数一覧表（1796－1975）
9. 三上地域　年度別、成人子供別、死亡者数一覧表（1663-1975）※子供死亡は妙光寺・北桜・南桜地区のみ。
10. 妙光寺・北桜・南桜地区　年度別総死亡者数および子供死亡者数・指数・割合一覧表（1663－1975）
11. 三上地域　年度別総死亡者数・指数一覧表（1663－1975）

C. 結果・考察

1．三上地域における死亡動向および高死亡年

三上地域における死亡動向については1663－1975年の死亡数一覧（**X章 資料9.**）、および子供死亡数と指数・全死亡数中に占める子供死亡の割合一覧（**X章 資料 10.**）、三上地域全体の死亡数・死亡者指数[3]の一覧（**X章 資料 11.**）を示した。

以上の**X章 資料11.** を基に、三上地域の死亡数の年度毎推移をグラフに示す(**図1.**)。また、以上の**X章 資料9. 10.** を基に「三上地域における高死亡年および子供死亡の割合」を表に示す（**表3.**）。**表3.** では、高死亡年について死亡者指数1.5以上（平常年の50%増、クライシス年と記す）[3]の年を取り上げる。1696－1715の20年間（**表3－1.**）、1716－1795の80年間（**表3－2.**）、1796－1875の80年間（**表3－3.**）、1876－1975の100年間（**表3－4.**）の4期に区分し三上地区、妙光寺・北桜・南桜地区、および地域全体において死亡者指数1.5以上の年を列記し、1.4以上は（　）で示し付記した。なお、4期区分の1716年の区分（**表3－1と3－2**）の理由は過去帳記載地区の差、1796年の区分（**表3－2と3－3**）は全村の過去帳が揃った年から、1876年の区分（**表3－3と3－4.**）は明治期の改暦と衛生行政改変が行われた時期、それらを考慮したためである。以上から、次の事が看取される。

図１．三上地域における年次別死亡者数（1696-1957 年）

三上地域　三上地区　妙光寺・北桜・南桜地区

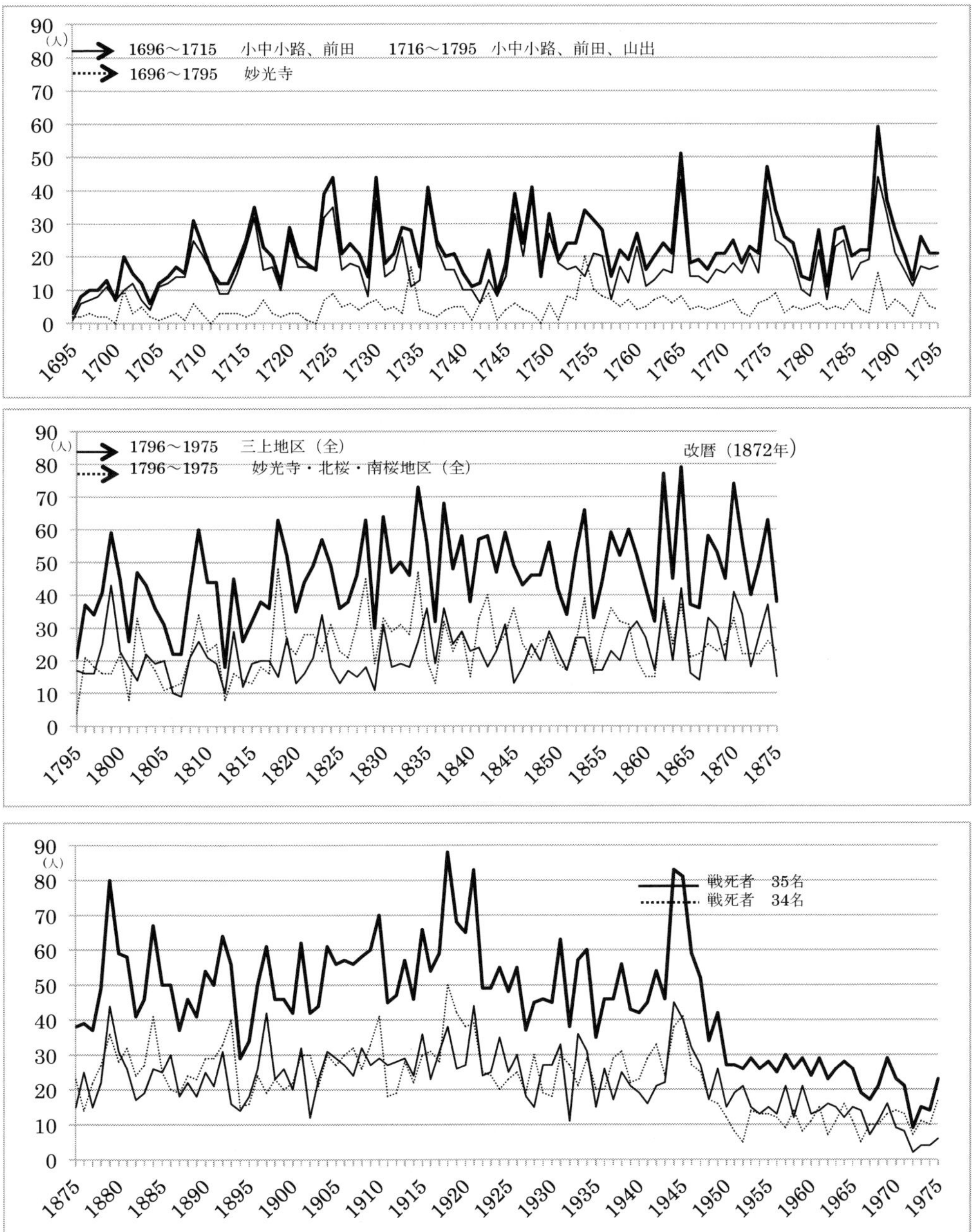

表３．三上地域における高死亡年および子供死亡の割合

表3-1．死亡者指数1.5以上の年　1.4以上（ ）　　三上（小中小路）と妙光寺　1696-1715年（20年間）

No	西暦（和暦）	三上		妙光寺			全体		疫病史	三上地域の疫病および災害、記事 ※2	
		総数	指数	総数	指数	子供% ※1	総数	指数			
1	1701（元禄 14）			10	3.57					**[1] 妙光寺 疫病？**	
2	1703（元禄 16）			5	1.79				宝永5　痘瘡秋より麻疹		
3	1709（宝永 6）	25	2.07	6	2.14		31	2.08	疱瘡流行	[2] 疱瘡？	
4	1710（宝永 7）	21	1.74				24	1.61			
5	1715（正徳 5）	23	1.91				25	1.68			「大干にて百姓苦しむ」

表3-2．死亡者指数1.5以上の年　1.4以上（ ）　　三上（小中小路・前田・山出）と妙光寺　1716-1795年（80年間）

No	西暦（和暦）	三上		妙光寺			全体		疫病史	三上地域の疫病および災害、記事 ※2	
		総数	指数	総数	指数	子供% ※1	総数	指数			
1	1716（享保 1）	32	1.69			33.3	35	(1.45)			
2	1724（享保 9）	32	1.69			57.1	39	1.61	享保8　痘瘡流行	疱瘡？	享保6年　大雨洪水前代未聞
3	1725（享保 10）	35	1.85	9	1.67	66.7	44	1.82		[3] 疱瘡？	
4	1730（享保 15）	37	1.96			28.6	44	1.82	京畿麻疹流行	[4] 麻疹、痘瘡？	
5	1734（享保 19）			17	3.15	47.1				[5] 妙光寺疫病	享保17, 18年　蝗虫繁生稲害
6	1736（元文 1）	38	2.01			66.7	41	1.69			
7	1743（寛保 3）			9	1.67	33.3					
8	1746（延享 3）	33	1.75			33.3	39	1.61			
9	1748（延享 5）	38	2.01			33.3	41	1.69			
10	1754（宝暦 4）			20	3.70	20.0	34	(1.40)		[6] 妙光寺　チフス流行	
11	1755（宝暦 5）			10	1.85	40.0					
12	1765（明和 2）	43	2.28	8	(1.48)	75.0	51	2.11	麻疹流行	[7] 麻疹？	野洲川堤防崩壊　死者多数
13	1775（安永 4）	40	2.17			100.0	47	1.94	麻疹流行	[8] 麻疹？	
14	1776（安永 5）			9	1.67	77.8	34	(1.40)	麻疹　3月大阪流行	麻疹？	
15	1788（天明 8）	44	2.33	15	2.78	53.3	59	2.44	天明飢饉・疫病	[9] 飢饉・疫病	天明7年　雨続く 米価高値つづき
16	1789（寛政 1）	33	1.75			75.0	37	1.53	飢饉・疫病		
17	1793（寛政 5）			9	1.67	33.3					

表3-3．死亡者指数1..5以上の年　1.4以上（ ）　　三上地域　1796-1875（80年間）

No	西暦（和暦）	三上地区		妙・桜・南地区			全体		疫病史	三上地域の疫病および災害、記事 ※2	
		総数	指数	総数	指数	子供% ※1	総数	指数			
1	1799（寛政 11）	43	1.92			37.5					寛政12年　南桜「榊渡」のみ
2	1818（文政 1）			48	1.96	43.8					南桜　文政2年「榊渡」のみ
3	1823（文政 6）	34	1.52			56.5			文政7　春から麻疹		
4	1828（文政 11）			45	1.84	53.3					
5	1834（天保 5）			47	1.92	59.6	73	1.56	天保飢饉・疫病		天保3年 大干、天保4～7年 凶作、5年 大凶作
6	1835（天保 6）	36	1.61			30.0					
7	1837（天保 8）	36	1.61			34.4	68	(1.45)		[10] 飢饉、疫病	天保7年4月　大洪水
8	1842（天保 13）			40	1.63	25.0					天保13年 「三上一揆」
9	1853（嘉永 6）			39	1.59	48.7	66	(1.41)			嘉永6年5月 「干害」
10	1862（文久 2）	38	1.70	39	1.59	43.6	77	1.64	麻疹　夏から大流行	[11] 麻疹？	安政7年夏　洪水
11	1864（元治 1）	42	1.87	37	1.51	75.7	79	1.69	疱瘡、麻疹	[12] 疱瘡 麻疹	
12	1870（明治 3）	41	1.83			48.5	74	1.58		[13] ？	
13	1871（明治 4）	34	1.52			45.5					
14	1874（明治 7）	37	1.65			26.9					明治6～8年　南桜 「榊渡」のみ

表3-4．死亡者指数1..5以上の年　1.4以上（ ）　　三上地域　1876-1975（100年間）

No	西暦（和暦）	三上地区		妙・桜・南地区			全体		疫病史	三上地域の疫病および災害、記事 ※2	
		総数	指数	総数	指数	子供% ※1	総数	指数			
1	1879（明治 12）	44	1.97	36	1.59	41.7	80	1.77		[14] コレラ流行	
2	1884（明治 17）			41	1.81	36.6	67	(1.49)			明治16年, 19年　干害
3	1893（明治 26）			40	1.76	50.0					明治26年「干害」 29年「出水大洪水」
4	1897（明治 30）	42	1.88			57.9					明治29年7月　暴風雨　野洲川筋死者
5	1910（明治 43）			41	1.80	41.5	70	1.55			
6	1915（大正 4）	36	1.61			36.7	66	(1.46)			大正3年7月　豪雨、野洲川筋浸水田流失
7	1918（大正 7）	38	1.70	50	2.20	48.0	88	1.95	スペイン風邪	[15] 「伊勢参り」風邪	野洲川出水
8	1919（大正 8）			42	1.85	45.2	68	1.51	スペイン風邪	「半兵衛」風邪	
9	1920（大正 9）			38	1.67	52.6	65	(1.44)	スペイン風邪	風邪	
10	1921（大正 10）	44	1.97	39	1.72	43.6	83	1.84	スペイン風邪	風邪	大正2年8月、11年7－8月、13年8月　干害
11	1933（昭和 8）	36	1.61			42.9					
12	1944（昭和 19）	※45	2.01	38	1.67	18.4	83	1.84	太平洋戦争	[16] 戦死	南桜 「榊渡」のみ
13	1945（昭和 20）	※40	1.79	41	1.81	17.1	81	1.80	太平洋戦争	戦死	南桜 「榊渡」のみ

※　三上地区の戦死者35名は1942年1949年の間に含まれている。

※1　子供%は、総死亡に占める子供死亡の割合。死亡数は1795年までは妙光寺のみ、1796年以降は妙光寺・北桜・南桜地区のみである。

※2　疫病史は『日本疫病史』（富士川　1969）、『医政百年史』（1976）、『武江年表』参考。災害は『野洲町史』（1987::841-863）および文書参考。

１）1940 年代まで続く高死亡者数

三上地域における年次別死亡者数をみたとき（**図１.**）1920 年（大正９）以降も変わらない高死亡状態が見られる。およそ 1944－47 年の戦死者数 69 名を除いたとしてもこの４年間に平均して 50 人以上の死亡者が見られ、激減するのは 1950 年頃になる。

わが国の死亡率は 1920 年（大正９）以降に減少傾向をたどり、1940 年代以降（戦後）激減することが見られる（厚生省　1976:7-14）のと比較して、三上地域では 1920 年以降の死亡者数減少傾向が顕著に見られず、激減の時期もやや遅れる。この背景には、三上地域においては赤痢やチフスなどの伝染病の蔓延が 1930 年代以降も度々見られ（後述４.の3））、また子供死亡の高率が 1930、40 年代になっても続いていたことが見られ（後述２．の1））、これらが死亡者数減少の時期が遅れた理由と云える（**Ⅵ章**も参照）。

２）クライシス（死亡者指数 1.5 以上）年および推移

三上地域におけるクライシス年を見ると、1696－1715 の 20 年間（**表３**-1）に三上地域全体では３年（15%）あり、三上地区と妙光寺・北桜・南桜地区のいずれかにクライシス年が見られる年は６年（30%）ある。1716－1795 の 80 年間（**表３**-2）に三上地域全体でのクライシス年は 10 年（12.5%）あり、三上地区と妙光寺・北桜・南桜地区のいずれかにクライシス年が見られる年は 19 年（23.8%）ある。1796－1875 の 80 年間（**表３**-3）に三上地域全体でのクライシス年は４年（5.0%）あり、三上地区と妙光寺・北桜・南桜地区のいずれかにクライシス年が見られるのは 16 年（20%）ある。1876－1975 の 100 年間（**表３**-4）に三上地域全体でのクライシス年は７年（7.0%）、三上地区と妙光寺・北桜・南桜地区のいずれかにクライシス年が見られるのは 18 年（18%）ある。

以上から、、三上地域全体のクライシス年は期間の古い順から 15%―12.5%―5.0%―7.0%と減少傾向にあり、三上地区と妙光寺・北桜・南桜地区いずれかにクライシス年が見られる年を期間の古い順から見ると 30%―23.8%―20%―18%となり、クライシス年は近年になるほど減少していることが分る。ここで、三上地域全体の最近年が 7.0%とやや高率を示したのは、大正期のインフルエンザによるクライシス４年連続および 1944,45 年の多量な戦死者という特異性が存在したことによると云える。なお、月別死亡の夏山ピークから冬山ピークへの移行は**Ⅵ章**を参照されたい。

３）クライシスの連続年

クライシス年が２年以上連続する年を年代順に見ると（**表３.**）、1709,10 年（宝永６,７）の疱瘡流行と思われるもの、1715,16 年（正徳５，享保１）の疫病、1724,25 年（享保９,10 年）の同じく疱瘡や麻疹の流行と思われるもの、1754,55 年（宝暦４,５　※宝暦４年の指数は 1.40、宝暦５年の指数は 1.28）の妙光寺のチフス流行、1775,76（安永４,５年　※安永５年の指数は 1.40）の麻疹流行と思われるもの、1788,89 年（天明８、寛政１）の飢饉・疫病と思われるもの、1834,35 年（天保５,６　※天保６年の指数は 1.2）の飢饉・疫病によると思われるもの、1870,71 年（明治３,４　※明治４年の指数は 1.2）の疫病と思われるもの、1918,19,20,21 年（大正７,８,９,10　※大正９年の指数は 1.44）の４年連続のインフルエンザ流行、および

1944,45 年（昭和 44,45）の戦死者によるもの、以上がある[4)]。

以上から、4年間連続のクライシスは（但し、1920 年は指数 1.44 だが、ここではクライシスとした）例外的で、三上地域において大正期のインフルエンザの猛威は特異的であったことが分かる。

4）1700 年代までの著しい死亡ピーク

地区別に死亡者指数 3.0 以上の年を順に見ていくと（**表３.**）、1701 年（元禄 14）妙光寺の 3.57（以上は妙光寺と三上の小中小路のみ）、1734 年（享保 19）妙光寺の 3.15、1754 年（宝暦 4）妙光寺の 3.70（以上は妙光寺と三上の小中小路、前田、山出のみ）と、ともに妙光寺に見られる。それ以降に 3.0 以上の年は見られない。1795 年までの過去帳記載のある村（対象人口）は少ないにもかかわらず、1796 年以降と変わらないピークが見られる（**図１.** 参照）ことから、1795 年以前の著しい高死亡率が推察される。

5）死亡者指数 1.8、2.0 以上の年

三上地域全体で死亡者指数 2.0 以上の年を順に見ていくと（**表３.**）、1709 年（宝永６）2.08、1765 年（明和２）2.11、1788 年（天明８）2.44、であり、それ以降は見られない。さらに、死亡者指数 1.80 以上の年を見ると、以上に加えて 1725,30 年（享保 10,15）の 1.82、1775 年（安永４）1.94、そして 1918 年（大正７）1.95、1921 年（大正 10）1.84，1944,45 年（昭和 19,20）1.84、1.80 がみられる。近年になるほどクライシスの年が減少していくなかで、1918－21 年の４年連続のインフルエンザの猛威、1944,45 年の戦死者によるクライシスは特別なことであったと分かる（**図１.** も参照）。

2　クライシス年と子供死亡

※子供死亡については 1795 年までは妙光寺のみ、1796 年以降は妙光寺・北桜・南桜地区に限る。

1）全死亡中に占める子供死亡の割合と推移

まず、年度ごと全死亡中に占める子供死亡の割合を**資料 10.** を基に図示する（**図２.**）。**図２.** は子供死亡が一般的に記載されるようになる 1716 年以降とした。ただし、1716－1795 年（80 年間）は妙光寺のみ、1796－1975 年（180 年間）は妙光寺・北桜・南桜地区全体である。子供死亡（ことに流・早・死産、新生児死亡）は記載漏れが予想され（大柴 1999:60)、実際の子供死亡数はこの値を上回る。**図２.** は年度ごとの子供死亡割合だが、これを 10 年ごとでみると 1716 年以降 1935 年（昭和 10）までは 30％以上で、ほとんどが 40，50％代を占めている（**資料 10.** ※ここでいう子供とは 13 歳以下であるが、一般に乳児が大多数を占める)。この子供死亡から見て三上地域における乳児死亡率は、我が国の明治期における乳児死亡割合は２割を超えていた（厚生省医務課　1976 : 7）という一般論よりも、高率であったことが推察される。

図２．全死亡中に占める子供死亡割合（1715-1975 年）

—1716-1795 妙光寺、1796-1975 妙光寺・北桜・南桜地区（全)—

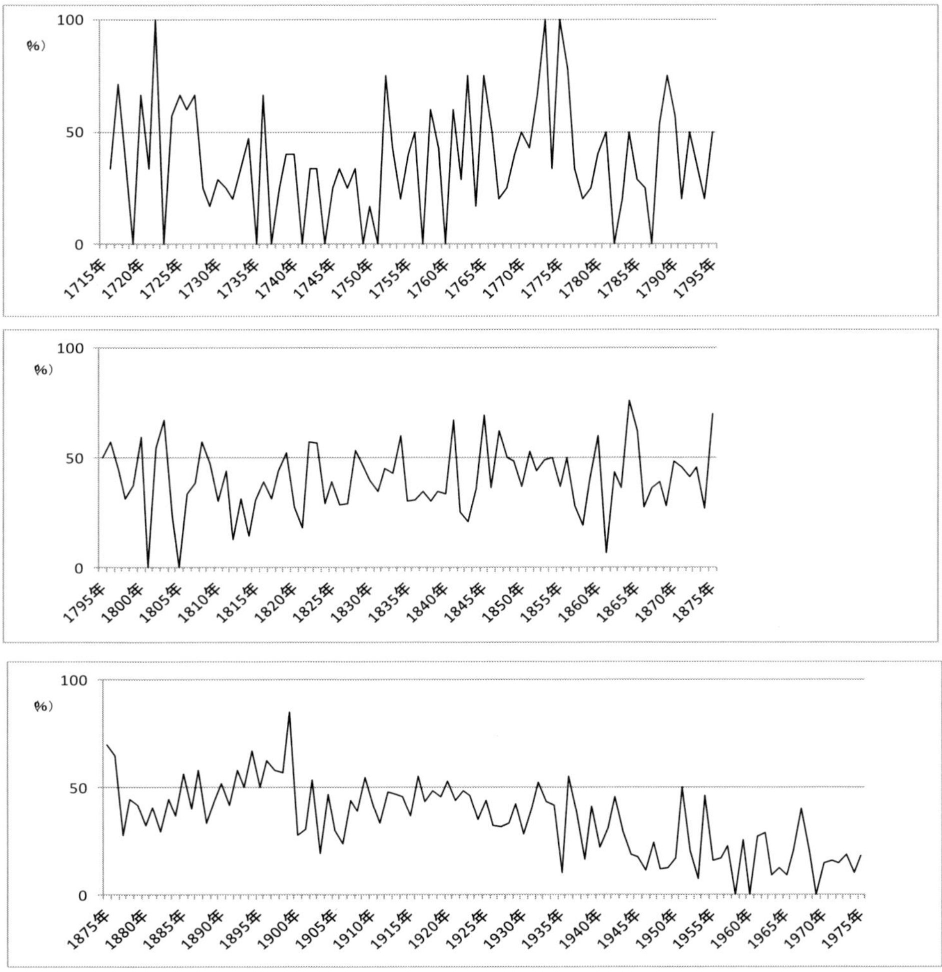

2）死亡者指数 1.64 以上の年には子供死亡割合が高い

三上地区、妙光寺・北桜・南桜地区の双方ともに死亡者指数 1.5 以上を示す年（この時の三上地域全体の死亡者指数は 1.64 以上である）における子供死亡の割合が、どのようであるかを見よう（**表 3. 資料 10.** 参照)。このようなクライシス年における、子供死亡者指数と割合を書き出してみると次のようである。

NO	（両地区共に死亡者指数 1.5 以上）地域の死亡者指数 1.64 以上の年と指数		子供死亡者指数	子供死亡割合　%
1	1725 年（享保 10）	1.82	2.73	66.7
2	1765 年（明和　2）	2.11	2.73	75.0
3	1788 年（天明　8）	2.44	3.64	53.3

4	1862年（文久　2）	1.64	1.65	43.6
5	1864年（元治　1）	1.69	2.72	75.7
6	1879年（明治12）	1.77	1.76	41.8
7	1918年（大正　7）	1.95	2.82	48.0
8	1921年（大正10）	1.84	2.0	43.6
9	1944年（昭和19）	1.84	(0.83)	18.4
10	1945年（昭和45）	1.80	(0.83)	17.1

以上から、1921年以前の地域の死亡者指数**1.64以上の**年における子供死亡者指数および割合は高い（指数1.65以上、割合40－50%以上)。これは、山形県山家村の1760－1870年（対象3,426人）における宗門帳の分析結果から木下が「クライシス期には10歳以下の子供死亡が顕著になり、全体の死亡総数の半分以上を占めるようになる」(木下　2002b:39)と述べている点にほぼ符号する。ただし、三上地域の死亡者指数1.64以下のクライシス年で見ると、子供死亡者指数および割合が必ずしも高いとは言えない（**資料10.11.** 参照)。

3）子供の高死亡割合が65%以上の年とクライシス年

次に、全死亡数中に占める子供死亡の割合が高い年（65%以上とする）はクライシス年に当たるのかをみよう（**資料10. 資料11.** 参照)。まず、子供死亡の割合が65%以上の年と割合を記し、右欄に地域全体の死亡者指数1.5以上（1.47以上も記す）の値を記すと、以下の如くである。

NO	子供死亡割合65%以上の年と割合　%		地域の死亡者指数(1.5以上)
1	1717（享保　2）	71.4	(1.30)
2	1720（享保　5）	66.7	
3	1722（享保 10）	100　※	
4	1725（享保 10）	66.7	1.67
5	1727（享保 12）	66.7	
6	1736（元文　1）	66.7	
7	1752（宝暦　2）	75.0	1.48
8	1763（宝暦 13）	75.0	1.48
9	1765（明和　2）	75.0	1.48
10	1772（安永　1）	66.7	
11	1773（安永　2）	100　※	
12	1775（安永　4）	100	(1.30)
13	1776（安永　5）	77.8	1.67
14	1789（寛政　1）	75.0	
15	1803（享和　3）	66.7	

16	1841（天保 12）	66.7	(1.35)
17	1845（弘化　2）	69.4	1.47
18	1864（元治 元）	75.7	1.51
19	1875（明治　8）	69.6	
20	1894（明治 27）	66.7	
21	1899（明治 32）	85.0	

以上から、子供死亡の割合が 65%以上の年は 21 年あり（※1722 年は死亡数 1 人、1773 年の死亡数は 2 人で 100%になっているが、死者数が少なく指数は低い）、この内、地域のクライシス年（指数 1.5 以上、※1.47 と 1.48 も含めた）は 7 年、クライシスではない年が 14 年ある（明治 8 年以降が 3 年）。

ここから、子供の死亡割合が高い年（65%以上）には、必ずクライシス年（指数 1.5 以上）になるとは言えない。また、クライシス年には必ず子供死亡割合が高率になるとは言えない。ただし、指数 1.64 以上のクライシス年には子供死亡割合が半数および半数以上を占めることが見られた（前述 1）。この結果は、子供死亡が劇的に増加する年があり、それ以外にも日常的に子供が死亡していたことになる。また、全体の死亡者指数が高いクライシス年において子供の死亡割合が低い年は、大人の死亡が多い。その死因は災害・凶作・飢饉や疫病（例えば享保 15 年、宝暦 4 年、天保 6 年、天保 13 年、明治 7 年、明治 17 年、大正 4 年）[5)]、あるいは戦争（昭和 19,20 年）などによることが見られる。

4）クライシス年における子供死亡高率の周期

三上地域のクライシス年における子供死亡割合が顕著な年（およそ 60%以上）の周期をみていくと（**表 3.**）、1725 年（享保 10）66.7%（※指数は 1.5 以下だが、子供死亡高率でみると 1926 年 60%、1927 年 66.7%が続く）、その 10 年後の 1736 年（元文 1）66.7%、その 29 年後の 1765 年（明和 2）75%、その 10 年後の 1775,76 年（安永 4 , 5）100%（7 人中 7 人）と 77.8%（9 人中 7 人）、その 12,3 年後の 1789 年（寛政 1）75%、その 33 年後の 1823 年（文政 6）56.5%、その 10 年後の 1834 年（天保 5）59.6%、その 30 年後の 1864 年（元治 1）75.7%、その 33 年後の 1897 年（明治 30）57.9%が見られる。

以上から、クライシス年における子供死亡割合が顕著な年が、ほぼ 10 年から 30 年の周期でみられる。これらは、疱瘡が 5 年間隔で見られたこと、麻疹が免疫を得るので 10−15 年間隔で流行し、間隔が 34 年になることもある（中沢忠雄・中沢良英　1976 : 132）という山梨や飛騨の研究結果とも合致し、麻疹や疱瘡などの疫病蔓延・猛威が考えられる。

3．高死亡年における死因

高死亡が引き起こされる原因は，飢饉や疫病、災害、その他が考えられる。三上地区および妙光寺・北桜・南桜地区共にクライシスを示す年の死因について見ていこう。以下、病名の特定できないものは疫病としておく。

1）1701年（元禄14）　疫病（表3-1．No1．[1]）

1701年（元禄14）の妙光寺での死亡者数10人、1700年時の戸数は32、推定人口150人前後（大柴　1999:62）からすると死亡率66.7‰と高い。三上地区（小中小路、前田）においてはやや多い程度だが、この8、9年後の1709,10年（宝永6,7）には全体でクライシス年となり、その5、6年後の1715,6年（正徳5,享保1）が、またクライシス年となる。周期的クライシス年が見られることから痘瘡や麻疹などではなかったか。

2）1709年（宝永6）　疱瘡流行か（表3-1．No3．[2]）

1709年（宝永6）の妙光寺での死亡者数6人、1700年時の戸数は32、推定人口150人前後（大柴　1999:62）からすると死亡率40‰。三上小中小路も死亡者指数2.0、全体の死亡者指数は2.08のクライシスとなっている。疫病史によると、宝永5年秋より痘瘡、麻疹の流行が記されているから三上地域でも流行があったか。

3）1724、25年（享保9、10）　飢饉および疱瘡・麻疹か（表3-2．No.3．[3]）

1725年の妙光寺での死亡者数9人中こども死亡数6人(66.7%)、1700年時の戸数は32、推定人口150人前後（大柴　1999:62）からすると死亡率60‰。疫病・災害史によると、1721年（享保6）から天候不順がつづき1723年（享保8）には痘瘡が流行した。1724,25年（享保9,10）の三上地域の死亡者指数1.62、1.82とクライシス年が続き、子供死亡割合が57.1%、66.7%と高い。これは飢饉および痘瘡・麻疹などの流行が考えられる。

4）1765年（明和2）、1775,6年（安永4,5）、1862年（文久2）、麻疹の流行（表3-2．No.12、13,14．[7][8]、表3-3．No.10．[11]）

麻疹は一般的に子供死亡の高率と春期の流行が云われている。1765年（明和2）の子供死亡割合75%、子供死亡者指数2.73で死亡月は4、5月に集中している（**表ア**）。その10年後の1775年（安永4）の子供死亡割合100%、子供死亡者指数3.18で死亡月は5、6月に多い。1776年（安永5）の子供死亡割合77.8%、子供死亡者指数3.18で死亡月は5、6、7月に多い。1862年（文久2）の子供死亡割合40.5%(不明子を加えると17人、43.6%)、子供死亡者指数1.65で比較的低く死亡月は8、9月に集中的である（以上、**表ア**）。その2年後の1864年（元治1）の子供の死亡割合は75%、子供死亡者指数2.72と高く死亡月は9、10月、次いで7、8月に多い（**表イ**）。1864（元治元）年の南桜では痘瘡の流行も考えられる（後述）が、地域全体では麻疹の流行が考えられる。

『日本疾病史』(富士川　1969：59,183）によると、安永5年に京畿において3月末より秋初めまで麻疹流行し死者が多数でたことが云われ「此の年は諸国病人多く、……4月頃より麻疹流行、7月頃、麻疹やむ者多し、…大阪麻疹流行」などの記載がみられる。この安永5年麻疹の流行は山梨県峡東地域（中沢忠雄・中沢良英　1976：141）や岐阜県飛騨地域（須田　1973）においても見られ、飛騨では1776年（安永5）、1803年（享和3）の流行は5−8月にわたり、痢症と合併しているとある。1776年（安永5）の麻疹の流行は東北地方においても云われている（青木　1962：384-387)。

麻疹の伝染力は強く、一度流行すると全住民が罹患し免疫性を得るので 10−15 年を経て流行し、間隔が 34 年にもなることが特徴であり、その次は文久２年（1862）となっている（中沢・中沢　1976:132)。文久２年（1862）の麻疹流行は、江戸でも大流行し（富士川 1969 : 187,8)、「２月の頃西洋の船が長崎に泊してこの病を伝え、次第に京大阪に広がり３−4 月頃より流行し、江戸に伝った。男軽く女重く、妊娠して命を全うする者甚だ少なし（略記)」(『武江年表』２巻　1998 : 104）とある。文久２年（1862）の麻疹流行は東北でもみられ、８月、９月に著しい死亡者をだしている（青木　1962 : 395-407)。三上地域の文久２年（1862）の高死亡の内容もこれに類似する。三上地域の文久２年の子供死亡は 43.6% と比較的低いが、月別死亡は三上、妙光寺・北桜・南桜地区とも８,９月に多く、また、妙光寺・北桜・南桜地区の成人死亡は男９人に対し女が 13 人（59.1%）と高い（**資料８．**参照)。

以上から、三上地域における安永４,５年、文久２年の高死亡は麻疹に付合する。安永４,５年、文久２年における麻疹流行は、東北、江戸、山梨、飛騨、大阪、そして近江も同様であった様子から、パンデミックがあったと云える。また、1775 年（安永４）から 10 年遡った 1765 年（明和２）の高死亡（子供死亡指数 2.73 で４月,５月に子供死亡が集中）も麻疹が推定される。

なお、1864 年（元治元）の子供死亡の高率、および月別死亡が３,４,５,６月（三上）９月（妙光寺・北桜・南桜地区）に多いことが見られ（**表イ**)、麻疹の流行も推定されるが、これは次節４．の２）で見るように主に痘瘡によるものと思われる。

表ア.1765（明和２)、1775（安永４)、1776（安永５)、1862（文久２）の月別死亡数

1765（明和２）

	1月	2月	3月	4月	5月	6月	7月	8月	9月	10月	11月	12月	合計
三　上	9	12	4	5		1	2	4	2	3		1	43
妙光寺		1		3	3	1							8
（子供）				(3)	(3)								(6) 75%

1775（安永４）

	1月	2月	3月	4月	5月	6月	7月	8月	9月	10月	11月	12月	合計
三　上	1	4		1	4	1	1	2	7	10	4	5	40
妙光寺					3	2	1				1		7
（子供）					(3)	(2)	(1)				(1)		(7) 100%

1776（安永５）

	1月	2月	3月	4月	5月	6月	7月	8月	9月	10月	11月	12月	合計
三　上		2	1	2	6	2	4	2	3		2	1	25
妙光寺	1				1	4	1		1	1			9
（子供）	(1)				(1)	(2)	(1)		(1)	(1)			(7)77.8%

1862（文久２）　※以下、表中の妙・北・南は妙光寺・北桜・南桜地区の略

	1月	2月	3月	4月	5月	6月	7月	8月	9月	10月	11月	12月	合 計
三　上	3	1	1	1		4	2	14	3	4	2	3	38
妙・北・南	3	4			2	4	2	10	8	1		3	37 ※
（子供）		(1)			(1)	(1)	(1)	(5)	(5)			(1)	(15)40.5%

※妙・北・南地区は月不明子２（妙光寺１、北桜１）を加えると 39 人中子供死亡 17 人（43.6%）となる。

表イ．1864（元治元）における月別死亡数

	1月	2月	3月	4月	5月	6月	7月	8月	9月	10月	11月	12月	合 計
三　上	2	5	7	10	5	6		3		1	3		42
妙・北・南	2	1	2		1	3	6	5	8	5	2	1	36 ※
（子供）	(2)	(1)	(2)		(1)	(1)	(4)	(3)	(7)	(5)	(1)		(27) 75%

※妙・北・南地区は月不明子の南桜１を加えると 37 人中子供死亡 28 人（75.7%）となる。

５）天明期、天保期における飢饉と疫病　（表３-２．[9]、表３-３．[10]）

日本史において享保、宝暦、天明、天保の飢饉が云われている。なかでも、岩手・宮城の東北地方における宝暦、天明、天保の３大飢饉について、過去帳から分析した報告では（青木　1962）飢饉の年の次年には時疫（チフスや赤痢などの熱性の伝染病）が流行する。1836（天保７）年の６、７月には麻疹が流行した（青木　1962：388）と云う。

三上地域の天明期の文書によると、1775 年（安永４）から 1787 年（天明７）の 13 年間「祭礼なし」の年が続き[6)]、1783 年「天明３年凶作」とある。この間を過去帳で見ると、1775,76 年（安永４,５）の麻疹大流行と思われる高死亡が続き、そして、1788 年（天明８）に死亡者のピークが現れる（**図１．表３．**）。1788 年（天明８）の地域の死亡者指数は 2.44 と著しく、次年の 1789 年（寛政１）も死亡者指数 1.53 と高い。1788 年（天明 8）の死亡月をみると、６、８、９月と 12 月に集中し、成人の男女別死亡（妙光寺）では男２人、女５人と女が多く、全死亡数 15 人中の子供死亡は８人（53.3%）、子供死亡者指数 3.64 である。これらは、天明期の凶作と疫病（麻疹など）流行による窮状の結果であり、ことに成人女子と子供に影響が現れたことが分る。

次に、天保期には「天保４から天保 7 年凶作、天保５年大凶作」の記録がある（野洲郡史　1998）。そして、南桜の窮状を知る文書によると 1775 年（安永 4）－1787 年（天明７）の間に「野蔵神社（南桜の氏神）祭礼なし」、1838 年（天保９）は「榊渡のみ」とあり（南桜、天野右衛門家所蔵文書による）、祭りを完全に行えなかったことが分かる。過去帳で見ると、天保期の凶作年の間およびその後の時期に高死亡の年が連続して見られる（**図１．**）。1834 年（天保５）の妙光寺・北桜・南桜地区では、死亡者指数 1.92、地域の死亡者指数 1.56 と共に高い。次いで、1835 年（天保６）の三上地区の死亡者指数 1.61、1837 年（天保８）の三上地区の死亡者指数 1.16、および地域の死亡者指数 1.45、1842 年（天保 13）の妙光

寺・北桜・南桜地区の死亡者指数 1.63、と高死亡年が続く。これらは、凶作・飢饉・疫病流行による窮状の結果と云える。なお、この天保期には、野洲川筋一帯の村々による「天保の農民一揆」（橋川　1998:693-721）が起きた。これは、天保 12 年の幕府からの検地沙汰を発端に窮状を訴えた三上の庄屋・土川平兵衛氏を中心にした地域農民の戦いであった。凶作と疫病蔓延などによる窮状が密接に関係していたと云える。

伝承では、「この地域は天保飢饉より天明飢饉のほうが深刻だった」「南桜は米どころだから飢饉のときでも餓死者が出ることはなかった」と云われている。餓死の様子は不明だが、両飢饉は過去帳でも伺い知れる。つまり、天明期の死亡者指数は三上地域でもっとも高い 2.44 が見られ、天保期の場合は高死亡者指数年が連続していることから長期的な窮状が続いたことが分かる。

ところで、天明期、天保期の死亡ピークは、地区や地域に数多く存在する死亡ピークの一つに過ぎないことが分る（**表３．図１．**）。これは、木下による山形県天童市の結果（木下 2002a：115-130）も同様であり、徳川期の死亡クライシスを理解するうえでの検討課題になる[7)]。

６）1870 年（明治３）の疫病　（表３-3．No12．[13]）

1870 年（明治３）の三上地域の死亡者指数 1.58、三上地区では死亡者指数 1.83、子供死亡割合は 48.5%（子供死亡指数 1.55）で子供死亡が高い。1870 年の前後を見ると、３－５年間隔で子供死亡高率の年が繰り返し見られる（**資料 10．**参照）。例えば、この５－６年前の 1864 年（元治１）は子供死亡割合 75.7%（指数 2.72）、1865 年（慶応１）は子供死亡割合 61.9%（指数 1.26）と高死亡ピークが見られる。1870 年以降、次の 1871 年（明治４）はやや高い子供死亡割合 45.5%（指数 1.18）、５年後の 1875 年（明治８）は子供死亡割合 69.6%（指数 1.55）と高率が見られる。これらから、３－５年周期で流行を繰り返す疱瘡などではなかったかと推測する。

７）1879 年（明治 12）　コロリ（コレラ）蔓延　（表３-4．No１．[14]）

コレラがわが国に初めて入ったのは 1822 年（文政５）のことで全国的に蔓延したといわれ、第２回目は 1858 年（安政５）に侵入し、全国的にわたり莫大な死者をだした（厚生省医務局　1976:27-29）。明治維新後は明治 10 年９月に中国からコレラが侵入し、その翌々年の 12 年まで大流行し、明治 12 年のコレラによる死亡者数はピークを示している（ibid）。滋賀県のコレラ蔓延は明治 12 年の記録がある。明治 12 年のコロリ騒動は３月中旬に愛媛県にはじまり、大分・山口・岡山・兵庫を経て大阪に入り６月 20 日に滋賀県大津市で４人発生したのにはじまり県下一円に猛威を振るった（徳永　1980：171,2）。滋賀県内では、５か月間に 896 人が隔離され、594 人が死亡し死亡率 66%という驚異的な数字であった。対策は野放しのような状態であったが、不思議なことに４か月ほどで下火になり 11 月には消滅したという（ibid）。三上地域の様子は、これに付合する。

三上地域には「明治期にコロリがきた」（年は不明）と云われ、隔離病舎が使われたとも云われている（**Ｘ章　資料Ⅱの 2．**参照）。ここで、過去帳の死亡者数をみると、1879 年

（明治 12）の三上地区は 44 人・指数 1.97、妙光寺・北桜・南桜地区は 36 人・指数 1.59、三上地域全体では 80 人・死亡者指数 1.77 である（**図１．表３-４．**）。月別死亡者数を見ると（**表ウ**）、三上地区では、８月から 11 月に多死亡が集中し、妙光寺・北桜・南桜地区では６月、８月、そして 10、11 月に多死亡がみられる。この結果から、明治 12 年に三上地域にもコロリが蔓延したと考えられる。その後の明治 16 年に北桜村役場から出された「虎列剌病鑑識表」（**Ⅹ章　資料Ⅱの２．**参照）があることから、明治 12 年以降もコロリの発生が危惧され、あるいは患者の発生があったことが分る。

ここで、北桜に『明治十二年一月から十三年二月迄、窒扶斯流行の節預防員数日給平常雇用人数　諸調帳』（北桜　後藤茂右衛門家文書、表紙のみ、差出・受け取り人不明、内容不明）が存在する。なお、明治 12 年の北桜の死亡者数は 15 人（成人 10、子供５）で平年より高い。このことから、北桜ではチフスの流行があったとも考えられるが、当時の文書から推察して、（**Ⅹ章　資料Ⅱの２．**）コレラとチフスの鑑別は疑わしい。

表ウ．1879（明治 12）年、三上地域の月別死亡状況

	1月	2月	3月	4月	5月	6月	7月	8月	9月	10月	11月	12月	合計
三　上		3	2	3	2	2	3	5	6	9	7	2	44
妙・北・南	3	1	2		3	4	2	5	1	4	6	2	33 ※
(子供)			(2)		(2)	(1)		(3)		(2)	(1)	(1)	(12)36.4%

※妙・北・南地区は月不明子の南桜３を加えると 36 人、子供死亡 15 人(41.7%)となる。

８）明治期の流・早・死産および妊産婦死亡の高率

過去帳の明治 12、13、14 年あたりを中心に「不明子」の記載が多く[8)]、また、ナガレカンジョウ[9)] の記載が４件ある（この４件のみ）。これら記載は、衛生統計の開始による影響とも考えられる。たまたま、衛生統計調査による『出産流産死亡統計表　野洲郡明治十四年自七月至十二月』の文書が北桜に残っている。これは、野洲郡 11 カ村における半期の「出産流産死亡」の様子を郡役所へ提出した書類の控えである（**表４．**）[10)]。これによると、出産 787（生産の男・女合計 716＋流産 71）の内、流産（※死産）71 から死産率は 9.0 である（死産率＝死産数÷出産（生産＋死産）数×100）。また、半期の間の死亡者 547 人、出生 716 人、よって 169 人の人口増加という結果が記されている（**表４．**）。

ここで、『滋賀県統計全書　明治 18 年』から出産率について見ると、明治 14 年の野洲郡の人口 37,156 人、出産数 1,425 の記録から野洲郡の**出産率は** 38.4、全国は 25.5（『日本長期統計総覧』総務省統計局）で野洲郡の出産率はかなり高い。ちなみに明治 13 年、15 年、16 年の滋賀県の出産率は、全国で最上位のランクに位置し明治 13 年は 36.0 で１位、15 年は 33.9 で３位、16 年は 34.6 で愛知県と共に１位を示している（内務省『明治期衛生局年報　明治 16 年７月－２年 12 月』：p54,55）。この結果から、全国的に滋賀県の出産率は最も高く、更に野洲郡の出産率は高い。次に、**死産率**を見ると、全国 3.5（『明治期衛生局年報』3

巻)、滋賀県 6.4（『滋賀県統計全書』明治 18 年)、野洲郡 9.0（明治 14 年、上記）で明治期の野洲郡の死産率はかなり高かったと推察される。また、**死亡率**を見ると当時の滋賀県の死亡率は全国的に見て高く、明治 11 年度の死亡率は大阪の 27.7 を筆頭に滋賀県は 21.2 で 3 位、明治 12 年度は同じく大阪の 34.1 を筆頭に滋賀県は 21.1 で 5 位（『明治期衛生局年報』第 1 巻　p34.)、また、明治 13 年度も滋賀県は死亡率の高い県に入る（『明治期衛生局年報』第 2 巻)。そして、野洲郡の死亡率はさらに高い。野洲郡における明治 14 年の死亡率は、人口 37,156 人に対して年間総死亡数 1,000 から 26.9 となる（野洲郡の人口は内務省編纂『国勢調査以前日本人口集成 1』1992 p30、死亡数は『滋賀県統計全書』明治 18 年　p76 による)。以上、明治 13－17 年頃において、滋賀県は全国の中でも多産県であり、また、高死亡率であったことが見られる。野洲郡は更に高出産率、高死亡率が見られる。

ここで、当時の暮らしの窮状を窺える資料を見よう。北桜戸長から滋賀県へ提出の『明治元年－八年中水害凶荒書上帳』（北桜後藤茂右衛門家文書）があり、また、南桜では、明治 6－8 年の祭りは完全に行えず「榊渡し」のみであった。凶作は後年に弊害が出てくる。明治 12 年にはコレラ流行もありクライシス年（指数 1.77）となる。後の明治 16 年も干害による凶作となり、明治 17 年の三上地域はクライシス年（指数 1.49）となる。このような連年の凶作・災害は、とくに妊産婦死亡や流・早・死産の増加を招く要因となったと考えられる。この背景は、穀倉地帯である三上農業および生活構造（大柴　1983,1985）が密接であったことは明らかであろう。

ところで、三上地域の年次別死亡推移（**図 1.**）で見ると、この時期の死亡数が際立って多いわけではなく、1796 年（三上地域全体の過去帳が揃う年）に遡っても変らない。従って、明治 13－17 年頃の三上地域を含む野洲郡の高死亡率の状況が特別なことであったとは云えない。凶作・災害、疫病などに伴う窮状生活も特別な事とは云えない。そして、母性健康障害および流・早・死産、妊産婦死亡が頻発していた。

表 4.「（題欠）出産流産統計表　明治十四年自七月至十二月」

（北桜　後藤茂右衛門家文書：文書整理分類　NO.戸ロ 61 による）

※下表の合計は正産※＋流産＝**出産※**、流産は死産である。この文書では正産と記されていたが「明治期統計書」では正産・生産・出生は同意に使われている。

明治十四年自七年至十二月　野洲郡出産流産統計表

生産（※正産）	7 月	8 月	9 月	10 月	11 月	12 月	小計
男	40	58	52	64	48	74	336
女	40	54	71	70	67	78	380
流産	8	12	7	15	15	14	71
合計（※出産）	88	124	130	149	130	166	787

同死亡統計表

死亡	7月	8月	9月	10月	11月	12月	小計
男	40	31	52	51	50	47	271
女	28	58	40	50	51	49	276
合計	68	89	92	101	101	96	547

同生産（※正産）死亡差引増減表

	7月	8月	9月	10月	11月	12月	小計
男増		27		13		27	67
女増	12		31	20	16	29	108
男減					2		2
女減		4					4
増合計	12	23	31	33	14	56	169

野洲郡

守山村

吉見村

岡村

立入村

野洲村

行畑村

妙光寺村

三上村

北桜村

南桜村

小篠原村

各戸長

各衛生委員

明治十四年自七月至十二月出産流産死

亡数別表之通ニ候条為　心得

此数報告候也

明治十五年三月□日　　栗太郡役所

野洲郡役

滋賀県

栗太

野洲

郡役所　印

9）1918－1921 年（大正 4－10）インフルエンザ流行―南桜の「伊勢参りカゼ」と「半兵衛カゼ」（表 3‐4．No.7‐10．［15］）

「スペインかぜ」の世界的パンデミックが 1911－1921 年（明治 44－大正 10）に見られた。一般に感冒による死亡者は、幼児と高年者に多く青壮年者に少ないが、この期の感冒は青壮年者が多く罹ったと云われている（大久保　1949）。三上地域における死亡者指数は、1918 年（大正７）1.95、1919 年（大正 8）1.51、1920 年（大正９）1.44、1921 年（大正 10）1.84 とピークが４年連続している。この間の、三上地域における月別、成人・子供別の死亡割合を見ると（**表エ.**）、死亡月は２月に最高で１月、７月、３月、10 月、12 月の順で高く、冬期に集中している。また、168 人死亡中に子供死亡は 79 人（46.75%）で特に高い方ではない。この時の冬期に死亡者が多く、子供死亡が比較的に少ないというパターンは、飛騨地域および山梨峡東地域（須田　1973、中沢・中沢　1979：110､113）においても同様である。

この時の南桜の流行の様子を聞き取り調査から見よう。1918 年（大正７）時の南桜の感冒は（**表オ**）、伊勢参りに行った人が「感冒を拾ってきて、フロカイトから流行した」[10]と云われている。南桜では成人 17 人、子供 15 人の著しい死者が出て、北桜、妙光寺でも高死亡者（ことに冬期）が出ている。三上地区においても高死亡で、７、８月に最多死亡者、次いで２、12、１月の冬期が多い（**X 章**資料）。また、1920 年（大正９）の流行は（**表カ.**）「半兵衛カゼ」とも云われ、現在もM家の悲しい記憶として語られている。それは、大正９年の正月、京都へ丁稚に行っていたＨさん（当時 15 歳）が正月休みで実家に帰ってきた。すでに京都で感染してきていて家に帰り発病し、正月 15 日に死亡した。その時、村内に嫁いでいたＨさんの姉（25 歳）が出産のため実家に戻ってきていた。姉は産後で感染し正月 22 日に死亡し､続いて生まれた子供が 24 日に死亡した｡その時､家中の者が感冒で寝込み、親類衆が看病した。２月３日には、感染したＨさんの兄嫁（兄は村内に養子にでていた）が 24 歳で亡くなった。親類中が感冒に罹り、近所の人たちが恐れて家に寄りつかなかったという。その後、何人もの人が感冒で死んだと云う。

この聞き取調査の事例から、人の流通（伊勢参り、丁稚藪入りなど）を通して伊勢や京都から入りフロカイトや親類関係など親密な交流を通じて感染が拡大したこと､冬期に流行が著しかったこと､そして 10､20 代の青年が亡くなったことなどが分る｡過去帳の死亡数は、その時の死亡様態を示している。

表エ．インフルエンザ流行時の月別死亡者数―1918から1921（大正7－10）の合計―

	1月	2月	3月	4月	5月	6月	7月	8月	9月	10月	11月	12月	合計
三上	13	15	11	5	8	9	17	15	7	11	10	14	135
妙・北・南	19	24	17	14	9	12	12	10	9	16	14	12	168 ※
（子供）	(11)	(9)	(6)	(6)	(3)	(5)	(9)	(5)	(4)	(6)	(9)	(6)	(79)46.7% 1は月不明子供

※妙・北・南地区は月不明子 妙光寺1を加えると169人、子供死亡80人（47.37%）となる。

表オ．1918（大正7）　南桜の月別死亡者数および子供死亡数―「伊勢参りかぜ」

	1月	2月	3月	4月	5月	6月	7月	8月	9月	10月	11月	12月	合計
南桜		2	6	3	2	2	4	2	1	3	4	3	32
（子供）		(1)	(2)	(2)	(1)		(3)			(2)	(2)	(2)	(15)46.9%

表カ．1920（大正9）　南桜の月別死亡者数および子供死亡数―「半兵衛かぜ」

	1月	2月	3月	4月	5月	6月	7月	8月	9月	10月	11月	12月	合計
南桜	6	6	1	1	1		2	1	3	1	1	2	25
（子供）	(3)	(4)					(2)	(1)	(2)		(1)	(1)	(14) 56%

10）1944，45年（昭和19，20）の戦死者　（表3－4．No.12,13．[16]）

1942年（昭和17）から1949年（昭和24）にかけて（妙光寺・北桜・南桜地区の1937年は満州事変・支那事変とある）、過去帳に戦死と記された人数は妙光寺・北桜・南桜地区で34名（妙光寺7、北桜9、南桜18）、三上地区で35名（旧村名、死亡年度不明）、三上地域全体で69名ある（69名のうち2名は日中・日露戦争による）。昭和19、20年の戦死者による死亡者ピークは際立っている。また、戦時下の子供死亡（孩子・水子などと記された流早死産や新生児死亡）の記載が比較的に多く、また、昭和19年と20年時の成人男・女別死亡を見ると（妙光寺・北桜・南桜地区）、男14人対女27人と成人女性死亡が多い。戦時下の女性の境遇・負担を物語っていると云える。

4．地区（旧村）の高死亡年と死因

三上地域内の地区（旧村）において著しい死亡ピークを示す年がある。その病因や状況について見ていこう。

1）1754年（宝暦4）妙光寺のチフス流行（表3-2．No.10．[6]）

1754年（宝暦4）の妙光寺では20人の死亡者があり（死亡者指数3.77）、際立っている**（図1．表3-2．）**。内訳は大人16人（男10、女6）、子供4人（男2、女2）、月別死亡は9月9人（うち8人が大人）、10月4人（うち3人が大人）、他5月と12月に各2人、2

月・６月・７月に各１人。また、死者がでた家は 13 戸あり、１戸で２人の死者が出た家が２戸、６人の死者が出た家が１戸ある。当時の妙光寺村のおよその戸数 30 戸、人口 150 人から推定して（**第Ⅴ章**　参照）、半数の家が死者をだし１割以上の死亡者が出たことになる。６人の死者が出た家では、次のような日にちで死亡した。

5月　２日　男（成人）

9月　４日　女（成人）

9月１２日　女（成人）

9月２２日　女（成人）

9月２３日　男（成人）

１２月２０日　男（成人）

これは、一家で半年ほどの間に成人６人が亡くなった。当地域では屋号で呼ばれる家が多く、この屋号の家を訪ね次のような伝承を聞いた。「何時の事か分からないが、昔チフスで家が絶えるほど人が亡くなったことがあると聞かされている」（ＫＳさん談、明治 35 年生まれ、舅は婿養子）ということであった。過去帳から見て、家ではこの事件の宝暦４年から 39 年後の 1798 年（寛政５）に成人男子の死亡が記されていて、この 39 年間に死者の記載はない。なお、当家の「日めくり過去帳」の命日が一致していた。それで、ＫＳさんが語った「チフスで家が絶えるほど人が亡くなった」というのは宝暦４年のことであることが分った。

チフスの疫史についてみると、今日の腸窒扶斯症に相当する疾病の流行は、古代に無く、必ず近世に始ったものだろう（富士川　1969 : 278）とされ、近世江戸時代になり度々の腸窒扶斯症と推定される急性熱性病の流行がみられること、腸窒扶斯症は傷寒の一類と認められていたこと、など、医学的知識に基づいた腸窒扶斯症の確定的資料は乏しい（ibid)。飛騨の分析から、腸チフスの発症は夏から初秋にかけて多く、年齢は壮年青年に多く、８－10 月の水を多用する時期に一致して発病する（須田　1973、中沢・中沢　1976： 147）と云われる。妙光寺の宝暦４年の死亡月は９、10 月に（９名、４名）集中的で、年齢は壮年青年に多いこと、川水の共同使用などチフスの疫史に付合する。

また、妙光寺の伝承では「昔、チフスが流行った」、そのときは「寺の堂に寝かした」「寺の前で寄って釜で便を煮た」「だれも家を訪ねないようにした、患者の家に食べ物を塀越しに棹でつるして渡した、患者の家の側を通るときは梅干しを口の中に入れて行った」などが聞かれる。これらは、宝暦４年以外も含む疫病の記憶・伝承が混同して語られているとも思われるが、疫病蔓延時の様子が分かる。なお、1700 年代までの妙光寺は、死亡者指数 3.0 以上の年が際立っている。その背景として妙光寺は、村内を流れる川水を共同使用していた小集落で、昭和 28、29 年に国道８号線が作られるまで天井川が流れていた。この地理的背景と消化器系の疫病による高死亡は密接であると推察される。ちなみに 1700 年代までは三上地区においても死亡指数 2.0 以上の年が度々見られ、同様な地理的背景が高死亡を招いたと予想される（**Ⅵ章**.参照）。

2）1864年（元治元）　南桜の疱瘡（表3－3．[12]）

疱瘡（天然痘）流行の特徴的なことは、10年に2回周期で流行し大勢の死亡者を出していること、季節に関係なく常時発生しているが春・秋に多く見られる（須田　1973:45,6）という。疱瘡は子供に感染力が強く、死亡率も高く大人にも伝染する。飛騨（須田　1973）、山梨（中沢・中沢　1976：132）ともに略5年の間隔で発病することは一致する（ibid）。

また、大正元年から明治3年にわたる全国痘瘡患者の調査報告があり（井口　1929：39,44,106）、これによると（以下、要約）、

① 男性より女性が多い。
② 罹患年齢は10歳以下が43.1％を占め最も多く、とくに5歳以下の幼児が最も危険である、11歳以上15歳までは、罹患率が最少で3.45％であった。
③ 死亡率（罹患者中の死者=致命率）は流行の度ごとに著しい高低あり、明治40年42.26％・大正元年0など、此49年間を平均すると26.67％。
④ 痘瘡流行の季節的関係では5月が最も多く、次いで3月、4月、2月の順になり、最もすくないのは9月、ついで8月、10月、11月の順となる、地域により流行時期の差があり、関東、北陸、東山、東海、近畿の各地方が4月を頂点とする傾向がある。

などが報告されている。

滋賀県では、明治3年5月1日に初めて種痘を実施した（村松　1968）。南桜では、明治6年と明治12年の種痘実施記録が残っている（『明治六年返種痘淋再種ノ分　野洲郡第三区南桜村』天野宇右衛門家所蔵文書、『明治十二年五月改　戸籍人別取調帳』南桜区有文書）。『明治六年返種痘淋再種ノ分　野洲郡第三区南桜村』には、種痘実施者27名の氏名と年齢が記されていて、最年少は5歳11か月、上は16歳9か月であった。『明治十二年五月改　戸籍人別取調帳』では、種痘実施者に○印され、天然痘の罹患者には○天と赤く印されている。この時、44名の天然痘罹患者が記されている。この44名の生年、男女別を一覧に整理すると（**表ウ**）、次の事が分かる。例外的な74歳（文化3年生まれ）を除く43名は、15歳（元治元年生まれ）から24歳（安政2年生まれ）の者である。つまり、43名は1855年（安政2）から1864年（元治元）の間に天然痘に罹患していることから、この間に天然痘の流行があったと分かる。次に、罹患者数の多い年は1855－57年、1859－1861年・1863年あたりに見られ、およそ5年間隔で流行している様子が推察される。

1864年（元治元）のクライシスの様子を見よう。この年の三上地区の死亡者指数は1.87、妙光寺・北桜・南桜地区の指数1.51、三上地域全体の死亡者指数1.69で子供死亡割合は75.7％と高率である。南桜の月別死亡を見ると、9月から7、8、10月に集中的である。三上地区の月別死亡は、4月が最高で3月、6月、5月と2月の順に高い。天然痘の疫史に照らして以上を見ると、子供死亡高率、5年間隔で流行、春と秋に高死亡などから、1864年（元治元）ピークは天然痘に因ると見なされる。地区の月別死亡の様相から、麻疹も流行したかも知れない。

表ウ．明治 12 年時天然痘罹患既往者の内訳—『戸籍人別取調帳』（南桜区有文書）より

生れた年	男	女	男女合計	明治 12 年時の年齢
文化 3（1806）	0	1	1	74 歳
安政 2（1855）	4	1	5	24
安政 3（1856）	2	(1)	(1)+2	23
安政 4（1857）	(2)+3	0	(2)+3	22
安政 5（1858）	1	2	3	21
安政 6（1859）	1	(1)+4	(1)+5	20
万延元（1860）	(1)+1	4	(1)+5	19
文久元（1861）	(2)+2	2	(2)+4	18
文久 2（1862）	1	1	2	17
文久 3（1863）	(1)+1	3	(1)+4	16
元治元（1864）	(1)	1	(1)+1	15
（　）内は他出者 合計	(7)+16 23 人	(2)+19 21 人	(9)+35 44 人	

※明治 12 年の南桜の人口　男 249 人、女 275 人　合計 524 人（南桜区有文書より）

3）明治から昭和期のコレラ、疱瘡、赤痢、チフス、ジフテリアなど

わが国の明治期において、コレラ、痘瘡に次いで根強い流行をみせたのは赤痢であった（厚生省医務局　1976：29）。コレラは明治 10 年から 12 年まで全国的大流行し、明治 15 年、19 年、23 年、28 年の大流行の後は下火になっていく。痘瘡は、明治期にも再々大流行があり、明治 41 年の流行後下火になっていく。赤痢は、明治 26、27 年に全国的猛威があり、昭和 13−15 年にも大流行がみられる（ibid）。滋賀県野洲郡においては腸チフス、ジフテリアが最も多く赤痢は概して少なかった（橋川　1927：929,30）と云われているが、三上地域ではチフス以外に赤痢が流行した話が聞かれる。

明治、大正、昭和期における三上地域でのクライシス年を見ると、大正期のスペインかぜと昭和期の大戦によるクライシス以外にも、再々クライシスの年が現れている（**表 3.**）。

クライシスをもたらす最も恐れられていた伝染病の一つに痘瘡がある。子供死亡割合が半数を占め、子供死亡者指数 1.5 以上のクライシス年は 3 年− 5 年、10 年間隔で見られることから（**資料 10.**）、これらは痘瘡の流行も考えられる。種痘接種が行われるようになり痘瘡が無くなっても、種痘接種時に「疱瘡見舞い」が親類からおくられる習慣が昭和 20 年代まであった。痘瘡にまつわる伝承や民俗は、三上地域において多々聞かれる。（疱瘡の資料は、**Ⅹ章．資料Ⅱの 1.** 参照）。

次に、伝承から確認できる伝染病の流行について見ると、明治 2 年に南桜では霍乱で 50 歳代の男性が死亡した（**Ⅷ章三節．**家族の死因と病歴、参照）、これは飲用水の川筋による消化器系伝染病でサナブリの会食を通して数名の死者を発生させた。昭和 2 年、3 年には、

南桜のタケナガ筋（山からの川筋で共同の水路）に赤痢が発生し４名が隔離病舎に入った[11]。昭和８年には北桜でチフスが発生し、２名が隔離病舎で死亡。昭和８年、９年には南桜でチフス、三上で赤痢が流行し隔離病舎に入ったという話を聞く。この他、年代不明だが「妙光寺では、大正期にもチフスで死んだ人がいる、伝染病で死に絶えた家があった」「南桜でチフスが流行し、４－５軒が騒ぎになり、隔離病舎に行った」「チフスが流行ると便所の周りに石灰をまいた」「チフス、感冒が流行ると梅干しを加えて、その家に行った」「ジフテリアに罹り、医者に罹って治った（妙光寺　明治35年生女性）」。また、三上地区の村では「雨が続くと溜池からの汚水があがれた」「井戸水が汚水であふれた」「チフス、赤痢が流行った」などが聞かれる。明治・大正・昭和10年代にチフスや赤痢・疫痢、ジフテリアの感染流行が度々あったことが聞かれる。

天井川地域であるため低地では溜池などからの汚水の氾濫による伝染病蔓延があり、一方、山根にある家々では川水の共同使用のため川筋に伝染病が発生するという、これらの地理的環境と伝染病流行の密接な事例が聞かれる。また、暴風雨や洪水、野洲川氾濫による災害（**表３．**の災害記事、参照）、それらに伴う河川・地下水汚染を度々招いた地域であった。これらの条件が伝染病流行によるクライシスをもたらしたと推察される。

D．まとめ

三上地域の母集団人口およびその社会背景の調査とともに過去帳分析を行い、あわせて文書調査や聞き取り調査により死亡構造および高死亡年における死因の解明を行った。以下、結果・考察のまとめと今後の課題を記す。

１．クライシス（死亡指数1.5以上）年の頻度は近年になるほど減少している。

２．およそ1700年代までの死亡ピークはそれ以降と比較して著しく、死亡数も多かった（死亡の夏期ピークから冬期ピークへの季節変動は**Ⅵ章**参照）。

３．クライシスの連続年は1709, 10年（宝永６，７）、1724, 25年（享保９，10年）、1775, 76（安永４，５年）、1788, 89年（天明８，寛政１）、1918－21年（大正７－10）、1944, 45（昭和19, 20）が見られる。４年連続の大正期のインフルエンザによる猛威は特異的であったと云える。また、1944, 45の戦死者の増加（指数1.8以上）は特異的である。

４．子供死亡割合が65%以上を占める年は、ほぼ10年から30年の周期でみられる。これらの死因は、疫史に照らしてみて、麻疹や疱瘡などの疫病蔓延・猛威が推定される。

５．死亡者指数1.64以上のクライシス年には子供死亡割合が半数から半数以上の高率を占めることが見られた。これには、「クライシス期には 10 歳以下の子供死亡が顕著になり、全体の死亡総数の半分以上を占めるようになる」（木下　2002 b :39）という結果もある。地域的差異など、詳細は今後の課題になる。

6．三上地域のクライシス年における死因について見ると、

・1701 年（元禄 14）は痘瘡・麻疹、1709 年（宝永６）は疱瘡、1724，25 年（享保９，10）は飢饉および痘瘡・麻疹、1765 年（明和２）と 1775，76 年（安永４，５）および 1862 年（文久２）は、共に麻疹、以上が推定される。

・1724，25 年（享保９，10）、1730 年（享保 15）、1778 年（天明期）および 1834－1842 年（天保期）の死亡ピークは飢饉と疫病による。クライシス年は、飢饉の享保期、天明期、天保期以外にも見られ、地区や地域に数多く存在する死亡ピークの一つに過ぎない。これは山形県天童市の宗門帳分析結果（木下　2002:115-130）と同様であり、徳川期の死亡クライシスを理解するうえでの検討課題になる。

・1870 年（明治３）は３－５年周期で流行を繰り返す痘瘡ではなかったかと推測する。

・1879 年（明治 12）はコロリ（コレラ）の蔓延が考えられる。

・1918－1921 年（大正４－10）はインフルエンザ（スペインかぜ）の世界的パンデミックによるもので、伊勢（参詣）、京都（藪入り）から三上の村に侵入（持ち込まれ）、村付き合い（フロカイトや親類・近隣）を経て爆発的に伝染が拡散した。

・1944，45 年（昭和 19，20）は戦死者による。戦時下における子供死亡（流・早・死産を含む孩・水・桜児など）および成人女子死亡の高率が見られる。

7．三上地区において著しい死亡ピークを示す年が見られる。

・1754 年（宝暦４）の妙光寺ではチフスの蔓延、1864 年（元治元）は南桜だけでなく三上地域全体の疱瘡流行が推定される。

・明治から昭和期における旱害・凶作、豪雨・洪水などの災害、およびコレラ、痘瘡、チフス、赤痢、ジフテリアの疫病流行と高死亡が見られる。

8．三上地域においては、「出産流産死亡」の高率（文書）および子供の高死亡の状態が 1930 年代以降も見られること（過去帳分析）から、国の平均より高い乳児死亡率の地域であったと考えられる。この背景は、穀倉地帯である三上農業の特徴的生活構造（大柴 1983,1985）と母子健康障害が密接であったと云える。

9．死亡率の推移を見たとき、わが国の平均では 1900 年代、ことに 1920 年以降に減少傾向をたどり 1940 年代以降に激減するのに比較して、三上地域では減少傾向の時期が顕著に見られず、また激減の時期が遅れて見られる。これは、三上地域の地理的特徴および農業の基本的特徴と関わる。

10．三上地域の地理的特徴として、気候温暖、夏期の高温多湿、肥沃な土壌により農業生産が高いこと、また天井川地帯、飲用水の川水共同使用（山根は一部湧水）などが挙げられる。そして 18 世紀以降（過去帳調査対象年）米作と裏作に菜種、麦の２毛作を行う水田中心の穀倉地であった。従って、飢饉の深刻さの程度は低かったが、一方、高温

多湿・天井川地帯・飲用水の川水共同使用という地理的特徴は、特に夏季における伝染病蔓延による多死亡が齎らされた（**Ⅲ章、Ⅵ章**参照)。加えて、米・麦２毛作農業による生活構造と母性健康障害により妊娠出産に伴う母子の多死亡が齎らされた（**Ⅰ章、Ⅱ章、Ⅳ章**参照)。また、農業の基本的特徴として、水田稲作への圧倒的依存、１戸当たりの経営規模が相対的に大きいこと、これを支える家族規模も大きいこと（上野 1978 : 62-74）が挙げられる。この家族規模は滋賀県の平均を大きく上回り、とくに世帯規模が大きい地域と見なされる（ibid)。大きい家族規模は多産の結果でもある。

以上から、伝統的穀倉地帯である三上地域は多産多死の地域であったと云える。わが国において多産多死型から少産少死型の人口動態への転換が 1920 年代頃に始まった（厚生省医務課　1976:10）と云われているが、三上地域においては 1930、40 年代に至っても子供（乳児）死亡割合 30%以上の多死の年が再々見られ、多産多死の状態が続いていたと推察される。それは、上記の地理的特徴および農業の基本的特徴が 1930、40 年代以降まで持続維持されていたことによる。

（資料付記）死亡構造の地域的差異を見ようとするときの参考資料とコメントを付記しておく。例えば、クライシス年を比較しようとすると（以下の表を参照)、まず、宗門帳と過去帳を同列に比較することが難しい。それに、資料の制約や性格上、調査年・期間、対象人数が揃うこともむずかしいから、正確な比較は難しい。とはいえ、研究結果は貴重で資料的意義は大きい。例えば、No.１について、クライシスが三上の方が高いのは、宗門帳より過去帳の死亡数が多く実際の値に近い（大柴 1980:126,7）ためと云えるだろう、実際のクライシス発生割合は同じくらいか。No.２は同じ値であったことから、クライシス発生割合はほぼ同じ程度と思える。No.３は調査対象年が異なり比較できない。No.４は初めての漁村の過去帳研究報告と云えるもので、漁村地域の海難事故による圧倒的高死亡率を知り得た。

表 5. 参考資料―過去帳、宗門帳によるクラシス年発生割合の比較について

No.	過去帳 / 宗門帳 （出典）	調査地 地理的特徴	調査対象年 人数	クライシス年発生割合 （三上地域クライシス年発生割合）
1	2002a,2002 b 木下太志 （宗門帳）	山形県天童市病家村 農村	1760～1870 年（110 年間） およそ 3,426 人 ※1761,1764,1765,1797 欠	13% （14.4%　1760～1870 年 110 年間　4,388 人、 三上地域　過去帳：大柴）
2	2005 阿倍英樹 杉山聖子 （過去帳）	出羽国田川郡大山村 農村（平野）	1824～1880 年（ 57 年間） 1,491 人	7.0% （7.0%　1824～1880 年 57 年間　2,886 人、 三上地域　過去帳：大柴）

3	2006 阿倍英樹 杉山聖子 （過去帳）	広島県東広島市森近地区 農村	1810～1999 年（190 年間） 1,652 人	16.3%
4	2007 溝口常俊 （過去帳）	瀬戸内海因島椋浦集落 漁村	1829～1863 年（ 35 年間） 707 人	24% （2.8%　1829～1864 年 35 年間　1,761 人、 三上地域　過去帳：大柴）
5	2013（本文） 大柴弘子 （過去帳）	滋賀県野洲市三上地域 農村（平野）	1696～1975 年（280 年間） 10,492 人	（1696～1715：15%） （1716～1795：12.5%） （1796～1875：　5%） （1876～1975：　7%）

注）

1）例えば、死亡構造・死因を中心にした過去帳研究では、青木（1962）、須田（1973）、中沢忠雄・中沢良英（1976）、菊池（1980）などの代表的研究がある。近年は過去帳の開示が困難になっている中で杉山（2004）、阿部・杉山（2005,2006）、溝口（2007）などの報告が見られる。

2）1980 年以降頃より、従来からの固定的寺檀関係の急速な変化が見られる。また、寺自体も変わり妙光寺の宗泉寺は昭和 60 年ころから無住・兼務となり、山出の宝泉寺は平成５年から無住が続き、その後新住職が着任した。東林寺にある玉林寺は平成６年から後継者他出、小中小路の西養寺は平成７年から無住・兼務、となっている（2013 年６月調査時）。

3）死亡者指数とは期間の１年間あたりの平均死亡者数を算出し、その平均値で各年次の死亡者数を割った値。1.5 以上（死亡者数が期間の平均より 50%以上増加の年）はクライシス年とした。これは、木下（木下　2002ａ：118，2002ｂ：27,28）を参考にした。

4）クライシス年の間隔は「最も短いもので２年、最も長いものは 13 年、平均は７年」（木下　2002a：120）という山形県天童市旧山家村（宗門帳 1760－1870 年間）の分析結果と比較すると、過去帳による三上地域でのクライシス年の間隔は短く連続年も見られる。地域比較は、今後の検討課題。

5）享保 15 年（子供死亡割合 28.6%）、宝暦４年（子供死亡割合 20%）は凶作・飢饉が云われ、天保６年（子供死亡割合 30%）から天保 13 年（子供死亡割合 25%）は天保期の連年の凶作・飢饉が続き、天保 13 年には「三上一揆」が起きた。明治７年（子供死亡割合 26.9%）は「明治元年－８年水害凶荒書上帳」（北桜　後藤茂右衛門家文書）、および南桜の「榊渡しのみ」の文書記録のように、凶作・災害が続いた年である。明治 17 年（子供死亡割合 36.6%）は前年より干害が著しく、大正４年（子供死亡割合 36.7%）の前年は、「豪雨・浸水田流失」の記録があり災害の年であった。これらのクライシス年では成人死亡の比率が高い。

6） 南桜野蔵神社の「祭礼なし」の年は1775年（安永４）から1787年（天明７）の13年間が記録され、「榊渡のみ」の年は1838年（天保９）および1800年（寛政12）、1819年（文政２）、1849年（嘉永２）、1868年（明治元）、1873－1875年（明治６－８）、1944，45年（昭和19，20）が記録されている（南桜、天野右衛門家所蔵文書による）。

7） 山形県天童市山家村の宗門帳分析から、「天明、天保飢饉は数多く存在する死亡率のピークの一つに過ぎない」ことが示され（木下　2002b：117,8）、三上地域でも同様な結果が見られる。また、米どころ近江の飢饉の様子は過去帳死亡動向から見て、すでに報告のある東北、飛騨、山梨などと比較して異なる。詳細は、今後の課題になる。

8）南桜の過去帳には孩子・水子の記載があるが、在任中の住職により記載の有無や方式が異なることがみられた（大柴　1999:60）、また、孩・水は厳密に記されないことが多い。しかし、この年代に南桜、妙光寺とも孩子・水子の記載が目立つのは（死亡月不明が多いが）、流早死産や新生児死亡が頻繁に見られたことの現れではなかったか。

9）ナガレカンジョウ（流灌頂）は、妊産婦が死亡したときに死者の成仏祈願・供養を行う儀礼。南桜では、妊産婦である母・子が一緒に死んだ場合に限って行い、川の中に卒塔婆を立てこれに長い縄を結びつけ、僧が読経している間に部落の女が晴着を来て川の中に這入り、両手でその縄を洗ってやる。その卒塔婆は後、僧侶が抜いて燃やしてしまう、縄は川に塩を撒いて流す。死者の着物も洗うが、その際にも川に塩を撒いて浄めてから洗う。あるいは、１人が長い白布を持って川お中に這入り、それを川下に向かって流し、衆人が流水中に這入り洗う、洗ってくれる人が多いほど良いという。（以上は昭和27年時、南桜の南井鉄男氏（47歳）とその母堂（65歳）談による記録に基づく。中西良雄「近江の流灌頂」『民間伝承』16巻２号参照）

１０）我が国の衛生統計は明治期の「医制」以降に開始され、衛生統計報告の『衛生局年報』は明治８年７月以降が出版されている。出産（生産＋死産）に関する調査結果は明治13年から存在する。北桜の文書は、我が国の「出産流産統計」調査の最初期のものである。当初は調査対象期間や調査県が揃わない、生産あるいは出生などの記載方法が揃わない、などが見られる。

１１） 隣近所３－５軒の家で構成されフロを共にする組組織で（他の村組や近隣組織と一致するとは限らない）、これをフロカイトと云いメンバーをカイトのシュウと云った。フロカイトは、毎日交互にフロを炊き他のメンバーに入ってもらう。フロカイトは、互いに助け合い秘密のもてない親密な関係であったと云う。風邪の流行のときは「行きずらかったが交際が絶たれることはなかった」という。この慣行は、戦前まで続いていたが1950年ころからは消滅している。

１２）三上地域の隔離病舎は、三上・妙光寺・北桜・南桜（旧村）が共同で建て使用した。隔離病舎は北桜から南桜の間にある大山川に沿って野洲川方向の赤島川原（地名）のところ・現在の近江団地の北寄りでビール会社があったあたりで、昭和15,6年まで建物があった、という。後に、隔離病舎の建物は三上の山出に移された。

文献

・『題欠（南桜の祭礼なしの年および榊渡しのみの年について）』
南桜　天野宇宇右衛門家所蔵文書
・『去明治元年—八年中水害凶荒書上帳』北桜　後藤茂右衛門家文書
・『明治六年返種痘淋再種ノ分　野洲郡第三区南桜村』南桜　天野宇右衛門家所蔵文書
・『明治十二年五月改　戸籍人別取調帳』南桜区有文書
・『明治十二年一月から十三年二月迄　窒扶斯流行節預防員数日給平常雇用人数諸調帳』
北桜　後藤茂右衛門家文書
・『題欠（野洲郡守山村他十ケ村　出産流産死亡総計表）明治十四年七月～十二月』
北桜　後藤茂右衛門家文書
・北桜村役場　1883　『虎列刺病鑑識表』後藤茂衛門家所蔵文書
・　1890　『題欠（虎列刺病発生について、三上村役場から常設委員へ通達）』
妙光寺　山田俊夫家文書
・井口乗海　1929　『痘瘡及種痘論』文光堂書店
・大久保正一　1949　「流行性感冒の疫学」『民族衛生』16 巻 4 号
・青木大輔　1962　「疫癘史」『宮城縣史　22 巻』331-499．宮城縣史刊行会
・村松英男編　1968　『滋賀百年』毎日新聞社
・富士川　游　1969　『日本疾病史』平凡社
・中西良雄　1972　「近江の流灌頂」『民間伝承』16 巻 2 号
・須田圭三　1973　『飛騨 O 寺院過去帳の研究』私家版
・厚生省医務局編　1976　『衛生統計からみた医制百年の歩み』ぎょうせい
・中沢忠雄・中沢良英　1976　「過去帳による江戸中期から現代に至る山梨峡東農民死因の疫学的観察」『民族衛生』42 巻 3 号
・上野和男　1978　「三上地域の農業構造と労働力構成—1970 年・1975 年農業センサス農業集落カードの分析を中心として—」『近江村落社会の研究』第 3 号　社会伝承研究会
・菊池万雄　1980　『日本の歴史災害—江戸後期の寺院過去帳による実証』古今書院
・大柴弘子　1980　「近江農村における農民の健康と生活—近世以降の南桜、北桜、妙光寺を中心に」『近江村落社会の研究』第 5 号　社会伝承研究会
・徳永真一郎編　1980　『郷土史事典　滋賀県』昌平社
・大柴弘子　1985　「19 世紀以降近江農村の母性健康障害—過去帳成人女子死因の考察—」『公衆衛生』49 巻 7 号
・川端　弘作成　1987　「野洲町災害年表」『野洲町史』第 2 巻　通史編 2　野洲町
・菊池勇夫　1994　『飢饉の社会史』校倉書房
・橋川　正編　1998 復刻(1927)　『野洲郡史　下』臨川書店

・今井金吾監修　1998 復刻　『定本　武江年表』全４巻　大空社
・大柴弘子　1999　「過去帳死亡者の母集団人口と社会背景―18 世紀以降近江三上地域地域における社会調査から―」『人口学研究』24 号
・鬼頭　宏　2000　『人口から読む日本の歴史』講談社
・木下太志　2002a　『近代化以前の日本の人口と家族』ミネルバ書房
・木下太志　2002b　「徳川時代におけるクライシス期の死亡構造」速水　融『近代移行期の人口と歴史』ミネルバ書房
・杉山聖子　2004　「近世後期から昭和戦前期の瀬戸内農村における死亡構造の時系列的分析―広島県賀茂郡中黒瀬村の寺院過去帳を事例として」『農業史研究』(38)
・阿倍英樹・杉山聖子　2005　「１寺院の過去帳からみた在郷町の死亡構造―出羽国田川郡大山村の事例―」『中京大学経済学論叢』16 号
・阿倍英樹・杉山聖子　2006　「寺院過去帳による死亡構造の長期的分析　広島県東広島市森近地区の１寺院過去帳を事例として－1810（文化７）年～1999（平成 11）年―『中京大学経済学論叢』17 号
・溝口常俊　2007　「近世因島の過去帳」『名古屋大学附属図書館研究年報』（６）

（調査ノート）

第Ⅷ章　現代医学以前の近江農村社会における病気と対処法
──医療・人類学の視点から──

（2013年6月）

（調査ノート）

第Ⅷ章　現代医学以前の近江農村社会における病気と対処法—医療・人類学の視点から—

課題

滋賀県野洲市三上地域（三上地区、南桜・北桜・妙光寺地区）の1696年から1975年の過去帳分析を行い、地域の死亡動向および農業労働と健康障害（主に農繁期出産と母性健康障害）、また、死亡構造（主に病気・死因）と地域農業・地理的環境について、明らかにしてきた（Ⅰ、Ⅱ、Ⅲ、Ⅳ、Ⅴ、Ⅵ、Ⅶ章）。以上の過去帳調査・分析作業と並行して、住民の暮らしと病気および対処法（治療・予防・看護・手当・養生・祈祷・祈願・呪いなど）について民俗調査を行った。目的は、過去帳分析結果を踏まえて医療（病気と対処法）および人類学（病気理解・観念）の視点から1960年代までの、つまり、現代生物医学が普及する以前の近江農村地域における病気と対処法および病気理解がどのようなものであったかを明らかにしようとするものである。ここでは、日本社会の病気観を明らかにする前段階の研究資料として提示する。

現代生物医学知識が普及する以前の日本社会における病の研究は主に医学史、そして民俗医療の分野からの研究がある[1)]。一方、その後、社会・文化的視点からの研究が1970年代以降になってはじまり、人類学研究が始動するのは1980年代以降となる[2)]。病気理解・観念に関する研究は人類学の分野になるが、日本人の病気理解・観念についての本格的研究はこれからのテーマと云える[3)]。

調査地における過去帳分析結果から、1945年（昭和20年）以降の死亡率は激減したことがみられた（Ⅲ、Ⅵ、Ⅶ章）。それは、なによりも現代生物医学の普及に因る要因が大きい。現代生物医学の普及に伴い地域の人々の病気観、対処法も一変した。ここで、調査対象となった人々（明治・大正・昭和初期までに生まれた人々）は、現代医学以前の病気観・対処法と、新しい生物医学知識の普及に伴う疾病観・治療法の狭間の時期に暮らした人々といえる。そのような人たちからの聞き取調査に基づく。調査期間は主に1976—1981年（昭和51—56年）である。

本論では、まず、調査地における病気理解（病気観・病気の分類・病因・対処法）の要約、および対処のための医療資源を記し、現代医学以前の近江農村地域における病気と対処法についての全貌を示す（**一節**）。その上で、一節で述べた事項の裏付けとなる従来の病気と対処法の事例を中心に記す。初めに「ふつう」の病気と対処法について（**二節**）、次に「病気」（「難しい病気」「死病」）と対処法について看護事例を中心に記し（**三節**）、次に、日常生活および年中行事の中に見る病気予防の実践、つまり、現代医学以前における暮らしの中に見る予防の対処法を記し（**四節**）、最後にまとめ・考察とする。

一節．現代医学以前の近江農村における病気理解、医療資源

1　病気概念

1）「病気」とは

当時はどのような病気が存在し（つまり、何をもって病気と云ったか、何をもって健康と異なる状態を云ったか）、また、それらはどのような認識を持って見られていたのか。ここで述べる病気は地域の、主に明治生まれの老人たちが病気（健康とは異なる状態―後述）として語ったものを記した。それによると、胃痙攣、腱鞘炎、脳卒中、肝硬変、尿毒症など近代医学による病気名と、しゃっき、せんき、カンムシ、ヒカン、中風など昔から地域で云われてきた病気名とが混ざり合って云われていた。また、地域における古い薬の効能書きには、骨違、悪血、この痛み、霍乱、溜飯、含酸、宿酔など記されているが、これらの病名は使用されなくなっているものもあり、どのような病気を指すのか不明確なものもある。調査時（昭和51～56年）主に明治生まれの老人たちが病気として語るときのそれは、大体は現代医学による医学知識に基づく病名をもって語る。しかし、現代医学でいう病名で語っても、昔は病気と認めていなかったものもある。従って、病気について論じるとき、まず、病気、健康、疾病あるいは疾患（疾病＝疾患　同意に用いる）、治療などの概念の整理をしておかなければならない。

健康とは病気でないこと、病気とは「心身に不調あるいは不都合がある状態のこと、健康に障害があること」と、一般的理解に基づき定義したとする。だが、この場合、本人は病気と思っても医者や社会は病気ではないとすることもあるし、医者や社会が病気としても本人は病気と思わないこともある。例えば、昔の近江では「気がふれた」「スコミ」と呼ばれた「ふつう」の状態であったものが、現代医学では明らかに疾病の範疇に入るだろうと思われるものがある。また、昔の近江において不妊は単に状態で病気として問題にされていなかったが、現在ではほとんど「不妊症」と云われ疾病とされる（大柴　2003:165-180も参照）。病気、健康は客観と主観が絡み、社会的、政治的、倫理的問題も絡む。

今日の医療人類学では、病気の全貌をとらえるのに病い（illness）／疾病（disease）／病気（sickness）の３つの概念が用いられる。アラン・ヤング（Young, A　1982）が病い（illness）は病者が経験するもの、疾病（disease）は生物学的実態、病気（sickness）は両者を含めたもの（アラン・ヤング　1982）として提唱し、また、カヤ・フィンクラー（Kaja Finkler 1994:5）は、病い（illness）は文化的側面において患者が機能しずらいと感じること、疾病（disease）は生物学的、生化学的な機能不全を意味する、と定義している。

以上の概念定義を参考にして[4]、調査事例の病気を見ていくと次のような事例区分が登場する。

①つは、例えば「本源的病因理解」（後述）とした厄、業、祟り・さわり、罰は一般的には病い（illness）であり、疾病（disease）ではない。

②つは、自律神経失調症やノイローゼといわれた事例があり、本人は苦痛であるが、これらは1970年代頃までは“疾病（disease）ではない”“単なる気のせい”とされ何らのアプローチ（ここでは治療）もおこなわれないことが多かった。だが、今日では心理的・精神的苦痛を体験していることへのアプローチ（治療）が行われるようになった。これは、社会の変化に伴い、病い（illness）が疾病（disease）に変化した一例と云える。

③つは、高血圧（後述の事例）や糖尿病の中の一部は、本人は苦痛・不調・不都合などの経験（自覚）が全くなく、つまり、病い（illness）ではないが、しかし医学的に異常所見があり治療が必要な状態、つまり、疾病（disease）である。

④つは、上記した「気がふれた」「スコミ」「不妊」をはじめ、二節で述べる「ふつう」の状態は健康とは異なる経験・自覚をしており、大方は病い（illness）と云える。しかし、病い（illness）とも説明できないものがある（例えば、「ふつう」と云われる状態で苦痛にならず対処行動も求めないものもある）。つまり、「ふつう」の中には、病い（illness）ではない（気になるかならない程度で、本人は苦痛・不調・不都合などの経験・自覚をしていない、従って対処法を求めることがないもの ※例えば、高血圧事例など）が含まれる。この病い（illness）とも云い難いものの中には、疾病（disease）でないものもあるが、明らかな疾病（disease）もある。

⑤つは、例えば、外傷が重症な場合は「ケガ病」と云い「病気」とされる、つまり、疾病（disease）であり病い（illness）でもある。だが、切り傷、擦る傷、捻挫などの軽度な損傷は一般的に病気と云わず「ふつう」になる、つまり、病い（illness）の範疇で、疾病（disease）でもあるが一般的に疾病とは云い難い。

以上のようにヤングが提唱した「病い」「疾病」の概念に照らして説明することは都合が良い。ところで、ヤングが提唱した概念 *（ヤング、A，1982）* をもとに作成した「病い＋疾病＝病気」の概念説明（池田・奥野　2011：37.「病気の３分類」の図）があるが、これだと、上記したような事例についての病気（sickness）の説明が難しい。従って、本文では、「病い」「疾病」の概念は次のように整理して、「病気」概念については以下のように定義して用いることにする。

病い（illness）とは、本人が苦痛・不調・不都合などの主観的経験（自覚）の状態をいう。それに対して大方は対処行動をとる。

疾病（disease）とは、本人が苦痛・不調・不都合などの主観的経験（自覚）がなくても、生物医学的所見が認められるもの。それに対して治療が必要とされる。

病気（sickness）とは、病い（illness）、疾病（disease）、病い（illness）と疾病（disease）の両方を含む、全体をいう。

※〈病い＋疾病＝病気〉だけでなく〈病い〉あるいは〈疾病〉も病気とする。

（※病い（illness）は主観的経験が意味づけされた説明概念で、疾病（disease）は生物医学的所見による実体概念ということになるが、実体の意味づけ・説明は、社会・文化的なこと（例えば②）であるから、本質的に疾病（disease）として超越的な客観・実体はあり得ない。従って、病い（illness）と疾病（disease）の２区分の上で、この両者ともすべて病気とした方が説明がし易い。）

以上の定義に沿ってみていくとき、二節以下で述べる「ふつう」は病気（sickness）と記すことになる。また、病い（illness）および疾病（disease）の対処および治療全て（治療・予防・看護・手当・養生・祈祷・祈願・呪いなど）を、ここでは対処法と記すことにする。つまり、

対処法とは、病気（sickness）に対する治療・予防・看護・手当・養生・祈祷・祈願・呪いなど、全ての対処行為を云う。

以上のように病い、疾病、病気、対処法の概念整理をしたうえで、まず、現代医学以前の病気理解（病気観・分類・病因・対処法）の概要、および対処法において機能する医療資源を見よう。

2）病気と対処の概要

病気理解：地域の明治生まれの人たちと話をしていると、「病気と違う、そんなのは誰でも“ふつう”や」「働いているなら“ふつう”や、病気ではない」「“ふつう”であれば放っておく（手当や治療をしない）」などと云う。多少の苦痛や不便があっても働ける状態で、だれもがなる（罹る）もので、生活に支障がない程度の状態なら「病気」と云わず「ふつう」と云っていた。「ふつう」は元気な健康状態とは違うものの、病気とは認識されていない。

これと、同様のことを長野県佐久地域の僻地農村でも体験した。筆者が昭和 40 年代に、保健師で働いていたとき、血圧値が 200／120 ㎜ Hg（最高血圧／最低血圧）あり緊急に受診が必要とされる高血圧症（疾病）の人が、「病気ではない、元気で働いていて、痛くも苦しくもないのに、なぜ診てもらう必要があるのか」と云い、受診の理解を得るのに苦慮したことがあった。検診での血圧測定は、昭和 40 年代以降になって行われるようになり、自覚症状のない高血圧症の発見が可能になったが、それまでは自覚症状のない高血圧症は、病気と認識されていなかった。現代医学における病気は検診と診察の結果の異常値に因り診断されるが、検診が行われない（未発達）時代における病気は主に労働の可否と生活行動の可否に因り判断され、自覚症状は二の次であった。

調査地においては、“働けること、だれもがなる（罹る）日常的なこと、多少の苦痛や不便があっても生活に支障がない状態”であれば「ふつう」と認識されていた。一方、“働けない、日常的ではない、そして、苦痛・不便の状態が生じる”と「病気」と認識した。そして、病気の状態・程度により「難しい病気」「死病」が、区別された。

病気区分、対処法：「ふつう」「病気」と呼ばれている状態や病名などから、病気の理解や分類区分ができる。例えば、「ふつう」「難しい病気」「死病」などは重症度による区分であり、「子供の病気」「大人の病気」「年寄病（としよりやまい）」の言い方は、子供、大人、年寄り（老人）の病気区分である。また、怪我病、持病、流行病、などの病気区分をしている。また、病名が病因を示しているものがあり、病名から病因理解の区分がわかる。また、「厄」「厄病」「罰」「祟り・さわり」などは本源的病因理解（自分がなぜ病気にならなければならなかったのかの自問に対する答えと理解し、この語を使うことにする）[5]として区分ができる。

対処方法は、「死病」「難しい病気」「ふつう」の重症度によって異なる。病因を明らかに云う病気（病名が示す病因）の対処法では、病因を除くための対処を行う。また、「厄」「業」「罰」「祟り・さわり」への対処法は、個人の内面世界の対話に関わるもので、苦痛の問題解決のためには、主に祈祷者（後述）のところへ行く。**医療資源（ここでは病気対処法のために機能する施設や専門家あるいは関係者などを云う）**の活用だけではなく、病気予防のための実践行動が見られる。

医療資源：医療資源として病院などの施設、医者および祈祷者・僧侶・法印・おがみや、薬屋、置き薬や民間薬、家伝薬などがある。

以下で詳しく見ていこう。

2．病気理解、病気分類、対処法のカテゴリー

病気をどのように理解しているかは、病気の分類区分からも知ることができる。以下で、これらの病気区分と対処法を見ていこう。

1）病気の重症度区分、年齢段階区分および対処法

（1）病気の重症度区分および対処法

病気の重症度により「ふつう」「難しい病気」「死病」の区分をしている。大人の「ふつう」には、例えば、トリ目、ソラ手、メチャチャ、泳ぎ腰などがある。一般的に農業労働および日常生活動作[6]に支障がなければ、「病気」とは云わない。“それくらいは「ふつう」だ”、“それは「ふつう」だ”と云う。たとえ医学的には重症な疾病であっても、本人が病気の認識をもたなければ「ふつう」である。「ふつう」の状態のほとんどが、現代医学的には疾病（軽症・重症、急性・慢性を含む）と言えるが、「ふつう」は「病気」

ではなく労働しふつうに暮らした。ただし、一般的に大方の「ふつう」は“不調・不都合が全くない”というわけではない（従って、前述の如く「ふつう」もここでは病気と記す）。

「ふつう」は労働や日常生活動作の差障り、あるいは苦痛が生じることがない限り放置しているのが一般的であるが、何らかの対処行動をとることが多い。大体は呪いをし、膏薬を貼るとかサフランを練ったものを貼るとか、何等かの対処をする（これを、以下、「自己手当」と云うことにする）。これらの対処法は、昔から伝承されてきた方法や民間薬・家伝薬（後述）などがしばしば用いられた。呪いについては、自分一人で呪う方法、村人同志で互いに呪う方法がある。どこの村（旧村）にも、大概１－２人の呪いに詳しい者がいて、その人を訪れ呪ってもらう。「ふつう」の状態では、呪いと「自己手当」が主な対処方法であった。祈祷者を訪れることはほとんどない。養生の日頃の“心がけ”はあっても、特別に養生することも殆ど見られない。「ふつう」状態の重症度が増すと「病気」となる。

「病気」の中で**「難しい病気」**の範疇は苦痛が酷く、ほとんど労働が不可能になり日常生活動作への援助が必要な状態を云った。「難しい病気」は、快方に向かいそうにないが、死には結びつきそうでもないものを云った。「難しい病気」への対処では、たいがい祈祷者を訪れ祈祷してもらっている、また、自ら信心する。祈祷者は行者、神主などで、行者は薬の指示をすることもある。主に、置き薬（家庭配置薬）や売薬を利用し、また、家族の理解のもとに食養生が行われた。医者に診せることは、稀なことだったという。医者の治療は信頼され、治癒率の高いことが認められていたが、昭和40年代ころまでは経済的負担が大きいことから「一か八か（いちかばち）にならないと医者には診せない」というのが一般的であった[7)]。

「死病」と云うときは、多くは激しい身体的苦痛と衰弱が著しく日常生活の全面的援助が必要になり、死に至ると思われる状態を云った。この中には、老衰により寝たり起きたりの状態（加齢による衰弱状態）で、日常生活の全面的介助が必要な「年寄病（としよりやまい）」が含まれる。「年寄病」は、苦痛の状態とは関係なく「死病」であるとも云った。「死病」への対処は、医者の受診・往診が行われる。医者に診せることは、治すためというより、死に行く人への最期の孝行・思いやり・義務と云った意味の儀礼的行為になっていたと云える。医者の受診・往診とは別に、神仏への祈祷と信心は必ず行われていた。そして、「死病」とされる病人は自宅で家族の者によって看病された（看病事例は三節）。家庭看護は病気対処法の主要な位置を占めていた。

（２）年齢段階区分および対処法

「子供の病気」と「大人の病気」「年寄病」が云われている（二節）。「年寄病」は、高齢になり体力がなくなり労働が不可能な状態を云い、人生の終末期を云っている。年齢段階区分として、「子供」「大人」、そして「老人」の区分をしていることが見られる。

明治期以降1960年代まで、この地域で日常的に存在した主要な病気を挙げると、子供では、ハシカ、デンポ、クサ、ハヤクサ、タイドク、ヘーナイボあるいはナイボ、ホーハレカゼあるいはホーハレ、カンムシ、クサ・ハヤクサ（タイドクが原因）、ヨナキ（夜泣き－カンムシが原因）ヒキツケなどがある。また、大人では腰痛、肩こり、腰曲がり（特に30歳代半ばからの女性）、ソラ手、トリ目、メチャチャ、ヒカン、盲、目イボ、ハヤリ目、回虫およびサカムシ、シャッキ、センキ、胃痙攣、胃痛、胃弱、ケッシル、ハラクダシ、脚気、肺病、中風、捻挫、骨折、トケ、気狂い、スコミ、などの病名が挙げられる。

2）病名から見た病気区分、および対処法

個々の病名を見たとき、病気理解における病気区分がわかる。病名から見た病気区分および対処法をみていく。

（1）**症状・状態に因る病名と病気区分**：症状・状態をもって病名としているものに次のような病気がある。デンポ、クサ、ハヤクサ、タイドク、ヘーナイボ、ホーハレカゼ、カンムシ、ヨナキ（夜泣き）、ヒキツケなどの「子供の病気」、また、大人の腰痛、肩こり、腰曲がり（特に30歳代半ばからの女性）、ソラ手、トリ目、メチャチャ、盲、目イボ、胃痙攣、胃痛、ハラクダシ、トケ、気狂い、スコミ、腹痛、食傷、溜飲、吐瀉、しぶりはら、むなさわぎ、含酸、宿酔、舟車の酔、眩暈、霍乱、昏倒、逆上、月経不順、手足腰冷込、など。症状・状態で病気を云うものは多い。

（2）**身体部位に因る病名と病気区分**：病んでいる身体部位を指して病名としているものに、例えば、頭病（あたまやみ）、心臓病、胃病、腹病（はらやみ）、などがある。

（3）**病因理解に因る病名区分と主な対処法**：病因をもって病名としているものに次のような病気がある。その対処法は病因を除くための方法である。

①**「胎毒」に因る病気**には、クサ、ハヤクサ、タイドクがある（クサ、ハヤクサはタイドクともいう）。胎毒とは、妊娠中の胎内で受けた毒素が乳幼児の体外に吹きだしてきたものと考えられている。対処法は、従って、乳幼児の体内にある胎毒を下す（排出する）「胎毒下し」（民間薬）を用いる。

②**「カンの虫」に因る病気**には、 カンムシ、夜泣きがある。激しく泣いてヒキツケたり、夜泣きをする児は「カンの虫」[8)]が原因で「カンの虫がおきた」と云った。度々、夜泣きやヒキツケを起こす児は「カンの強い子」と云われた。対処法は、従って、カンの虫を「封じる」療法（墨灸療法など）がおこなわれた[9)]。

③**「寄生虫」に因る病気**には、ムシ、サカムシ（ムシが腹から口に上がってくる状態をいう）がある。寄生虫には回虫の他に十二指腸虫、蟯虫もあったが主に回虫を云った。対処法は、「虫下し」としてカイニン草、サントニンなどの駆虫薬が用いられた。

④**「ハヤリ病」に因る病気**には、チフス、赤痢、疫痢、コレラ、ハヤリメ、カゼ・感冒などの伝染病について云った。ハヤリ病（流行病・伝染病）の対処法は、病人との接触を避けることを第一にしたことが見られる。流行病の原因は病人に接触したり近づ

くと「うつる」と認識されていたからである。流行病だと知ると、「患家への出入りを控えた」「食料や薬を竿の先に結んで塀越しに投げ入れてやった」、患家に行くときは「梅干しを口に入れて行った」などの対策をとったことが聞かれ、梅干しが伝染防止に役立つと考えられていたことが分る。また、妙光寺の伝承では「昔、チビス（チフス）が流行して大勢の人が死んだ、そのときチビスは便でうつると云い病人は薬師堂に籠り、堂の前に火を焚き病人の便を釜で煮た」という。これは、いつの時代のできごとか不明だが、妙光寺ではたびたび流行病で多くの死者が出た。例えば、チフスが推定される1754（宝暦４）年の死亡者は20名で、30戸ほどの村で死者が出た家は13戸、１戸で成人６人の死者が出た家があった（**Ⅶ章**参照）。ここで「病人の便を釜で煮た」という伝承は、直観的・経験的な対処法としておこなわれた事実かもしれない。

⑤**「持病」に因る病気**には、シャッキ、センキ、喘息、などがある。持病は、シャッキ持ち、センキ持ち、喘息持ちなど、病名の後に「持ち」を付けて呼ばれる。「持病」は、度々繰り返し長引くような慢性的な病気を云った。対処法は、急所の指圧など慣れた人により上手く治すことがあった。スジが張り凝ってくると「散らす」（対処）とも云った。

⑥**「ケガ病」**とは、怪我（外傷）による傷・打撲・捻挫・骨折などの障害全てを指して云った。ケガの軽症の場合は「ケガ病」とは云わず「ふつう」であり「ふつう」の対処であるが、重症だと「ケガ病」と云われケガの専門家や医者などへいく。

⑦**「あたり」に因る病気**には、暑気あたり、食傷、食中毒、水傷、などがある。暑気あたりは、暑気に「あたった」ことに因る。対処法は、暑気の逆に冷やす。食傷（食あたりとも云う）、水傷（水あたりとも云う）は食物や水に「あたった」ことに因る。「あたる」は、有害に作用あるいは中毒症状をおこしたときに云う、食中毒を「食あたり」とも云う。「あたり」の主な対処法は、中毒を消す薬の「毒消し」（民間薬）を飲むことだった。

⑧**「血の道」に因る病気**は、流早死産や女性生理・妊娠・出産などの血に関わる病気を云い、出血や貧血・めまいなどの症状を伴う。つわりや妊娠に因る浮腫も含まれることがある。対処法は、一般的には「まわた薬」を煎じてのんだ（注13）参照）。

⑨**「系統（血スジ）」に因る病気**にはトケがある。系統は血スジとも云われ婚姻による遺伝的なものと観念されている[10)]。対処法は、従って結婚を敬遠し婚姻を避けた。

⑩**その他、腰や肩などの凝りには、**揉む、温めるなどして「散らす」対処法がとられた。

3）本源的病気理解に因る「厄」「業」「祟り・さわり」「罰」、および対処法

「厄」「業」、「祟り、さわり」「罰」とそれらによる病気が聞かれる。これらの病気は、不幸や災難の原因としても語られるもので不幸や災難を体験中に、なぜ自分が災難を負わなければならないのか、不幸な目にあうのがなぜ自分なのか、と自問したときの回答とし

て語られるものである[11]。例えばトケ、スコミ、キチガイ、気狂いなどの場合、労働や日常生活に差し支えなければ「ふつう」だが、労働が出来なくなり、長期化すると経済的・社会的に困難や苦痛が生じ、しかも原因不明で対処法が分からないとなると「病気」・「難しい病気」となり、病気の原因には本人や家族の「業」「祟り・さわり」「罰」が語られる。また、本人は自覚がなくても、周囲の者が「何々の祟りではないか」「何々の罰が当たった」など噂をすることもある。

（1）「厄」とは、厄年に罹る病気や事故などの災難・不幸のことで、病気や災難・不幸に遭うことが多い年を厄年と云っている。男の厄年は25・42・60歳、女の厄年は19・33 歳と云われる。厄年に「難しい病気」「死病」に罹ると、「厄年だから」と云い厄に因る病気（「厄病」とも云う）と考える。「厄年」には、病気はじめ不幸・災難に合わないようにと、「厄除け」祈願をする。また、「ハシカとオコリは大厄」と云われ、ハシカとオコリは厄とも考えられていた。ハシカはほとんどの子供が罹る、現代医学で云う麻疹である。オコリはマラリアを云い、マラリアは地域における風土病（佐々　1959:119-128）[12]でもあり、殆どの人が罹った。厄というのは、一生の内に、通過しなければならない災難の一つ、とも考えられていたと云える。「厄」の対処法は、厄の軽減や厄を事前に「除ける」予防として一般に「厄除け観音」のお参りや祈祷が行われた。また、厄年に善行（例えば、公の普請など）をすると良いとも云われている。「夫は厄年に区長をして宮の前の堤防を作り、“厄年に良い仕事をした”と云われ、厄も無事に済んだ」（妙光寺　川端 T さん　明治33年生まれ）など。

（2）「業」は、先祖の悪行とされる秘密事に関わるため、具体的な事例が聞かれ難い。かってのトケ（らい病）やスコミ（うつ病？）の人について「あれは業病や」などと語られていたが（調査時点では数代前の人の話）詳細は不明。現在でも、業・「業病」など聞くことがあるが、具体的に表だって語られることがない。対処法は、祈祷者に相談し祈祷者の指示を求める。

（3）「祟り・さわり」は、本人や当家の者が「祟り・さわり」ではないかと考える場合と、本人や当家の者と無関係に周囲の者がそのように噂をすることもある。大概は、まず本人あるいは家族が祈祷者を訪れお伺いをたて、その結果、祈祷者から「祟り・さわり」が告げられ、対処法も祈祷者から指示される。「祟り・さわり」の原因は、家の新築や増改築の際の方位と関わることが多く、病人がでると「普請の祟り」と云うことが多い。そのため事前に「祟り・さわり」がないように祈祷やお祓いをしてもらう。「祟り・さわり」が語られるのは、方位に関する以外には、神様の尊厳を冒したとき、また「先祖供養をしていない」「先祖の悪行が子孫に祟っている」といった先祖や供養に関する類のものがある。この場合は、戒めと反省から謝罪や先祖供養を行う。

「祟り・さわり」の場合「祟り・さわり病」という言葉は聞かれない。

事例Ⅰ：「家の普請をすると祟ることが多かったので、祟られないように京都のジウナ宮へ参り祈願し、砂をもらってきて新築する土地に播いた」（妙光寺　川端Hさん　明治33年生まれ談)。

事例Ⅱ:「屋敷跡を買って建てた家は良くないことがある、モトヤシキ(元屋敷)の家は絶えていて回向する人がいないので後に建て住まっている人を頼ってくる、T氏は回向しているようだが頼る人がいないと憑かはるというからそれが祟っているのではないかと噂している(妙光寺　川端Sさん　明治30年生まれ談)。

事例Ⅲ:「名神高速道路を造るときのこと、山林がA家とM家で隣接していて当時のA家のおじいさんががめつくてM家の山の木を売っていしまった。M氏は悔しさを我慢して"長い目で見ましょう、目に見えない人が心配してくれるから"と云って堪えた。その後、A家では3代後に嫁が無く当主が風呂場で倒れた(祟りだと話した)」(南桜　南井Hさん　大正3年生まれ談)。

事例Ⅳ:「宮の前の森にシンメイさんが祀ってある。昔、水争いのとき"シンメイサンの森には一切手をかけません"と願をかけた、ところが戦争で供出のため森の木を切った。その直後に氏子総代が病死した、謝ったひとは助かった、シンメイサンの祟りだと話した」(南桜　南井Sさん　大正2年生まれ談)。

事例Ⅴ:「名神高速道路が出来る前の事、八幡山の上に八幡サンの館があって神を祀っていた。神社合併のとき、神サマをみんな野蔵さん(氏神)に移した。八幡サンも野蔵神社へ移して、後の山を崩して運動場にした。その後、この近くの人たちは病気になり入院する者が多かった、これは"八幡サンの祟りだ"と云った」(南桜　南井Kさん　明治35年生まれ談)。

(4)**「罰」**が原因で病気・障害となる事例も多い。例えば、

事例Ⅰ:「お宮の側の畑で芝を起こしていたら目が痛くなり、帰宅後はますます酷くなり足も動かなくなった。その芝は神社の所有地で鍬を入れてはいけないところだった」(大中小路　山崎Tさん　明治33年6月生まれ談)。

事例Ⅱ:「畑を耕していたらお地蔵さんが出てきた。それを足にして粗末にしたため、帰宅してから足が動かなくなり体の具合も悪くなった。丁寧に誤ってお地蔵さんを祀ったら元気になった」(小中小路　大田Tさん　明治30年生まれ談)。

地域では、このような神社仏閣や地蔵さんに関わる「罰」で、病気・障害が齎されたという事例を聞くことが多い。「罰」への対処方法は、神仏に詫びて心を改めることである。その際に祈祷者を訪れ祈祷してもらうことが一般的である。この対処法で病気・障害は消失する。

以上、「厄」「業」「罰」「祟り・さわり」の診断と対処法は、主に祈祷者(法印さん)によって行われる。方法は祈祷が中心となり、心の持ち方や態度のあり方が指示される。対処方法は秘密的で、当事者と祈祷者との関わりの中で語られ、その中で治っていくのが一般的である。また、当事者は「厄」「業」「罰」「祟り・さわり」の自覚がなくても周囲の噂で語られることがある。

3　医療資源（施設、医者・祈祷者・薬屋）、病気予防の対処法

まず、地域において病気の治療・予防のために機能する医療資源を見て、次に、各個人が病気予防として日常生活の中で“心がけ”実践していること、また、地域の年中行事において慣習化・儀礼化されている対処法に触れておく（年中行事の詳細は**四節**）。

1）医療資源（施設、医者・祈祷者・薬屋）

（1）医者および祈祷者（呪いも含む）

医者：地域の中には次のような医者がいた。妙光寺村は30戸前後をほぼ固定的に維持してきた集落で、宗門改人別帳の1780年、1785年、1817年に村医者が一人ずつ記されている。この医者は妙光寺村三上氏の先祖で漢方医であったと云われている。南桜村は100戸前後をほぼ固定的に維持してきた集落で、かって医者が数年間だけ住んでいたことがあったというが、詳細は不明。野洲の中山道沿いには三軒の医者があった。以上の医者は、調査対象地域からおよそ4㎞以内の範囲にある。また、隣村の石部、守山、草津（地図参照）には、代々の知れた医者が居り「難しい病気」「死病」になると、それらの医者へ行ったという。

法印・行者・呪者による加持祈祷：祈祷所、寺、神社などで加持祈祷や呪いを行った。加持祈祷や呪いは、普通の民家でも行う所があった。加持祈祷や呪いを行う人は、祈祷者、僧侶、神主や法印、行者、オダイシさん、オガミヤなどと呼ばれる人たちであった。地域一帯で有名な所を挙げると次のようである。

①　南桜の聖応寺（天台宗延暦寺の末寺）は薬師さんとも云い、代々住職は法印さんと呼ばれ加持祈祷や薬草の処方もおこなってきた、先代は呪いもした。

②　南桜の隣村の菩提寺にある天台宗菩提寺協会は加持祈祷で地域一帯に広く知られていて、先代の京都からきたおばあさんは神憑りし神通力で何事も相談に応じた。

③　草津市山田にあるお稲荷さん（天台宗系統）には、有名なオダイシさんがいて病気祈願や祟り・さわりを見てくれた。

④　妙光寺村の不動さんには行者が居て、縁日には護摩を焚き加持祈祷をすることで知られていた。

その他、これら以外にどの村の内にも呪いや簡単な祈祷をおこない、その種の相談にあたる人がいた。

僧侶による加持祈祷、祈願寺：園超寺（旧村）の墨灸や穴村の灸は、子供の「疳虫」および夜泣きやヒキツケに効果があることで知られ訪れる人が多かったという。信心を集めているのは、山手（旧村）および辻（旧野洲町辻町）の子安地蔵がある（**X章　資料Ⅱ**の産育の項参照）。この地蔵さんは「何でも願い事を聞いてくれるが、とくに子宝を授けることやお産の無事安全や安産、母乳の乏しい人には乳を施し、弱い子供は丈夫に育つように、願い事を聞いてくれる」という。現在もこの信仰は生きていて、辻のお地

蔵さんでは尼僧による加持祈祷も行われ訪れる人が後をたたない(昭和57年２月現在)。

以上、医者も祈祷者も並行して訪れる場合がほとんどであが、しかし、厄、業、祟り・さわり、罰については祈祷者専門になる。現在でも、この種の病気で祈祷者を訪れる人は少なくない。

（２）薬屋、家伝薬、置き薬

薬屋：ここで、薬屋とは、主に薬を調合販売する人・薬剤師・薬店について云う。薬屋は野洲の久徳屋が古くから、地域の人々に利用されてきた。久徳屋は野洲町を通る中山道沿いに昭和 56 年現在も開業している。創業は明治期以前で、現在の戸主で五代目という。初代は田賀の久徳屋（家伝薬の食あたり、発熱の特効薬「久徳下し」を作っていた）から嫁取りをしたことから始まり、嫁の親元の久徳屋を名乗り薬屋を始めたという。野洲の久徳屋が主に製造販売した薬は「久徳下し」と淋病の「きりん丸」と「久徳胃腸薬」であったというが、昭和 56 年現在の戸主はそれらの製造・販売の様子が分からないという。地域の人々が、久徳屋から入手した主な薬には犀角（解熱剤)、湿布薬―ハッカ油やからし粉、ツケ薬（クサに用いる軟膏)、まわた薬（婦人の「血の道」に効く)、神教丸、萬病感応丸などがあった。昭和 56 年現在、久徳屋には真綿薬[13]、神教丸[14]、萬病感応丸[15]が売られている（**X章．資料Ⅱの５写真** 参照)。

家伝薬：地域の主な家伝薬を挙げると次の様である。

三上・大中小路（旧村）桜木家秘伝の「チワタシ」：チワタシは、母乳の出ない人や産後乳が腫って辛い人、乳腺炎などで苦しんでいる人、これらの人が煎じて飲むと効果があった。野洲地域以外に滋賀県外からもチワタシを求めにくる人が多かったという。桜木家は後に村を去り、現在は藤村氏がその屋敷に住んでいる。昭和 30 年ころまでは大中小路の山崎四郎左衛門氏（故人）がチワタシを売っていたが、後に製薬会社に薬の権利を売ってしまったと云われている。現在チワタシを知る人は稀だが、明治生まれの人たちはだれもがチワタシを使い貴重な薬だった体験談を話す。

小中小路（旧村）西沢家秘伝の「フーキグスリ」「カエグスリ」：西沢家は一般的に屋号の「嘉右衛門」で呼ばれていた。「フーキグスリ」はコウネツの薬とも云われ、口内炎や咽喉の腫れ・痛みに効果があった。淡い黄緑がかった粉薬で、一匙くらいを口に含んで飲む(昭和 55 年の調査時、筆者もフーキグスリを頂戴した)。カエグスリは「カエモン（嘉右衛門）のカエグスリ（痒いときの薬）カエツケタラ（痒いところに付けたら）カエ（痒い）治った」と云われ、手足の指股間のかぶれや湿疹に効いた。当主によると「昔は需要が多かったが、近年は忘れられて自分の代で終わりになる」とのことであった。

野洲町行畑（旧村）中畑家秘伝の「ヤケドに付ける水」「目薬」「ヒョウソの薬」「ツママワリの薬」：中畑家は昔庄屋であった。**「ヤケドに付ける水」**は、祈祷した水をヤケドにつけると治る。現在（昭和５８年３月調査）でも年に２、３人は訪ねてきて１升ビンに入れてもっていくと云う。「嫁の実家の祖父が手に大やけどをしたとき、中畑の家に水をもらいに行き何度も届けた、やけどの手に水の湿布を続けた」(妙光寺　川端Ｔ

さん　明治32年生まれ談)。**「目薬」**は、ホシ目（稲や稗などで目を突いたとき“ホシが入る”と云って非常に痛かった）に点眼すると痛みがとれた。薬の原料は水を使わず7―8種類の草（秘伝）の汁を混ぜたもの、と云う。**「ヒョウソの薬」**は、ヒョウソ（指先の詰めの周りが腫れて痛い、重症になると指を切り落とした）に、**「ツママワリの薬」**は、「ツママワリ」(ヒョウソとは少し違い、爪の周囲が化膿してくるもので非常に痛い)に付けると不思議と痛みが消えた。「ヒョウソ」「ツママワリ」は鉄の毒に侵されてなる病気だと云われていた（昔は鉄鍋を使った)。薬の原料は、蛍、ツバメの巣など、現在では入手できないものばかりで作ることができない。これら、秘伝薬の作り方や祈祷の方法・内容は代々跡取り（男）に秘伝され兄弟でも跡取り以外は知らない、昔、弘法大師が家に教えくれたものだと聞いている、と云う。

以上、地域で有名な主な家伝薬から、当時の日常的な主な病気を知ることができる。それらは、母乳不足と乳房の病気、口内炎・咽喉の炎症、やけど、眼病、手指先の間の湿疹・炎症などで、農業労働および暮らしと密接な障害である。これらの病気のほとんどは、農業労働に差障りが無い範囲で「ふつう」と云われていたが、苦痛を齎す厄介な障害であった。

置き薬・家庭配置薬：次に置き薬と呼ばれた家庭配置薬がある。置き薬屋は大和、滋賀県甲賀（滋賀県南東部）から、また、富山県からも3－4軒が入っていたという。現在では1－2軒に減少していて、甲賀からの薬屋が家庭配置には年一度回ってきているだけである。この地域での置き薬の起源は明らかでない。我が国の家庭薬の起源で最も古いものに「大和の売薬」があるが、甲賀は滋賀県における売薬では最も古い歴史を持つと考えて間違いないだろう（杣庄　1975：41）と言われている。これは大和の売薬が高野聖（役行者）のダラニスケに始まるとされ（ibid　34,35)，また、甲賀の売薬は天台密教系の多賀大社の僧が山伏姿で全国を巡回し多賀信仰を説き加持祈祷を行った際に、土産として諸国に「神教はら薬」を与えたことに始まるとされる説がある(ibid　41,43)。このように大和、甲賀の売薬は共に7―8世紀に起源が言われるもので、滋賀県の三上地域がこれら薬の恩恵に浴してきた歴史も同時期であったと推察される。例えば、地域では「一生に一度は大峰山の行者参りと善光寺参りはしなければならない」と言われていて、大峰山の代参者のおみやげには必ずダラニスケが配られる。ダラニスケは、胃腸薬や乗り物酔以外に、出産直後の新生児に（胎毒を出し、疳の虫の予防として)、また、外用として痔や眼病にも用いられ、どの家にも必需品として常備されている。

以上、医者は主に「死病」「難しい病気」のときに利用されていて、病気予防や健康増進のために医者を利用することは見られない。当時、「病気予防や健康増進」の観念はほとんどなく、従って、「病気予防や健康増進」のために医者が啓蒙教育や指導することもなかった。薬屋は、「死病」や「難しい病気」以外に日常的な「ふつう」の病気にも利用されていたが、病気の予防に薬屋が活用されることはない。祈祷者（祈祷者、僧侶、神主や法印、行者、オダイシさん、オガミヤなど）は、「死病」や「難しい病気」のときは本格的に利用されるが、「ふつう」の病気では呪い程度の利用である。なお、厄除けや厄の軽減のための「厄除け祈願」に祈祷所を訪れるのは、厄病に対する予防行動ともいえる。

病気予防のための対処法は、日常生活での養生・“心得”があり、また、年中行事として習慣化・慣例化されているものの中に見られる。

2）日常生活における病気予防の対処法

日常生活のなかに病気予防のための対処法が見られる。病気にならないための 個人的な“心がけ”とも云えるもので、「食の養生」や薬草の使用、また、信心・祈祷・呪いなどが行われている。また、地域社会全体で慣例化されているものに、母性保護と関係する「干し菜の湯」と「妊婦が九カ月の九日目に甘酒を飲む習慣」および「神事餅」（ゴクモチ）がある。

（1）病気予防のための日常の“心がけ”

食養生として、例えば、トリ目には鶏や鰻のキモ（肝や胆）や玉子を食べることが良いと言われ、トリ目の予防に心がけていた。「トリ目になったとき、これらを食べると直ぐ見える」と効果が経験的に実感されているものである。また、一般的に「養生が必要だ」と言われていて、養生というときは休息の意味と食への“心がけ”を云い、一般的には鶏の肉・鰻・鯉・玉子などを食べることを意味した。つまり、日常では口にしない食物で栄養学的にはタンパク質の補給が心がけられていた。**薬草の使用**では、「ヨモギ湯」が、年中行事の中に組み込まれて実践されていた（年中行事参照）。土曜の草刈りでヨモギを刈り（クコの採取もあった）乾燥させておいて、寒さがくる秋終いの頃から「ヨモギ湯」に入る。また、乾燥しておいたヨモギは煎じて飲むことも実践されていた。これらは、体を温め神経痛や関節痛・腰痛の予防効果があるといわれ実践されていた。また、**祈祷や信心・呪い**によっても病気への予防をおこなった。例えば、厄年や厄年の前後の歳（前厄、後厄とも云う）には、厄年が無事であるように、厄が軽く済むようになどを願って厄除け観音のお参りや信心を行い、呪いを行う。

以上は、習慣的“心がけ”とも云えるだろうが、それは病気回避願望による病気予防のための行為と云える。

（2）慣例化されている病気予防の実践

「干し菜の湯」：地域では寒い冬期間になると、干した大根葉（赤葉とも言った）・よもぎ・みかんの皮・生姜の葉（乾燥させておく）・無花果の落葉を乾燥しておいたものを布袋に入れて煮出した湯を「干し菜の湯」「赤葉の湯」（茶褐色の湯になるから）、また「煮出し風呂」とも云って用いた。特に、大根葉は体が温まり神経痛の人には効果的といわれた。土用になると蓬刈りに野洲川の堤防に、村中の者がこぞって出かけた、刈り取った蓬を押し切りで細かく切って乾燥させた後、カマスに入れて保存しておいた。大根葉や生姜の葉は、縄で編んで軒に吊るして乾燥させ保存しておいた。これらの作業は、昔はどこの家でも行っていた。「干し菜の湯」は、妊産婦の産前産後の健康と安産のため妊産婦の腰湯として）必ず用いた[16)]。神経痛・リウマチや冷え症の予防や治療にも用いられた。

「妊婦が九カ月（ここのつき）の九日目（ここのかめ）に甘酒を作って飲む」習慣：人工乳のない時代において母乳不足は、子育ての上で深刻な問題となった。母乳不足を予防する対策として、妊娠九か月九日目に甘酒を作って飲むことが恒例して実施されていた。これにより、母乳が良く出ると云われていた。これは、一升の米で作られたものを必ず一人で全部飲まなければならない、というものであった。甘酒の栄養価は、良質の糖やビタミンも多く高カロリーである。出産後の母乳不足への対処法ではなく、事前に妊産婦の母乳対策あるいは健康対策を予防的に実践していることが見られる。

「神事餅（じんじもち）」：南桜の氏神である野蔵神社の祭りを御神事といい、この祭りで野蔵神社へのお供えの餅を神事餅（ゴクモチ〈御供餅〉、ニグチ〈煮口〉、オトコモチ〈男餅〉ともよばれる）といい、嫁が一重ね（ひとかさね）全部食べなければならないといわれている。これは、野蔵神社の祭典（暮の 28 日から準備され５日に御神事が行われる）で、５日に当屋が各戸に配る餅のことである。「子宝に恵まれない嫁がゴクモチを食べると子供が授かる」とも言われ、一重ね（近年の一重ねは３合取りだが、昔の一重ねは１升であったという）を一人で全部食べないといけないことになっている。当時の食料状況や栄養事情、また、嫁の立場を背景にして、母性保護と子孫繁栄のために必然的に生まれた対処方法ともいえるだろう。これらの習慣は現在も云われているが、食料状況や栄養事情、嫁の立場が変化した現在では、お呪い程度に実施されているに過ぎなくなったと云う。

以上の慣例化されている病気予防の実践は、ともに妊娠・出産・子育への積極的な対処法である。これ等の行事は子孫繁栄が重大事であった証拠であり、裏返せば米つくりを主とした穀倉地帯における多産多死（高い妊産婦死亡・周産期死亡および子供の高死亡がみられた、**Ⅵ章、Ⅶ章**）と無関係とは言えないだろう。

まとめ

地域における病気は、１．重症度、２．年齢、３．病気理解、４．本源的病気理解のそれぞれの区分が見られる。重症度では「ふつう」「難しい病気」「死病」を区分し、「ふつう」は「病気」と認識されていない。対処法を見ると、「ふつう」は「自己手当」・呪い・養生“心がけ”が主になされ、「難しい病気」は加えて祈祷・信心、家族による看護や養生が行われ、「死病」では以上に加えて医者に診てもらう（以上、**表１.**）。なお、また、「難しい病気」「死病」では家族による看護が主要になる（看護は**三節**の事例で述べる）。ここでは、対処法としての主な看護内容を記しておく（**表３.**）。

病気理解を病名から見たとき、１）症状・状態、２）身体部位、３）病因理解の、それぞれに因る区分が見られる。本源的病気理解に因るものには、厄、業、祟り・さわり、罰などがある。病因理解に因る対処法では、病因を「下す」「封じる」「散らす」「除ける」などして原因となるものに対処する。また、本源的病気理解に因るものは「除ける」「改める」「陳謝する」などの対処法が見られる（以上、**表２.**）。

病気になったときには、「自己手当」や医療資源の活用などが行われた。また、病気予防のために、日常の“心がけ”や年中行事として慣例化されている行為が見られる。

表１．病気区分・分類

1．重症度区分―「ふつう」、「難しい病気」、「死病」（「年寄病」を含む）

2．年齢区分―「子供の病気」、「大人の病気」、「年寄病」

3．病気理解（病名からみた）による区分

　1）症状・状態に因る病名―トリ目、ソラ手、メチャチャ、泳ぎ腰、クサ、サカムシ、など

　2）身体部位に因る病名―頭病（あたまやみ）、心臓病、胃病、腹病（はらやみ）、など

　3）病因理解に因る病名―（1）胎毒に因る：クサ、ハヤクサ、タイドク

　　（2）カン虫に因る：カンムシ、夜泣き

　　（3）回虫に因る：ムシ、サカムシ

　　（4）ハヤリ病に因る：チフス、赤痢、疫痢、など

　　（5）持病に因る：シャッキ、センキ、喘息、など

　　（6）ケガ病に因る：骨折、捻挫、など

　　（7）　あたりに因る：暑気、食傷、水傷、食中毒、など

　　（8）血の道に因る：女性特有の生理・妊娠・出産と血に関わる病

　　（9）系統（血スジとも云う）に因る：トケ

4．本源的病因理解に因る病名―厄、業、祟り・さわり、罰

表２．病気への対処法

1．重症度による病気区分と主な対処法

「死病」	・「自己手当」 ・祈祷・信心、（呪い）	・家族に因る看護 ・養生・“心がけ”	医者
「難しい病気」	・「自己手当」 ・祈祷・信心、呪い	・家族に因る看護 ・養生・“心がけ”	医者
「ふつう」	・「自己手当」 ・（祈祷・信心）、呪い	・（養生・“心がけ”）	

２．病因理解に因る病気区分と主な対処法

1）胎毒に因る（クサ、ハヤクサ、タイドク）―「タイドク下し」（民間薬）

2）カンの虫に因る（カンムシ・夜泣き）―疳の虫を鎮める墨灸療法

3）回虫に因る（サカムシ、ムシ）―虫下し（カイニン草、サントニンなど駆虫薬）

4）ハヤリ病いに因る（チビス、赤痢、疫痢、など）―隔離、便を煮・焼却、など

5）持病に因る（シャッキ、センキ、喘息、など）―急所の指圧、散らす、など

6）ケガに因る（打撲、捻挫、切り傷、骨折など）

7）あたりに因る（暑気あたり、食傷、食中毒、水傷、など）―暑気と逆に冷やす、傷・中毒の原因物質を避ける、毒消しなど

8）血の道に因る（流早死産や貧血など、女性生理・妊娠・出産など血に関わる病気）―※古くから「まわた薬」が飲まれていた。

9）系統に因る病気（トケなど）―婚姻を避ける

１０）凝り（肩こり、など）―散らす、など

３．本源的病因理解に因る病気と主な対処法

1．厄・厄病―（主に厄神サマで厄除け）神仏祈願・祈祷、など

2．業病―（業の原因を知り改める）祈祷・祈願、など

3．祟り・さわり―（祟り・さわりの原因を知り、改めあるいは除く）祈祷・祈願、など

4．罰―（罰の原因を知り改める）祈祷・祈願、など

表３．主な看護内容

1．さする、もむ、軽叩する、指や手のひらで圧する（押す）、拭く

2．祈る―願掛け、お参り、祈祷

3．養生―食養生、休息

4．身体清拭、清潔の援助

5．排泄の援助

注

1）医学史における代表的研究著書に、富士川游の『日本疾病史』、服部敏良の『奈良時代医学の研究』『平安時代医学の研究』『鎌倉時代医学の研究』（各出版年、出版社略）がある。民俗医療の分野では柳田国男・関敬吾『日本民俗学入門』、箱山貴太郎他　1976,7『日本の民間療法』全六巻　名玄書房、今村充夫　1983『日本の民間医療』弘文堂、根岸謙之助　1988『医の民俗』日本の民俗学シリーズ⑦　雄山閣、など、これらは日本の民間医療習俗の事例を知ることができる貴重な調査報告である。

そこから日本人の病気観を明らかにしようとする人類学の視点（他との比較の中から自文化や当該文化を明らかにしようとする作業）は、その時点ではまだ見られない。

2）医療人類学（medical anthropology）は、1960年代のアメリカでの医療現場を背景に文化人類学を基盤にして誕生した。その後、我が国においては1970年代になり、病気と日本社会・文化に焦点をあてた調査研究報告がいくつか見られるが（例えば、吉田禎吾　1972『日本の憑きもの―社会人類学的考察』中央公論社、久場正博　1973「憑依症候群の精神病理学的ならびに社会文化精神医学的研究」『精神神経学雑誌』75巻3、荻野恒一　1977『過疎地帯の文化と狂気』新泉社、西村康　1977「シャーマニズムの現代化の方向―青森県萬部地方の精神医療状況のなかで―」『臨床精神医学』6巻12、大柴弘子　1977「“マケ”同族にみる村落構造特質および人間関係―疾病事例をめぐって―」『民族学研究』42巻2、など）、我が国において本格的に医療人類学の研究が始まるのは1980年以降になる。1980年代、医療人類学の先駆けとなった波平恵美子の一連の研究・著書の代表に「医療人類学」『現代の文化人類学②』1982年　至文堂、『病気と治療の文化人類学』1984年　海鳴社などがある。

3）大貫恵美子　1985『日本人の病気観―象徴人類学的考察―』岩波書店が代表的研究。

4）アラン・ヤング（Yong, A　1982）が提唱した疾病／病気／病い（disease／sickness／illness）の３分類に基づく。

5）長野県の村落社会における「キツネ憑き」「祟り」の調査事例から（大柴　1977、1978）、「耐えがたい苦痛を負ったとき、“なぜ自分だけがこんなに苦しまなければならないのか”という切実な疑問が己に向けられたとき、祟り・さわりが生まれる」ことを記している。厄、業、祟り・さわり、罰は、自問する苦痛原因の回答であり、これらを「本源的病因理解」とした。ジョージ・フォスター（Foster　1978）は、自然論（Naturalistic）／人格論（Personalistic）による病因論を提唱しているが、これによると「本源的病因理解」は人格論の範疇になる。しかし、妖術のような要素はみられない。

6）日常生活動作（ＡＤＬ：Activities of Daily Living、食事、排泄、着脱衣、入浴、移動、寝起きなど、日常の生活を送るために必要な基本動作）が可能で、村付き合いも可能な状態。

7）昭和30年代までの山梨県北杜市および隣接する長野県佐久地域の僻地農村の事例でも同様な状況であった。「此処でも、いざとなれば“医者を上げる”ことだってできる」という会話がなされていた。病人が臨終になると「医者をあげる」と云い医者の往診は経済的にも重大なことであった。「年寄病」に対する医者の往診は、治療目的より最後の孝行（務め）として慣習化（儀礼化）されていたともいえる。

8）疳は癇とも書き、漢方で子供に起こる内科の病気の総称と云われている。消化不良がきっかけとなることが多く、時にはひきつけを起こすこともある。神経が過敏で、小さなことにも苛立ったり怒ったりすること。ひきつけや失神を伴う病気。「疳が立つ」「疳の強い子」が云われた。

9）最近刊行された『「腹の虫」の研究―日本の心身観をさぐる』（長谷川雅雄・辻本裕成・クネヒト・ペトロ・美濃部重克　2012：243-284）の中で、「資料から「疳の虫」封じと夜泣き止めの祈願は、大阪と滋賀県の人たちがもっとも多い」（クネヒト・ペトロ）とある。その背景や理由は未調査・不明である。

１０）遺伝について「稲の穂に毛のある籾が混っていると、次の年の稲の穂に毛のあるものが出てくる。黒籾の穂が出て、それが１年おいて２年目に出てきた。稲を見ているとちゃんと分かる、稲でも何でも同じ、血スジは消えない、受け継がれていくものだ」（ＮＳ氏　明治 33 年生まれ　南桜）と説明した。稲作農業の体験・観察から得た遺伝観(知識) であり、また「血スジ」観念がみられる例と云える。

１１）注 5）参照。

１２）マラリアは滋賀県の風土病と云われていた（佐々　1959）

１３）まわた薬は真綿に包んであるためこの呼称であるが、正しくは「順血五番湯」と云う（杣床　1975：65)。寛文五（1661）年の効能書きによると、打ち身、傷、落馬、骨違、悪血、この痛み、産前産後血の道、頭痛、などに効がある妙薬とされている。地域の人たちは、産後には必ず、まわた薬を煎じあるいは湯を注ぎ飲んでいたという。現在でも家庭で用いられている薬である。

１４）神教丸は多賀神社に近い鳥居本の宿で店売されていた有川家の家伝薬で、多賀神社の“神教”によって創められたと伝えられている（杣床　1975：36.58)。創製の年次は明らかではないが万治元（1658）年前後と言われている。神教丸の効能書きには、「腹痛、食傷、溜飲、吐瀉、下痢、しぶりはら、むなさわぎ、含酸、宿酔、舟車の酔、気附、しゃく、眩暈、霍乱によし」とある。

１５）萬病感応丸は正徳四（1714）年、日野町の正野家初代玄三（医家で玄三は名医といわれた）が創製したといわれている（杣床　1975：60-61)。効能書きには、眩暈、昏倒、気附け、腹痛、魚鳥食中毒、霍乱、心臓病、感冒、吐逆、下痢によし、とある。まわた薬、神教丸、萬病感応丸などの薬は、家伝薬として近江地方で広く人々に利用されていた。

１６）産後の三日目に「干し菜の湯」を沸かし、大ダライ（嫁入り道具の一つ）で腰湯（座位で下半身浴）を使う。「産婆さんが上手に湯を使わしてくれ、こんなに気持ちの良いものはなかった」という。「冬でも陽当りの良い日は庭で、寒いときは土間の隅や風呂場で入った。産後の三日から八日目までのオボヤコボチまで、産婆さんが毎日通ってきて産婦の腰湯と子供の初湯を使わしてくれた。八日後は、自宅で干し菜の湯を沸かして風呂に入りフロカイト（風呂を共同にする組のことで、当番外はもらい風呂をする）へは 30 日間行かなかった。干し菜の湯に入っていればお産の失敗はないと言われていて、妊産婦は必ずこの湯に入った。」という。干し菜の湯の体験者たちは、「体が温まりとても気持ちが良かったものだ」という。この習慣は、ほとんど昭和 30 年代以降は行われなくなり、風呂桶も木からタイルやホーロー製に変わり、市販の入浴剤が使用されるようになった。産後の一か月間は風呂に入ることを禁忌とした地域もあるが、「干し菜の湯」を健康のために、とくに産後の三日目から腰湯として使っていたことは、注目すべきことである。いつから行われていたかは不明であるが、明治生まれの人たちは実施してきた習慣である。

二節　「ふつう」の病気および対処方法

地域において「ふつう」とされる病気および対処法を記す。複数の話者からの聞き取りの要約を記し、（　）内は筆者の言葉を添え、必要時話者の語りのままを「　」で記した。まず、子供の「ふつう」の病気について、次に、大人の「ふつう」の病気について見ていく。以下、「ふつう」とされた主な病気の名を挙げ、（　）内に現代医学に該当する病名を記しておく。

1．子供の「ふつう」の病気

1）はしか（麻疹）

はしかは子供が必ず罹るもので、子供の「ふつう」の病気であり大厄と云った。「ハシカとオコリは大厄（オコリは子供の病気とされていない）」「大厄を患わないと一人前になれない」とも云われていた。はしかは、内攻すると死ぬので恐れられていた。手当は、温かく寝かせておくこと、玉子のおじやを食べさせること、薬には伊勢エビや犀角などを煎じて飲ますことが一般的で、また、子牛の角（昔はどこの家でも牛を飼っていたので、子牛の角が取れたのを保存しておいて、それを削って煎じ飲ませたりした。

事例Ⅰ：「初めの子（第一子）が大正14年のとき9歳で、はしかになった。キツネの舌が良いと云いムサ（地名）の猟師のところまで買いに行ってきて飲ませたが、効がなかった。はしかの内攻には、伊勢エビの皮を煎じて飲ませれば良いと聞き、買ってきて飲ませたら忽ちぶつぶつ（発疹）が出てきて良くなった」（女性　明治26年生4月生まれ　南桜）。

事例Ⅱ：「３人の子供がはしかになったとき、特に気をつけたことは、寒い風に当てないこと、ぬくぬく寝かせておくこと、内攻させないようにぶつぶつ（発疹）がでるように看ていたこと、玉子のおじやを食べさせること、これだけは守った」（女性　明治２７年１月生まれ　南桜）。

事例Ⅲ：「自分は７人兄弟であるが、その内の一人がはしかで亡くなっている。自分の子供がはしかになったときは犀角を買ってきて飲ました。子牛の角も削って飲ませた」（女性　明治35年１月生まれ　妙光寺）。「子供がはしかになったときは犀角を買ってきて飲ませた。風呂には入れなかった。玉子のおじやを食べさせ、側に付ききりだった」（女性　明治37年４月生まれ　妙光寺）。

2）デンポー（膿瘍）

子供にできる大きなデキモノをデンポーと云った。頭の周りにできる子供が多かった。

手当には、十薬（じゅうやく）（ドクダミ）を貼った。十薬をふきの葉３枚に包んで竈の炭火の上において蒸し焼きにする、ふきの葉の中で十薬が「どろっと」なっているのを布に延ばしてデキモノに貼り付ける、乾いたらまた貼りそれを繰り返す。１－２日すると、デンポの口が開いて膿がでるのでデンポの芯を出す。芯を出しそこなうと傷になって跡が残るので注意する。

3）クサ、ハヤクサ（湿疹）

クサは今で云う湿疹のこと、特に子供の顔や頭などにべったりと全体にできる湿疹のことをハヤクサと云った。子供のクサやハヤクサはタイドク—胎毒（次参照）で出るのだと言った。５－６歳になると自然に治った。子供は痒がるので、子供の手を布で括っておいた。手当は、乾燥しておいた十薬を煎じて飲ませた。買い薬は「胎毒下し」（昔は野洲の久徳屋で製造販売していたが現在はない）を飲ませた。

4）タイドク

生後間もなく子供にクサやハヤクサができると「タイドク（胎毒）が出た」と云い、デキモノをタイドクとも云った（クサ、ハヤクサは湿疹および湿疹の症状を云い、その原因を指して云う時はタイドクと云っている）。手当は、「胎毒下し」（前述）や十薬を煎じて飲ませた。また、これらの薬は母親が妊娠中から飲んでいると胎毒を下すから良い、と云って飲む人もいた。頭の上に軟膏を貼っておくと、そこから毒が出て治るとも言ったが頭に傷が残るから嫌がった。また、胎毒を出すのに牛蒡も良いと云われたが、一方、牛蒡は精が強いから精の強いものを食べると余計に「おごって」クサが出ると云って食べさせないこともあった。

5）へーナイボ、ヘナイボ（水疱、水疱瘡）

三日疱瘡とも云った。「へーナイボーはへ（屁）でもない」「ヘナイボ、ヘンがない三日すりゃカセル（乾いて治る）」と云った。何も手当せずに放っておいて治った。

6）ホーハレ、ホーハレカゼ（おたふくかぜ、流行性耳下腺炎）

ホーハレ、ホーハレカゼは頬が腫れるカゼ（風）を云った。手当は、特に何もしないで自然と治った。寒くないように、冷たい風に当てないように注意した。

7）カンムシ[1)]

カンムシ（疳虫）は消化不良がきっかけでなることが多く、夜泣きや激しく泣くことが多い。ヒキツケたりする児を「カンが高い」とか「カンがおきた」と云い、カンムシ（疳を起す虫）に因る。昔は、夜泣きする児が多かった。手当は、モン（灸）が効いた。「夜泣きしたらモン（灸）したら良い」「モン（灸）に行くか」とよく言った。近くでは園超寺の墨灸が良く効いて有名だった[2)]。子供の頭や腹に墨で黒く灸をした（墨で印をつけるだけで火はつけない）、墨灸をしてくると不思議と子供はその晩から良く寝るようになり、カンムシは治まった。また、草津の穴村の灸も有名で[3)]、穴村まで行く者もあった。

8）ヒキツケ

ヒキツケルと子供が俄かに痙攣・緊張状態になり息が止まり、目を吊り上げ蒼白になることもある。手当は、ヒキツケたら直ぐにユキノシタを塩で揉んで、その汁を飲ませた。

ヒキツケのときは子供の手足を動かしてはいけないと云われた。子供のヒキツケが治まるまで手足を抑えてじっと抱いていた。そのとき、楽にさせていたら死ぬと云った。

以下、「ふつう」の子供の病気と対処法について若干の考察・まとめを記す。

① はしか（麻疹）は、「大厄」と云われ恐れられていた。「ハシカとオコリは避けて通れない大厄」「大厄を患わないと一人前になれない」と云われることから見て、これらの病気を患うことは通過儀礼の如く考えられていたようである。麻疹は周期的に爆発的流行が繰り返され子供の高死亡率が齎された（**Ⅶ章**参照）。命取りを恐れ、看病は念入りに行われた。特に内攻しないように（内攻すると発疹がでない）、そのためには特に保温と栄養に注意した。薬は、伊勢エビの皮が特効薬として一般的に用いられた。

② デンポ、クサなどの脂漏性湿疹は、近年ではほとんど見られなくなった。これらは、当時の母親の過労と栄養状態の悪いこと、子供の低栄養や生活環境の不衛生が、関係していたと思われる。1980,90 年代以降に増加した子供のアトピー性皮膚炎は、低栄養や生活環境の不衛生とは無関係の要素が考えられる。

③ カンムシ、ヒキツケ、夜泣きが当時は多かった。地域の老人たちは「今の子供は賢くなって夜、泣かない」と云っているが、当時の育児環境を見たとき、農業労働の多忙と多産の時代であったから、現在に比べて母･子の心身の負担・疲労は絶大なものであったろう。そのことが子供の夜泣きやヒキツケ・カンムシなどが「ふつう」に存在していた一因となっていたと云えるだろう。対処には、カンムシの「虫封じ」の墨灸が行われた。墨灸に行くとき、母親は子供を乳母車に乗せて近所の仲間と連れ立ってお弁当持ちで出かけた。母親にとって「大きな楽しみでもあった」というから、母親の精神的慰安にもなっていたことが分る。「墨灸をしてくると、その晩から不思議と夜泣きが止んだ」と云う。墨灸に出掛けることが、母・子の心身の慰安になりストレス解消になっていたのだろう。つまり、夜泣き、ヒキツケ、カンムシと対処の墨灸は、当時の生活環境からくる母・子の心身の負担と精神衛生の問題であったと云える。『腹の虫の研究』においても同様な考察がされている（ペテロ・クネヒト他　2012：276-284）[4]。

④対処法全般をみて、日常的で経験的に死に至る恐れがないと思われたものは「ふつう」であり、放置して自然に任せておいた。例えば、ヘナイボ（水疱瘡）などは発疹が出て発熱・掻痒感で子供が苦痛で泣いても、「ヘナイボ屁でもない、三日すりゃかせる」と云って放置していた。

2．大人の「ふつう」の病気

1．ソラ手（腱鞘炎）

ソラ手[5]は、苗取り・田植え・田の草取り作業や稲刈り作業で手の使い過ぎによっておきる。手の関節を中心に手の甲が腫れて熱をもち痛くて、ひどくなると手が動かなくなる。手当は、手仕事を休めるのが一番だが、手仕事（労働）を止める事はできないので、仕事を続けながら次のような様々な対処法が行われた。手当として、・膏薬を貼る[6)]・焼酎を吹きかける・メリケン粉を酢で練ったものを貼る・水仙の根をおろして酢で混ぜたものを貼るなどを行った。また、呪いをした。呪いは、女がソラ手になると男のシリコ（末子）に、男なら女のシリコに、「明日ソラ手で行くから括ってほしい」と告げておいて、当日は何も口をきかずに手を出して糸で括ってもらい、後は何も言わずに帰ってくる、礼を言ってはいけない（妙光寺地区）。障子の穴から手を出して女がソラ手なら男に、男なら女にモットイ（髪結紐）で括ってもらうと治る（北桜地区）。３人娘の末子に糸で３回括ってもらうと治る、「３人娘を招こうと思えば、ソラ手が痛くて招かれん」と云った（南桜地区）、などである。

２．オヨギゴシ・フタツオレ（腰椎変形症）

女性のほとんどが、出産終了の30歳代終わりころになると腰曲がりになってくる状態をオヨギゴシ（泳ぎ腰）と云った（**Ⅱ章**参照　大柴　1983）。膝を軽く曲げたままで立ち上半身は後ろに反る格好になり、歩くときは両腕・手を後ろに向け左右に振りながら舵をとりながらあるく格好が泳いでいるようでもあることからこのように云われたのではないかと云う（「ペンギンみたいに歩く」と説明した人もある）。腰曲がりが加齢と共に進行してくると、「フタツオレ」（二つ折れ・強度の前屈状態）と云われるようになる。

３．トリ目（夜盲症）

トリ目は夕方になると見えなくなる。ほとんどの人が罹った。農繁期にトリ目になる者が多かった。夕方になると目が見えなくなって困った。女が多く罹った（男が多く罹ったという人もいる）。手当は、鶏の肝、鰻の肝が妙薬、鶏を殺したとき、温かいうちに肝を飲むのが良い、山椒のモモ（実）を食べるのも良い、と云われていた。

事例：「第２子を大正11年２月に出産してから、５月の田植え時期に余計に体を使った。その頃、夜になると目が見えなくなった。草津の目医者で診てもらい油薬をもらってきた、“昼、薬を飲むとその晩はちゃんと見えるから不思議や”。見えないとき玉子を食べると、途端に見えるようになる。養生が必要とわかり、第３子を出産した後からは毎日、鶏の卵を１個は食べた。それからトリ目はでなかった」（女性　明治33年９月生まれ　妙光寺）。

４．メチャチャ（目の炎症で目脂がでること）

目からヤニ（眼脂）が出ること。目ヤニ（目脂）がいつも出ている人のことを「あの人はメチャチャだ」と云った。歳をとるとメチャチャになる人が多かった。

５．ヒカン[7)]

盲になる病気で、生まれたときは見えてもその後、子供の内に見えなくなる。母乳をあまり飲まないとか母親が早く亡くなったとかして胃腸が悪くなって目が見えなくなる者を云った。昔は、このような人が良くいて南桜でもヒカンの男の人で按摩さんになった人もいる。

6．メクラ（盲）

稗で目を突いたら治らないと云われていた。昔は、農作業で葉や木で目を突くことがあって、目をやられる人がいた。南桜の女の人で田草取で目を突いて盲になった人がいた。

7．目イボ（麦粒腫）

昔は、ほとんどの者が目イボ[8]に罹った。特に手当はない。呪いは、小豆を３粒もって池に行き「目イボかと思ったら小豆やった」と云って池に小豆をはめる（投げる）と治る、柘植の櫛を筵の耳で擦って熱をおこしそれを目に当てると治る、と云って行った。

8．はやり目（流行性の結膜炎・角膜炎など）

目が赤く充血し、痒いなどの症状がでて流行る。

事例：「息子が 10 歳のとき、はやり目に罹り医者は角膜炎と云った。目が充血して眩しがった。石部町にお呪いのおばあさんがいて、訪ねると“朝水を汲んで、山椒の実（呪いがしてあるもの）を水に浮かせて太陽に供え、それを１週間毎日頂くと良い”といわれ、実行したら三日目に良くなり医者も驚いた」（男性　明治 39 年１月生まれ　南桜）。

9．回虫・サカムシ（回虫症）

回虫が腹にいて腹痛を起こす人が多かった。「ムシが詰めおってかなわん」と云うことよく聞いた。ムシが詰めおって（回虫が咽喉まで上がってくること）死ぬ人はいなかった。回虫が便に出るのでなくて、口から出るのをサカムシと云った。サカムシは、吐き気を催してきてムシが上がってきて赤い虫を吐いた。

事例：「腹に瘤が出来て、デキモンの手当てをしていたところ、その人が死んだら口から下から虫が出てきてびっくりした、と云うこともあった。デキモンではなくて虫が固まっていたのだ」（女性　明治 35 年生まれ　妙光寺）。虫下しの薬に薬屋のサントニン、カイニン草を飲んだ。

10．シャッキ、シャッキ持ち

シャッキを患う人をシャッキ持ちと云った[9]。シャッキ持ちの人は、男より女が多かった。絞られるような痛みが背中から胃に来て、のぼせたようになって苦しんだ。突然びっくりしたときに俄かにシャッキをおこす人もいた。ツボを指圧してもらい治ることもあった。

11．センキ、センキ持ち

センキを患う人をセンキ持ちといった[10]。昔はセンキ持ちの人がいて「センキがおきた」とよく聞いた。立とうとするとぎくっと腰から背骨が引きつるように痛くなった、痛くてもセンキは病気ではないから飯は良く食べられた、それで「仕事センキ（しない気）、飯食う気」と云った。ツボを指圧してもらい治ることもあった。「母親は 72 歳で老衰で亡くなったが、若い時からセンキ持ちだった。もよおしてくると（センキが起きてくると）“腹から棒が詰めてくる”と云って痛がった。センキがおきてくると 10 日くらいは具合が悪い日が続いた。それが過ぎると、元気に働いた。手当は、センキがおきてくると荒いもの（消化の悪い食物）を食べないように気をつけた。按摩さん（幼少時から盲で修行して按摩になった男性が村にいた）に摩ってもらうと直ぐ治ったが、そうしないと 10 日ぐらい苦しんだ。按摩さんはツボを心得ていて上手に摩った」（女性　明治27年生まれ　南桜）。

１２．胃けいれん

胃けいれんで苦しむ人が多かった。

事例：「自分は子供を３人出産してから後、胃けいれんが度々おきた。原因もわからず仕事中にふっとなることもあった。背中から肩・胃にかけて俄かに棒のように張ってきて痛くなる。田で痛くなったこともあり、のたって（這いずり）歩いた。手当は、少しえらいな（痛くなりそう）と思ったらダラニスケ[11] を飲んで治まることもある。子供に背中に乗って踏んでもらうと少しは楽になった。けいれんがおきたら、湯とダラニスケ以外は何も口にせず２日間くらい辛抱していた」(女性　明治37年４月生まれ　妙光寺)。

１３．胃痛、胃弱

普段、胃が弱かったり胃痛がしたりする人が多かった。手当には、ダラニスケが最も利用された。ダラニスケはどこの家でも常備していた。また、センブリを乾燥させ保存しておき、煎じて飲んだ。

１４．ケッシル（便秘）

ケッシルときの手当は、大黄の根（牛のスイトの根とも言った）を煎じて飲む、または、十薬（ドクダミ）を煎じて飲む。大黄の根や十薬は採取して備えておいた。

１５．ハラクダリ、ハラクダシ（下痢）

下痢症状を云った。手当はゲンノショウコを乾燥させて保存しておき煎じて飲む、また、腹を温めること。

１６．脚気

事例：「18 歳の時初めの子を出産して、その後足がだるくてかなわなかった。医者から心臓脚気と云われ薬をもらって飲んだ。“脚気は乳を飲ましたらいけない”と云われ、児に母乳を与えなかったため乳が上がって（出なくなる）しまった。脚気は医者の薬を飲んで治った。そしてチワタシ[12]（一節　家伝薬参照）を飲んで乳が元のようにでるようになった」（女性　明治41年生まれ　妙光寺)。

Ｉ７．中風（脳卒中、脳梗塞など）

中風には予防も心がけた。予防法は、・オマツ(葉が固い黒松)の葉を煎じてのむ・渋柿のしぼり汁をのむなど。予防の呪いには次の事が言われた。“葬式のモリモン（供え物）についてくる饅頭餅をもらって食べると中風にならない、サラ湯（初めての新しい風呂）に入ると中風の予防になる”と云った。新品の風呂桶で初めて風呂を沸かしたときは、親類や近所の老人を招くなど、中風予防のために老人がまず優先して入る。また、何でもサラ（新品）のものは中風の予防になると云い、最近では自動車やオートバイの初乗りも中風予防の対象とされる。

１８．捻挫、骨折

昔は農作業中に捻挫や骨折することが、しばしば見られた。

事例：「若いとき牛に引きずられてこけて、右の手首が痛くなり動かなくなった。彦根にケガ病専門の医者があり流行っていた。注射や薬はないが、摩ったり縮めたり引っ張ったりして上手に治してくれた。ケガ病は、たいがい彦根に行って治した」（ＫＴさん談　明治33年生まれ）。

１９．トケ（らい病）

トケの筋、あるいは系統と噂される家があった。“トケノスジや（系統である）”と云ってその家を嫌った。しかし、トケノスジでも村内で結婚はできた。

２０．キチガイ、キグルイ（精神的障害）[13)]

キチガイも嫌われたがトケよりは良かった。最も嫌われたのはトケで次にキチガイ、次に肺病、この３つは地域で嫌われた。この３つは、村付き合い特に結婚において敬遠されがちになる障害であった。

２１．スコミ（精神的障害・抑うつ状態）

事例：「南桜で昔、若い男の人で仕事もせず人と話もしないで一人だけ家の中に閉じこもっていた。何もしないで、ただじっとうずくまっているようでスコミと云った。ほかにスコミの人は見たことはない」（ＫＳさん談、明治35年生まれ、妙光寺）

２２．オコリ（三日熱マラリア）[14)]

「ハシカとオコリは、一生の大厄」と云った。ハシカとオコリは一度はやらなければならない。「オコリは、今ではマラリアと云うが昔はふつうだった」、オコリのとき（発熱状態の期間）が過ぎれば、日常生活・農業労働に差障りがないから「ふつう」とされた。

以上の大人の「ふつう」および対処法について若干の考察・まとめを以下に記す。

① **ソラ手（腱鞘炎）、オヨギ腰・二つ折れ（腰椎変形症）**は農作業労働や姿勢と密接といえる。農作業の苗取り・田植え・麦刈・稲刈り・草取りなどで手首・腕を酷使するとソラ手がおきやすい。また、前屈姿勢の作業労働、とくに鍬を使い腰曲げの長時間作業はオヨギ腰・二つ折れを招いた。「大概の女が 30 歳代終わり頃になるとオヨギ腰になった」と云うのは、女性の出産期が終わり閉経期に入る時期でもあり、この時期には、ホルモンやカルシウム代謝が変化し、骨粗鬆症を生じていたことが予想される（**Ⅱ章**参照、大柴　1985：492）。

② **トリ目、メチャチャ、ヒカン、盲、目イボ、ハヤリ目**など、目の障害が日常的に見られた。メチャチャ、盲などの眼病も農業労働に密接である。田の草取作業中に稲で目を突く危険性が多々あり、付き目の外傷から炎症を起こし、盲に至ることが多かったであろう。これら目の病気は、過労と低栄養状態および農作業に起因していたと考えられる。トリ目（夜盲症）はビタミンＡ欠乏により現れる典型的症状であり、経

験的にビタミンAを多く含有する鰻や鶏の肝・山椒の実・玉子などを食べると改善することを体得していたことが見られる。また、ヒカンは乳幼児の栄養失調（母親の死亡や病弱による母乳不足や母乳の質低下など）が原因していたと思われる。日常的に見られたこれらの眼の炎症・病気は、共通して栄養失調、特にビタミンAをはじめ脂溶性ビタミンの欠乏と脂質やタンパク質の食品摂取の欠如が密接と云える。そして、農作業の「田の草取り」や稲刈り・脱穀、草刈・草取りなどによる稲や葉で目を突くことや塵埃（脱穀時の稲埃など）は、目の炎症・眼病の多い原因となった。

③ **回虫・サカムシ**について見ると、ほとんどの人が回虫の保有者であったので、サカムシも体験したであろう。寄生虫は回虫の他にも十二指腸虫（鉤虫）や蟯虫があった。寄生虫症による激しい腹痛がシャッキやセンキの原因の一つとなっていたこともあるだろう。また、事例の如くデキモノ（腫瘤）として手当されたこともあった。また、寄生虫は貧血を招くので、貧血による心臓病や感染症、様々な内臓疾患、また、妊娠・出産への悪影響を招いたであろうことが予想される。寄生虫症が蔓延していた最大の原因は、まず、農村の下肥使用であった。昭和20年代までの農業において、肥料としての下肥は欠かせないものであった。

④ **シャッキ・シャッキ持ち、センキ・センキ持ち**は、現代医学での病気を当てはめると、多様な病気、つまり、激しい腹痛および腰痛を伴った多様で様々な内臓疾患が含まれていただろう。寄生虫や結石、ヘルニア、精神的ヒステリー・けいれんなどに起因するものから炎症性の疾患、腫瘍なども含まれていたであろう。当地域の農業環境・労働を踏まえて考えると、シャッキ・シャッキ持ちやセンキ・センキ持ちの多くは、寄生虫やヘルニア、胃けいれんなどに起因するものであったことが予想される。

⑤ **胃けいれん・胃弱、ケッシル（便秘）、ハラクダシ（下痢）**などの胃腸の障害が日常的に見られた。当時の農村の生活を見ると、農作業は年中多忙で、特に農繁期においては睡眠時間も十分取れない状態であった。食事時間も惜しいほど忙しく食休みの時間などなかったと云う。「朝星夜星で働いた」「布団に寝たことが無かった」という話を聞く。急いで食事をして（しかも4―5杯はふつうに食べる）、すぐに腰曲げ前屈姿勢で胃を圧迫しながらの過酷な肉体労働をする。これらの胃腸障害は、このような農作業労働と生活に起因していると云えるだろう。

⑥ **脚気**は、現代医学ではビタミンB1欠乏に因ることが明らかにされた。当地域は、水田が広がる穀倉地帯である。白米を食べ、毎月一度は祭り行事があり餅を食べた（**Ⅰ章．Ⅹ章．資料Ⅱの4**参照）。この暮らしは、「コメの飯が食えなかった」という同時代の日本人の平均からすると恵まれた地域であったといえるが、ビタミンB1欠乏を招く食生活であった。事例の医者の指示から推察すると、乳児脚気（一般的に脚気の母親の乳で育てられた乳児が罹る）[15]の存在も予想される。産後の養生の食物で“食べてはいけないもの”の一つに新米があるが、「11月に出産したとき、新米は良くないと云い、とっておいた古米をたべた」と云う人もある。これは、白米（新米）と「乳児脚気」

の結びつきを体験的に感じ取って避けようとした行為ではなかったか。

⑦ **中風**は、現代医学では脳血管疾患で脳梗塞・脳卒中が代表的疾患であるが、地域での話に「仕事中に突然倒れた」「風呂や食事中に倒れた」など聞かれ、脳卒中が多かった様子が窺われる。農村の過重労働と食生活が影響していたであろう。食事は米と塩分中心でタンパク質・脂質摂取は僅かであった（**X章．Ⅱ**の4参照)。脳卒中が強度であれば突然の死に見舞われ、家族は労働力を欠く。軽度であっても、運動麻痺や言語障害をともない農業労働は不可能になり家族の負担が増すから、中風は恐れられた病気である。そのため民間薬や呪いなどの予防法が多々実行されていた。中風でも労働が可能な範囲であれば「ふつう」とされ、「病気」ではなかった。

⑧**血の道は**生理・妊娠・出産に関係した女性特有な病気を云う。「血の道」というとき出産による病気を云うのが一般的だが、他に「ナスビが下りた」「シラチ（白血)」「ナガチ（長血)」などの女性の病気も聞かれた（**Ⅱ章**参照　大柴 1985：494)。「ナスビが下りた」は子宮脱の事を云い、そうなると歩行に差障り、また尿もれなどの障害が伴う。「ナスビが下りた」以外にも「シラチ（白血)」「ナガチ（長血)」など、「血の道」の病気は多々あったと思われるが具体的事例談が聞かれ難い（話難い)。それは、羞恥心を伴うために秘密にして自閉的にならざるを得なくなり、従って、密かに苦痛を抱えて死んでいった女性が多かったのではなかったか[16]。

これらの女性特有な病気は多産と農繁期出産、過酷な農業労働、農作業姿勢などと密接に関係していたと云える（**Ⅱ章．**参照)。これらの障害と苦痛は、日常動作が可能で我慢できる範囲なら「ふつう」とされていた。

⑨**トケは、**村社会のなかで嫌われ敬遠された障害であった。労働が可能な内は「ふつう」の範疇だが、徐々に進行し容貌など外見的な変化に伴い、村社会の付き合いにおいて（とくに婚姻関係など）敬遠された。トケは、現代医学では癩病（ハンセン氏病）と云い癩菌の感染による。潜伏期が数年～20 数年の長期にわたるたる慢性伝染病のため伝染過程の解明が遅れ、家族内感染を当時は血スジ（遺伝）と考えていた。

⑩**キチガイ、スコミ**などは、トケに次いで村社会のなかで敬遠された障害であった。村づきあいに差障りがあり村社会の維持・運営にかかわる役割が円滑に果たせないと、敬遠される。しかし、現代医学が導入・普及して「精神障害」とされるまでは特別な病気ではなく、日常の労働に差障りがなく暮らしていれば「ふつう」とされていた。

⑪**オコリは、**現代医学で云うとマラリアを云った。滋賀県の彦根、八幡、野洲川流域などでは蚊の発生が多く、蚊の媒介によるマラリアは地域の風土病であった（佐々1959：119、滋賀県史編さん委員会　1981：759-768)。従って、オコリは誰もが罹るものだから「ふつう」と云われ、誰もが通過しなければならないものだから「一生の大厄」と云われ、通過儀礼の如く認識されていた。

対処方法をみると、

①苦痛が少なく、また、経験的に死に至る恐れがないと思われたものは、放置して自然に任せておいた。

②一般的に「ふつう」の対処法は、「自己手当」、呪いが主、そして食養生“心がけ”が見られる。

③食養生・心がけでは、経験的に伝承されているものがあった、例えば、トリ目に鰻や鶏の肝は妙薬とされていた。また、元気で働けるためには「養生が必要」と云われた。養生の意味は滋養のあるものを摂取することで、鰻・鶏肉・玉子など肉や魚の摂取を云った。それらは、タンパク質・脂質を含む食物である。つまり、タンパク質・脂質の栄養不足を補うことで「ふつう」の病気の大概は、元気を取り戻す。食養生の重要性は、経験的に体得していたと云える。

④「自己手当」としての薬は、主に家庭常備薬のダラニスケが用いられた。ダラニスケは、胃痛・腹痛・下痢や眼病、痔疾、乗り物酔いはじめ、殆どの病気に活用された。その他、地域の家伝薬および野洲の薬屋が利用された。

⑤呪いは、ほとんどの人が行っていた。「難しい病気」「死病」の祈願・信仰のような切実さとは異なり、「ふつう」の病気では日常的に呪い行為が行なわれていた。

まとめ

地域において、日常的に大多数の人が経験する病気で生活や労働に支障がない範囲の状態は「ふつう」と云い「病気」ではない。「ふつう」が、苦痛を増し生活や労働に差障りを生じてくると「病気」（「難しい病気」「死病」）と云った。

「ふつう」は、生業である農業労働および農村環境を背景に引き起こされていたものが殆どである。子供の「ふつう」は、農村の生活環境の中での母親の過重労働・低栄養・不衛生などによる母・子の心身の負担・ストレスを背景に生じてくるものが主であったと云える。

「ふつう」の対処法は、「自己手当」・呪いが主であり、そして食養生“心がけ”も行われた。

注

1）カン（疳）は中国医学の概念で漢方では子供の内科的病気の総称を云う。『漢方診療医典』（大塚敬節　他著　2001　南山堂）では「今日の腺病質、神経質の小児、小児結核などの虚弱な児童が昔の疳にあたる」とある。「疳の虫」の研究では、最近刊行された「『腹の虫』の研究―日本の心身観をさぐる」（長谷川雅雄他著　2012　名古屋大学出版会）がある。

2）園超寺は現在の栗東町辻にあり、野洲川を挟んで隣の在所になる。寺の住職が墨灸を行った。

3）「滋賀県の民間療法」（橋本　1977：63）には、穴村の灸が盛況だった様子が記されている。

4）ペテロ・クネヒトは「近世における『虫封じ』の儀礼は『疳の虫』を介した心身の苦しみを体験している母子への『支援的社会装置』の意義を強く持っていたと言える」（長谷川他　2012：282）と、述べている。クネヒトによると、全国的な調査事例の分析からの「疳の虫」の病因は、過酷な勤労・母子の家族内における立場や育児状況、これらによる親子・両親間の心理的不調にあり、これに対して行われる伝統的な護摩儀礼のなかには内観・不安解消・家族間の絆の改善などの心理的働きかけが見られることを述べている（ibid：276-284）。

5）筆者の知っている長野県佐久地方や山梨県北巨摩郡の地域では「コウ手」といっていた。「コウ手」に関する医学的研究には若月俊一『農村医学』勁草書房（1971：95-114）がある。これによると「コウ手」の由来は手の甲（甲の手）が侵されることに因るものではないか（99ページ）とある。野洲町南桜では、「使い物にならない手ということでソラ手（空手）と云ったようだ」と云う。

6）べたべた膏薬とも言った。山手（やまで）（旧三上村）の小林眞一郎氏（明治31年生まれ）は、大正から昭和20年代までべたべた膏薬の行商をしていた。「田が5反歩で少なかったので小遣い稼ぎに父親の行商を引継いだ、販売地域は野洲郡・栗田郡・甲賀郡の一部で日帰り可能な範囲であり、得意先は年1回必ず訪ねた、膏薬の仕入れ先は尾張国葉栗郡葉栗村の高田という膏薬専門の製造元であった、同地域には甲賀郡からの膏薬売りも入っていた」と云う。

7）漢方では五疳（心疳、肺疳、肝疳、脾疳、腎疳）の中の1種に脾疳がある。ヒカン（脾疳）は、これに関連すると思われる。

8）柳田国男　1969『定本柳田国男集』14巻に日本の広範囲の地域の調査事例が記されている。モノモライ、メコジキなど呼ぶ地域が多く「目イボ」は少ない。

9）シャッキは胸から上・下腹部・腰部など内臓全般の疼痛を伴う疾患に対してよばれていたようにおもわれる（立川 1976：166-171、1979：44-53）。

10）センキ、シャッキは、ともに日本の殆どの地域で聞かれた病気のようである。センキは膀胱炎を云っていた地域もある。

11）地域では「大峰山行者参り」が恒例になっていて、その時のお土産には必ずダラニスケ（陀羅尼助）が各家に配られた。どの家でも常備薬としてダラニスケを備えていた。ダラニスケ（陀羅尼助）は、役行者が創出し大峰山登拝の行者によって各地にひろめられ、また大和売薬の基礎となったと云われている（杣庄　1975：35）。三上地域と大峰山登拝、ダラニスケの繋がりは、役行者に遡る時代から活用されてきたものではないか。

12）チワタシは母乳の分泌を促すための煎薬で、大中小路（旧三上村）の桜木家の家伝薬であった（一節.参照）。

13）現在の南桜、北桜、妙光寺（旧妙光寺村）の全人口を合計すると約900名であるが、現在、そして老人が記憶している過去の時代を振り返ってみた中で精神的障害者は5名程度である。三上地区全体でも同様な割合である。筆者の知っている長野県の佐久地域および松本地域や諏訪地域の様子と比べて著しく少ない率である。

14）オコリは三日熱マラリアのことを言った。三日熱マラリアは昔は全土にごく不通に存在した病気であるが、滋賀県は全国でトップクラスを占める風土病であった（佐々　1959：119-128)。滋賀県の中では彦根付近・八幡（野洲町も）あたりが多発地で、明治期以降の死亡者数は激減したとはいえ昭和 20 年代初めころまでは患者が多発していたことが衛生統計上からわかる（滋賀県　1981：759-768)。三日熱マラリアは、48 時間おきに熱発作をくりかえし慢性的になり大概は治ってしまうマラリアとしては、たちの良い性質のものであったと云われる。オコリは荒れた湿地に発生するシナハマダラ蚊の媒介によりため、土地改良や農薬使用、排水工事やＤＤＴ散布などにより急速に消滅していった。

１５）乳児脚気は、明治 24 年に指摘されたビタミン B_1 欠乏による乳児の疾患。一般的に脚気の母親の母乳で育てられると乳児脚気になる。

１６）長野県芋井村（大柴　1992）の他に筆者が調査した伊那市大草村、佐久市の村々、山梨県北部の村々でも昔は出産後の女性に多々見られた病気であり、それらは「ナスが下りた」「ナスが出た」など類似の呼び方がされていた。また、「シラチ」「シラス」「ナガチ」も以上の調査地でも云われていた。

三節　「難しい病気」「死病」および対処法

家族の病歴（死因、看護の内容・方法）調査から、「難しい病気」・「死病」および対処方法を見ていく。家族の看病と共に行われていた「死後の処置」についても見ていく。

1　家族の病歴

以下は、８人の話者の先祖について、死因・死亡年齢・死亡時の状況について聞き取り調査したものである。

死亡年月日のM・T・Sは明治・大正・昭和の略字とする。家系図の故人は番号を付し、番号の順に記していく。内容は、故人（番号）、性・死亡時年齢（死亡年月日）、死因、状況要約の順に記す。病状の要約は話者の話をできるだけ忠実に記し、必要時注釈を添えた。△は男性、○は女性、＝は婚姻。▲・●は話者を示す。

[事例１]

話者：N・Sさん（明治39年１月生まれ）南桜、耕地面積　田一町歩、畑一反歩。

1．△＝○　2．
3．△＝○　4．
5．△＝○　6．
7．○＝▲＝○
△＝○
△

話者は成人して家に戻り、イトコ結婚した。妻（7.）が死亡し妻の姉と再婚した。

1．男・50歳代（M2.6.15）、霍乱

田植えが済んでサナブリ[1]の日に地下（じげ）役員の慰労会があった。酒を飲み冷やしそうめんを御馳走になった。その後に具合が悪くなりカクラン（霍乱）をおこし２日後に死亡した。冷やしそうめんを食べて死んだと云われている。他にも亡くなった人がいた。

2．女・70歳代（M17.7.4）、老衰

「老衰で死んだ」と云うが詳しくは不明。

3．男・74歳（S4.1.19）、肺炎

かぜがこじれて肺炎になり１週間寝ていて死亡した。

4．女・70歳（S3.6.17）、心臓病

子供を８人産んだ。１年半ほど患い、半年は寝たり起きたりしていて、死亡した。

5．男・35 歳（M43.10.7)、肋膜炎
小さい体でよく働いた人だという。朝星夜星で星のあるうちから星の出るまで働いた。働きすぎによるものだと思う。

6．女・33 歳（T4.9.22)、貧血（？）
神経痛・リウマチで三里に灸をすえていた。6月の田植時、灸が血管の上にあたり、多量出血した。その後、余病を併発し9月に死亡した。話者が9歳の時である。自分（話者）は、その後、母親の実家に引き取られ育てられた。

7．女・43 歳（S20.1.12)、子宮癌
詳しいことは不明。

[事例2]

話者：M・Mさん（明治 27 年1月生まれ）南桜、耕地面積　田一町歩、畑一反歩。

話者は明治 43 年に、17 歳で嫁いだ。夫（3.）の死後、話者は婚家に留まり、6年後に2番目の夫（4.）を親類筋から迎え再婚した。

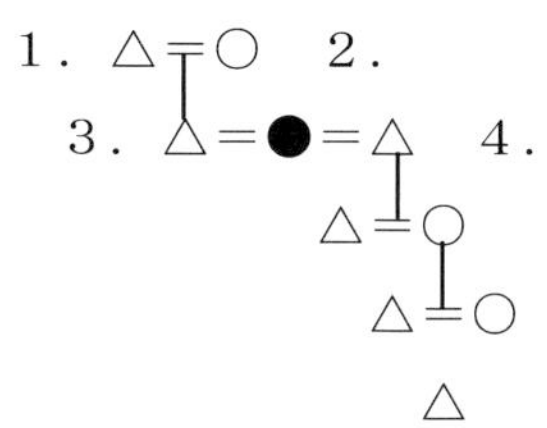

1．男・30 歳代（M20.7.）川で事故死
野洲川に大水がでて普請に出たとき、川に足を取られて死亡した。当時子供は 14 歳の女と 12 歳の男の子があった。

2．女・70 歳代（S4.）老衰（？）
老衰だと云われているが、病気だったと思う。肩が凝ると云って野洲町の按摩さんに行って帰りは大八車で迎えに行った。その後、1週間は寝たり起きたりしていて亡くなった。トコズレ（褥瘡）はできなかった。自分（話者　※以後、自分というのは話者のことである）が看病し看取った。

3．男・27 歳（M43.1.）急性肺炎
結婚して3日目に夫は発熱し、高熱が続いた。寝ずに看病したが7日間高熱が続いた後に死亡した。結婚して、10 日目であった。

4．男・79 歳（S49.）老衰　※話者の2番目の夫にあたる。
何となく元気がなくなり、寝込んで1週間目に死亡した。寝込んだら食べなくなった、便所の世話は1－2回してやっただけだった。トコズレ（褥瘡）はできなかった。自分が看病し看取った。

[事例3]

話者：M・Sさん（明治31年11月生まれ）南桜、耕地面積　田一町歩。

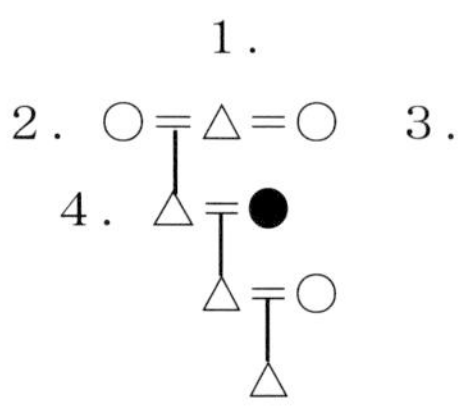

1．男59歳代（T5.1.29）胃癌

日頃から胃が弱く「胃が張る」とよく口にしていた。百日くらい家でぶらぶらしていたが、50日間は寝たきりになった。便所は自分で行っていたが、いよいよ動けなくなってから10日間ぐらいはサシコミ[2)] を使った。風呂に入れなくなってからは、体を湯で拭いてやった。話者と患者の妻（3.）が看病した。

2．女20歳代（M35.6.）産後の血の道

第二子を出産の後、死亡した。第一子（話者の夫）が10歳のときだった。

3．女　82歳（？）老衰

年寄病で死亡する前100日間は、足が不自由になり家の中を這って歩いていた。その間、便所はオマル（木製で、サシコミより高さがあるので動ける人が使った） を使い自分で用をたした。体は1週間に1回は吹いてやった。寝たきりではなかったので、トコズレはできなかった。朝、寝床を覗きに行ったら死んでいた。

後妻に来て5人の子供を出産した。自分が看病し看取った。

4．男　52歳（S18.9.9）肝臓病

ふだんから「胃が悪い、頭が痛い」とよく言っていた。酒好きの人だった。百日ほど寝込んで亡くなった。便所は最後まで自分で行った。尿瓶だけは 10 日間ぐらい使った。戦時中で滋養になるものが食べさせられなかった。菱の実がガンに良いといって買ってきて食べさせた。また、蛤の吸い物がガンに良いと聞いて食べさせた。戦時中であり、また、野良仕事の忙しい時で看病に苦労した。自分が看病し看取った。

[事例4]

話者：M・Sさん（明治31年11月生まれ）隣の家がM・Sさんの実家　南桜、耕地面積　田1町歩。　事例3．のM・Sさんの実家についてM・Sさん談。

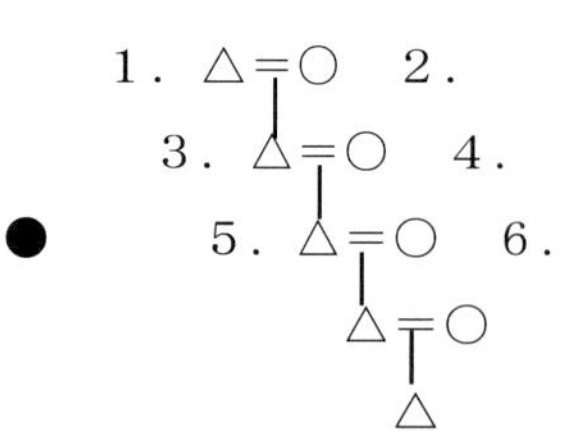

1．男　77歳（M17.）老衰
「老衰で死亡」というが詳しくは不明。
2．女　81歳（M25.）卒中
倒れて、ものも言わずにいて３日目に死亡した。M・Sさんが19歳のときだった。
3．男　41歳（？）結核
百日ほど寝ていた。寝たきりになってから、１か月ぐらいで亡くなった。トコズレができた。いつも青い顔をしていた。家の者で、他に結核になった人はいなかった。
M・Sさんが12歳のときだった。妻（4.）が看病した。
4．女　75歳（S20.）中風
少しふらつくと云っていた。次の日、寝ているところを覗いてみたらものを云わなくなっていた。その後は、食べられなくなり、便所もオシメドリをして10日ほどして亡くなった。自分（M・Sさん）も看病したが、主に嫁（6.）が看病した。
5．男　69歳（S40.6.5）胃潰瘍
長いこと胃が悪かったが仕事はしていた。再発して出血（吐血）し、家で寝ていて７日目くらいに亡くなった。
6．女　42歳（S13.11.30）血の道（流産の後）
６人目を流産して、その後具合が悪くなり寝ていた。百日くらい寝ていて亡くなった。
末子（第５子）は５歳だった。

［事例５］

話者：K・Tさん（明治33年８月生まれ）妙光寺、耕地面積　田一町歩。

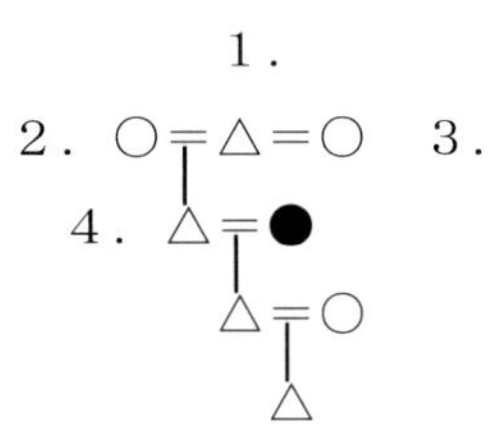

1．男　72歳（S6.7.）中風
コエカケ（肥やしを作物にかける作業）をしていて、柄杓がもてなくなった。「柄杓が落ちた、中風がでよった（でた）」といって畑から帰ってきた。治って５、６年は元気で働いていたが、昭和５年の秋から仕事をせず、寝たり起きたりしていて亡くなった。（この人の代に分家した）
2．女　37歳（M35.6.23）産後の血の道
第５子を出産した時は、田植えの直後であったという。出産後、間もなくの６月23日に死亡した。児は在所の乳のある人に預かってもらったが、直ぐに死亡した。近所の人が

「産後エンドウを実にしていて顔色が悪かった」というから、産後直ぐに仕事を始めたのではないか。

3．女　72歳（S20.1.2）中風

後妻にきて、本人は子供がなくて先妻の子供を育てた。

正月に親元（川西の中村）へ藪入りした。朝、家の者がおばあさんがなかなか起きてこないので寝床を見に行ったら意識がなくなっていて、そのまま1週間後に亡くなり家に戻ってきた。

4．男　52歳（S18.1.7）肝臓病

12月中旬から具合が悪くなり、次年の正月7日に亡くなった。11月末の秋終いの頃から食欲がなくなった。ご飯を口にして砂を噛むようだと云い、暮から寝込んだ。12月中旬頃から黄疸が出始めた。シジミが良いと云い毎日食べさせた。風呂に入れなくなってからは、毎日湯で体を拭いた。便所は最後まで自分で行った。

自分が看病し看取った。

［事例6］

話者：K・Sさん（明治35年1月生まれ）妙光寺、耕作面積　田一町歩・畑一反歩。

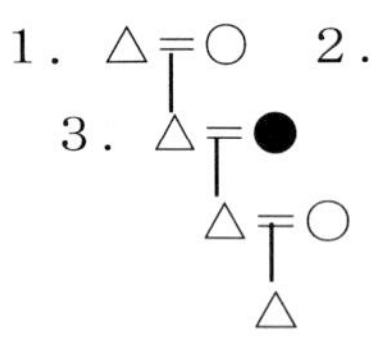

1．男　92歳（S32.12.9）老衰

養子にきた人。元気で働いていたが、死ぬ前日家の者に「隠居の周りに白い着物を着た人がいっぱいいるから見てこい」と本気で行った。東西に向かって手招きしたり様子がおかしかった。次の朝、寝床に起こしに行ったら枕をして寝ているように亡くなっていた。火が消えるような静かな死だった。自分が看病し看取った。

2．女　57歳（S3.8.12）中風

55歳の6月6日、田植えの忙しい最中に倒れた。中風で半身不随になり、2年間寝たり起きたりだった。2年後の8月に亡くなった（看護の詳細は後述）。

3．男　67歳（S22.9.）肝硬変

2年間は病弱になり家で養生していたが、その後に入院して病院で亡くなった。

［事例７］

話者：K・Hさん（明治41年２月生まれ）妙光寺、耕作面積　田一町歩。

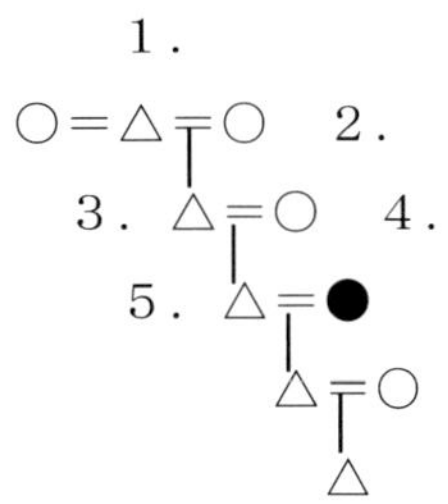

1．男　29歳（M？）死因不明

体が弱かったので百姓ができなくて小間物（櫛、髪飾り、油など）の行商をしていたという。死亡時、10歳（女）と９歳（男）の子供がいたという。

2．女　70歳（M？）シャッキ

シャッキで苦しんで死んだ、３人目の男の孫がうまれたときは喜んで酒を飲んでいた。その晩、腹痛がひどくなり、２日ほど苦しんで亡くなった。後家で苦労したという。話者が嫁にきたときは、１．２．３．の人は亡くなっていた。姑から聞いた話。

3．男　61歳（S6.4.12）肺炎

４月５日に八幡さんのお参りから帰り「寒くてかぜのようだ」と言って寝込み、高熱が続いた。医者を呼んで診てもらったら肺炎といわれ、間もなくの12日に亡くなった（看病の詳細は後述）。

4．女　77歳（S26.1.2）老衰

年寄病で隠居に一人で寝たり起きたりしていた。隠居は内便所になっていたから一人で便所へ行っていた。元旦のご飯をおいしく食べて子供たちとも楽しく話していた。２日の朝、コタツの火を入れに行って声をかけても返事がなく息が切れていた。

5．男　64歳（S43.7.1）尿毒症

病院へ入院して死亡した。

［事例８］

話者：Y・Sさん（明治25年10月生まれ）妙光寺、耕作面積　田８反歩。

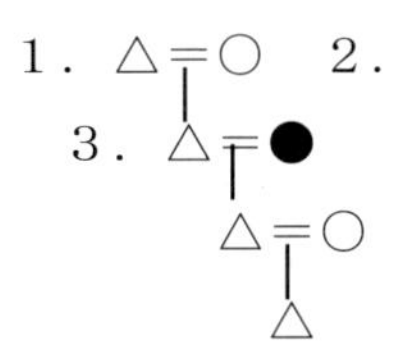

1．男（不明）

２．女　73歳（？）老衰

１か月ぐらいは年寄病で、ぐずぐずしていた。亡くなる15日前から寝たり起きたりでおしめを使用した。周囲は「死病や」と言って話した。

自分が看病し看取った。

３．男　44歳（Ｓ10.11.）胃潰瘍

４年ほど患っていたので仕事もぼつぼつで、野良で腹痛をおこすと畔に寝ていた。床に就いて１か月後に亡くなった。最後まで便所は自分で行った。家は貧しく、秋の取入れは忙しく十分な看病をしてやれなかった。親元から持ってきた着物を売って生鯖を買って食べさせるのが精一杯だった。

自分がこの家に嫁に来たとき村で一番の貧乏家だった。

家族の病歴について、若干の考察・まとめ

以上の事例を表に整理する（**表４.**）。死因を見ると、老衰は８人（70 歳以上）、中風・卒中は５人（81歳、75歳、72歳、72歳、57歳）、肺炎は３名（44歳、27歳、61歳）、婦人病は、「血の道」３名（20歳代、42歳、37歳）と貧血（33歳）・子宮癌（43歳）の５人[3)]、肝臓病は３人（52 歳、52 歳、67 歳）が注目される。この他に、霍乱、シャッキ、虚弱、そして肝硬変、胃潰瘍、尿毒症など、古い病名と現代医学の病名とが混ざって語られる。

老衰：老衰の８人は、全員70歳以上である。当時の70歳以上は長寿である。現代において老衰というのは稀で「○○病」と死因病名が付くが、当時の70歳以上の死因は大概「年寄病」で、そして医者に受診しない限り老衰であった。つまり、老衰は「年寄病」であり、「死病」であった。

肺炎；肺炎はインフルエンザやかぜと関連している。大正期インフルエンザのパンデミック（1918-1920 年）の感染経路は、藪入りや伊勢参りなど都市・神社などで感染した者が村に持ち帰り、村内ではフロカイト（もらい風呂の仲間の組）や親類の接触を中心に伝播した（**Ⅶ章**参照）。27 歳の急性肺炎死（No10）、八幡さんのお参りの後のカゼ（No.31）から見ても、このような感染経路を経て感染発病し亡くなる例が多かったであろう。

血の道：血の道で亡くなった３人は、20、30、40歳代の女性で出産に起因する。「貧血」と云う33歳死亡も「血の道」の範疇である。老人たちの話では「昔は青い顔をしている人がよくいて、顔色の悪い人のことが話題になったものだ」という。地域では、出産の多い時期に菜種や麦の収穫と稲の植え付けが重なる農繁期となり母性健康障害・死亡が増加したことが過去帳から読み取れる（**Ⅰ章**、**Ⅱ章**参照）。激しい労働・睡眠不足・栄養低下に妊娠・出産に因る心身の負荷が加わり強度な貧血状態の人が多かったにちがいない。貧血と寄生虫（回虫）の問題も密接であった。

卒中・中風：卒中・中風で亡くなった人は、すべて 70 歳以上である。卒中でも徐々に衰えていく場合は「年寄病」と云われた。昭和 57 年３月現在で南桜の戸数は 98 戸（人口

はおよそ500人）で、57年現在中風に罹っている人は４人（50歳代２人、60歳代と80歳代の各１人）。また、北桜は57戸、妙光寺は26戸であり両集落（旧村）とも、57年３月現在で中風に罹っている人はいない。中風について地域の老人の話では「最近のほうが若くて中風になる人が目立つ、昔は50歳代で中風になる人は聞かなかった」と云う[4)]。

肝臓病：肝臓病と云われ死亡している人は、50歳代２人（死亡月は９月と１月）と60歳代１人（死亡月は９月）の３人である。過去帳分析で見ると、秋から冬期に成人男性の死亡が女性より多くなる（例えば**Ⅱ章の図１．図２．**参照)。黄疸が見られると「肝臓病」とされていたが、その原因や病態の詳細は不明である。地域に多かったマラリアなども関係していたかもしれない。

肺病：41歳死亡。村で敬遠された病気に「トケ」「キチガイ」と「肺病（結核)」があった。わが国の衛生統計から見ると、戦後の1945年以降の結核の死亡率は激減の一途を経る。

表４．家族の死因と病歴―「難しい病気」「死病」―※M：明治、T：大正、S：昭和

(No) 事例	No（性）	年齢（死亡年.月）※	死　因	看護事例
（　1）1	1（男）	50代（M 2.6）	霍乱	
（　2）	2（女）	70代（M 17.7）	老衰	
（　3）	3（男）	74歳（S　4.14）	肺炎	
（　4）	4（女）	70歳（S　3.6）	心臓病	
（　5）	5（男）	35歳（M 43.10）	肋膜炎	
（　6）	6（女）	33歳（T 4.9）	貧血？	
（　7）	7（女）	43歳（S 20.1）	子宮癌	
（　8）2	1（男）	30代（M 20.7）	川で事故	
（　9）	2（女）	70代（S 4.?）	老衰？	
（10）	3（男）	27歳（M 43.1）	急性肺炎	
（11）	4（男）	79歳（S 49.?）	老衰	
（12）3	1（男）	59歳（T 5.1）	胃癌	
（13）	2（女）	20代（M 35.6）	産後の血の道	
（14）	3（女）	82歳（？）	老衰	
（15）	4（男）	52歳（S 18.9）	肝臓病	
（16）4	1（男）	77歳（M 17.? ）	老衰	
（17）	2（女）	81歳（M 25.?）	卒中	
（18）	3（男）	41歳（？）	結核	
（19）	4（女）	75歳（S 20.?）	中風	
（20）	5（男）	69歳（S 40.6）	胃潰瘍	
（21）	6（女）	42歳（S 13.11）	流産の後、血の道	

（２２）５	１（男）	72 歳（S 6.7）	中風	
（２３）	２（女）	37 歳（M 35.6）	産後の血の道	
（２４）	３（女）	72 歳（S 20.1）	中風	
（２５）	４（男）	52 歳（S 18.1）	肝臓病	
（２６）６	１（男）	92 歳（S 37.12）	老衰	**※A 事例 6.の話者本人**
（２７）	２（女）	57 歳（S 3.8）	中風	**※B 事例 6.の 2**
（２８）	３（男）	67 歳（S 22.9）	肝硬変	
（２９）７	１（男）	29 歳（?）	?（虚弱）	
（３０）	２（女）	70 歳（　）	シャッキ	
（３１）	３（男）	61 歳（S 6.4）	肺炎	**※C 事例 7.の 3**
（３２）	４（女）	77 歳（S 26.1）	老衰	
（３３）	５（男）	64 歳（S 43.7）	尿毒症	
（３４）８	１（男）	?	?	**※D 事例８.の話者の子供**
（３５）	２（女）	73 歳（?）	老衰	
（３６）	３（男）	44 歳（S 10.11）	胃潰瘍	

２.「難しい病気」「死病」の対処法—看護・治療—

「難しい病気」「死病」と云われた人たちの中から、４人の患者の事例を取り上げ看護・治療の様子を見よう。

A　事例６．の話者本人.

話者：K・Sさん（患者本人）

患者：K・Sさん（女　M35 年生まれ）　回虫（S６年　16 歳のとき）

病状経過の概略：嫁入りする前で 16 歳のときだった。急に腹痛がひどくなり、特に臍の周りが激しく痛かった。１日中死ぬほどの苦しさが続き、のたっていた（這えずりまわる）。遊びにきていた姪が様子を見ていて「もうじき死ぬわ」と言っていたのを憶えている。医者に診てもらったら回虫と云われた。薬を飲み栄養を摂って元気になった。

主な看護・治療：腹痛がひどく苦しんでいた時は母親が側に付きっきりで摩っていてくれて、チジミの着物を着ていたが背中のチジミがなくなったほどだった。医者は「回虫」と云い、虫下しの薬をくれた。顔色が悪く「血が足らない、心臓も悪い」と云われた。父親が別の医者へも人力車に乗せて連れていってくれ、医者から薬が出され飲んだ。何の薬か憶えていない。その頃は、人が家に入ってきても、姉や姪が来て逢っただけでも心臓がドキドキして苦しくなった。

〈食養生〉若鶏を食べると良いと云って親が若鶏を買ってきて食べさせてくれた。それから精がついてきて元気になってきた。

〈信心〉自分（患者）は幼少時から庭に祀ってあった三宝荒神サンに、オヒカリ（燈明）を必ずあげていた。苦しかった時、庭の荒神サンをじっと見て治ることを念じ守ってくれると信じていた。母親は母親で他の神様を信心してくれていた。

B　事例６．の２

話者：K・Sさん（患者の嫁　M35年生まれ）

患者：K・Nさん（女　M４年生まれ）　中風（S３年８月没、享年57歳）

病状経過の概略：昭和元年６月６日（55歳）麦刈りが終わった後、田鋤をして田植えの準備を始めるところだった。麦刈りが終わりほっとして、ゆっくり風呂に入ろうと姑は湯を沸かした。熱く沸かしすぎたので姑は、夫に叱られた。私が夕方、田から帰ってきたとき、姑が縁側で横になっているので「どうした？」と聞いたら、「おじいさんに風呂を焚きすぎて怒られたから、のぼせてかなわん、頭を冷やしてくれ」と云った。頭を水でどんどん冷やしていたら、言葉がはっきりしなくなってきた。おじいさんは、直ぐ医者を呼び往診してもらった。医者は中風だといった。その後、１週間は何も分からず寝たきりで、その間はオシメを使用した。徐々に意識が回復し、７月12日には発作後初めて「立たせてくれ」と云い、抱き抱えられて立った。便所はオマルを使うようになり、３か月後には一人で便所へ行った。１年後には他人の助けが要らなくなり一人で外便所まで歩いていけるようになったが、２年後に再発作をおこし、昭和３年８月に亡くなった。

主な看護・治療：

〈発作直後の世話〉ナンド（納戸）で寝ていた。意識のない最初の３日間は、体を動かさないでそのままにしていた。体は、毎日熱い湯で拭いてやった。寝たきりの間は、毎日熱い湯で体を拭いていたが、立てるようになってからは抱きかかえて風呂に一緒に入った。食事は摂れないので２日間は水を綿に湿らせて吸わせた。３日目にはヤカン１杯分の水を飲んだ。３日目から、スイチョク（ガラスの吸い飲み）で重湯を与えた。トコズレはできなかった。７日目頃から意識が戻ってきた。その頃、「中風にはサスリの人が良い」と他人から教えられ、さっそく頼んできて１か月間泊まり込みで付いてもらった。

〈サスリについて〉男性で70歳代だった。十里の人で、そこまで頼みに行った。目や体が不自由な人ではなく健康な人だった。リウマチや中風の人のスジを揉んだり摩ったりして直すことを専門にしている人だった。サスリのひとの手指が特別の曲がり方をしていた。サスリの専門以外のこと、例えば病人の下（排泄）の世話や食事・身の回りの世話などは行わない。料金は１日幾らと決まっていた。泊まり込みで１か月間いたが、その間に数件他の家からも依頼され出かけていくことがあった。

〈サスリの治療法〉病人には１日に数回（大体朝、昼、夕の３回くらい）時間を決めて摩ってくれた。１日に１回は必ず「干菜の湯」[5]に病人を入れて、煮出し袋で腕や足を摩りながら動かした。関節が固くなって痛がったりしたが、ゆっくり摩りながら揉み解し動くようにしてくれた。関節の固いところは玉子の白身をつけて揉んだ、「そのときは、べたべたするが乾いた後は、とても関節が楽になる」と患者はいっていた。

〈清潔、風呂など〉 ナンドに筵（むしろ）を敷いて、その上にユカンダライ[6]を置いて腰湯を使わした。そのときサスリは男なので患者が嫌がり、嫁の私が世話をした。湯は干菜（大根葉）・よもぎ・十薬（ドクダミ）・樟（くす）の葉を袋に入れてよく煮出すので黒褐色の湯になる。病人はユカンダライに座り、サスリはこの煮出し袋で関節を摩り揉み解した。その後に私が病人の体を洗ってやった。

〈食事〉 発作後３日目から重湯を与え、意識が戻ってきた７日目過ぎから、お粥にかつ節・みりん干し・ほうれん草のおひたしなど軟らかいもの、その後は軟らかいご飯に塩昆布・みりん干し・飛び魚の干し物などを食べさせた。滋養のあるもの・消化の良いものを与えるようにした。

〈薬〉 中風には蚕の糞が良いといった。三宅（みやけ）(地名)に親類があり、そこは養蚕が盛んだったので、蚕の糞を袋に入れて持ってきてくれた。「青臭くて飲みにくいが薬だから」と言って患者は、毎日煎じて飲んだ。

〈信心〉 姑が倒れた次の日から、夫と私（嫁）と相談して妙光寺山の不動さんへ祈願のお参りを欠かさなかった。仕事の田に提灯を持っていき，夕方仕事が終わると提灯を下げて不動さんへお参りして家に帰った。縁日には護摩を焚き御祈祷してもらった。また、不動さんの命日にあたる八の日には、家中の者が精進して魚はいっさい食べなかった。病人が歩けるようになったときの朝、寝床にいないことがあり、家中大騒ぎになって探し歩いた。そしたら、姑は妙光寺山から杖を突きながら帰ってきた。姑はその後もたびたび妙光寺山の不動さんへお参りしていた。

C　事例７．の３

話者：Ｋ・Ｈさん（患者の嫁　M41 年生まれ）

患者：Ｋ・Ｋさん（男　Ｍ３年生まれ）　肺炎（Ｓ６年４月　享年 61 歳のとき）

病状経過の概略：農作業がこれから始まるという時期だった。４月５日に八幡さんのお参りから帰ってきて、「寒くて風邪をうつってきたようだ」と云って床に入った。熱がでたが、やや良くなり寝たり起きたりしていた。再び、10 日に急に高熱がでたので野洲の医者に往診してもらったら「肺炎だ」と云われた。肺炎は死病だ。「あと１−２日」と医者が云ったとおり高熱は下がらずのまま 12 日には意識がなくなり死亡した。

主な看護・治療：病人の部屋一室（病室とした）には炭火を起こし暖かくした。炭火の上には金タライを置き、湯を沸かし部屋中に湯気を行き渡らせた。金タライの湯には医者が処方してくれたハッカ薬（ハッカ油）を入れた。往診の時、医者は体温を測り、温湿布の指示をし、ハッカ油の薬を処方した。体温計は当時、家庭には置いてなかった。金ダライの湯にハッカ油を入れ、手拭いに浸し患者の胸を湿布した。温湿布は一晩中身内の者が付いて交代で行った。温湿布はハッカ油だけでなく、久徳屋（前述）の辛子湿布（粉を湯で煉って布に伸ばして貼る）[7] を買ってきて胸や腹、足の裏にも湿布した。辛子湿布の方が、ハッカ油の湿布よりも温かさが長持ちして気持が良いと病人には喜ばれた。

〈食事〉お粥に梅干と玉子をつけて食べさせた。鯉の生き血が良いと云い飲ませた。「鯉の生き血をのませると生き返る」と云われていた。鯉は病人用として、また、祭りの御馳走用としてどこの家でも、川に囲いをして放し飼いにしておいた。

〈排泄〉は、患者の意識がある間は肩に抱えて支え外の便所まで連れていった（当時は外便所）。意識が無くなり動けなくなるとオシメを当てた。布団は厚く大きめの物を敷いて、その上にぼろ布を重ね敷いて寝かしていた。

〈看病人〉看病は男女とも身内の者が全員交代で行った。嫁の自分は、看病に当たる身内の人たちの食事の支度で忙しかった。

〈信心〉舅（病人）は五重（五重相伝の行）をうけていたので、病気で床に就いてからは度々胸に手を当て木魚を打つように胸を叩きながら「ナムアミダブツ」を唱えていた。

D　事例８．の話者の子供

話者：Ｙ・Ｓさん（M25年生まれ　患者の母親）

患者：Ｙ・Ｍさん（男　Ｓ元年生まれ）　腸閉塞（Ｓ５年７月　４歳のとき）

病状経過の概略：７月、姑が孫のＹ・Ｍ（患者）を連れて実家の墓参りに行くことになった。汽車で行ったが途中で孫が乗り違いをして、姑とはぐれたので一人で泣いて家に帰ってきた。姑さんも実家に行かずに家に戻ってきた。孫を見るなり、非常に怒った。その晩、Ｙ・Ｍは急に激しい腹痛を訴え、摩っていると腹が棒のように張ってくるのがわかった。夜通し痛がって泣いていたが、どうすることも出来ずただ摩ってやる以外になかった。激しく吐きだし、そのうち便を口から吐いた。便が出なかったからチョウズ（肛門）が詰まったと分った。口に入れるものは、直ぐに吐いて苦しんだ。７日間苦しんだ後、便が出て治った。

主な看護・治療：Ｙ・Ｓ（患者の母親）が側で夜通し一日中摩ってやるしかなかった。着ている寝まきが破れるほど摩っていた。田の草取りの忙しい時期だったので、昼は姑が子の側におかせてくれなかったので仕方なく田へ出て仕事をした。　夜は寝ずに摩っていた。医者に診せると良いと分っていたが、もし手術だということになると金が要る、貧乏していたからそんなことになったら困るという気持ちもあって医者に診せないでいた。何も食べないと体が弱ると云って吐いても牛乳を買ってきて飲ませたが、吐いてしまい身につかなかった。

〈信心〉苦しく可哀そうで側で見ていられなかった。近所の人に「可哀そうに、見ていないで信心したらどうか」と云われ、舅（患者の祖父）と夫（患者の父親）が安養寺のお地蔵さんに参った。夫も跡取りの一人息子だったので真剣だった。安養寺では「１週間、親の信心で治る」と云われ、毎日一生懸命に仏様にすがった。明日で7日目と云う日にチョウズが通った。その日も、苦しがっていた、座敷で寝ていて家族は居間で昼食を食べているときだった。何か音がすると思って音の方を見たら、6畳の部屋いっぱいに便が広がるほど出た。隣近所の人まで寄ってきて「良かった」と云って喜んで手伝ってくれた。信心のおかげでほんとうに良かった。早速、寺へ石屋に頼んで作ってもらった石の手洗いをお礼に持って家中で行った。

〈食事〉 チョウズが通るようになってからは、食事をうるさく気づいた。初めは牛乳だけを飲ませ、その後からお粥・玉子、小豆を入れたおにぎりや煮魚など食べさせ元気になっていった。

「難しい病気」「死病」の対処法について、若干の考察・まとめ

①比較的容易に医者に受診している。当時、医者に罹ることは経済的に負担であったといわれるが、それでも大概の病人は受診している。それは、数人の医者が近くに居たことに加え、受診可能な経済性を備えていた地域であったためと云える。

②食養生が実行されていた。例えば、肝臓病や癌にはハマグリやシジミ・菱の実、貧血には若鶏、トリ目には鰻・鶏の肝・玉子、衰弱した病人には鯉の生き血などが摂られていた。一般的に病人には、玉子や鰹節を食べさせた。

③当時としては、医者や食事療法には比較的恵まれた地域であった。食養生の実行が可能であったのは、琵琶湖が近いことや野洲川から魚が取れたことでタンパク源が入手しやすい地域であったことが影響していたであろう。

④病気の対処法において、看護の力が主力であった。病人は家庭看護の中で病気を治し元気を恢復させている。病人は自分の家の中で家族を中心に親類・隣近所の人たちに直接見守られながら看病されている。看病人の中心は女性（母親、嫁、妻など）である。

⑤看護では病人の苦痛の部位を中心に手で摩る・撫でる・揉むなど直接肌に触れ合うスキンシップが行われる（母親が病児の着物のチジミが消えるほど・擦り切れるほど摩っていた行為、熱い湯で体を拭く行為など）。

⑦病気への対処には、信心（祈り・祈祷を含む）が必ず行われている。手で摩る・撫でる・揉むなど直接肌を触れ合うスキンシップの行為とともに、苦痛を除き・病気を治すための祈願（祈り・信心）が行われている。

⑧病人の世話の一つに病人の体を拭くことが必ず行われている。現代医療の看護における「清拭」は、入浴による体力の消耗を防ぎ、また、清潔を保つことを主な目的とする行為である。しかし、ここでは「熱い湯で体（主に背中）を拭く」ことが、直ぐ（容易に）行われているのは体力の消耗や清潔への配慮というより、病人への思いが行為となっている。つまり、摩る・撫でる・揉むなどと同様にスキンシップを伴い「拭く」行為は治癒祈願・同情の表現行為と云える。

⑨病人の排泄行動を見ると、意識が無くなり、あるいは全く衰弱して動けなくなるまでは、

どんなことをしても自力で便所へ行っていたことが分かる。当時は外便所であったから、他人の肩を借り数人に支えられ自力で用を足した[8]。

⑩体を拭くことは容易に援助してもらっているが、排泄のため便所へ行くことはあくまで自力で行い可能な限り他人の援助は受けない。病人は「便所の始末をしてもらうようになったらおしまいだ」という意識があり、逆に病人が便所へ行けるうちは「自分は生きている」という自信や励みに繋がっていたと思われる。体力の消耗を防ぐためにという配慮からサシコミ・オマルやオムツを使用する、という考えは見られない[9]。

⑪病人が床に就くようになると、１週間くらいで亡くなっている事例が多い。衰弱して食事摂取をしなくなって７日目くらいである。この間意識のある患者は、最後まで便所は自分で行った。このような場合の患者は、トコズレ（褥瘡）ができない[10]。

⑫患者を直接看病するのは家族だが、患者・家族を取り巻く親類・隣近所の人々も看護に加わっている。現在と比較して、人と人の直接的な心身の触れ合いが非常に濃密に行われている。

⑬対処法の家庭看護をみると、現代医療の治療・看護に決して劣らない内容・方法が見られる。これら、４つの事例は地域で特別な家ではなく平均的家庭であった。当時の家々において、このような病人の世話が実行されていたことは注目すべきことであり、看護史の上からも地域調査を通して看護の再考・検討が必要になるだろう（看護学においてこの種の研究は稀である）。

３．死後の世話・対処法

現在では病院で死を迎えることが多く[11]死者の世話は看護者によって「死後の処置」として行われるが、当時は家族や身内の者の手によって行われていた。死者の世話について見よう。

［事例６の話者の姑］　K・Sさん（女　M35年生まれ）談

「座敷に莚を敷いて、その上にタライを置いた。初めに水を入れ後から熱い湯を注ぎユカンする湯を用意した。身内（死者の兄弟・姉妹と死者の子供・娘夫婦）の全部で10人で湯灌を行った後、サラ布の白い着物を着せてから棺に寝かせた。そのとき、オイド（肛門）の下は汚れるといけないので灰を敷いて、その上に布を敷いておいた。「中風で長いこと寝ていて可愛想だから寝棺のほうが良いだろう」と云い、死者の夫が特別の寝棺を用意した（当時の地域では四角の座棺を使用していた）。棺の中には、五重（五重相伝のこと、浄土宗で信仰の確定を証明し信徒に与えられた）を受けたときの着物と巻物・散華落・数珠・お参りしたときの有難いもの（寺や神社参詣のときのお札など）、また、一厘銭を六枚（穴が開いている）を入れた。

地域における一般的な死後の対処法は、亡くなると死者の体を湯でサラ布（新しい手拭い）を使ってきれいに拭いてから、白い着物に着替えさせる。家によっては、タライの湯の中に死人を入れて洗った。この時使うタライをユカンダライ（前述、注６）参照）と云い、湯を使うことを「ムク湯を使う」あるいは「ユカンする」と云った。湯灌を行う者は身内（死者と血縁の近しい順に子供・兄弟姉妹など）が行い、男女とも身内の全員が寄って、いっしょに拭いたり着せたりした。湯灌の後の湯は、穢れているのでアキの方（かた）（暦でその年の方角がわかる）に穴を掘って捨てた。また、家によっては、タンオケ（肥桶）に入れてサンマイ（埋墓）[12]へ持って行って捨てた。

死者と身内の者との関わりが現代と比較して、看病と同様に身体的触れ合いを通じ親密であったことが見られる。

まとめ・考察

地域の人々が「病気」とする内で死に至ると思われる病気は「死病」と云われた。また、「死病」の前段階と思われる重症な状態は「難しい病気」と云った。

「死病」は、激しく苦しむ重篤な状態を伴うことが多いが、老人が衰弱し床に臥しがちになり死期が近いと思われる状態のときも「死病」と云った。70 歳過ぎて体力が衰えてくる状態は、一般的に「年寄病」「死病」と云った。

「難しい病気」「死病」の対処は、「自己手当」や祈祷・呪いが対処法の殆どである「ふつう」の病気に比べ、家族による看護や養生が主になり、信心・祈祷が行われる。そして、「死病」では医者に診てもらう（**表１**．参照）。一般的に医者の往診は治癒への期待というより臨終の儀礼のようであったと云える。「難しい病気」「死病」対処の主は、女性による家庭内看護であった。看護行為は、摩る・撫でる・揉むなどのスキンシップを通して行われることが主であった。また、信心・祈祷が必ず行われていた。

「難しい病気」「死病」の内容は地域農業と密接である。なかでも「血の道」、「卒中・中風」、50、60 歳代男性の「肝臓病」が注目される。「血の道」に代表される女性の病気・死亡からは、後妻の事例が上記の事例以外にも多々聞かれた。農業経営を維持していくための労働力維持が必要とされ、そのために出産女性および多産に期待がかけられた地域であったと云える。この地域は多産・多死の農村地域と云え（**Ⅵ章、Ⅶ章**参照）、そのことと関連した民俗慣行が見られる（詳細は**四節**．年中行事参照）。例えば、看護を通して見られた民俗慣行では、嫁入り道具の一つにユカンダライを持っていくことがあり、ユカンダライは「死後の処置」における死者の湯灌のとき、籾種を浸けるとき、産後の腰湯のとき、以上の三つの場面において必ず用いられるものであったという。この慣行は米作り穀倉地帯における再生・豊穣・多産の象徴とも云える。地域農業と病気・対処法・観念が密接に関連していることが見られる。

注

1）サナブリの行われる日にちは、その年の水の具合によって異なるが大体6月20日ころに行われた。サナブリの御馳走は、そうめんと決まっていた。

2）サシコミはブリキでできた便器。先端が平らに近く段差がないので、患者は腰部を持ち上げる負担が少ない。

3）「血の道」は、妊娠・出産による病気のみの印象であったが、女性特有な生理や妊娠・出産に関係する（続発して生じる）「ナスビが下りた」「シラチ」「ナガチ」などの病気も「血の道」の範疇で語られていた。実際は、妊娠・出産を終えた後の30歳代後半以降の女性が、この種の病気で密かに苦痛を味わっていた事例が（表だって語られることが少ないだけで）多々あったと思われる。

4）筆者が勤務していた長野県の地域と比較してみると、昭和40年代頃までの長野県の中風罹患率は高かった。滋賀県野洲町の地域と長野県東北信地域の中風罹患率および罹患年齢の差は、医学的には気候・食生活・労働などの要因分析もできるだろうが、日常の精神生活という観点から村落の社会構造・文化も含めて考察してみる必要があると思われた（別稿とする）。

5）「干し菜」の湯は、主に干した大根葉を煮出した湯（詳細は次の**四節**参照）。

6）嫁入り道具の一つに３つ組（大中小）のタライがあった。その内で大きいタライは「湯灌ダライ」とも云った。湯灌ダライの使用は、事例のように病人の腰湯にも使ったが、主に種籾を水に浸しておくとき、産婦が産後の「干し菜の湯」に入るとき、そして死者の湯灌のときに用いたと云う（**X章　資料Ⅱ**の３．写真参照）。

7）辛子湿布は、民間療法として広く普及していて治療効果も高く現在でも活用されている。

8）“息をしている（生きている）かぎり便所は自分で行く”という意識は、長野県戸隠芋井村の事例（大柴　1992 : 1,2）はじめ、筆者が調査した松本市内田地区、飯田大草村、佐久地域、山梨県北部地域（未発表）などでも同様であった。戦前までの日本人は、おしなべてこのようであったと思われる。

9）注８）に同様。現代医療看護が普及する以前には、“最後まで排泄行為は自力でするもの“という、世間一般の意識、通念が存在していたと思われる

10）注８）に同様。トコズレ（褥瘡）発症の要因は低栄養・圧迫（循環低下）・不潔である。トコズレが出来ないで死を迎えることができたのは、自力の意識で臨終まで体を動かしていたために、圧迫（循環低下）の要因が除かれていたことが大きく作用していたと云える。

11）2011年の医療白書によると、病院施設内で死を迎える人の割合は81%、自宅死は13.9%（出典2002年）の報告がある（『医療白書2011年度版』日本医療企画）。

12）調査地は両墓制（死体埋葬墓とは別に石塔を建て詣墓を設け、２つの墓地を持つこと。『大間知篤三著作集』三所収、1976参考）の地域で、埋葬墓地をサンマイと云う（**X章　資料Ⅱの６．写真**参照）。

四節　農村生活と病気および年中行事に見る病気予防の実践

病気と農業労働・暮らしの季節的サイクルについて記し、次に、年中行事に見られる病気予防の実践について見よう。

1．　農業労働・暮らしのサイクルと病気

今までの研究から、農業労働や暮らしのサイクルと病気および発病が関係していることが見られた。概要は次のようである。

田植期の出産ピークと成人女子死亡の高率：６月（旧暦）、７月（新暦）の田植え時期（裏作の菜種の刈入れが重なる）の農繁期は出産が集中した。妊娠・出産は生理的にも貧血を来し易い上に、農繁期の労働過重・睡眠不足・栄養不足という悪条件が加わり極度の貧血状態をきたした人も多かったであろう。労働過重・睡眠不足・栄養不足、そして貧血は、危機的な出産障害や感染症を招く。そのことが７月（旧暦）・８月（新暦）に成人女子の死亡が特に高くなった背景であろう。出産のピークが６月・７月に見られるのは、農閑期の受胎という農業労働の季節性に関連していた。つまり、婚姻（嫁入の労働力期待）に続く妊娠・出産が、農業労働に規定されていたと云える（**Ⅰ章**、**Ⅱ章**参照）。

夏期（お盆・祭り）の共食と消化器系伝染病の高率：およそ明治期までは、著しい夏期の死亡ピークが見られた（**Ⅲ章**、**Ⅶ章**参照）。夏期死亡者のピークは、春からの農繁期が一段落する７・８・９月（新暦では１か月ほどずれる）になる。７・８・９月は１年の内では比較的のんびりできたと云われる時期で、主な行事のお盆や祭りが行われる。お盆や祭りには藪入りや来客があり、在所は他所との出入りが増える。そして、共食・接触の機会が増える。御馳走による栄養摂取が得られる利点がある一方で、夏の高温・多湿と蠅や蚊の繁殖は病原菌の増殖・媒介の好条件となり、地域農村の地理的環境―高温多湿、天井川による雨季の洪水と汚染、溜池の氾濫、飲用水の川筋共同使用など―が、消化器系伝染病の好発となったと云える（**Ⅵ章**参照）。この状況を背景にして、赤痢・疫痢・チフスなどの消化器系伝染病が多発した。

晩秋（秋終い（あきじま））と成人男子の肝臓病・原因不明の死亡：秋の農繁期が終わる晩秋（秋終い（あきじま）の頃）から初冬に、成人男子の高死亡と肝臓病が見られる（例えば、**三節．**参照）。原因は不明だが、過酷な肉体労働との関係が予想される。男子の過酷な肉体労働の主は、農繁期における牛耕・播種と「井掘り」作業がある（**Ⅰ章**参照、大柴　1983：842）。特に、５月から９月頃まで続く「井掘り」作業の激労は有名で、地域では一口に「三上、南桜の男はえらいところ」と云われていた[1]。秋の農繁期には、牛耕と稲の刈入れ・脱穀・運搬作

業がある。春・夏の食生活においては、川を遡上してくる魚のタンパク源と新鮮な野菜が収穫できたことから体力維持ができた。そして、お盆の時期はもっとも体が休まる時期であった。一方、秋から冬にかけての農繁期の食生活は、春・夏の時期と比べて劣る。そして、「井掘り」から米収穫後の牛耕（全部の田）・脱穀・運搬などの肉体労働は男の仕事になる。秋の農繁期は「布団で寝なかった、月明りで米の刈取り・脱穀をして早朝にはまた田に出て仕事をした、麦の播きつけが遅れると来年の収穫に影響するから殺気だって仕事をした」という。このような、過酷な肉体労働・睡眠不足・低栄養状態が、成人男性の寿命を早め、晩秋から冬期にかけて成人男性の死亡が高くなる結果となったのではないか。マラリア感染との関係も考えられる。

冬期（参詣）のかぜ・インフルエンザの感染：農閑期の冬期になると、伊勢神宮・八幡宮・善光寺・大峰山などへの参詣が行われた。講の代参以外にも参詣する人は多く、参詣は在所から外の地域に出掛け、そこで他所の人々と接触感染して家に持ち帰り、家族・親類・近所へと感染を拡大させた事例が見られる（**Ⅶ章**参照、大柴　1980：131）。かぜ・インフルエンザや肺炎の感染が、冬期の参詣による他所との交流・接触を機に蔓延した様子が見られる。

2．年中行事、健康祈願・病気予防

ここでは、昭和30年代までの南桜の年中行事を取り上げ、その中に見られる健康祈願や病気予防の儀礼的行為を主に見ていこう。

大晦日から元旦

41歳、42歳、43歳の厄年とその前後の歳の男たちは、大晦日の夜から元旦にかけて厄除けのため、野蔵神社（氏神様、神社合祀前は大晦日の12時をまわると提灯を下げて村内の各神社ごと詣でたが、合祀した現在は野蔵神社だけへ参る）にお籠りして石の灯篭を献上し神社の祭典に奉仕する。

1月1日（元旦）

早朝、家族一同、身を清めてから（顔を洗い口を漱ぐ）、初水を汲んで沸かした湯を梅干しに注いだ大福茶を飲んで祝った。この茶を飲むときは、お多福の絵が描かれた大福茶碗を用意する家もある。この後、一家で野蔵神社へ宮参りしてから雑煮を頂いた。現在は宮参りをしない家が多くなった。

1月2日（仕事はじめ）

早朝に野蔵神社へ参詣しこの年の農作業の無事と健康を祈願してから、女は洗濯を行い（洗濯初めと云う）男は苗代掘り（耕作）を始めた。

1月3日（山の神のオコナイ）

3日の晩に野蔵神社で儀礼をおこなう。「山の神のオコナイが済むまでは切れ物や紙を使うな、ということになっていた。つまり、3日間は何も仕事をせずに遊べという意味だ」と云われた。

1月3日・4日・5日（御神事―暮の28日から準備に入る**）**

野蔵神社の祭典で5日には神事餅(しんじもち)が各家に配られる（詳細は次に述）。祭典では多量の餅搗きが行われ振る舞われる[2)]。この祭りは豊穣と子孫繁栄と健康祈願のために行われる[3)]。

また、南桜のはずれに天台宗聖応寺（檀家は持たず住職は一代限りで交代する）では、加持祈祷が行われ、人々の悩みや心配事の相談に応じた。年初めに村人の多くが、その年の健康・安寧・多幸を祈願して加持祈祷をうけた。

1月1～3日（正月の福藁）

正月は庭に藁を敷いておくのを福藁と云った。3日間この上を歩くと軟らかくなるので、3日目の夕方まとめて午屋の口できれいにすぐって、これを5月の苗取り時に苗を束ねるのに使った。福藁で束ねると豊作になると云った。

1月5日（御神事）

野蔵神社の祭典の5日は特に「御神事」とも云い、「神事餅(じんじもち)」（ニグチモチ〈煮口〉、ゴクモチ〈御供餅〉、オトコモチ〈男餅〉とも云う）が各家に配られた。神事餅(じんじもち)は小豆が入った餅で、5日には神事餅(じんじもち)を全戸に配った。昔は、一戸に15歳以上の男の人数分だけ、例えば5人ならば五重(いつかさね)（一重(ひとかさね)は五合取りが二つで、一升分としたので五升となる）を配ったと云うが[4)]、今では一戸に一重（今は、1個は1合半で一重ねにするので三合取りになる）になっている。神事餅(じんじもち)を嫁は一重ね1人で全部食べなければならないことになっている。食べると子が授かるといわれ、子宝に恵まれない女性がこの餅を食べると子供ができると云われている。神事餅は親類・縁者や他所（南桜以外）からも餅の要望があるため余分に作っておくという。

また、5日の村社の神事のときは、ジョウトウ・ネトウ・スケトウの名前を報告し（詳細は、喜多村　1979：60 参照）、ゴハン（御判、男根の形をしたもの）を座っている各人の頭に押す真似をして回る。これを頂くと1年中無病息災で精力的に暮らせると云う。現在も行われている。

1月7日（七草粥）

1月15日（小正月：注連開(しめびらき)、聖応寺の祈祷会、青年団の入会・脱会式）

注連開では、注連縄を全部外して焚き、その火で小豆粥を炊いて食べた。小豆粥には5日に配られた神事餅(じんじもち)（前述）を入れて食べる。この日に子供がいない嫁や子宝を願う嫁は、必ず一重ねの餅を一人で全部たべないとならない。子供がいない親戚にはジンジ餅を分けてやり、また、他所の村から予約で頼まれる家もあった。現在でも、南桜のジンジ餅は他村にも知れ渡り重宝されている。

聖応寺の祈祷会では、聖応寺の住職（法印と云った）によって、村中の無病息災の祈祷が行われる。この祈祷会は1月15日、5月15日、9月15日の年3回行われ、現在でも行われている。また、現在は成人式の日だが昔は青年団の入会式（15 歳で入会）と脱会式（26 歳で脱会）を行った。

1 月 18 日（十八粥）

15 日にたくさん作った小豆粥の残りを、この日に食べた。この日に小豆粥を食べておくと、農作業中に蝮に噛まれないと云った。

1 月 20 日（蔵開き）

蔵に供えた鏡餅を入れてぜんざい餅にして食べた。鏡餅は「20 日ネズミで歯がたっしゃになる、強い歯になるように」と云って食べた。

2 月 3 日（節分）

当年に普請する家では、節分の日に青竹に注連を張って地均しておけば災厄を免れると云った。歳男は「福は内、鬼は外」と云って豆まきをして厄を払った。また、節分の豆は仏壇に供えておき、初雷（節分の後に最初に鳴る雷）が鳴ったとき仏壇からとって食べると、雷にやられないと云った。神社では厄年の人たちのために節分厄除けの祭典が行われ御守札（おまもりふだ）が授与される。なお厄年の女は立木の観音へお参りする。

2 月 11 日（春のお日待ち、祈年祭）

春のお日待ちを行った（昔は初午の前日に行われていた）。日の出を拝し、その年の村の安全と豊穣を祈った。氏神さまの野蔵神社では村の安全息災・五穀豊穣を祈る祈年祭が行われる。

2 月 13 日（獅子舞）

伊勢大神楽の獅子舞を行う。「藪入り」し、獅子舞見物は「見合い」の場になった。この日はうどんを食べる。これは、熱い湯で温めたうどんを汁に浸けて食べるもので、細く長生きできるようにという願いが込められている。

獅子舞には藪入りし青年のお見合いの場になった。この後結婚が成立する。

3 月 8 日前後（大護摩焚き）

聖応寺の大護摩焚きが行われた。法印による村中の家内安全・無病息災のための行が行われる。戦前までは、行者講の人たちによって護摩焚きが行われていたと云う[5)]。

3 月 9 日（新明神社の祭り）

3 月 16 日（春の伊勢講）

4 月 1 日（入学式）

新入学の子供は、氏神様で神主により健やかま成長と学業成就を祈願し、祈祷が行われお守りが渡される。現在も行う。

4 月 3 日（節句）

昔のお節句の御馳走は、「タニシ（田螺）のしぐれ炊き」（タニシを 7 日ほど水に浸して泥を吐かせた後、殻からタシシを取出し、それを藁灰に混ぜて揉み、あくを取って洗い流してから醤油で煮つける）とお寿司と決まっていた。「タニシのしぐれ炊き」を食べると、流行病や水あたりの病にならないと云われ、家中で分け合って食べた。

4月8日（甘茶の日）

報恩寺で甘茶を頂く。家に甘茶を持ち帰り、それで墨を擦り「八大竜王虫除守」と書いた紙札を用意する、その紙札を便所など虫の発生するところに貼っておくと虫除けになると云った。

4月9日（稲荷祭）

4月15日（山王日吉神社の祭礼）

4月25日（天神祭）

5月5日（野蔵神社の春の例祭、節句） 6）

葦の葉と若いすすきを取ってきてチマキを作った。菖蒲・よもぎを刈り取ってきて屋根を葺く。菖蒲とよもぎの湯に入り健康を祈る。夜露に濡れた菖蒲やよもぎの露が体にかかると健康になると云った。

野蔵神社へ参拝し「たっしゃで植え付けができますように」と祈り、チマキ・菖蒲とよもぎを供えた。昔は、牛も一緒に連れて行き参拝し、お供えの後の菖蒲とよもぎを牛の角に鉢巻して帰ってきた。牛が健康で働けるようにと願った。人間も菖蒲を頭に巻くと頭痛にならないと云って巻いた。牛がいなくなった現在は、耕運機に菖蒲やよもぎを飾っている。

神棚のある部屋には、女の蓑を敷き、その上に菖蒲・よもぎ・みょうが・青梅を備え、苗代から苗を持ち帰り、チマキとお神酒を供え田の神様に今年の豊作をいのる苗祭りを行った。

5月15日（聖応寺の祈祷会）

聖応寺の法印により、村中の無病息災の祈祷が行われた。

6月1日（御田祭、仕事休の日）

水田の仕事は休みにした。

6月10日ころ（井ロアケ）

（「代かき」のため井の取水口を開き村の水田に水を導入する日を「井ロアケ」と云った。）

井口に寿司や取り魚をいれた弁当（ハレの食事）を持って行き田用水の恵みを感謝して、共にお神酒を頂き弁当を食べた。

6月末ころ（サナブリ）

田植え終（しま）いの日で、村中が仕事を休んだ。

7月（田の草取の「寺草」）

田の草取り期間中の内の１日は「寺草」（寺の草取り）があった。寺草は、各家から一人出役して病人のいる家の草取りをし、その報酬を寺に拠出したので寺草と云った。拠出金は、寺行事の費用に使った。

7月7日（井戸替え）

7月14日（八坂神社の祇園際）

7月19日（野止め）

田の草取り期間中だが、野良仕事は一斉に休みの日とした。

7月24日（愛宕祭）

7月28日（野上祭）

アンコ餅（小豆の餅）を作って親類へ配った。田仕事は一段落する。

7月（土用：薬草取り、土用餅、鰌にゅうめん）

薬草取りは、土用の時期になると村中こぞって野洲川の土手へ行きヨモギやゲンノショウコやドクダミを取りに出掛けた。それらは薬草として乾燥させ、叺に入れて保存しておく。アカ葉（大根葉を乾燥させたもの、「干し菜の湯」に使う）も保存しておいた。これらは、冬期間の冷えや病気予防のために湯に入れて用いた。

土用の時期、痔病のある人は河原へ行って熱く焼けた石に座ると治ると云われていて行った。

土用には餅を付き、土用餅と云った。「土用餅を食べるとハラワタ（腸）になる」と云われたことから「ハラワタ餅」とも言った。現在も菓子屋では、土用の牛の日に「土用餅」を売っている。

土用の時期には各家で「にゅうめん」を食べた。味噌汁の中にカボチャ・ナス・インゲンなど時期の野菜と鰌を入れて煮込んだもので、親指ほどの鰌がまるごと入っていて旨かった。親類・近所を互いに呼び合い食べたから、時期には度々鰌の「にゅうめん」を食べることができた。

8月6日、7日（七夕祭）

子供の成長を願い感謝をこめて七夕祭を行った。

8月8日（施餓鬼）

8月11日（お盆の準備、家・寺の仏壇の磨き掃除）

8月12日

8月13日（オショウライさん迎え）

8月14日～16日（お盆）

8月18日～20日（青年団のもらい盆）

午前中は地下の奉仕、午後は報恩寺本堂に引幕を張り青年団が主催で盆踊りや歌舞伎芝居・浪花節などが行われた。

8月20日（神社の大掃除）

8月24日（地蔵祭）

子供が健康に成長するよう御加護を願い、百万遍の御数珠繰が行われた。

8月31日（宮籠り）

組当番は、氏神様の境内に座敷を作り、手作りの肴を持参して参詣し、明日の厄日が事無きようにと祈り宮に籠った。

9月1日（二百十日の厄日）

稲作の無事を祈った。

9月15日（放生会、八幡宮の御祭礼、聖応寺の祈祷会）

放生会は、この日の全ての殺生を禁じた。また、八幡宮の境内に座敷を作り祝宴を開き宮籠りした。

聖応寺の祈祷会では、法印により村中の無病息災の祈祷が行われた。

10月16日（秋のお日待ち）

豊作祈願と共に健康で働けるように祈願した。

10月17日（野蔵神社の秋の例祭、相撲祭、十酒（とおざけ））

野蔵神社へ秋の収穫が健康で無事に働けることを祈願した。各人が「無事に農繁期を乗り越えられますように」と祈った。祭りでは相撲、十酒の儀礼がおこなわれた。この祭りの翌日から一斉に稲刈りを開始した。

11月3日（文化の日、昔は天長節）

村中の稲刈りが終了し、田刈鎌を洗ってしまう。神棚に燈明を灯しご飯と焼き物を供え田の神に感謝した。

11月23日（勤労感謝の日、昔は新嘗祭）

氏神様で神様の恵みと御加護に感謝を捧げお参りした。

旧暦の11月1日（アカノカシラ）

旧暦の11月1日はアカノカシラと云い、秋終（あきしま）いの祝い餅を搗いた。アンコロ餅（小豆を甘く煮て餅に付ける）と決まっていた。娘の嫁ぎ先や嫁の親元へアンコロ餅を届け、互いに健康で収穫を済ませたことを報告し喜び合った。

12月27日（守山の大市）

守山の大市には、村中こぞって暮の買い物に出かけた。

12月28日（牛王祝い、寺の餅搗、正月の準備）

ゴウイワイ（牛王祝い）：野蔵神社の神事当番の家では、親類・友たち・近所を本膳（鯛の焼き物が付く）で呼ばなければならない。

12月31日（大晦日）

まとめ

農業労働や暮らしのサイクルと病気は密接であった。また、農業労働や暮らしのサイクルの節目にある年中行事には、農耕儀礼とともに病気予防の祈願や対処法が実践されている。最大の年中行事は正月とお盆である。これに次ぐ大きな行事は、氏神である野蔵神社の春（5月5日）と秋（10月17日）の例祭がある。春・秋の例祭は、農繁期の始まる直前に行われ、豊作と繁栄を祈願すると共に、まずは農繁期を健康で無事に働き通すことができるように祈願した。正月（冬）とお盆（夏）、春と秋の祭という四季の節目に大きな祭りを行い、また、この四季の節目の祭り以外に月に１度は必ず祭り行事があった（**１章**、大柴　1983 : 843 参照）。南桜の祭りの御馳走には必ず餅を食べた。これを「桜の餅」と云い、近隣の在所に知れ渡り有名であったという。普段の粗食が、祭りの御馳走と餅で栄養（タンパク質・脂質・高カロリー）を補うことになる。また、また、農繁期中には祭日以外にも「野止め」（仕事休み）の日が村全体の掟として設けられていた（大柴　1983 : 842）。このように月に１～２度の休息日が設けられ、休息と栄養補給により激しい労働に対処し、病気予防と健康の保持・増進が図られたことになる。また、夏の土用には「ハラワタ餅」「鮨ニュウメン」の日があり、栄養補給と夏の暑気予防や流行病予防に備えた。

毎月１度は必ず餅を食べる祭り行事、そして「ジンジ餅」では嫁が一重ね全部を食べないとならないという慣例があり、それらは米作り穀倉地ならではの特色と云える。なお「ジンジ餅」は、嫁を保護し嫁の健康管理と子孫繁栄のために編み出された対処法とも云える。

そして、過労や障害が予測される農繁期の直前や伝染病が流行するだろう直前には、個人的および村全体として無病息災を祈願して寺の法印（戦前までは行者講が中心）により護摩を焚く祈祷会が行われていた。

年中行事の儀礼は五穀豊穣と子孫繁栄の祈願と共に、それを成就させるための健康と病気予防の実践行動が伴っている。

注

1）「井掘り」（イホリ、イノボリ）と呼ばれた作業の激労働は地域では有名であった。我が村の田に水を引くために少しでも低く川を掘り下げ登る作業で、背丈以上の深さにまで掘り下げる。特に旱魃期の「井掘り」作業は過酷であり、野洲川一帯の水争い・紛争も絶えなかった（水争い・紛争については福田　1978 : 75-81 参照）。掘り下げても、次の日には埋まってしまうから毎日行く、朝仕事を終えて８時ころから男は毎日べんとうを背負って、じょれんを担いで「井掘り」に出掛けたと云う。「井掘り」作業は、野洲川にダムが完成する昭和 30 年代初めまで行われていた。

2）各家へ一重ね（３合取り）を、南桜全戸（100 戸として）だとしても 300 合＝30 升になる。「昔は 15 歳以上男子全員に１升取りの餅を配った」と云うから、100 戸中に 15 歳以上の男が 200 人いたとすると 200 升（40 升＝４斗＝１俵から、５俵）になる。依頼される親類・縁者の分も加わり、実際は６－７俵以上の餅を搗いたという。

3）豊穣と子孫繁栄と健康への祈願は、この時の餅搗歌の歌詞や祭典の行為に象徴的に現れている（喜多村　1979 : 53-61 参照）。

4）前注２）参照。

5）南桜における行者講は、原則として大峰山に初参りした者が講へ加入する資格があり、講員は男性のみで構成された。毎月、役行者の命日にあたる７日に役行者の掛け軸おかけ祭壇をつくり「御逮夜」

を務めた（真野　1977：53-55 参照）

6）神社の春の例祭は、古くは二の申の日に行っていた（『安政二年庄屋日記』では4月 16 日二の申に行った記録がある）。その後、新暦になると5月1日に、昭和 30 年以降になると5月5日の子供の日に行われるようになった。

結語

過去帳分析結果を踏まえて医療・人類学の視点から、現代生物医学が普及する以前の近江農村地域における人々の病気と対処方法及び病気理解・観念を見た。病気と対処方法及び病気理解・観念は、地域の農業と暮らしに密接に関わっている。

三上地域における農業と暮らしの特徴

調査地は、伝統的穀倉地帯で「米どころ」と云われる地域である。地域農業の基本的特徴として、水田稲作への圧倒的依存・1戸当たり農家の経営規模の大きさ・これを支える**家族規模の大きさ**が指摘されている（上野 1978：62-74、1979：62-79）。※明治以降一貫して5人前後の家族規模を維持してきたこと、世帯規模において、滋賀県は全国平均より大きい県に属し、滋賀県の中でも三上地域はとくに世帯規模の大きい地域と考えられる（上野　1979：62-74）。1戸の平均的水田の耕地面積1ヘクタールでは3人以上の成人労働力を必要とし（大柴　1985：492-3）、実際的にこの家族構成を維持してきた地域であった。この大家族構成は多産に因る、つまり、全国平均を上回る大家族構成は多産によって支えられ、大規模米づくり農業を維持存続させてきたと云える。**農業形態は**、昭和 30 年代初めまで（資料で確かめられるのは18世紀以降から）米作りと裏作に麦と菜種を作る2毛作農業を主にしてきた。**経済的な暮らしの程度**は恵まれている地域と云える（過去帳の凶年の餓死者の様子、病気の対処内容、食生活の様子などから）。**農業労働は**、砂地・粘土質で、表層土が深い土壌を耕作するため体力—特に腕・腰の筋力を要し（鍬の柄の幅・長さが、長野県、山梨県で使われているものより大きい、また、耕す畝の幅が大きい）過酷な労働であった。特に、２毛作農業の農繁期の植付け・刈取り・田の草取りなどの長時間持続の前屈姿勢・腰曲げ労働と腕・手首使用（これらは主に女による）、鋤による牛耕、「井堀り」、旱魃・洪水時作業の激労働（これらは主に男による）、これらは、この地域農業の特徴的な作業労働であった（**Ⅱ章**参照）。**地理的環境は**、夏期の高温多湿地、天井川地帯、下肥・溜池・水田地帯のため、雨期および野洲川の氾濫により飲用水の汚染が度々齎された。また、蚊の発生が多くマラリアの好発地域であった。以上の環境と暮らしから次のような病気と対処法、病気観が生まれている。

三上地域における病気の特徴

地域農業の生活構造から生まれる母性健康障害の代表といえる「血の道」や女性の30歳代後半からの「腰曲がり」や「二つ折れ」（**Ⅱ章、Ⅴ章**参照）が見られた。また、日常的に誰もが罹ったソラデ、目の炎症、手首の腱鞘炎、腰痛・腰曲がり、胃・腹部の病気（胃痛・胃けいれん・シャッキ、センキなど）、寄生虫病など（**二節**）が存在した。また、チフス、赤痢などの消化器系伝染病（**Ⅵ章、Ⅶ章**参照）の蔓延、また蚊の発生が多くマラリアが風土病として存在した。

以上の病気は日常的に見られたもので、農業仕事に差し支えない程度（日常生活動作が可能）なら「ふつう」とされ、重症になると「病気」とされ「難しい病気」「死病」の区分がされていた。これらの病気および病気区分は、三上の農業労働および農村環境から生まれている。

三上地域における対処法の特徴

伝統的米作り穀倉地帯と云える三上地域における年中行事は、基本的に五穀豊穣・子孫繁栄、そして健康祈願を基にした儀礼行為から成り立っている。健康を損ね病気になったら、農仕事が出来なくなり、子孫繁栄も望めなくなるので年中行事の儀礼には、必ず病気予防の対処法（祈願・養生・心がけ、など）が伴っている。

このなかで、年中行事の祭りには必ず米による餅を食べた。これにより栄養・カロリーの補給がなされ健康維持・病気予防の対処をしていた。また年中行事のなかには嫁のみが摂る「神事餅（じんじもち）」「妊娠九カ月九日目（ここのつきここのかめ）の甘酒（米から作る）」のように、嫁の多産と健康を期待する慣習が存在する。これらは、大規模家族を維持存続させてきた米作り穀倉地域における特徴的対処法と云えるだろう。

三上地域における病気理解・病気観および対処法

次のような病気区分から病気理解・病気観の一部を知り得る。

一つは、重症度により「ふつう」「難しい病気」「死病」の区分が見られる。だれもが罹るもので、農業仕事が可能・日常生活動作が可能ならば「ふつう」と認識され、「ふつう」は日常的に存在し大多数がなるものであり「病気」と認識されない。地域において「病気」は、一般的に「農仕事が不可能で日常生活動作が困難」な状態を云い、「病気」は「難しい病気」「死病」が区分された。なお、「死病」のなかには「年寄病」も含まれ、「年寄病」は一般的に70歳以上で体力が衰え農仕事が不可能になる状態を云い「死病」とも云った。また、病気の中で、ハシカ、オコリのように農仕事が不可能・日常生活動作が困難な重症であっても、だれでも必ず罹るものは厄・大厄とされ、一般的に「病気」とは云われていない。「ハシカとオコリは一生の大厄」とも云われ、通過儀礼の一つとも認識されていた（※「厄病」と云われるときもあり、「厄病」というときは病とも認識されている）。

二つ目に年齢区分がり、「子供の病気」「大人の病気」「年寄病」の区分がある。

三つ目は（病名から区分をみるとき）、症状や状態から区分しているもの、身体部位からの区分、病因理解からの区分が見られる。この中で、病因理解から見た区分には、胎毒、カンの虫、回虫、ハヤリ（病）、持（病）、ケガ、あたり、血の道、血統・スジなどが認識されている。これらへの対処法は、病因理解に対応して「封じる」「下す（くだす）」「消す」「散らす」「除ける（よける）」「避ける」などの対処法がある。

四つ目に、「本源的病気理解」に因る厄、業、祟り・さわり、罰などがある。これらが原因で病気が齎されたと考える場合は「厄病」「業病」、また「祟り・さわり」に因る（病気と云うこともある）と云う（※「祟り・さわり病」の言葉はない）。これらの対処法は専ら祈祷者（法印・オダイシサンなど）と患者との間で、対話と自問・内省の内に「除ける（避ける）」「謝る」「改める」などの方法で解消・解決される。

以上、滋賀県三上地域の米作り純農村地域における病気と対処法および病気観について見た結果、暮らしと病気・対処法・病気観は密接であり、生業である農業の暮らしを基本にしている。(ここでは、近江農村社会における精神生活と病気については触れなかった。)以上を踏まえての医療人類学的分析・考察の詳細は今後の課題になる。

おわりに

筆者は昭和20年代以降、山梨県北杜市で暮らし、その後の昭和40～60年代以降は主に長野県の農村地域で保健師として医療保健活動を中心に携わってきた。そのため山梨県や長野県の地域を通して見た調査ノートになった。

調査においては、本文中に実名・略名で記した話者たち以外にも各村々の多数の皆様に大変お世話になりましたことを心より厚く感謝しお礼申し上げます。

文献（刊行順）

佐々　学　1959『日本の風土病―病魔になやむ僻地の実態―』法政大学出版会
柳田国男　1969『定本柳田国男集』14巻
若月俊一　1971『農村医学』勁草書房
杣庄彰夫　1975『滋賀の薬業史』滋賀県薬業教会
立川昭二　1976　『日本人の病歴』中央公論社
厚生省医務課　1976『衛生統計からみた医制百年の歩み』ぎょうせい
橋本鉄男　1977　「滋賀県の民間療法」『近畿の民間療法』明玄書房
真野純子　1977「南桜の行者講」『社会伝承研究会』第2号
大柴弘子　1977「村落社会と『キツネ憑き』『祟り』―その医療的背景―」信州大学医療技術委短期大学部紀要　3号
大柴弘子　1978「村落社会と『キツネ憑き』『祟り』（2）―その医療的背景―」信州大学医療技術委短期大学部紀要　4巻2号
上野和男　1978「三上地域の農業構造と労働力構成―1970年、1975年農業センサス農業集落カードを中心として―」『近江村落社会の研究』3号、社会伝承研究会

Foster, G .M . 1978「Disease etiologies in non-Western Medical systems.」『American Anthropologist』78 : 773-782.

上野和男 1979「明治初期南桜村の家族構成と婚姻形態」『近江村落社会の研究』4号、社会伝承研究会

喜多村理子 1979「南桜の正月行事―御神事と山神のオコナイ―」『近江村落社会の研究』第4号 社会伝承研究会

立川昭二 1979 『近世病草紙』平凡社

滋賀県史編さん委員会編 1981『滋賀県史 昭和編』第5巻

Yong,Allan 1982「The Anthropologies of Illness and Sickness」『Annual Review of Anthropology』11.pp.257-85.

大柴弘子 1992「病気・老衰・死」『長野県民俗の会通信』長野県民俗の会 112号

Finnkler,Kaja 1994「Spiritualist Healers jn Mexico : Successes and Failures of Alternative Therapeutics」South Hadley, Massachusetts: Bergin and Garvey.

大柴弘子 2003「"不妊治療"という意味―用語の誕生と普及のプロセス」東京都立大学社会人類学会編『社会人類学年俸』29. 弘文堂

アンドリュー・ストラサーン、パメラ・スチュワート 成田弘成監訳 2009『医療人類学―基本と実践―』古今書院（Andrew Strathern and Pamela J.Stewart 1999『CURING AND HEALING－Medical Anthropology in Global Perspective』）

西村周三監修 2011『医療白書 2011年度版』株式会社日本医療企画

池田光穂・奥野克己編著 2011『医療人類学のレッスン―病をめぐる文化を探る』学陽書房

長谷川雅雄・辻本裕成・クネヒト・ペトロ・美濃部重克 2012『腹の虫の研究―日本の心身観をさぐる』名古屋大学出版会

第Ⅸ章　衛生統計からみた近江野洲郡三上地域 —死亡、出産、出生、死産、乳児死亡—

（2014 年 6 月）

Ⅸ章　衛生統計からみた近江野洲郡三上地域

—死亡、出産、出生、死産、乳幼児死亡—

はじめに

主に過去帳分析および社会調査から三上地域の多産多死を述べたが、果たして全国的に見て多産多死なのか、この状態を統計資料上から野洲郡、滋賀県および全国と比較しながら見ることにした。わが国の衛生統計資料は、総合的な近代医事衛生制度の出発に伴う明治7（1874）年8月「医政」の制定をもって始まる（内務省　1992: 第一巻）。それにより、日本の衛生統計資料は明治8年7月からの調査報告が『衛生局年報』第一報として存在する。また、三上地域を含む野洲郡の統計資料は明治16年からの『滋賀県統計全書』（滋賀県　1912）が存在する。以上の資料に基づき、全国、滋賀県、野洲郡、三上地域の（一部欠落があり全体を確かめられないが）死亡率、出産率、出生率、死産率、乳児死亡率および総全死亡中に占める乳幼児死亡の割合、これらについて見よう。まずは、初めに野洲郡について統計上関係する歴史的・地理的位置を明らかにしておく。

（歴史・地理的に見た統計上の「野洲郡」について）

歴史上、幾多の村々が合併・分離を経ているので、まず、統計資料に記される「野洲郡」について歴史経過の概略および地理的位置を示す。

統計上関係する歴史を見ると、明治12年に滋賀県での郡区町村編制法が施行され行政区画としての「野洲郡」が発足した（平凡社地方資料センター　1991:427-438）。それに伴い「栗太野洲郡役所」が栗太郡草津村に設置され、栗太・野洲両群の管轄に当たった。その後、明治22年には町村制施行により70以上の幾多の村々が合併して13の村が誕生した。明治14年の『野洲郡出産流産統計書』（**Ⅶ章．**3の8）参照）の文書に記されている11の村々は、この時の合併により守山村、吉見村、岡村、立入村の4村が守山村①に、野洲村、行畑村、小篠原村の3村と他3村が合併して野洲村⑤に、妙光寺村、北桜村、南桜村、三上村の4村が三上村⑬に（本論の調査対象である三上地域である）、それぞれ編制された（**地図1．**13の村は①～⑬、※変遷の経過、参照）。その後も、変遷が繰り返されるが明治12年～昭和16年までのデータは、野洲郡の中での分離・合併などの変遷があるものの野洲郡としての地域・住民対象は、変わらない。この後、昭和16年に栗太郡物部村が加入、昭和30年に北里村が野洲郡を離れ、昭和45年には守山町が離脱し、従来の対象地域・人口が変化する。

次に「野洲郡」の地理的位置を見よう。野洲郡は、琵琶湖に注ぐ日野川と野洲川が東西に流れていて、野洲川の三角州扇状地に展開する野洲平野の根幹部にある。野洲郡の大部分が野洲平野によって占められている（**地図1．**）。野洲川の河口は中洲村⑦にあり、野洲川は中洲村から川西村④、野洲村⑤、三上村⑬を経て、その源は江州・勢州の国境鈴鹿山脈に発する。野洲郡の村々は野洲川の恩恵による稲作中心の穀倉地であると同時に、天井川である野洲川の氾濫・水争奪、また干害に苦労してきた地域でもある（橋川　1927 参照）。

野洲郡の生業の主は米作農業であった。大正初期において野洲郡の農家戸数は東浅井郡に次いで第２位、専業農家戸数は 75.5％で第１位、農家１戸当たりの耕地の平均は 0.95 町で１位・この内のほとんどを田によって占められている点は蒲生郡と共に首位（橋川 1927:21）、と云われるように野洲郡の米作専業農家戸数は県下首位、わが国有数の米の産地であった。農産物は米に次いで麦と菜種が作られ、殊に菜種は栗太郡と野洲郡が上位であった。次いで、地域に因り副業程度の養蚕と琵琶湖沿岸地域での水産物および酒造とがあった（以上は、大正初期の状況、ibid:22-23）。以上から、野洲郡の村々においては米作と麦・菜種の２毛作の農業形態と暮らしが基本的であり、この暮らしの状況は、明治期および 1700 年代に遡って同様であったと推察される（大柴　1983,1985,1999, 橋川　1927 : 524-527 参照）。従って、野洲郡における明治期以降の統計結果は、あらまし同様の生業と暮らしを背景とした住民対象によるものと見做される。

地図１　明治 12 年（1879）～昭和 50 年（1975）の野洲郡の変遷

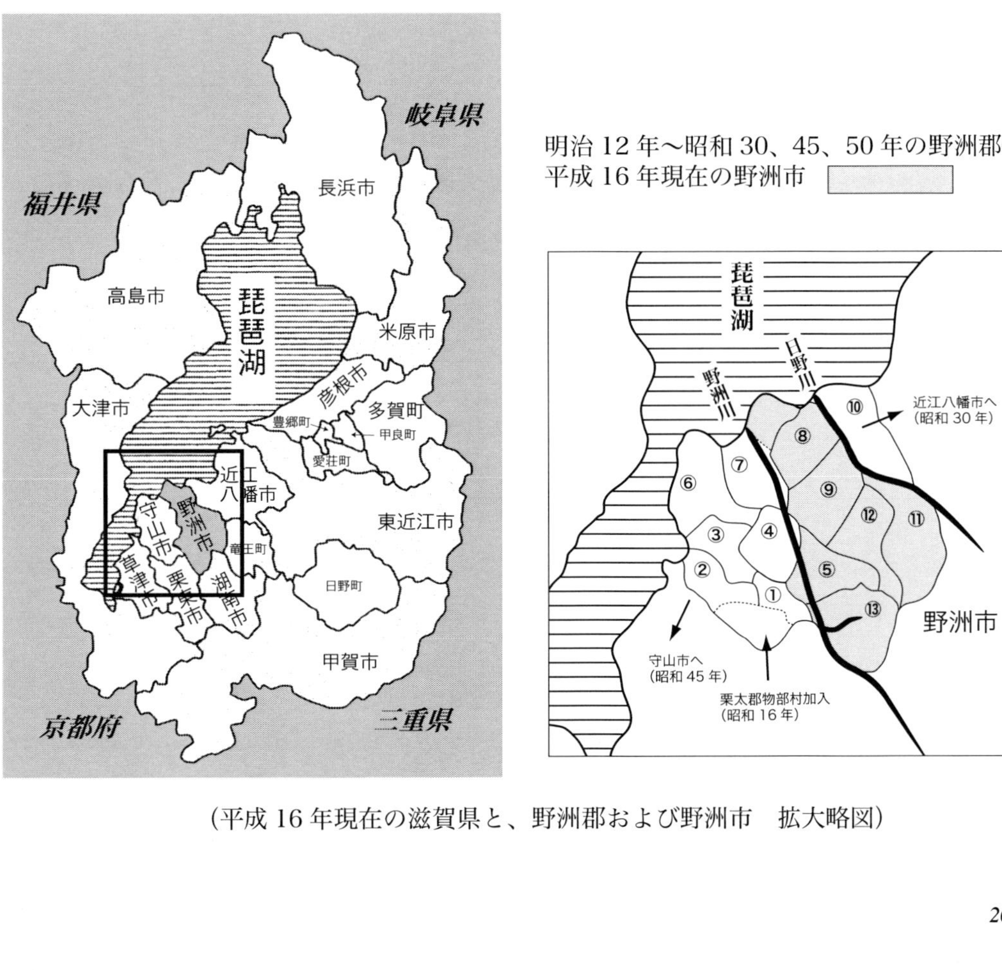

（平成 16 年現在の滋賀県と、野洲郡および野洲市　拡大略図）

※野洲郡変遷の経過概要

・明治12年（1879）野洲郡発足、77村

・明治22年（1889）町村制施行により合併し13村となる

（守山村① 小津村② 玉津村③ 河西村④

野洲村⑤ 速野村⑥ 中洲村⑦ 兵主村⑧ 中里村⑨ 北里村⑩ 篠原村⑪

義王村⑫ 三上村⑬）―明治27年、義王村⑫は祇王村に改称。

・明治37年、守山村①→守山町へ（後の昭和16年栗太郡物部村が加入合併）

・明治44年、野洲村⑤→野洲町へ。

・昭和17年、野洲町と三上村⑬が合併し新たな野洲町へ。

・昭和30年、守山町①と②③④⑥と合併し新たな守山町へ。

北里村⑩が近江八幡市に編入。

兵主村⑧と中里村⑨合併し中主町になる。

野洲町と篠原村⑪と祇王町⑫が合併し新たな野洲町になる。

・昭和32年、中洲村⑦分割し1部は中主町、1部は守山町へ。

・昭和45年、守山町が野洲郡から離脱。

・平成16年（2004）、中主町と野洲町合併し野洲市になる。

1．粗死亡率

1）明治・大正期における近江（滋賀県）と野洲郡の死亡率は高く　三上地域はより高い。

衛生統計が揃う明治16から、昭和50年までの三上地域および野洲郡、滋賀県、全国の死亡率の推移を見る（**表1．章末に掲載**）。三上地域の死亡数（統計書にはない）は過去帳分析結果に基づき、人口は『滋賀県統計全書』から本籍人口と現在人口について死亡率を算出した（**表1．**本籍人死亡率①、現在人死亡率②）。三上地域は出稼ぎなど村外他出者があり、他出先で死亡した者は原則的に本籍地の檀那寺に戒名が記された。従って本籍人口に対する死亡率を**図1．**に採用し、なお、対象人数が少ないため10ヵ年移動平均値を算出し図示した（**表1．三上**死亡率①　移動平均値）。次に野洲郡および滋賀県の死亡数は『滋賀県統計全書』から本籍人口、本籍人死亡者数より率を算出し図示した（**表1．**野洲郡死亡率※3．滋賀県死亡率※4．）。日本の死亡率は、『日本長期統計総覧』（総務省統計局 2006）に基づく（全国死亡率※6．）。

以上**表1．**により、三上地域、野洲郡、滋賀県、全国の明治16年－昭和50年までの死亡率推移を比較して見ると（**図1．**参照）、概ね三上地域、野洲郡、滋賀県ともに全国平均より高く、明治・大正期の死亡率は概して三上地域が最も高い。ここで、三上地域は過去帳調査結果であり『統計書』の届出調査結果とは異なる。比較において調査方法の違いを

考慮しなければならないとしても、過去帳調査結果の死亡率は妥当と見做して良いだろう。

ここで、明治期における滋賀県の死亡率が全国的にみて高かったことを統計書の各年から見ておこう。『明治期衛生局年報』（第六次年報）の明治 13 年 7 月―14 年 6 月における「全国死亡者比較図」で見ると、我が国の県別死亡の比較が示され、人口千ニ付死亡者 20 人以上の県は、長門、石見、摂津、京都、泉、河内、**近江**、美濃、三河、武蔵であり、近江（滋賀県）は死亡率の高い県に入る。また、『明治期衛生局年報』（第 1 次～第 5 次報告）の明治 8 年 7 月―13 年 6 月においても、ほぼ同様の結果が見られ（第 1 表第 13 号 各府県死亡数人口千分比例年度比較表　p34. 参照）、明治 11、12、13 年当時の近江（滋賀県）の死亡率は全国平均の上位 3 位から 5 位の間にあり高かった。

統計結果から見て、明治期の滋賀県の死亡率は全国平均より概して常に高い。滋賀県の中でも野洲郡の明治期における死亡率（データのある限りにおいて）は著しく高い年が見られる。そして、野洲郡三上地域の明治・大正期の死亡率は（過去帳死亡結果で見る限り）それ以上に高かった。

図 1　死亡率（1883 –1975 年）―三上地域、野洲郡、滋賀県、全国
三上地域：過去帳による死亡者　本籍人死亡率、10 ヶ年移動平均値
野 洲 郡：本籍人死亡率
滋 賀 県：本籍人死亡率

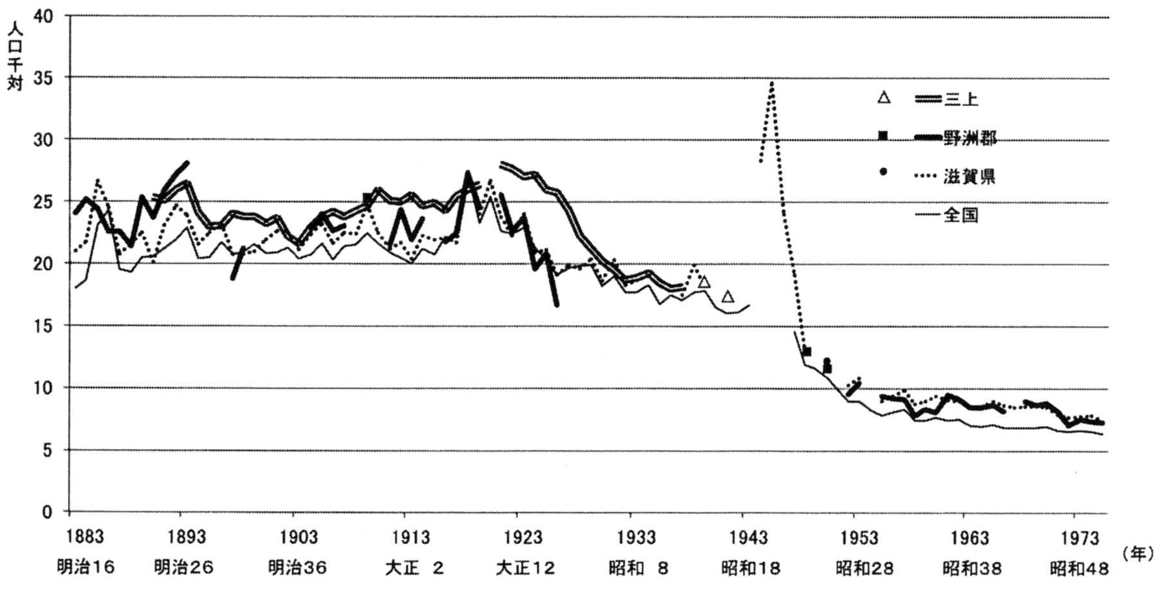

2）「死亡者毎国月別・男女別　明治 13 年度」の近江（滋賀県）
—農繁期出産と女性死亡

「死亡者毎国月別・男女別　明治 13 年度」（『明治期衛生局年報』第２巻 P91-100）から、明治 13 年当時の月別、男女別死亡について見ると、全国と比較して近江は男性より女性死亡の割合が、7，8，9 月と 11，12 月に高い──7 月 51.2%、8 月 51.4%、9 月 51.2%、11 月 52.3%、12 月 52.4%と男性を上回る（**表 a．**参照）。ちなみに甲斐と信濃の比較を見たが（両県は筆者が調査等で馴染みがあるため取り上げたまで）近江とは異なる。すでに、過去帳分析と民俗調査の結果において、近世後期の三上地域における春の農繁期出産ピークに伴う成人女性死亡の高率を述べたが（**１章、Ⅱ章**）、統計上においてもこれを裏付ける結果が見られ、明治のこの時期における野洲郡はもとより滋賀県全体的に、ほぼ同様な暮らしぶりが展開されていたものと推察される。

3）「死亡者毎国年齢別・男女別　明治 14 年 7 月～12 月」の近江（滋賀県）
—乳児死亡および出産期女性死亡

「死亡者毎国年齢別・男女別　明治 14 年 7 月～12 月」（『衛生局年報』第 3 巻 P53-60）から、明治 14 年当時の年齢別、男女別死亡について見ると全国と比較して近江における１年未満児の死亡割合は、全国平均が 12%に対し近江は 15.3%と高い。また、出産年齢期に在る女性の死亡は男性を上回り、15－20 歳未満の女性死亡割合 54.7%、20－30 歳未満の女性死亡割合は 59.9%で女性が約６割と高い（**表 b．**参照）。ちなみに、甲斐と信濃の比較を見たが（両県は筆者が調査等で馴染みがあるため取り上げたまで）近江とは異なる。

ここで、「死亡者毎国年齢別・男女別　明治 14 年 7 月～12 月」から出産年齢の代表として 20 歳から 30 歳未満の女性死亡割合について、全国 74 の國についてみると（『衛生局年報』第 3 巻 P53-60 から算出）、女性の死亡割合が男性を下回る國（40%台）が８國見られるが、他の 66 の國は全て女性の死亡が上回り、最も高い順から見ると豊前 66.1%、常陸 64.3%、飛騨と志摩が 60.7%、岩代 60.3%、次に近江 59.9%、美濃 59.5%と続き（以下略）全国平均は 54.3%である。ここから見て、近江は 20 歳から 30 歳未満の女性死亡割合が全国５位と高い。

以上から、全国と比べて近江においては１歳未満児死亡の占める割合が高く、また、死亡の男女比では出産年齢期に在る女性の死亡割合が高い。これは、高い出産率と妊娠・出産にともなう母性健康障害が推察され、また、流・早・死産の高いことも示唆される。

表a. 死亡者毎国月別.・男女別　明治13年度

『明治期衛生局年報　明治13年7月－14年6月』p.91-100より作成

国	男女	7月	男女%	8月	男女%	9月	男女%	10月	男女%	11月	男女%	12月	男女%	1月	男女%	2月	男女%	3月	男女%	4月	男女%	5月	男女%	6月	男女%	付不肖	合計	男女%
近江	男	415	48.8	516	48.6	529	48.8	543	52.3	493	47.7	463	47.6	563	52.4	549	50.5	620	51.3	572	52.0	487	50.5	496	51.1		6,246	50.2
	女	435	**51.2**	546	**51.4**	555	**51.2**	496	47.7	541	**52.3**	510	**52.4**	511	47.6	539	49.5	588	48.7	527	48.0	478	49.5	475	48.9		6201	49.8
	全数	850	100	1062	100	1084	100	1039	100	1034	100	973	100	1074	100	1088	100	1208	100	1099	100	965	100	971	100		12447	100%
		6.8		8.5		8.7		8.3		8.3		7.8		8.6		8.7		9.7		8.8		7.8		7.8			←100%	
甲斐	男	311	54.3	371	54.6	329	49.0	315	51.4	253	52.5	297	50.6	308	49.0	263	48.2	316	53.4	290	49.1	259	49.8	246	48.1		3,558	50.9
	女	262	45.7	309	45.4	343	51.0	298	48.6	229	47.5	290	49.4	320	**51.0**	283	**51.8**	276	46.6	300	**50.9**	261	**50.2**	265	**51.9**		3,436	49.1
	全数	573	100	680	100	672	100	613	100	482	100	587	100	628	100	546	100	592	100	590	100	520	100	511	100		6,994	100%
		8.2		9.7		9.6		8.8		6.9		8.4		9.0		7.8		8.5		8.4		7.4		7.3			←100%	
信濃	男	619	49.5	816	51.3	741	53.2	665	53.7	627	50.7	648	50.6	793	51.1	716	51.1	791	50.7	745	52.1	639	51.4	576	51.7		8376	51.4
	女	631	**50.5**	775	48.7	651	46.8	574	46.3	609	49.3	634	49.4	759	48.9	684	48.9	768	49.3	684	47.9	604	48.6	538	48.3		7911	48.6
	全数	1250	100	1591	100	1392	100	1239	100	1236	100	1282	100	1552	100	1400	100	1559	100	1429	100	1243	100	1114	100		16287	100%
		7.7		9.8		8.5		7.6		7.6		7.9		9.5		8.6		9.6		8.8		7.6		6.8			←100%	
全国	男	18,549	51.7	21,954	51.3	21,928	51.5	21,316	51.8	20,154	52.0	21,348	52.1	22,633	52.3	20670	51.6	22394	52.1	20,167	51.9	18,819	52.3	18,357	52.2	63,614	311,903	51.9
	女	17,319	48.3	20,810	48.7	20,621	48.5	19,816	48.2	18,582	48.0	19,596	47.9	20,635	47.7	19,375	48.4	20,604	47.9	18,720	48.1	17,177	47.7	16,836	47.8	58,642	288,733	48.1
	全数	35,868	100	42,764	100	42,549	100	41,132	100	38,736	100	40,944	100	43,268	100	40,045	100	42,998	100	38,887	100	35,996	100	35,193	100	122,256	600,636	100%
		6.0		7.1		7.1		6.8		6.4		6.8		7.2		6.7		7.2		6.5		6.0		5.9			←100%	

表b. 死亡者毎国年齢別、男女別　明治14年7月～12月

『明治期衛生局年報　明治14年7月－15年6月』p.53-60より作成

国	男女	1年未満		1－2未満		2－3未満		3-4未満		4－5未満		5－10未満		10－15未満		15－20未満		20-30未満		30－40満		40－50満		50－60満		60－70満		70－80満		80以上		合計	
		人数	%	人数	%	人数	%	人数	%	人数	%	人数	%	人数	%	人数	%	人数	%	人数	%	人数	%	人数	%	人数	%	人数	%	人数	%	人数	%
近江	男	623	51.5	221	47.7	217	47.3	139	46.0	72	46.8	142	53.2	58	44.3	91	45.3	213	40.1	249	50.1	278	54.8	428	55.9	548	52.6	448	43.7	115	31.2	3,842	48.5
	女	586	48.5	242	52.3	242	52.7	163	54.0	82	53.2	125	46.8	73	55.7	110	**54.7**	318	**59.9**	248	49.9	229	45.2	338	44.1	494	47.4	576	56.3	254	68.8	4,080	51.5
	全数	1,209	100	463	100	459	100	302	100	154	100	267	100	131	100	201	100	531	100	497	100	507	100	766	100	1,042	100	1,024	100	369	100	7,922	100
		15.3		**5.8**		**5.8**		**3.8**		**1.9**		**3.4**		**1.7**		**2.5**		**6.7**		**6.3**		**6.4**		**9.7**		**13.2**		**12.9**		**4.7**		**←100%**	
甲斐	男	298	**55.5**	205	**54.7**	152	49.5	76	53.9	54	47.8	61	50.4	49	53.3	69	52.3	147	45.9	140	46.2	145	**54.5**	221	**55.0**	262	51.9	225	45.2	58	36.3	2,162	50.6
	女	239	44.5	170	45.3	155	50.5	65	46.1	59	52.2	60	49.6	43	46.7	63	47.7	173	**54.1**	163	**53.8**	121	45.5	181	45.0	243	48.1	273	54.8	102	63.8	2,110	49.4
	全数	537	100	375	100	307	100	141	100	113	100	121	100	92	100	132	100	320	100	303	100	266	100	402	100	505	100	498	100	160	100	4,272	100
		12.6		**8.8**		**7.2**		**3.3**		**2.6**		**2.8**		**2.2**		**3.1**		**7.5**		**7.1**		**6.2**		**9.4**		**11.8**		**11.7**		**3.7**		**←100%**	
信濃	男	367	51.6	353	52.9	261	52.7	163	55.6	64	44.1	170	53.5	90	55.2	131	47.5	292	44.2	297	45.3	308	50.6	525	57.4	713	52.9	682	47.4	271	42.4	4,687	50.2
	女	344	48.4	314	47.1	234	47.3	130	44.4	81	**55.9**	148	46.5	73	44.8	145	**52.5**	369	**55.8**	359	**54.7**	301	49.4	389	42.6	635	47.1	756	52.6	368	57.6	4,646	49.8
	全数	711	100	667	100	495	100	293	100	145	100	318	100	163	100	276	100	661	100	656	100	609	100	914	100	1,348	100	1,438	100	639	100	9,333	100
		7.6		**7.1**		**5.3**		**3.1**		**1.6**		**3.4**		**1.7**		**3.0**		**7.1**		**7.0**		**6.5**		**9.8**		**14.4**		**15.4**		**6.8**		**←100%**	
全国	男	24,301	**53.7**	11,367	52.3	10,113	52.2	7,104	51.9	4,584	52.5	8,070	52.4	3,956	51.5	5,881	47.8	12,587	45.7	13,766	48.3	14,824	**55.5**	21,672	**57.7**	25,915	**53.6**	21,987	48.5	7,962	41.5	194,089	51.4
	女	20,976	46.3	10,385	47.7	9,251	47.8	6,572	48.1	4,145	47.5	7,333	47.6	3,727	48.5	6,417	52.2	14,947	**54.3**	14,709	51.7	11,865	44.5	15,898	42.3	22,466	46.4	23,380	51.5	11,246	58.5	183,317	48.6
	全数	45,277	100	21,752	100	19,364	100	13,676	100	8,729	100	15,403	100	7,683	100	12,298	100	27,534	100	28,475	100	26,689	100	37,570	100	48,381	100	45,367	100	19,208	100	377,406	100
		12.0		**5.8**		**5.1**		**3.6**		**2.3**		**4.1**		**2.0**		**3.3**		**7.3**		**7.5**		**7.1**		**10.0**		**12.8**		**12.0**		**5.1**		**←100%**	

２．出産率、出生率、死産率

１）出産率、出生率、死産率（明治・大正・昭和）―野洲郡、滋賀県、全国の比較

出産率、出生率、死産率に注目して、野洲郡、滋賀県、全国の年度ごとの推移を比較して見る（**表２．章末掲載**）。出産・死産に関する調査統計は、明治13年から始まるが、当初は下半期（７月－12月）の数値であり、また、調査が行われていない県もある。滋賀県の出産・死亡・死産については、明治13年からの統計資料が存在する。次の明治14年も半期の統計報告であるが、明治15年以降は年間の統計数値となる。以上、『明治期衛生局年報』から明治13年以降の出産、死産について、滋賀県および全国平均の統計数値を得ることが出来る。また、滋賀県および野洲郡の出産、死産については『滋賀県統計全書』（滋賀県：1912）で明治16年以降の統計数値が確認できる。以上の統計資料を基に明治13－昭和50年までの野洲、滋賀、全国における出産率、死産率を算出して一覧表を作成した（**表２．**）。

ここで、出産は出生と死産を合計した値（出産＝出生＋死産）、出産率・出生率は人口千人対、死産率は出産100対の割合である。

２）明治期の近江および明治・大正期の野洲郡における出産率・出生率は高い

表２．を基に出産率および出生率について、衛生統計の揃う明治16年～昭和50年における野洲郡、滋賀県、日本の推移を見よう（**出産率　図２．　出生率　図３．**参照）。ここで、一般的に出産率と出生率はほぼ平行する。

滋賀県の出産率・出生率は、全国平均と比べて概ね明治20年代頃までは高いが、その後は全国平均より低い値を続けている。一方、野洲郡の出産率・出生率は、明治・大正期（1917、18年）頃まで、データのある限りにおいてだが全国平均、滋賀県平均より著しく高い。その後、概ね大正期以降は滋賀県に並行して全国平均より低率になる。

ここで、明治期における滋賀県の高い出産率はわが国有数であったことが示されている。『明治期衛生局年報』（明治16年７月－２年12月　p54,55）によると、滋賀県における明治13年の出産率は全国１位（出産率36.0）、明治15年は愛知、群馬についで第３位（出産率33.9）、明治16年は愛知と並んで第１位（出産率34.6）となっている。次に、野洲郡の明治・大正期の出産率・出生率の推移でみると（**図２．図３．**）、滋賀県平均よりも更なる高率が見られる。ここで、野洲郡の出生と死亡、生業が滋賀県の中でどのような位置にあるのか見よう。滋賀県内郡別明治26年－30年の５年毎の出生と死亡の比較を示したデータによると（『滋賀県統計全書－明治30年』「本籍人口百ニ付出生死亡累年比較圖」）、県内13郡中、野洲郡と栗太郡の出生率は滋賀県の中で５年間共に常に最も高い郡にはいる。ちなみに、菜種の収穫高の１位と２位は栗田郡と野洲郡である（前述）。一方、死亡率は明治26年の野洲郡と蒲生郡が突出して高率を示し、野洲郡、蒲生郡、栗太郡、滋賀郡は常に高い状態であった。ちなみに田の保有１位は野洲郡と蒲生郡である（前述）。

以上のことから、明治20年頃までの滋賀県の出産率・出生率は全国有数に高く、中でも明治期における野洲郡は、全国的に見て出生率・出産率の最も高い地域であったと見做される。この時期、高い出生率・出産率、および死亡率の高い（前述）野洲郡は２毛作による米作りと菜種栽培の規模において最大級の地域であったと云える。そして、三上地域で見た近江農村の「生活構造と月別出生数」「母性健康障害」（**第１章、第Ⅱ章**）に見られる状態が展開されていた。

図２　出産率（1880 -1975 年）―野洲郡、滋賀県、全国

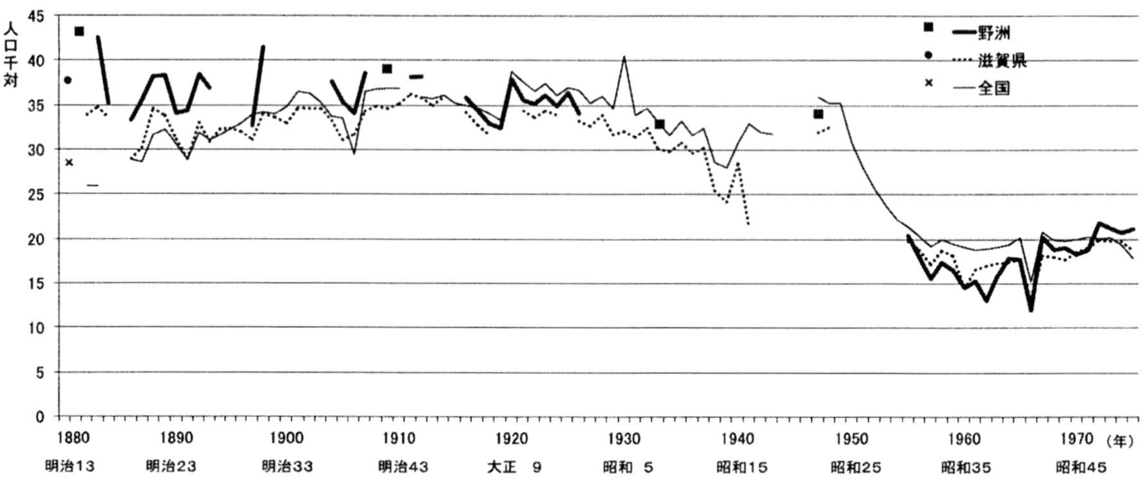

図３　出生率（1880 -1975 年）―野洲郡、滋賀県、全国

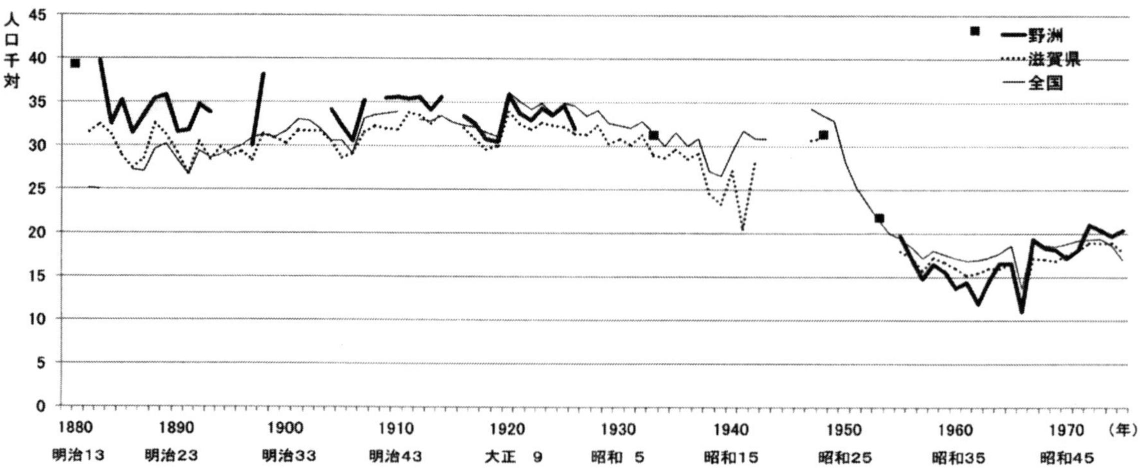

3）野洲郡における明治期までの死産率は高く大正期以降は低い

表2．を基に、死産率について見よう（**死産率　図4．**参照）。滋賀県の死産率は全国に比較して、明治13年から20年頃まではやや高いが、それ以降は低い値である。一方、野洲郡は明治13年から30年代において（統計数値が存在する年に限って見た値）全国より高率が見られるが、それ以降は低率になる。

全国・滋賀県とも、戦後は出産の急増に伴い死産率も上昇、昭和36年（1961）以降は低下するが、野洲郡の様子は異なる。この結果は、合併・離脱などによる村制の変動に伴う統計上の欠落等も考えられるが不明。

以上、滋賀県における死産率が明治20年ころまで比較的高くその後は低率となるが、これは滋賀県の出産率が明治20年頃まで比較的高く、その後は低率となることに並行している。一方、野洲郡の高死産率は（限られたデータから見る限り）明治30年代ころまで見られ、野洲郡の高出産率に並行している。ここで、野洲郡の高出産率は明治期・大正初期まで続いていたが、死産率は大正初期には低率に移行している。この原因・背景は分からないが（ここでは人口構成を検討していないことを断っておかなければならない）、高い出産率に対して死産率の低い状態は、比較して人口の増加率が高いことになる。

図4　死産率（1880－1975年）—野洲郡、滋賀県、全国

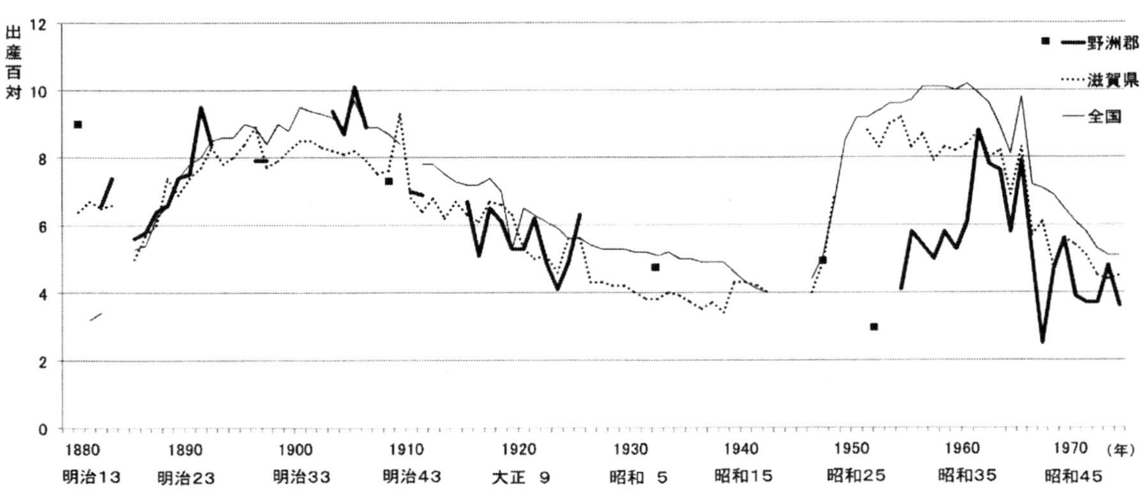

3．乳児死亡率、総死亡中に占める乳幼児死亡の割合

1）乳児死亡率

統計資料の野洲郡における乳児死亡数が確かめられるのは昭和 26 年以降であり、昭和 26 年以降の乳児死亡率（出生数 1,000 対乳児死亡数　本籍人口につき）を算出した。それで、野洲郡に合わせて滋賀県の乳児死亡率も同様に昭和 26 年以降は算出し（本籍人に対する算出値は一般的に統計総覧の値よりやや低い傾向が見られる）、昭和 25 年以前、明治 32 年までの値については『都道府県人口動態』（厚労省）の乳児死亡率一覧からの値を記す。日本の明治 32～昭和 50 年は『日本長期統計総覧』（日本統計協会）の乳児死亡率一覧からの値を記す。以上から、明治 32 年－昭和 50 年について、野洲郡、滋賀県、全国の乳児死亡率の一覧表（**表３．章末掲載**）とグラフを示す（**図５．**参照）。これによると、滋賀県の乳児死亡率は全国平均と比較して大体常に高率を続けていることが見られる。明治 14 年 7 月－12 月の「死亡者毎国年齢別、男女別」において全年齢中 1 歳未満乳児の死亡割合が 15.3% と全国と比較して高率であったこと（前述）は、明治期の滋賀県における乳児死亡率が全国平均より高かったことにも関連する。野洲郡については（昭和 26 年以降に限るが）およそ常に滋賀県を上回り高率を示している。乳児死亡の高いことが総死亡率の高いこと（前述）に並行して、明治・大正・昭和期の野洲郡の乳児死亡率は、全国平均・滋賀県より概ね常に高かったと推定される。

図５　乳児死亡率（1899 -1975 年）—野洲郡、滋賀県、全国

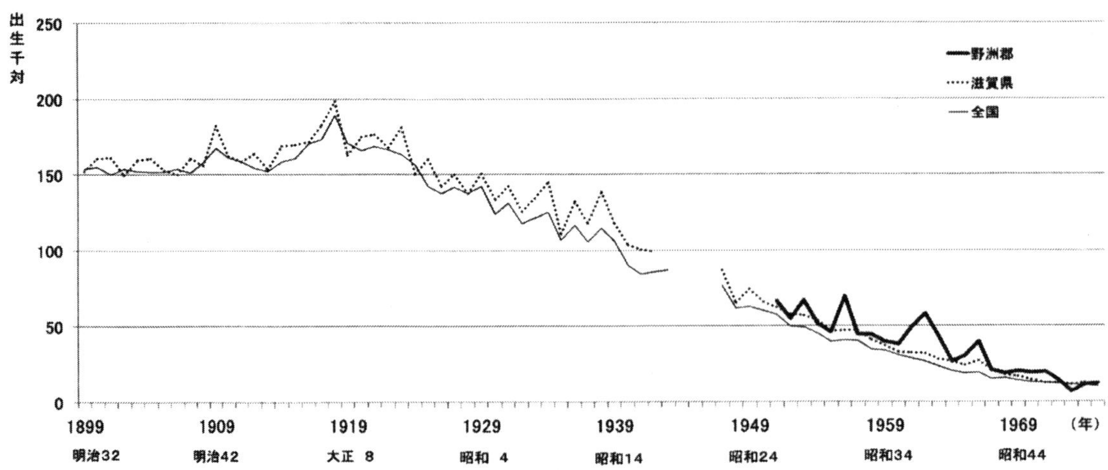

2）総死亡中に占める乳幼児死亡の割合

次に、総死亡中に占める乳幼児死亡の割合を見よう。ここでは、全国の乳幼児と三上地域の南桜・北桜・妙光寺地区（**Ⅹ章．** 10）— 以下、この節で三上地域とは南桜・北桜・妙光寺地区を指す）の子供死亡の両者を比較して見る。

三上地域における乳幼児死亡は、過去帳の子供死亡で、およそ13歳以下の乳幼児（**Ⅴ章．**参照）である。この死亡数は対象数が少ないため、10ヵ年移動変値による率を算出した値を示す（**表4．章末掲載**）。なお、三上地域は1899年以前1700年代までの子供死亡の占める割合についても示した（**図6-1．**移動平均値）。

次に、全国は『日本長期統計総』より1899（明治32）年以降の日本の乳幼児死亡数の0－9歳および0－14歳が記されているため、0－9歳および0－14歳児（三上地域の過去帳の子供死亡との比較にあわせて）のそれぞれについての総死亡中に占める乳幼児死亡の割合を算出し示す（**図6.**）。ここで、前述の如く三上と全国を比較するとき、過去帳結果と統計結果の調査方法の違いがあり、年齢については三上地域の過去帳では一般に13歳以下で全国の統計調査は14歳以下であり、また、過去帳には新生児（孩子・桜子・水子など）の記載がないことが多々あることから、三上地域の乳幼児死亡の実際は、この値を上回ると見做される。これらを踏まえると、実際の三上地域は全国より高目の値を示していたと推測されるが、ここで見る限り明治30年代後半より昭和20年代頃までについては、総死亡中に占める乳幼児死亡の割合は三上地域と全国に大差がない。

ここで、三上地域の明治30年代以前の様子を見ると（**図6-1.**）50%以上の高率は三上地域においては時々見られ、常に40－50%くらいの間にあったと推測される値である。殊に明治・大正期、それ以前における子供死亡数は過去帳に記されたこれらの数値を上回っていることは確かであるが、このデータから三上地域の子供死亡割合が特別に高率であったとは言えない。

異なる点は1955（昭和30）年以降、全国の死亡割合が下降していくのに対し三上地域はほとんど横ばい状態が続いている。つまり、全国と比較して三上地域では乳幼児死亡の占める割合の低下が顕著にならず、昭和30年以降50年頃まで持続していた。ところで、乳児死亡率について、明治・大正・昭和期とも滋賀県は比較的に高かった。野洲郡については昭和26年以降だが、滋賀県平均より概して乳児死亡率が高かった。そして、総死亡中に占める子供死亡の割合が三上地域においては、日本の平均と比べて1945年以降の減少傾向が緩やかである。このことは、1945年以降も三上地域においては乳児（乳幼児）死亡率の比較的高い状態が持続していたことになる（**Ⅵ章．Ⅶ章．**も参照）。

図6．　総死亡中乳幼児死亡の占める割合（1899 –1975 年）—三上（妙光寺・北桜・南桜地区）、全国

三上：過去帳分析（X章．10)）による、およそ 13 歳以下（V章参照）

当該年以前 10 ヵ年移動平均値を示す。

全国：『日本長期統計総覧』（1987）より算出、0—9 歳および 0—14 歳死亡割合

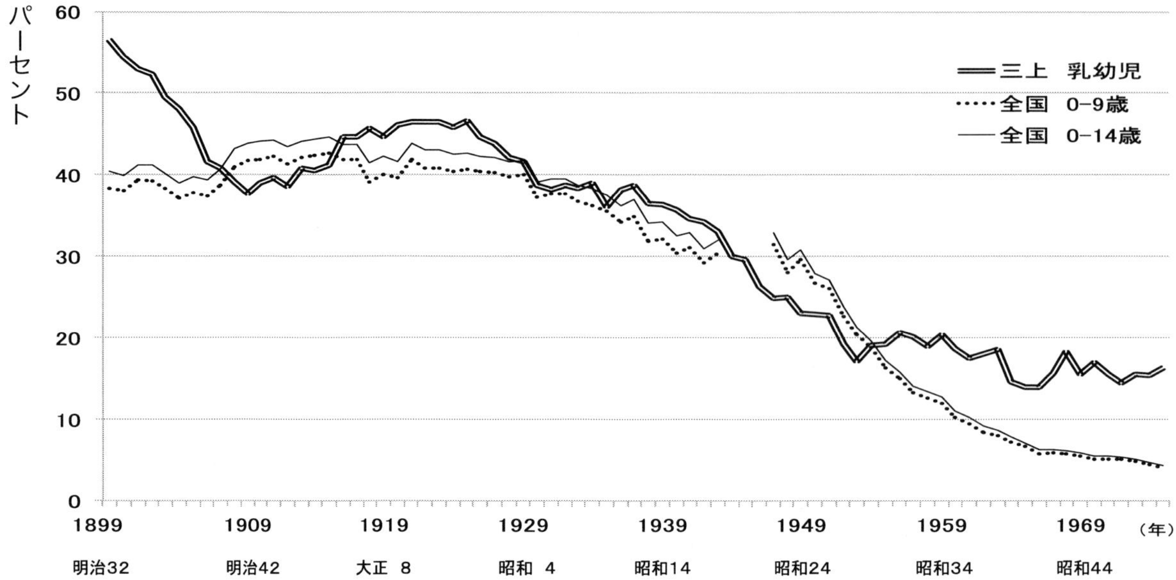

図6 - 1．　総死亡中子供死亡の占める割合（1725 – 1975 年）三上地域—南桜・北桜・妙光寺地区

おおそ 13 歳以下　年度ごと死亡数（X章．10) 過去帳）に基づき 10 ヵ年移動平均値

まとめ

三上地域における明治・大正・昭和期の粗死亡率、出産率、出生率、死産率、乳児死亡率、乳幼児死亡の割合について統計資料から野洲郡、滋賀県、日本と比較して見た。

死亡率について見ると、全国平均より滋賀県および三上地域を含む野洲郡は概して常に高かった。そして、乳児死亡率も概して常に高かった（三上地域は昭和26年以降のみのデータ)。総死亡中に占める乳幼児死亡割合につては、三上地域は全国平均と比較して大差がない。但し、昭和30年代以降には全国平均が激減をたどるのに対し、三上地域においては減少が緩やかで昭和30、40年代以降も比較的高い死亡割合を持続している。

出産率・出生率について、滋賀県は明治20年ころまで全国平均より高い。特に、衛生統計が始まる明治13－16年頃の滋賀県の出産率は全国最上位にあった。野洲郡と三上地域は、滋賀県の中でも更に上位にあったことが見られる。つまり、明治・大正期までの三上地域は日本の中でも有数の多産地域であったと見做される。死産率については（資料が十分ではないが)、出産率の高低に並行していることが見られ、滋賀県の死産率は明治20年頃まで比較的高いが以降は低い。一方、野洲郡においては明治・大正期まで高い出産率が見られ、明治期までは高い死産率の並行が推察されるものの、大正期以降は低率になる。

ここで、近世後期における近江農村の「生活構造と月別出生数」「農繁期出産、母性健康障害」（**第1章．Ⅱ章**）と合わせて見たとき、月別に見た出生数の1792－1874年（寛政４－明治７）と1873－1953年（明治６－昭和34）を比較すると、前者の1792－1874年は６月の農繁期出産のピークが著しく、成人女性死亡および子供死亡の割合も多い（大柴1983：844－本書26ページ,1985：492－本書34ページ参照)。このことから明治13－16年ころの高い出産率と死産率の状態が明治期以前には、さらに厳しいものであったことが察せられる。これらの背景には、菜種油の需要と社会経済の急速な変化が関わっていたと思われる。

以上、およそ18世紀以降明治・大正期までの野洲郡と三上地域は、わが国有数の高出産率の地であり、また、比較的常に高死亡率の地域でもあった。全国有数と云えるこの多産多死であった時期の背景には、伝統的穀倉地帯における米作と麦・菜種の２毛作農業の発展と増産、そして多産を必要とする暮らしがあった。その生活構造および暮らしが多死を招く要因ともなり、また、母性健康障害を齎していたと云える。

文献

・栗太野洲郡役所　1891－896　『滋賀県栗太野洲郡統計書』明治 24–29 年（第 1 回－第 4 回）栗太野洲郡出版

・滋賀県　1912　『滋賀県統計全書』壱～二十三（明治 16 年～明治 44 年）（大正元年～昭和 11 年）

・滋賀県　1912　『滋賀県統計全書』付録　滋賀県統計要覧（明治 31 年調査、明治 32 年調査、明治 33 年調査）

・橋川　正　1927(1998)　『野洲郡史』上巻、下巻　臨川書店

・愛育会　1938　『愛育調査資料　第 2 輯　出産・出生・死産及び乳幼児死亡統計』

・大柴弘子　1983　「近世後期近江農村の生活構造と月別出生数」『公衆衛生』47 巻 12 号

・大柴弘子　1985　「19 世紀以降近江農村の母性健康障害―過去帳成人女子死因の考察」『公衆衛生』49 巻 7 号

・滋賀県市町村沿革史編纂委員会編　1988　『滋賀県市町村沿革史』第 2 巻　各論

・　　　　　1991　『角川日本地名大辞典　25．滋賀県』

・平凡社地方資料センター　1991　『滋賀県の地名　日本歴史地名大系第 25 巻』平凡社

・内務省編　1992　『明治期　衛生局年報』（第 1 巻～第 14 巻）復刻版解題　松田　武　原書房、東洋書林

・内務省　1992　『国勢調査以前　日本人口統計集成 1（明治 5 年～平成 18 年）』東洋書林

・厚生統計協会編　『厚生の指標　国民衛生の動向』（明治 32 年～平成 21 年）厚生統計協会

・総務省統計局　2006　『新版日本長期統計総覧　第 1 巻』日本統計協会

・厚生労働省　『性別日本の総人口・人口増加率・性比及び人口密度の推移（1920－2011）』

・wikipedia　『国勢調査以前の日本の人口統計』（明治 5 年～大正 9 年）

表1. 死亡数・率・人口(1872-1975年)—三上地域、野洲郡、滋賀県、全国

※1. 三上地域:死亡者数は過去帳分析による(X章. 資料11 参照)。

※2. 三上村の人口(明治11～昭和16年)は 『滋賀県統計全書』(滋賀県 1912)および『滋賀県市町村沿革史 第2巻 各論』(滋賀県市町村沿革史編さん委員会編著1988復刊)による。本籍人死亡率①移動平均値を 図1. に採用した。

※3. 野洲郡:死亡者数および人口は、『滋賀県統計全書』(滋賀県 1912)により、本籍人死亡率を算出した。
明治12年、14年は『国勢調査以前日本人口統計集成 1—明治5年～18年』(内務省編 1992)による。

※4.『滋賀県統計全書』の各年の本籍人口・死亡数からの算出値(野洲郡に合わせた)。※4. を図1. に採用。

※5. 滋賀県:明治32-昭和50年は『県別人口推移』(厚生省)による。※4. と値が異なる。

※6. 全国:『新版日本長期統計総覧 第1巻』 総務省統計局監修 日本統計協会発行 2006 による。

年		三上地域 ※1. ※2.							野洲郡 ※3.			滋賀県.		全国
和暦	西暦	死亡者数		人口	死亡率	明治22まで本・現不明			死亡者数	人口	死亡率	死亡率 ※4.	死亡率 ※5.	死亡率 ※6.
明治 5	1872	40			23.1									11.6
明治11	1878	49		1,729	28.3									16.7
12	1879	80		1,719	46.5					36,339				19.8
13	1880	59												16.5
14	1881	58		1,750	33.1				959	37,156	※ 25.8	27.8		18.6
15	1882	41							966			22.7		17.9
16	1883	46							913	38,012	24.0	21.0		18.0
17	1884	67		1,823	36.8				966	38,347	25.2	21.7		18.6
18	1885	50							959	39,033	24.3	26.6		23.1
19	1886	50							899	39,797	22.6	24.5		24.3
20	1887	37		1,863	19.9				916	40,476	22.6	20.7		19.5
21	1888	46							878	41,067	21.4	21.5		19.3
22	1889	41							1,050	41,439	25.3	22.5		20.5
	年	死亡者数	移動平均値	本籍人口	死亡率①	移動平均値	現在人口	死亡率②	死亡者数	人口	死亡率 ※3.	死亡率 ※4.	死亡率 ※5.	死亡率 ※6.
明治23	1890	54	49.0	1,937	27.9	25.3	1,881	28.7	989	41,663	23.7	20.1		20.6
24	1891	50	48.2	1,923	26.0	25.1	1,854	27.0	1,083	41,871	25.9	23.1		21.2
25	1892	64	50.5	1,943	32.9	26.0	1,854	34.5	1,147	42,183	27.2	24.7		21.9
26	1893	56	51.5	1,941	28.9	26.5	1,889	29.6	1,187	42,272	28.1	23.9		22.9
27	1894	29	47.7	1,983	14.6	24.1	1,908	15.2				21.5		20.4
28	1895	34	46.1	2,005	17.0	23.0	1,930	17.6				22.5		20.5
29	1896	50	46.1	1,996	25.1	23.1	1,933	25.9				23.2		21.7
30	1897	61	48.5	2,020	30.2	24.0	1,922	31.7	822	43,682	18.8	20.7		20.7
31	1898	46	48.5	2,037	22.6	23.8	1,954	23.5	954	44,236	21.2	20.7		20.9
32	1899	46	49.0	2,058	22.4	23.8	1,958	23.5		44,709		21.0	21.6	21.5
33	1900	42	47.8	2,056	20.4	23.2	1,943	21.6		45,006		21.9	22.5	20.8
34	1901	62	49.0	2,065	30.0	23.7	1,961	31.6		45,426		22.7	23.2	20.9
35	1902	42	46.8	2,104	20.0	22.2	2,009	20.9		45,779		22.5	23.0	21.3
36	1903	44	45.6	2,112	20.8	21.6	2,013	21.9		46,112		21.1	21.3	20.4
37	1904	61	48.8	2,123	28.7	23.0	1,983	30.8	1,066	46,508	22.9	22.4	22.5	20.7
38	1905	56	51.0	2,146	26.1	23.8	2,036	27.5	1,121	46,778	24.0	23.2	22.7	21.6
39	1906	57	51.7	2,136	26.7	24.2	2,009	28.4	1,067	46,960	22.7	21.6	22.6	20.3
40	1907	56	51.2	2,152	26.0	23.8	2,023	27.7	1,095	47,310	23.1	22.5	23.6	21.4
41	1908	58	52.4	2,158	26.9	24.3	2,031	28.6		47,608		22.4	23.7	21.5
42	1909	60	53.8	2,178	27.5	24.7	2,068	29.0	1,223	48,017	25.4	24.8	26.6	22.5
43	1910	70	56.6	2,175	32.2	26.0	2,054	34.1		48,032		22.5	24.3	21.6
44	1911	45	54.9	2,191	20.5	25.1	2,036	22.1	1,035	48,247	21.5	21.2	22.4	20.9
大正 元	1912	47	55.4	2,212	21.2	25.0	2,049	22.9	1,188	48,633	24.4	21.7	23.0	20.5
2	1913	57	56.7	2,219	25.7	25.6	2,035	28.0	1,078	49,271	21.9	20.4	21.5	20.0
3	1914	46	55.2	2,234	20.6	24.7	2,018	22.8	1,169	49,634	23.6	22.3	23.6	21.2
4	1915	66	56.2	2,261	29.2	24.9	1,932	34.2				21.9	23.2	20.7
5	1916	54	55.9	2,305	23.4	24.3	2,014	26.8	1,097	50,316	21.8	22.1	23.3	22.2
6	1917	59	56.2	2,208	26.7	25.5	2,016	29.3	1,140	50,685	22.5	21.7	23.8	22.2
7	1918	88	59.2	2,273	38.7	26.0	2,053	42.9	1,382	50,680	27.3	27.4	28.5	27.3
8	1919	68	60.0	2,273	29.9	26.4	2,019	33.7	1,248	50,868	24.5	24.0	24.7	23.3
9	1920	65	59.5						1,428			26.7	28.7	25.4

10	1921	83	63.3	2,261	36.7	**28.0**	2,028	40.9	1,307	51,080	**25.6**	**23.8**	25.9	**22.7**
11	1922	49	63.5	2,295	21.4	**27.7**	2,048	23.9	1,168	51,547	**22.7**	**22.3**	23.8	**22.4**
12	1923	49	62.7	2,320	21.1	**27.0**	2,072	23.6	1,208	51,003	**23.7**	**24.0**	25.7	**22.9**
13	1924	55	63.6	2,340	23.5	**27.2**	2,090	26.3	1,018	51,871	**19.6**	**20.9**	22.2	**21.3**
14	1925	48	61.8	2,374	20.2	**26.0**	2,116	22.7	1,076	51,846	**20.8**	**21.1**	22.7	**20.3**
昭和 元	1926	55	61.9	2,405	22.9	**25.7**	2,101	26.2	881	52,599	**16.7**	**19.1**	20.8	**19.1**
2	1927	37	59.7	2,457	15.1	**24.3**	2,152	17.2				**19.9**	21.5	**19.7**
3	1928	45	55.4	2,482	18.1	**22.3**	2,179	20.7				**19.6**	21.4	**19.8**
4	1929	46	53.2	2,508	18.3	**21.2**	2,191	21.0				**20.4**	21.7	**19.9**
5	1930	45	51.2	2,538	17.7	**20.2**	2,206	20.4				**18.6**	19.7	**18.2**
6	1931	63	49.2	2,527	24.9	**19.5**	2,199	28.6				**20.3**	21.6	**19.0**
7	1932	38	48.1	2,572	14.8	**18.7**	2,243	16.9				**18.3**	19.4	**17.7**
8	1933	57	48.9	2,583	22.1	**18.9**	2,251	25.3				**18.6**	19.9	**17.7**
9	1934	60	49.4	2,555	23.5	**19.3**	2,207	27.2					21.5	**18.1**
10	1935	35	48.1	2,600	13.5	**18.5**	1,993	17.6					18.3	**16.8**
11	1936	46	47.2	2,617	17.6	**18.0**	2,005	22.9					19.9	**17.5**
12	1937	46	48.1	2,657	17.3	**18.1**	2,001	23.0				**17.5**	18.7	**17.1**
13	1938	56	49.2	?			2,000	28.0				**19.9**	19.9	**17.7**
14	1939	43	48.9	2,702	15.9	**18.1**	1,988	21.6				**18.1**	17.8	**17.8**
15	1940	42	48.6	?			1,983	21.2					18.5	**16.5**
16	1941	45	46.8	2,726	16.5	**17.2**	1,994	22.6					18.2	**16.0**
17	1942	54	48.4										18.1	**16.1**
18	1943	46	47.3											**16.7**
19	1944		49.6									**28.3**		
20	1945		54.2									**34.6**		
21	1946		55.5									**24.0**		
22	1947	52	56.1							56,349		**19.1**	17.1	**14.6**
23	1948	34	53.9						756	57,541	**13.1**	**13.0**	12.9	**11.9**
24	1949	42	53.8										12.0	**11.6**
25	1950	27	52.3						660	56,506	**11.7**	**12.1**	11.6	**10.9**
26	1951	27	50.5						609				10.6	**9.9**
27	1952	26	47.7						543	56,506	**9.5**	**10.2**	9.9	**8.9**
28	1953	29	46.0						589		**10.4**	**10.8**	10.0	**8.9**
29	1954	26	40.3						463				9.0	**8.2**
30	1955	28	35.0						483	52,169	**9.3**	**8.9**	8.8	**7.8**
31	1956	25	31.6						489	53,287	**9.2**	**9.3**	9.3	**8.0**
32	1957	30	29.4						484	53,334	**9.1**	**9.8**	9.9	**8.3**
33	1958	26	28.6						419	53,444	**7.8**	**8.7**	8.7	**7.4**
34	1959	29	27.3						443	53,547	**8.3**	**8.9**	9.0	**7.4**
35	1960	24	27.0						433	53,298	**8.0**	**9.3**	9.4	**7.6**
36	1961	29	27.2						506	54,071	**9.4**	**9.0**	9.2	**7.4**
37	1962	23	26.9						499	54,605	**9.1**	**8.9**	9.0	**7.5**
38	1963	26	26.6						464	55,469	**8.4**	**8.5**	8.6	**7.0**
39	1964	28	26.8						473	56,494	**8.4**	**8.5**	8.5	**6.9**
40	1965	26	26.6						492	57,527	**8.6**	**8.9**	9.0	**7.1**
41	1966	19	26.0						461	56,874	**8.1**	**8.6**	8.5	**6.8**
42	1967	17	24.7							57,753		**8.4**	8.4	**6.8**
43	1968	21	24.2						511	58,688	**8.7**	**8.5**	8.5	**6.8**
44	1969	29	24.2						516	59,755	**8.6**	**8.5**	8.6	**6.8**
45	1970	23	24.1						239	※27,152	**8.8**	**8.4**	8.5	**6.9**
46	1971	21	23.3						230	28,313	**8.1**	**7.9**	8.0	**6.6**
47	1972	9	21.9						207	29,458	**7.0**	**7.6**	7.6	**6.5**
48	1973	15	20.8						228	30,298	**7.5**	**7.7**	7.8	**6.6**
49	1974	14	19.4						237	31,147	**7.3**	**7.8**	7.8	**6.5**
50	1975	23	19.1						234	32,513	**7.2**	**7.4**	7.5	**6.3**

表2. 出産数・率、生産(出生)数・率、死産数・率、人口(1880-1975年)―野洲郡、滋賀県、全国

※1. 出産＝生産(出生)＋死産。出産率・生産(出生)率は人口(本籍)1,000対、死産率は出産100対とする。
　　『明治期衛生局年報』『滋賀県統計全書』では「生産」「出生」「正産」等が記されているが、以下の表では「生産」と記す。

※2. データの出典は各下欄に記す。
　　『明治期衛生局年報』(②-⑭は左の年度、巻数を表す)及び『滋賀県統計全書』(『　』内は明治・大正年度を表す)を基本データとした。
　　全国の大正元～昭和50年までの出生数・死産数は『人口動態年次推移』(厚生労働省)により、人口は国勢調査結果による。

※3. 野洲郡、滋賀県は本籍人の出産・生産・死産の率を算出したが、現在人のみ記されている年度は現在人口で率を算出した。
　　本籍人生産、現在人死産(明治35－42年、本籍人死産不明)は本籍人口対で除した。

※4. 野洲郡の人口の明治12年(36,339人)と明治14年(37,156人)は、『国勢調査以前　日本人口統計集成　1(明治5年～18年)』1992　内務省編纂による。
　　野洲郡、滋賀県の昭和31　42年の人口は住民登録人口、昭和43－50年は推計人口(統計書)による。

※5. 滋賀県：出生率、死産率は『県別人口推移-滋賀県』(厚生労働省)による(図には不使用)。

※6. 全国：出生率、死産率は『新版　日本長期統計総覧　第1巻』(明治5－平成16年)　総務省統計局編　日本統計協会　2006による(図には不使用)。

年度	項目 ※1.		野洲 ※2. ※3. ※4.		滋賀県 ※2. ※3. ※4.			全国 ※2.		
明治13 1880					②p75. 出産数は下半期のみ。 ⑤P55. 出産率		※5. 生産率 死産率	⑤p 56.出産率 ※人口は「国勢調査以前の日本の人口統計」wikipedia.より(明治5-大正8年まで、現在人口は推計)。		※6. 生産率 死産率
	出産数	出産率			10,527	※36.0			27.9	
	生産数	生産率								24.1
	死産数	死産率								
	人口	本籍人口						35,929,023		
		現在人口						36,649,000		

年度	項目		野洲 ※6.		滋賀県			全国		
明治14 1881			※北桜文書「出産流産統計表」による。半期の数値であるため、倍の数値で率を算出。生産率は、『明18』p75. 年間生産数 1,425 による。		③P14. 生産、死産 ※『明18』p75. 年間生産数 20,417がある。			③P16. 生産・死産、半期。未調査県あり。 ※人口は「国勢調査以前の日本の人口統計」wikipedia.より(明治5-大正8年)以下、出産率は人口数により算出。		
	出産数	出産率	※787	※42.4	10,213			432,438		
	生産数	生産率	1,425　※716	38.4	※9,555			417,250		25.5
	死産数	死産率	※71	※9.０	658	6.4		15,188		
	人口	本籍人口	37,156					36,358,955		
		現在人口						36,965,000		

年度	項目		野洲		滋賀県			全国		
明治15 1882			『明18』p75.		④p19. 生産、死産 『明19-21』p72. (明治15―17年) p70－71(明治18-21年) ⑤P55. 出産率			④p20. ⑤p54-55. 生産、死産 ※④p.20.では人口37,135,604、 出産率25. 6.		
	出産数	出産率			21,446	33.9		952,225	25.9	
	生産数	生産率	1,358		20,016	31.6		921,492	25.1	24.8
	死産数	死産率			1,430	6.7		30,733	3.2	
	人口	本籍人口			633,447			36,700,079		
		現在人口						37,259,000		

年度	項目		野洲		滋賀県			全国		
明治16 1883			『明16』p 52, 53. 出産、死産 ※『明18』p75. では生産数 1,488		⑤p52. 生産, 死産 『明19-21』p72. (明治15―17年) 人口は『明30』p 105(明治16-30年)			⑤p54. 生産、死産 出産率⑤P56では25. 4		
	出産数	出産率	1,622	42.5	22,247	34.8		958,003	25.9	
	生産数	生産率	1,515	39.7	20,805	32.5		925,958	25.0	26.8
	死産数	死産率	107	6.6	1,442	6.5		33,045	3.4	
	人口	本籍人口	38,208		639,956			37,017,262		
		現在人口	38,012		631,500			37,569,000		

※明治16年における各県の出産率を比較すると、1位は滋賀県及び愛知県、次いで大阪、京都、群馬、栃木、岐阜の出産率が高い(⑤p54, 55参照)。

年度	項目		野洲		滋賀県			全国		
明治17 1884			『明17』p 61. 出産、死産 p51. 人口 ※『明18』p75. では生産数1,289		『明17』p 62. 出産、死産 人口は『明30』p 105(明治16-30年)			※人口は「国勢調査以前の日本の人口統計」wikipedia.より(明治5-大正8年まで)。		
	出産数	出産率	1,362	35.2	21,726	33.5				
	生産数	生産率	1,261	32.6	20,289	31.3				25.7
	死産数	死産率	101	7.4	1,437	6.6				
	人口	本籍人口	38,718		647,512			37,451,727		
		現在人口	38,347		638,388			37,962,000		

年度	項目		野洲		滋賀県			全国		
明治18 1885			『明18』p75. 本籍出生、p 67.人口		『明19-21』p71. 出産 『明18』p75. 出生のみ 『明22』p112, 3. 人口			※人口は「国勢調査以前の日本の人口統計」wikipedia.より（明治5-大正8年まで）。		
	出産数	出産率			18,920					
	生産数	生産率	1,373	35.2	※18,920	28.9				26.7
	死産数	死産率								
	人口	本籍人口	39,033		653,591			37,868,949		
		現在人口	38,521					38,313,000		

※明治18年度　滋賀県　生産18,920　死産不明（『滋賀県統計全書　明治22度』p122.）、本籍人口653,591（p105）

野洲	項目		野洲		滋賀県			全国		
明治19 1886			『明19-21』p71, 生産、死産 p 60.人口（明治19-21年）		『明19-21』p71, 生産、死産 人口は『明30』p 105（明治16-30年）			⑭p 96.生産、死産（明治19－43年） ※人口は「国勢調査以前の日本の人口統計」wikipedia.より（明治5-大正8年まで）。出産率は本籍人口対、算出。		
	出産数	出産率	1,328	33.4	19,162	29.0		1,108,967	28.9	
	生産数	生産率	1,254	31.5	18,150	27.5		1,050,617	27.3	27.3
	死産数	死産率	74	5.6	1,012	5.0		58,350	5.3	5.3
	人口	本籍人口	39,797		660,005			38,507,117		
		現在人口	39,145		654,804			38,541,000		

年度	項目		野洲		滋賀県			全国		
明治20 1887			『明19-21』p71, 生産、死産 p 60.人口（明治19-21年）		『明19-21』p71, 生産、死産 人口は『明30』p 105（明治16-30年）			⑭p 97.生産、死産 ※人口の出典および出産率算出方法は明治19年に同様。		
	出産数	出産率	1,439	35.6	20,116	30.2		1,119,002	28.6	
	生産数	生産率	1,355	33.5	18,977	28.5		1,058,137	27.1	27.3
	死産数	死産率	84	5.8	1,139	5.7		60,865	5.4	5.5
	人口	本籍人口	40,476		666,558			39,069,691		
		現在人口	39,510		659,925					

年度	項目		野洲		滋賀県			全国		
明治21 1888			『明19-21』p71, 生産、死産 p 60.人口（明治19-21年）		生産、死産　⑤明治21、p6 『明19-21』p71, 生産、死産 人口は『明30』p 105（明治16-30年）			⑭p 97.生産、死産 ※人口の出典および出産率算出方法は明治19年に同様。		
	出産数	出産率	1,554	38.2	23,336	34.6		1,249,990	31.6	
	生産数	生産率	1,454	35.4	21,933	32.6		1,172,495	29.6	30.0
	死産数	死産率	100	6.4	1,403	6.0		77,495	6.2	6.2
	人口	本籍人口	41,067		673,566			39,607,234		
		現在人口	40,246		666,819					

年度	項目		野洲		滋賀県			全国		
明治22 1889			『明22』p 122.生産、死産 p112. 人口		『明22』p 122.生産、死産 人口は『明30』p 105（明治16-30年）			⑭p 97.生産、死産 ※人口の出典および出産率算出方法は明治19年に同様。		
	出産数	出産率	1,588	38.3	22,964	33.8		1295161	32.3	
	生産数	生産率	1,483	35.8	21,267	31.3		1,209,910	30.2	30.0
	死産数	死産率	105	6.6	1,697	7.4		85,251	6.6	6.2
	人口	本籍人口	41,439		678,740			40,072,020		
		現在人口	40,339		672,178					

年度	項目		野洲		滋賀県			全国		
明治23 1890			『明23』p124. 本籍人生産、死産 p 116. 人口		『明23』p5. 生産、死産 人口は『明30』p 105（明治16-30年）			⑭p 97.生産、死産 ※人口の出典および出産率算出方法は明治19年に同様。		
	出産数	出産率	1,422	34.1	21,346	31.2		1,237,126	30.6	
	生産数	生産率	1,317	31.6	19,882	29.1		1,145,374	28.3	28.7
	死産数	死産率	105	7.4	1,464	6.9		91,752	7.4	7.4
	人口	本籍人口	41,663		683,783			40,453,461		
		現在人口	40,511		677,500					

年度	項目		野洲		滋賀県			全国		
明治24 1891			『明24』p 136. 本籍人生産、死産 p 126. 人口		『明24』p 137. 本籍人生産、死産 人口は『明30』p 105(明治16-30年)			⑭p 97.生産、死産 ※人口の出典および出産率算出方法は明治19年に同様。		
	出産数	出産率	1,439	34.4	19,857	29.0		1,178,164	28.9	
	生産数	生産率	1,331	31.8	18,385	26.8		1,086,775	26.7	27.0
	死産数	死産率	108	7.5	1,472	7.4		91,389	7.8	7.8
	人口	本籍人口	41,871		685,483			40,718,677		
		現在人口	40,630		679,528					

年度	項目		野洲		滋賀県			全国		
明治25 1892			『明25-26』p156. 本籍人生産、死産 p 144. 人口		⑥明治25の P4-6. 生産、死産 人口は『明25-26』p 145を採用			⑭p 97. 生産、死産 ※人口の出典および出産率算出方法は明治19年に同様。		
	出産数	出産率	1,618	38.4	22,767	33.1		1,312,586	31.9	
	生産数	生産率	1,464	34.7	21,016	30.5		1,207,034	29.4	29.8
	死産数	死産率	154	9.5	1,753	7.7		105,552	8.0	8.0
	人口	本籍人口	42,183		688,671			41,089,940		
		現在人口	41,076		682,253					

※全国の生産、死産は ⑥明治25のp4-6にもあるが数値が異なり、生産1,145,374、死産91,752。

年度	項目		野洲		滋賀県			全国		
明治26 1893			『明25-26』p156. 本籍人生産、死産 p 144. 人口		⑥ p19. .生産、死産 人口は『明30』p 105(明治16-30年)			⑭p 97. 生産、死産 ※人口の出典および出産率算出方法は明治19年に同様。		
	出産数	出産率	1,559	36.9	21,368	30.9		1,287,299	31.1	
	生産数	生産率	1,428	33.8	19,599	28.4		1,178,428	28.6	28.8
	死産数	死産率	131	8.4	1,769	8.3		108,871	8.5	8.5
	人口	本籍人口	42,272		690,547			41,388,313		
		現在人口	41,118		685,135					

年度	項目		野洲		滋賀県			全国		
明治27 1894					⑥ p19. 生産、死産 人口は『明30』p 105(明治16-30年)			⑭p 97. 生産、死産 ⑥p 22. 生産、死産 ※人口の出典および出産率算出方法は明治19年に同様。		
	出産数	出産率			22,451	32.3		1,322,151	31.6	
	生産数	生産率			20,693	29.8		1,208,983	28.9	29.4
	死産数	死産率			1,758	7.8		113,168	8.6	8.6
	人口	本籍人口			695,214			41,813,215		
		現在人口			685,501					

年度	項目		野洲		滋賀県			全国		
明治28 1895					⑦ p38. 生産、死産 生産は『明37』p 50. にもあり 人口は『明30』p 105(明治16-30年)			⑭p 97. ⑦ p40. 生産、死産 ⑩p3. 生産、死産(明治28-37年) ※人口の出典および出産率算出方法は明治19年に同様。		
	出産数	出産率			22,687	32.4		1,363,642	32.3	
	生産数	生産率			20,867	29.8		1,246,427	29.5	30.0
	死産数	死産率			1,817	8.0		117,215	8.6	8.6
	人口	本籍人口			699,376			42,270,620		
		現在人口			691,961					

年度	項目		野洲		滋賀県			全国		
明治29 1896					⑦ p45. 生産、死産 人口は『明30』p 105(明治16-30年)			⑭p 97.. ⑦ p46. 生産、死産 ⑩p3. 生産、死産(明治28-37年) ※人口の出典および出産率算出方法は明治19年に同様。		
	出産数	出産率			22,503	32.0		1,409,391	33.0	
	生産数	生産率			20,621	29.3		1,282,178	30.0	30.5
	死産数	死産率			1,882	8.4		127,213	9.0	9.0
	人口	本籍人口			702,617			42,708,264		
		現在人口			690,858					

年度	項目		野洲		滋賀県			全国		
明治30 1897			『明30』p 112生産、死産		⑦ p59. 生産、死産 人口は『明30』p 105(明治16-30年)			⑭p 97. ⑧ p68. 生産、死産 ⑩p3. 生産、死産(明治28-37年) ※人口の出典および出産率算出方法は明治19年に同様。		
	出産数	出産率	1,428	32.7	21,986	31.1		1,465,362	33.9	
	生産数	生産率	1,315	30.1	20,022	28.3		1,335,125	30.9	31.5
	死産数	死産率	113	7.9	1,964	8.9		130,237	8.9	8.9
	人口	本籍人口	43,682		706,874			43,228,863		
		現在人口	41,694		688,925					

※⑧ p 68. 全国の生産、死産では、生産13,34,125、死産は同じ。

年度	項目		野洲		滋賀県			全国		
明治31 1898			『明31』p133.生産、死産 p 120.人口		『明31』p133.生産、死産 p 120. 人口、 人口は『明44』p 68(明治30-43年)			⑭p 97. ⑧ p 67, 68. 生産、死産 ⑩p3. 生産、死産(明治28-37年) ※人口の出典および出産率算出方法は明治19年に同様。		
	出産数	出産率	1,836	41.5	24,216	34.0		1,495,463	34.2	
	生産数	生産率	1,691	38.2	22,341	31.4		1,369,622	31.3	31.9
	死産数	死産率	145	7.9	1,875	7.7		125,841	8.4	8.4
	人口	本籍人口	44,236		711,999			43,763,855		
		現在人口	42,213		691,836					

年度	項目		野洲		滋賀県			全国		
明治32 1899			『明37』p44 本籍人口(明治32-37)		⑧ P 69. 生産、死産(明治31-33) 人口は『明44』p 68(明治30-43年)			⑭p 97.⑧ p 67, 68.生産、死産※ ⑩p3. 生産、死産(明治28-37年) ※人口の出典および出産率算出方法は明治19年に同様。		
	出産数	出産率			24,139	33.6		1,506,857	34.0	
	生産数	生産率			22,226	30.9	32.4	1,371,191	31.0	32.0
	死産数	死産率			1,913	7.9	8.1	135,666	9.0	8.9
	人口	本籍人口	44,709		718,826			44,270,495		
		現在人口	42,377		701,326					

※生産・死産の県別比較を見ると(⑧明治31-33 p. 69-70)、死産率の全国平均は9.0で、滋賀県は平均より低値の7.9である。高値の1位は茨城17. 2、次に埼玉15. 6、鳥取及び千葉14. 5、 栃木12. 4、等が続く。また、生産率の全国平均は31. 0で、滋賀県は30. 9。滋賀県の生産は平均的で死産は全国平均より低い方である。

年度	項目		野洲		滋賀県			全国		
明治33 1900			『明37』p44 本籍人口(明治32-37)		⑧ P 81、生産、死産 『明43』p P68. 人口(明治30-43)			⑭p 97.⑧ p 67, 68.生産、死産 ⑩p3. 生産、死産(明治28-37年) ※人口の出典および出産率算出方法は明治19年に同様。		
	出産数	出産率			24,150	33.0		1,559,806	34.8	
	生産数	生産率			22,178	30.3	32.0	1,421,919	31.7	32.4
	死産数	死産率			1,972	8.2	8.4	137,887	8.8	8.9
	人口	本籍人口	45,006		732,589			44,825,597		
		現在人口			701,786					

※全国の生産、死産の⑧(明治31-33年)の明治33年p83. では生産1,406,624、死産137,769(死産率9

年度	項目		野洲		滋賀県			全国		
明治34 1901			『明37』p44 本籍人口(明治32-37) ※生産、死産の判読不可		⑨ p3. 生産、死産 『明i43』p 89. 生産(明治34-43) 『明43』p P68. 人口(明治30-43)			⑭p 97. ⑨ p3. 生産、死産 ⑩p3. 生産、死産(明治28-37年) ※人口の出典および出産率算出方法は明治19年に同様。		
	出産数	出産率			25,258	34.7		1,658,850	36.5	
	生産数	生産率			23,121	31.8	33.0	1,503,361	33.1	33.9
	死産数	死産率			2,137	8.5	8.7	155,489	9.5	9.4
	人口	本籍人口	45,426		727,921			45,446,369		
		現在人口			707,675					

※ 全国:各県別の生産、死産⑨(明治34-36年)の明治34年における県別比較を見ると(p3. p107.)滋賀県の生産率は全国平均より高く、死産率は全国平均より低値である。

年度	項目		野洲		滋賀県			全国		
明治35 1902			『明37』p44 本籍人口(明治32-37)		『明38』p 25. 本籍人生産 『明41』p 158-9. 現在人死産 『明43』p P68. 人口(明治30-43)			⑭p 97.生産、死産 ⑩p3. 生産、死産(明治28-37年) ※人口の出典および出産率算出方法は明治19年に同様。		
	出産数	出産率			25,403	34.6		1,670,798	36.3	
	生産数	生産率			23,248	31.7	32.9	1,513,090	32.9	33.6
	死産数	死産率			2,155	8.5	8.8	157,708	9.4	9.5
	人口	本籍人口	45,779		733,678			46,041,768		
		現在人口			713,324					

年度	項目		野洲		滋賀県			全国		
明治36 1903			『明41』p59. 現在人口 （明治36-41まで） 『明37』p44 本籍人口（明治32-37）		『明38』p 25. 本籍人生産 『明41』p 158-9. 現在人死産 『明43』p P68. 人口(明治30-43)			⑭p 98.生産、死産 ⑩p3. 生産、死産（明治28-37年） ※人口の出典および出産率算出方法は明治19年に同様。		
	出産数	出産率			25,556	34.6		1,647,467	35.3	
	生産数	生産率			23,444	31.7	32.1	1,493,547	32.0	32.7
	死産数	死産率			2,112	8.3	8.7	153,920	9.3	9.4
	人口	本籍人口	46,112		739,608			46,732,876		
		現在人口	43,186		714,548					

年度	項目		野洲		滋賀県			全国		
明治37 1904			『明37』p44 本籍人口（明治32-37） 生産、 p 71.死産 『明41』p59. 現在人口 （明治36-41まで）		『明38』p 25. 本籍人生産 『明41』p 158-9. 現在人死産 『明43』p P68. 人口(明治30-43)			⑭p 98.生産、死産 ⑩p3. 生産、死産（明治28-37年） ※人口の出典および出産率算出方法は明治19年に同様。		
	出産数	出産率	1,752	37.7	24,761	33.3		1,591,365	33.7	
	生産数	生産率	1,588	34.1	22,729	30.5	31.5	1,444,307	30.6	32.2
	死産数	死産率	164	9.4	2,032	8.2	8.6	147,058	9.2	9.3
	人口	本籍人口	46,508		744,432			47,219,566		
		現在人口	42,645		709,542					

年度	項目		野洲		滋賀県			全国		
明治38 1905			『明38』p 25.生産、p 38.死産, p23. 本籍人口 『明41』p59. 現在人口 （明治36-41まで）		『明38』p 25. 本籍人生産 『明41』p 158-9. 現在人死産 『明43』p P68. 人口(明治30-43)			⑭p 98.生産、死産 ※人口の出典および出産率算出方法は明治19年に同様。		
	出産数	出産率	1,655	35.4	23,243	31.1		1,599,131	33.5	
	生産数	生産率	1,511	32.9	21,366	28.6	30.2	1,457,039	30.6	31.2
	死産数	死産率	144	8.7	1,877	8.1	8.4	142,092	8.9	8.9
	人口	本籍人口	46,778		747,363			47,678,396		
		現在人口	43,068		714,722					

年度	項目		野洲		滋賀県			全国		
明治39年 1906			『明39』p43.生産、p137. 死産 p 25.人口		『明43』p 64. 本籍人生産 『明41』p 158-9. 現在人死産 『明43』p P68. 人口(明治30-43)			⑭p 98.生産、死産 ※人口の出典および出産率算出方法は明治19年に同様。		
	出産数	出産率	1,599	34.1	23,789	31.7		1,414,134	29.4	
	生産数	生産率	1,437	30.6	21,831	29.1	30.5	1,399,203	29.1	29.6
	死産数	死産率	162	10.1	1,958	8.2	8.9	14,931	9.7	9.7
	人口	本籍人口	46,960		750,542			48,164,761		
		現在人口	43,390		701,451					

年度	項目		野洲		滋賀県			全国		
明治40 1907			『明40』p 43. 生産、p 139.死産 p 35.人口		『明43』p 64. 本籍人生産 『明41』p 158-9. 現在人死産 『明43』p P68. 人口(明治30-43)			⑭p 98.生産、死産 ※人口の出典および出産率算出方法は明治19年に同様。		
	出産数	出産率	1,827	38.6	25,867	34.3		1,780,787	36.5	
	生産数	生産率	1,664	35.2	23,834	31.6	33.7	1,621,973	33.2	34.0
	死産数	死産率	163	8.9	2,033	7.9	8.3	158,814	8.9	9.0
	人口	本籍人口	47,319		754,833			48,819,630		
		現在人口	43,854		699,448					

年度	項目		野洲		滋賀県			全国		
明治41 1908			『明41』p44. 人口		『明43』p 64. 本籍人生産 『明41』p 158-9. 現在人死産 『明43』p P68. 人口(明治30-43)			⑭p 98.生産、死産 ※人口の出典および出産率算出方法は明治19年に同様。		
	出産数	出産率			26,508	34.9		1,825,491	36.8	
	生産数	生産率			24,514	32.3	34.8	1,662,815	33.5	34.7
	死産数	死産率			1,994	7.5	8.0	162,676	8.9	8.9
	人口	本籍人口	47,608		759,955			49,588,804		
		現在人口	43,962		692,102					

年度	項目		野洲		滋賀県			全国		
明治42 1909			『明43』p64.生産、p58. 人口 『明42』p159. 死産		『明43』p 64. 本籍人生産 『明41』p 158-9. 現在人死産 『明43』p P68. 人口(明治30-43)			⑭p 98.生産、死産 ※人口の出典および出産率算出方法は明治19年に同様。		
	出産数	出産率	1,834	38.2	26,428	34.6		1,855,426	36.9	
	生産数	生産率	1,704	35.5	24,414	32.0	34.4	1,693,850	33.7	34.9
	死産数	死産率	130	7.1	2,014	7.6	8.2	161,576	8.7	8.7
	人口	本籍人口	48,017		762,798			50,254,471		
		現在人口	44,161		691,074					

年度	項目		野洲		滋賀県			全国		
明治43 1,910			『明44』p80. 本籍人生産 『明43』p68. 人口		『明44』p80.本籍人生産 『明43』p155. 現在人死産 『明43』p68. 人口(明治29-43)			⑭p 98.生産、死産 ※人口の出典および出産率算出方法は明治19年に同様。		
	出産数	出産率			27,060	35.2		1,883,914	36.9	
	生産数	生産率	1,708	35.6	24,541	31.9	35.7	1,726,522	33.9	34.8
	死産数	死産率			2,519	9.3	7.8	157,392	8.4	8.4
	人口	本籍人口	48,032		768,128			50,984,844		
		現在人口	43,856		693,018					

年度	項目		野洲		滋賀県			全国		
明治44 1911			『明44』p78.80.128		『明44』p80.本籍人生産、p128. 死産 『明44』p 69. 人口					
	出産数	出産率	1,836	38.1	28,030	36.2				
	生産数	生産率	1,708	35.4	26,121	33.8	35.1			35.1
	死産数	死産率	128	7.0	1,909	6.8	7.5			8.2
	人口	本籍人口	48,247		773,817			51,753,934		
		現在人口	44,059		695,701					

年度	項目 ※1.		野洲 ※2. ※3. ※4.		滋賀県 ※2. ※3. ※4.			全国 ※2.		
大正元年 1912			『大正元』p70, 80, 104.		『大正元』p70, 80, 104.		※5. 大正元～ 昭和50年 まで			※6. 大正元～ 昭和50年 まで
	出産数	出産率	1,860	38.2	27,918	35.8		1,885,219	35.9	
	生産数	生産率	1,732	35.6	※26121	33.5	34.9	1,737,674	33.1	34.4
	死産数	死産率	128	6.9	1,797	6.4	7.2	147,545	7.8	7.8
	人口	本籍人口	48,633		780,562			52,522,753		
		現在人口	44,146		700,370					

年度	項目		野洲		滋賀県			全国		
大正2年 1913			『大正2』p 56, 6		『大正2』p 56, 6					
	出産数	出産率			27,588	35.0		1,905,210	35.7	
	生産数	生産率	1,679	34.1	25,716	32.6	34.0	1,757,441	32.9	34.3
	死産数	死産率			1,872	6.8	7.6	147,769	7.8	7.8
	人口	本籍人口	49,271		787,702			53,362,682		
		現在人口	43,750		694,786					

年度	項目		野洲		滋賀県			全国		
大正3年 1914			『大正3』p74, 80.		『大正3』p73,					
	出産数	出産率			28,478	35.9		1,954,094	36.1	
	生産数	生産率	1,766	35.6	26,708	33.7	35.1	1,808,402	33.4	34.8
	死産数	死産率			1,770	6.2	7.0	145,692	7.5	7.5
	人口	本籍人口	49,634		793,348			54,142,441		
		現在人口	43,764		703,785					

年度	項目		野洲		滋賀県			全国		
大正4 1915					「滋賀県データー県別人口推移」 （厚生省）					
	出産数	出産率			24,666			1,940,627	35.3	
	生産数	生産率			23,019		34.0	1,799,326	32.8	34.1
	死産数	死産率			1,647	6.7	6.7	141,301	7.3	7.3
	人口	本籍人口						54,935,755		
		現在人口								

年度	項目		野洲		滋賀県			全国		
大正5年 1916			『大正5』p 62, 199, 294.		『大正5』p 62, 199, 294.					
	出産数	出産率	1,802	35.8	27,558	34.2		1,944,820	35.0	
	生産数	生産率	1,682	33.4	25,834	32.1	33.2	1,804,822	32.4	33.7
	死産数	死産率	120	**6.7**	1,726	6.3	7.1	139,998	7.2	7.2
	人口	本籍人口	50,316		805,572			55,637,431		
		現在人口	43,718		714,767					

年度	項目		野洲		滋賀県			全国		
大正6年 1917			『大正6』p 54, 112, 118. ※現在人死産		『大正6』p 51.					
	出産数	出産率	1,743	34.4	26,578	32.8		1,952,741	34.7	
	生産数	生産率	1,654	32.6	24,963	30.8	31.5	1,812,413	32.2	33.5
	死産数	死産率	※89	5.1	1,615	6.1	7.0	140,328	7.2	7.2
	人口	本籍人口	50,685		810,239			56,335,971		
		現在人口	44,054		717,217					

野洲	項目		野洲		滋賀県			全国		
大正7年 1918			『大正7』p 62, 118.		『大正7』p 51.					
	出産数	出産率	1,671	33.0	25,613	31.7		1,934,499	34.1	
	生産数	生産率	1,562	30.8	23,902	29.6	30.2	1,791,992	31.6	32.7
	死産数	死産率	109	6.5	1,711	6.7	7.6	142,507	7.4	7.4
	人口	本籍人口	50,680		807,391			56,667,711		
		現在人口	43,201		701,295					

年度	項目		野洲		滋賀県			全国		
大正8年 1919			『大正8』 人口p61. 出生・死産p194.		「滋賀県データー県別人口推移」 （厚生省） ※『昭和2』p.60. 出生率					
	出産数	出産率	1,652	32.5	22,424			1,911,624	33.4	
	生産数	生産率	1,551	30.5	20,947	※30.0	31.0	1,778,685	31.1	32.3
	死産数	死産率	101	6.1	1,477		6.6	132,939	7.0	7
	人口	本籍人口	50,868					57,233,906		
		現在人口	43,422							

年度	項目		野洲		滋賀県			全国		
大正9年 1920			『大正9』 p. 101, 2		※人口は国勢調査結果による。 ※『昭和2』p.60. 出生率			大正9年以降の人口は国勢調査結果。 (1900－2005年) **以下昭和50年まで現在人対率**		
	出産数	出産率	1,931	37.9	24,459			2,169,602	38.8	
	生産数	生産率	1,829	35.9	22,924	※33.9	35.2	2,025,564	36.2	36.2
	死産数	死産率	102	5.3	1,535	6.3	6.3	144,038	5.3	6.6
	人口	本籍人口	50,924							
		現在人口	43,127		※651050			55,963,053		

年度	項目		野洲		滋賀県			全国		
大正10年 1921			『大正10』p. .52, 83, 90. ※現在人死産、本籍人生産 本籍人口 p. 83		『大正10』p. 49					
	出産数	出産率	1,819	35.6	28,000	34.4		2,129,177	37.6	
	生産数	生産率	1,723	33.7	26,527	32.6	33.7	1,990,876	35.1	35.1
	死産数	死産率	※ 96	5.3	1,473	5.3	6.3	138,301	6.5	6.5
	人口	本籍人口	51,080		814,773					
		現在人口			693,323			56,666,000		

年度	項目		野洲		滋賀県			全国		
大正11年 1922			『大正11』p. 50, 74, 81.		『大正11』p. 48					
	出産数	出産率	1,813	35.2	27,587	33.6		2,101,558	36.6	
	生産数	生産率	1,700	33.0	26,211	31.9	33.1	1,969,314	34.3	34.3
	死産数	死産率	113	6.2	1,376	5.0	6.0	132,244	6.3	6.2
	人口	本籍人口	51,547		820,664					
		現在人口	43,886		681,209			57,390,000		

年度	項目		野洲		滋賀県			全国		
大正12年 1923			『大正12』p.50,74 ※現在人死産、本籍人生産		『大正12』p. 49					
	出産数	出産率	1,840	36.1	28,355	34.4		2,177,160	37.5	
	生産数	生産率	1,750	34.3	26,909	32.7	33.9	2,043,297	35.2	35.2
	死産数	死産率	※90	4.9	1,446	5.1	6.2	133,863	6.1	6.2
	人口	本籍人口	51,003		823,379					
		現在人口	43,364		685,110			58,119,000		

年度	項目		野洲		滋賀県			全国		
大正13年 1924			『大正13』p.50,74 ※現在人死産、本籍人生産		『大正13』p.49					
	出産数	出産率	1,810	34.9	28,035	33.9		2,124,359	36.1	
	生産数	生産率	1,736	33.5	26,751	32.4	33.3	1,998,520	33.9	33.9
	死産数	死産率	※74	※4.1	1,284	4.6	5.5	125,839	5.9	5.9
	人口	本籍人口	51,871		826,428					
		現在人口	44,043		692,774			58,876,000		

年度	項目		野洲					全国		
大正14年 1925			『大正14』p 55 p.74 ※現在人死産、本籍人生産		『昭和23』p.31 人口 ※『昭和2』p 60. 出生率					
	出産数	出産率	1,885	36.4	22,925			2,210,494	37.0	
	生産数	生産率	1,792	34.6	21,638	※32．2	32.7	2,086,091	34.9	34.9
	死産数	死産率	93	4.9	1,287	5.6	5.6	124,403	5.6	5.6
	人口	本籍人口	51,846							
		現在人口	42,863		662,412			59,737,000		

年度	項目		野洲		滋賀県			全国		
昭和元 1926			『昭和元』p 51 p66. ※現在人死産、生産		『昭和元』p50, 66. ※現在人死産、生産					
	出産数	出産率	1,490	34.1	22,928	33.3		2,228,443	36.7	
	生産数	生産率	1,396	32.0	21,638	31.4	33.0	2,104,405	34.6	34.6
	死産数	死産率	94	6.3	1,290	5.6	5.3	124,038	5.6	5.6
	人口	本籍人口	52,599		839,056					
		現在人口	43,642		689,074			60,741,000		

年度	項目		野洲		滋賀県			全国		
昭和2 1927			『昭和2』p 51 人口		『昭和2』p 50、60, 61 本籍人出生、現在人死産					
	出産数	出産率			27,583	32.7		2,177,659	35.3	
	生産数	生産率			26,391	31.3	32.0	2,060,737	33.4	33.4
	死産数	死産率			1,192	4.3	5.3	116,922	5.4	5.4
	人口	本籍人口	53,095		843,051					
		現在人口	43,853		694,060			61,659,000		

年度	項目		野洲		滋賀県			全国		
昭和3 1928			『昭和3』p 51 人口		『昭和3』p 51、77 本籍人出生、現在人死産					
	出産数	出産率			28,740	33.9		2,256,043	36	
	生産数	生産率			27,515	32.4	33.3	2,135,852	34.1	34.1
	死産数	死産率			1,225	4.3	5.2	120,191	5.3	5.3
	人口	本籍人口	53,479		848,933					
		現在人口	44,384		700,632			62,595,000		

年度	項目		野洲		滋賀県			全国		
昭和4 1929			『昭和4』p 45 人口		『昭和』p44, 56 本籍人出生、現在人死産					
	出産数	出産率			27,070	31.7		2,193,997	34.6	
	生産数	生産率			25,920	30.3	31.0	2,077,026	32.7	32.7
	死産数	死産率			1,150	4.2	5.2	116,971	5.3	5.3
	人口	本籍人口	54,410		854,983					
		現在人口	45,169		706,030			63,461,000		

年度	項目		野洲		滋賀県			全国		
昭和5 1930			『昭和5』p 51 人口		『昭和5』p 50、60, 61 本籍人出生、現在人死産					
	出産数	出産率			27,728	32.1		2,202,831	40.5	
	生産数	生産率			26,562	30.8	31.0	2,085,101	32.4	32.4
	死産数	死産率			1,166	4.2	5.2	117,730	5.3	5.3
	人口	本籍人口	54,715		862,947					
		現在人口	44,341		703,208			54,450,000		

年度	項目		野洲		滋賀県			全国		
昭和6 1931			『昭和7』p 49 人口		『昭和6』p.51 本籍人出生、現在人死産					
	出産数	出産率			27,309	31.4		2,219,293	33.9	
	生産数	生産率			26,205	30.1	30.3	2,102,784	32.1	32.1
	死産数	死産率			1,104	4.0	5.0	116,509	5.2	5.3
	人口	本籍人口	55,439		869,292					
		現在人口	45,260		709,101			65,457,000		

年度	項目		野洲		滋賀県			全国		
昭和7 1932			『昭和7』p 49 人口		『昭和5』p 48,58,59 本籍人出生、現在人死産			※現在人出産率		
	出産数	出産率			28,524	32.5		2,302,321	34.7	
	生産数	生産率			27,432	31.3	31.3	2,182,742	32.9	32.9
	死産数	死産率			1,092	3.8	4.7	119,579	5.2	5.2
	人口	本籍人口	55,740		876,596					
		現在人口	45,244		715,993			66,434,000		

年度	項目		野洲※		滋賀県※			全国		
昭和8 1933			※「愛育調査資料 第2輯」愛育会1938 『昭和8』p 49 では、本籍人口56,189、 現在人口45,306. 生産・死産記載なし。		『昭和8』p 49, 59、59 本籍人出生、現在人死産			※現在人出産率		
	出産数	出産率	1,410	※ 32.8	26,562	30.1		2,235,391	33.2	
	生産数	生産率	1,344	31.3	25,552	28.9	29.1	2,121,253	31.5	31.5
	死産数	死産率	66	※ 4.7	1,010	3.8	4.7	114,138	5.1	5.1
	人口	本籍人口	43,000		883,095					
		現在人口			719,274			67,432,000		

※「愛育調査資料 第2輯」(愛育会:1938)は、滋賀県の出生数20,613、死産数1,005となっている。

年度	項目		野洲		滋賀県			全国		
昭和9 1934			『昭和9』p 48 人口		『昭和9』p 37			※現在人出産率		
	出産数	出産率			26,263	29.8		2,156,826	31.6	
	生産数	生産率			25,213	28.6	28.5	2,043,783	29.9	29.9
	死産数	死産率			1,050	4.0	4.9	113,043	5.2	5.2
	人口	本籍人口	56,486		880,594					
		現在人口	45,632		727,178			68,309,000		

年度	項目		野洲		滋賀県			全国		
昭和10 1935			『昭和10』p 49 人口		『昭和10』p 47			※現在人出産率		
	出産数	出産率			27,582	30.8		2,306,297	33.2	
	生産数	生産率			26,517	29.6	30.0	2,190,704	31.6	31.6
	死産数	死産率			1,065	3.9	4.8	115,593	5.0	5.0
	人口	本籍人口	56,933		896,338					
		現在人口	42,625		711,436			69,254,000		

年度	項目		野洲		滋賀県			全国		
昭和11 1936			『昭和11』p 49 人口		『昭和11』p 47			※現在人出産率		
	出産数	出産率			26,728	29.6		2,213,025	31.6	
	生産数	生産率			25,728	28.5	28.7	2,101,969	30.0	30.0
	死産数	死産率			1,000	3.7	4.7	111,056	5.0	5.0
	人口	本籍人口	57,324		902,590					
		現在人口	42,625		711,436			70,114,000		

年度	項目		野洲		滋賀県			全国		
昭和12 1937			『昭和12』p 49 人口		『昭和12』p 48、58、59 本籍人出生、現在人死産			※現在人出産率		
	出産数	出産率			27,457	30.2		2,292,219	32.5	
	生産数	生産率			26,503	29.1	29.5	2,180,734	30.9	30.9
	死産数	死産率			954	3.5	4.3	111,485	4.9	4.9
	人口	本籍人口	57,782		910,185					
		現在人口						70,630,000		

年度	項目		野洲		滋賀県			全国		
昭和13 1938			『昭和13』p 49 人口		『昭和13』p 48、58, 59, 65 本籍人出生、現在人死産					
	出産数	出産率			23,171	25.4		2,027,849	28.6	
	生産数	生産率			22,324	24.5	24.3	1,928,321	27.2	27.2
	死産数	死産率			847	3.7	4.6	99,528	4.9	4.9
	人口	本籍人口	57,970		910,865					
		現在人口						71,013,000		

年度	項目		野洲		滋賀県			全国		
昭和14 1939			『昭和14』p 37 人口		『昭和14』p 36, 45, 51 本籍人出生、現在人死産					
	出産数	出産率			22,050	24.2		1,999,922	28.0	
	生産数	生産率			21,240	23.3	22.5	1,901,573	26.6	26.6
	死産数	死産率			810	3.4	4.7	98,349	4.9	4.9
	人口	本籍人口	58,153		911,498					
		現在人口						71,380,000		

年度	項目		野洲		滋賀県			全国		
昭和15 1940			『昭和15』p 17 人口 ※国勢調査:昭和15年		「滋賀県データー県別人口推移」 （厚生省）※ 『昭和29』p 52 現在人口 国勢調査:昭和15年					
	出産数	出産率			20,089	28.5		2,217,901	30.8	
	生産数	生産率			19,222	27.2	27.3	2,115,867	29.4	29.4
	死産数	死産率			867	4.3	4.3	102,034	4.6	4.6
	人口	本籍人口	58,283							
		現在人口	※46,961		※703,679			71,933,000		

年度	項目		野洲		滋賀県			全国		
昭和16 1941			『昭和16』p 13 人口		「滋賀県データー県別人口推移」 （厚生省） 『昭和16』p 12 本籍人口 昭和16年12月					
	出産数	出産率			19,790	21.4		2,380,683	33.0	
	生産数	生産率			18,946	20.5	27.0	2,277,283	31.8	31.8
	死産数	死産率			844	4.3	4.3	103,400	4.3	4.3
	人口	本籍人口	62,476		922,693					
		現在人口						72,218,000		

年度	項目		野洲		滋賀県			全国		
昭和17 1942					「滋賀県データー県別人口推移」 （厚生省）より生産数、死産数					
	出産数	出産率			20,580			2,329,108	32.0	
	生産数	生産率			19,721		28.1	2,233,660	30.9	30.9
	死産数	死産率			859	4.2	4.2	95,448	4.1	4.1
	人口	本籍人口								
		現在人口						72,880,000		

年度	項目		野洲		滋賀県			全国		
昭和18 1943					「滋賀県データー県別人口推移」 （厚生省）より生産数、死産数					
	出産数	出産率			20,555			2,346,424	31.8	
	生産数	生産率			19,724			2,253,535	30.9	30.9
	死産数	死産率			831	4.0		92,889	4.0	4.0
	人口	本籍人口								
		現在人口						73,903,000		

年度	項目		野洲		滋賀県			全国		
昭和22 1947					『昭和23』p 31,43 ※昭和22人口『昭和29年』p52 現在人口					
	出産数	出産率			27,463	32.0		2,802,629	35.9	
	生産数	生産率			26,354	30.7	30.1	2,678,792	34.3	34.3
	死産数	死産率			1,109	4.0	4.1	123,837	4.4	4.4
	人口	本籍人口								
		現在人口			※858367			78,101,000		

年度	項目		野洲		滋賀県			全国		
昭和23 1948			『昭和23』p 32,43 昭和23常住人口		『昭和23』p 31,43 昭和23常住人口					
	出産数	出産率	1,896	33.0	28,419	32.6		2,825,587	35.3	
	生産数	生産率	1,803	31.3	27,019	31.0	31.3	2,681,624	33.5	33.5
	死産数	死産率	93	4.9	1,400	4.9	5.0	143,963	5.1	5.1
	人口	本籍人口	57,541		872,775					
		現在人口	56,349					80,002,000		

年度	項目		野洲		滋賀県			全国		
昭和24 1949					「滋賀県データー県別人口推移」 （厚生省）より生産数、死産数					
	出産数	出産率			27,557			2,889,315	35.3	
	生産数	生産率			25,662		28.7	2,696,638	33.0	33.0
	死産数	死産率			1,895	6.9	6.9	192,677	6.7	6.7
	人口	本籍人口								
		現在人口						81,773,000		

年度	項目		野洲		滋賀県			全国		
昭和25 1950			『昭和25』p 41 ※国勢調査昭和25年		『昭和25』p 41，51，53 ※国勢調査昭和25年					
	出産数	出産率			24,085			2,554,481	30.7	
	生産数	生産率			22,094		24.9	2,337,507	28.1	28.1
	死産数	死産率	70		1,991		8.7	216,974	8.5	8.5
	人口	本籍人口								
		現在人口	※56,506		※861,154			83,200,000		

年度	項目		野洲		滋賀県			全国		
昭和26 1951			『昭和26』p 29、41 『昭和27』p 91		『昭和26』p 29、40、41 『昭和27』p 32 昭和25年10月国調人口※					
	出産数	出産率			21,796			2,354,920	27.9	
	生産数	生産率	1,390		19,895		22.6	2,137,689	25.3	25.3
	死産数	死産率	84		1,901		9.1	217,231	9.2	9.2
	人口	本籍人口								
		現在人口			※861,180			84,541,000		

年度	項目		野洲		滋賀県			全国		
昭和27 1952			『昭和27』p 91		「滋賀県データー県別人口推移」 (厚生省)より生産数、死産数					
	出産数	出産率			19,467			2,208,986	25.7	
	生産数	生産率	1,297		17,749		20.7	2,005,162	23.4	23.4
	死産数	死産率	55		1,718	8.8	8.8	203,824	9.2	9.2
	人口	本籍人口								
		現在人口						85,808,000		

年度	項目		野洲		滋賀県			全国		
昭和28 1953			『昭和28』p 51		「滋賀県データー県別人口推移」 (厚生省)より生産数、死産数					
	出産数	出産率			17,730			2,061,314	23.7	
	生産数	生産率	1,211	21.4	16,260		19.0	1,868,040	21.5	21.5
	死産数	死産率	38	2.9	1,470	8.3	8.3	193,274	9.4	9.4
	人口	本籍人口								
		現在人口						86,981,000		

年度	項目		野洲		滋賀県			全国		
昭和29 1954			『昭和29』p 53		「滋賀県データー県別人口推移」 (厚生省)より生産数、死産数					
	出産数	出産率			17,047			1,956,699	22.2	
	生産数	生産率	1,069		15,506		18.1	1,769,580	20.0	20.0
	死産数	死産率	54		1,541	9.0	9.0	187,119	9.6	9.6
	人口	本籍人口								
		現在人口						88,239,000		

年度	項目		野洲 ※11		滋賀県			全国		
昭和30 1955			『昭和30』p39. ※国勢調査昭和30年人口		『昭和30』p39、45 ※国勢調査昭和30年人口					
	出産数	出産率	1,071	20.5	16,879	19.8		1,913,957	21.4	
	生産数	生産率	1,027	19.7	15,319	17.9	17.6	1,730,692	19.4	19.4
	死産数	死産率	44	4.1	1,560	9.2	9.1	183,265	9.6	9.6
	人口	本籍人口								
		現在人口	※ 52,169		※853,734			89,276,000		

年度	項目		野洲 ※10		滋賀県 ※10			全国		
昭和31 1956			『昭和31』p 38 ※住民登録人口		『昭和31』p 38、40 ※住民登録人口					
	出産数	出産率	965	18.1	16,177	18.8		1,844,285	20.4	
	生産数	生産率	909	17.1	14,840	17.3	17.1	1,665,278	18.4	18.4
	死産数	死産率	56	5.8	1,337	8.3	8.7	179,007	9.7	9.7
	人口	本籍人口	※53,287		※859,306					
		現在人口						90,192,000		

年度	項目		野洲		滋賀県			全国		
昭和32 1957			『昭和32』p 38 ※住民登録人口		『昭和32』p 38,40 ※住民登録人口					
	出産数	出産率	834	15.6	14,735	17.2		1,743,066	19.2	
	生産数	生産率	789	14.8	13,448	15.7	15.6	1,566,713	17.2	17.2
	死産数	死産率	45	5.4	1,287	8.7	9.1	176,353	10.1	10.1
	人口	本籍人口	※53,334		※856,097					
		現在人口						90,928,000		

年度	項目		野洲		滋賀県			全国		
昭和33 1958			『昭和33』p 36 ※住民登録人口		『昭和33』p 36,38 ※住民登録人口					
	出産数	出産率	931	17.4	15,989	18.7		1,838,617	20.0	
	生産数	生産率	884	16.5	14,733	17.3	17.2	1,653,469	18.0	18.0
	死産数	死産率	47	5.0	1,256	7.9	8.4	185,148	10.1	10.1
	人口	本籍人口	※53,444		※853,441					
		現在人口						91,767,000		

年度	項目		野洲		滋賀県			全国		
昭和34 1959			『昭和34』p 29, 32 ※住民登録人口		『昭和34』p 29, 32 ※住民登録人口					
	出産数	出産率	886	16.5	15,569	18.2		1,807,981	19.5	
	生産数	生産率	835	15.6	14,283	16.7	16.6	1,626,088	17.5	17.5
	死産数	死産率	51	5.8	1,286	8.3	8.6	181,893	10.1	10.1
	人口	本籍人口	※53,547		※856, 890					
		現在人口						92,641,000		

年度	項目		野洲		滋賀県			全国		
昭和35 1960			『昭和35』p25、30 ※国勢調査昭和35年人口		『昭和35』p28、30 ※住民登録人口					
	出産数	出産率	772	14.5	14,942	14.4		1,785,322	19.1	
	生産数	生産率	731	13.7	13,717	16.0	16.0	1,606,041	17.2	17.2
	死産数	死産率	41	5.3	1,225	8.2	8.5	179,281	10.0	10
	人口	本籍人口	※53,298		※858,426					
		現在人口						93,419,000		

年度	項目		野洲		滋賀県			全国		
昭和36 1961			『昭和36』p 21、22 ※住民登録人口		『昭和36』p 21、22 ※住民登録人口					
	出産数	出産率	826	15.3	14,231	16.6		1,769,267	18.8	
	生産数	生産率	776	14.4	13,039	15.2	15.4	1,589,372	16.9	16.9
	死産数	死産率	50	6.1	1,192	8.4	8.4	179,895	10.2	10.2
	人口	本籍人口	※54,071		※859,376					
		現在人口						94,287,000		

年度	項目		野洲		滋賀県			全国		
昭和37 1962			『昭和37』p 21、22 ※住民登録人口		『昭和37』p 21、22 ※住民登録人口					
	出産数	出産率	716	13.1	14,660	17.0		1,795,979	18.9	
	生産数	生産率	653	12.0	13,369	15.5	16.0	1,618,616	17.0	17.0
	死産数	死産率	63	8.8	1,291	8.8	8.8	177,363	9.9	9.9
	人口	本籍人口	※54,605		※860,459					
		現在人口						95,181,000		

IX章　衛生統計からみた野洲郡三上地域の多産多死

年度	項目		野洲		滋賀県			全国		
昭和38 1963			『昭和38』p 16、18 ※住民登録人口		『昭和38』p 16、18 ※住民登録人口					
	出産数	出産率	874	15.8	14,897	17.3		1,834,945	19.1	
	生産数	生産率	806	14.5	13,709	16.0	16.1	1,659,521	17.3	17.3
	死産数	死産率	68	7.8	1,188	8.0	8.0	175,424	9.6	9.6
	人口	本籍人口	※55,469		※859,386					
		現在人口						96,156,000		

年度	項目		野洲		滋賀県			全国		
昭和39 1964			『昭和39』p 17、22 ※住民登録人口		『昭和39』p 16、22 ※住民登録人口					
	出産数	出産率	1,012	17.9	14,996	17.4		1,884,807	19.4	
	生産数	生産率	935	16.6	13,764	16.0	16.1	1,716,761	17.7	17.7
	死産数	死産率	77	7.6	1,232	8.2	8.3	168,046	8.9	8.9
	人口	本籍人口	※56,494		※860,237					
		現在人口						97,182,000		

年度	項目		野洲		滋賀県			全国		
昭和40 1965			『昭和40』p 28,30 ※住民登録人口		『昭和40』p 28,30 ※住民登録人口					
	出産数	出産率	1,012	17.7	15,375	17.8		1,985,314	20.2	
	生産数	生産率	953	16.6	14,311	16.6	16.7	1,823,697	18.6	18.6
	死産数	死産率	59	5.8	1,064	6.9	6.9	161,617	8.1	8.1
	人口	本籍人口	※57,257		※862,196					
		現在人口						98,275,000		

年度	項目		野洲		滋賀県			全国		
昭和41 1966			『昭和41』p35、36 ※住民登録人口		『昭和41』p35、36 ※住民登録人口					
	出産数	出産率	684	12.0	11,111	13.0		1,509,222	15.2	
	生産数	生産率	630	11.1	10,191	12.0	11.9	1,360,974	13.7	13.7
	死産数	死産率	54	7.9	920	8.3	8.3	148,248	9.8	9.8
	人口	本籍人口	※56,874		※851,833					
		現在人口						99,036,000		

年度	項目		野洲		滋賀県			全国		
昭和42 1967			『昭和42』p15、31 ※住民登録人口		『昭和42』p15、31 ※住民登録人口					
	出産数	出産率	1,173	20.3	15,609	18.2		2,085,036	20.8	
	生産数	生産率	1,114	19.3	14,720	17.2	17.8	1,935,647	19.4	19.4
	死産数	死産率	59	5.0	889	5.7	6.2	149,389	7.2	7.2
	人口	本籍人口	※57,753		※858,227					
		現在人口						100,196,000		

年度	項目		野洲		滋賀県			全国		
昭和43 1968			『昭和43』p 15, 30,31. ※推計人口		「滋賀県データー県別人口推移」 （厚生省） 『昭和43』p 16 ※推計人口					
	出産数	出産率	1,102	18.8	15,558	18.0		2,015,098	19.9	
	生産数	生産率	1,074	18.3	14,616	17.1	17.0	1,871,839	18.6	18.6
	死産数	死産率	28	2.5	942	6.1	6.1	143,259	7.1	7.1
	人口	本籍人口								
		現在人口	※58,688		※865,190			101,331,000		

年度	項目		野洲		滋賀県			全国		
昭和44 1969			『昭和44』p 11, 12 ※推計人口		『昭和44』p 12 『昭和44』p 11 ※推計人口					
	出産数	出産率	1,135	19.0	15,529	17.7		2,029,026	19.8	
	生産数	生産率	1,082	18.1	14,792	16.9	17.1	1,889,815	18.5	18.5
	死産数	死産率	53	4.7	737	4.7	5.7	139,211	6.9	6.9
	人口	本籍人口								
		現在人口	※59,755		※875,927			102,536,000		

年度	項目		野洲 ※11		滋賀県			全国		
昭和45 1970			『昭和45』p 12 ※推計人口 守山町は野洲郡から離脱 →以降は率で比較		『昭和45』p 12、14 ※推計人口					
	出産数	出産率	496	18.3	16,567	18.5		2,069,334	20.0	
	生産数	生産率	468	17.2	15,631	17.5	17.6	1,934,239	18.8	18.8
	死産数	死産率	28	5.6	936	5.6	5.6	135,095	6.5	6.5
	人口	本籍人口								
		現在人口	※27,152		※895,480			103,720,000		

年度	項目		野洲		滋賀県			全国		
昭和46 1971			『昭和46』p 11, 14 ※推計人口		『昭和46』p 11, 14 ※推計人口					
	出産数	出産率	533	18.8	17,374	19.1		2,131,893	20.3	
	生産数	生産率	512	18.1	16,442	18.0	18.2	2,000,973	19.2	19.2
	死産数	死産率	21	3.9	932	5.4	5.4	130,920	6.1	6.1
	人口	本籍人口								
		現在人口	※28,313		※911,806			105,145,000		

年度	項目		野洲		滋賀県			全国		
昭和47 1972			『昭和47』p 11, 14 ※推計人口		『昭和47』p 11, 14 ※推計人口					
	出産数	出産率	643	21.8	18,403	19.9		2,163,836	20.1	
	生産数	生産率	619	21.0	17,466	18.9	19.0	2,038,682	19.3	19.3
	死産数	死産率	24	3.7	937	5.1	5.1	125,154	5.8	5.8
	人口	本籍人口								
		現在人口	※29,458		※924,479			107,595,000		

年度	項目		野洲		滋賀県			全国		
昭和48 1973			『昭和48』p 11, 14 ※推計人口		『昭和48』p 11, 14 ※推計人口					
	出産数	出産率	642	21.2	18,707	19.8		2,208,154	20.2	
	生産数	生産率	618	20.4	17,858	18.9	19.1	2,091,983	19.4	19.4
	死産数	死産率	24	3.7	849	4.5	4.5	116,171	5.3	5.3
	人口	本籍人口								
		現在人口	※30,298		※944,223			109,104,000		

年度	項目		野洲		滋賀県			全国		
昭和49 1974			『昭和49』p 11, 14 ※推計人口		『昭和49』p 11, 14 ※推計人口					
	出産数	出産率	644	20.7	19,140	19.8		2,139,727	19.4	
	生産数	生産率	613	19.7	18,303	18.9	19.1	2,029,989	18.6	18.6
	死産数	死産率	31	4.8	837	4.4	4.4	109,738	5.1	5.1
	人口	本籍人口								
		現在人口	※31,147		※967,078			110,573,000		

年度	項目		野洲		滋賀県			全国		
昭和50 1975			『昭和50』ｐ10，12 ※国勢調査		『昭和50』ｐ10，12 ※国勢調査					
	出産数	出産率	688	21.1	18,451	18.7		2,003,302	17.9	
	生産数	生産率	663	20.4	17,629	17.9	18.0	1,901,440	17.0	17.1
	死産数	死産率	25	3.6	822	4.5	4.5	101,862	5.1	5.1
	人口	本籍人口								
		現在人口	※32,513		※985,621			111,940,000		

表3. 乳児死亡率一覧表(1899-1975)—野洲、滋賀県、全国

※1. 野洲郡:昭和26－50年は『滋賀県統計全書』より、本籍人による出生数・乳児死亡数(1歳未満)から算出。

※2. 滋賀県:明治32-昭和25年は『都道府県人口100年の動向』 厚生省より。昭和25-50年は『滋賀県統計全書』より、本籍人による出生数・乳児死亡数(1歳未満)から算出。

※3. 全国:『新版日本長期統計総覧 第1巻』総務庁統計局監修 日本統計協会発行 2006. によるデータを採用。

年		野洲郡	滋賀県	全国
明治 32	1899		152.3	153.8
33	1900		160.5	155.0
34	1901		161.0	149.9
35	1902		149.6	154.0
36	1903		159.5	152.4
37	1904		160.4	151.9
38	1905		152.7	151.7
39	1906		150.1	153.6
40	1907		160.6	151.3
41	1908		156.1	158.0
42	1909		182.0	167.3
43	1910		161.9	161.2
44	1911		158.4	158.4
大正 元	1912		163.5	154.2
2	1913		153.0	152.1
3	1914		169.1	158.5
4	1915		169.3	160.4
5	1916		171.3	170.3
6	1917		182.5	173.2
7	1918		198.4	188.6
8	1919		162.7	170.5
9	1920		174.7	165.7
10	1921		176.3	168.3
11	1922		167.7	166.4
12	1923		180.8	163.4
13	1924		150.3	156.2
14	1925		160.3	142.4
昭和 元	1926		142.1	137.5
2	1927		150.3	141.7
3	1928		137.6	137.6
4	1929		150.6	142.1
5	1930		133.6	124.1
6	1931		142.4	131.5
7	1932		125.3	117.5
8	1933		134.4	121.3
9	1934		144.6	124.8
10	1935		110.7	106.7
11	1936		132.1	116.7
12	1937		117.5	105.8
13	1938		138.7	114.4
14	1939		117.7	106.2
15	1940		103.3	90.0
16	1941		100.6	84.1
17	1942		98.8	85.5
18	1943			86.6
19	1944			
20	1945			
21	1946			
22	1947		86.9	76.7
23	1948		65.2	61.7
24	1949		74.0	62.5
25	1950		65.9	60.1
26	1951	**66.2**	**61.9**	57.5
27	1952	**54.7**	**57.6**	49.4
28	1953	**66.9**	**56.8**	48.9
29	1954	**51.4**	**53.1**	44.6
30	1955	**45.8**	**46.3**	39.8
31	1956	**69.3**	**47.2**	40.6
32	1957	**44.4**	**46.7**	40.0
33	1958	**44.1**	**40.9**	34.5
34	1959	**39.5**	**37.0**	33.7
35	1960	**38.3**	**32.7**	30.7
36	1961	**49.0**	**32.1**	28.6
37	1962	**58.2**	**31.7**	26.4
38	1963	**43.4**	**27.9**	23.2
39	1964	**26.7**	**26.4**	20.4
40	1965	**30.4**	**24.0**	18.5
41	1966	**39.7**	**26.9**	19.3
42	1967	**20.6**	**20.7**	14.9
43	1968	**18.6**	**17.4**	15.3
44	1969	**20.3**	**16.8**	14.2
45	1970	**19.2**	**14.4**	13.1
46	1971	**19.5**	**12.6**	12.4
47	1972	**14.5**	**12.3**	11.7
48	1973	**6.5**	**11.1**	11.3
49	1974	**11.4**	**12.6**	10.8
50	1975	**12.1**	**10.8**	10.0

→昭和26-50年
野洲郡、滋賀県は『滋賀県統計全書』より算出

表4. 総死亡中乳幼児死亡の占める割合一覧表(1899-1975年)—三上地域(妙光寺・北桜・南桜地区)、全国

全国:『日本長期統計総覧』(1987)より、0-9歳および0-14歳死亡割合

三上地域:過去帳分析(X章. 10))による、子供はおよそ13歳以下(V章参照)。

三上地域は対象数が少ないため移動平均値で示す、移動平均値は当該年以前10カ年平均とした。

年 次		三上地域			全国							
		死亡総数	子供死亡数	**子供死亡割合(%)**	総死亡数	乳幼児死亡数					**乳幼児死亡割合(%)**	
		(移動平均値)	0−13歳 (移動平均値)			0-4歳	5-9歳	10-14歳	0-9歳合計	0-14歳合計	0−9歳	**0-14歳**
1899	明治32	24.8	14.0	**56.5**	932,087	330,188	28,052	18,142	358,240	376,382	38.4	**40.4**
1900	33	24.1	13.1	**54.4**	910,744	322,036	24,871	16,644	346,907	363,551	38.1	**39.9**
1901	34	24.2	12.8	**52.9**	925,810	338,095	26,954	17,043	365,049	382,092	39.4	**41.3**
1902	35	23.9	12.5	**52.3**	959,126	348,479	28,153	18,256	376,632	394,888	39.3	**41.2**
1903	36	22.0	10.9	**49.5**	931,008	330,900	26,339	17,464	357,239	374,703	38.4	**40.2**
1904	37	23.5	11.3	**48.1**	955,400	326,978	27,306	18,115	354,284	372,399	37.1	**39.0**
1905	38	24.6	11.3	**45.9**	1,004,661	348,574	31,415	19,391	379,989	399,380	37.8	**39.8**
1906	39	25.2	10.5	**41.7**	955,256	327,077	29,794	19,973	356,871	376,844	37.4	**39.4**
1907	40	26.5	10.8	**40.8**	1,016,798	361,925	31,544	20,748	393,469	414,217	38.7	**40.7**
1908	41	26.8	10.5	**39.2**	1,029,447	389,549	32,930	21,755	422,479	444,234	41.0	**43.2**
1909	42	28.1	10.6	**37.7**	1,091,264	422,624	33,444	22,542	456,068	478,610	41.8	**43.9**
1910	43	30.0	11.7	**39.0**	1,064,234	413,999	32,392	22,501	446,391	468,892	41.9	**44.1**
1911	44	28.8	11.4	**39.6**	1,043,906	411,947	29,188	21,787	441,135	462,922	42.3	**44.3**
1912	大正 元	27.7	10.7	**38.6**	1,037,016	401,307	28,140	21,850	429,447	451,297	41.4	**43.5**
1913	2	28.4	11.6	**40.8**	1,027,257	404,636	27,714	20,908	432,350	453,258	42.1	**44.1**
1914	3	27.6	11.2	**40.6**	1,101,815	436,242	30,900	21,555	467,142	488,697	42.4	**44.4**
1915	4	27.9	11.5	**41.2**	1,093,793	436,552	30,797	21,322	467,349	488,671	42.7	**44.7**
1916	5	28.0	12.5	**44.6**	1,187,832	464,186	33,974	22,640	498,160	520,800	41.9	**43.8**
1917	6	27.6	12.3	**44.6**	1,199,669	468,292	34,041	23,368	502,333	525,701	41.9	**43.8**
1918	7	30.0	13.7	**45.7**	1,493,162	531,835	53,539	33,624	585,374	618,998	39.2	**41.5**
1919	8	30.9	13.8	**44.7**	1,281,965	474,452	40,063	27,801	514,515	542,316	40.1	**42.3**
1920	9	30.6	14.1	**46.1**	1,422,096	517,822	45,914	29,835	563,736	593,571	39.6	**41.7**
1921	10	32.7	15.2	**46.5**	1,288,570	504,054	35,735	26,194	539,789	565,983	41.9	**43.9**
1922	11	33.3	15.5	**46.5**	1,286,941	492,060	34,832	27,444	526,892	554,336	40.9	**43.1**
1923	12	32.9	15.3	**46.5**	1,332,485	505,750	38,219	30,915	543,969	574,884	40.8	**43.1**
1924	13	32.7	15.0	**45.9**	1,254,946	475,615	32,595	25,726	508,210	533,936	40.5	**42.5**
1925	14	32.0	14.9	**46.6**	1,210,706	461,419	31,913	24,192	493,332	517,524	40.7	**42.7**
1926	15	31.4	14.0	**44.6**	1,160,734	438,420	30,166	22,475	468,586	491,061	40.4	**42.3**
1927	昭和 2	30.5	13.4	**43.9**	1,214,323	457,757	31,940	22,905	489,697	512,602	40.3	**42.2**
1928	3	28.5	12.0	**42.1**	1,236,711	458,933	33,375	22,425	492,308	514,733	39.8	**41.6**
1929	4	26.2	10.9	**41.6**	1,261,228	467,823	36,138	22,781	503,961	526,742	40.0	**41.8**
1930	5	24.2	9.4	**38.8**	1,170,867	404,088	33,023	21,961	437,111	459,072	37.3	**39.2**
1931	6	23.3	8.9	**38.2**	1,240,891	433,769	34,109	21,963	467,878	489,841	37.7	**39.5**
1932	7	23.5	9.1	**38.7**	1,175,344	409,581	33,108	21,758	442,689	464,447	37.7	**39.5**
1933	8	23.2	8.9	**38.4**	1,193,987	405,781	33,119	22,585	438,900	461,485	36.8	**38.7**
1934	9	24.1	9.4	**39.0**	1,234,684	413,175	35,229	24,086	448,404	472,490	36.3	**38.3**
1935	10	23.8	8.6	**36.1**	1,161,936	379,695	33,806	22,998	413,501	436,499	35.6	**37.6**

1936	11	23.3	8.9	**38.2**	1,230,278	388,633	33,358	25,173	421,991	447,164	34.3	**36.3**
1937	12	24.3	9.4	**38.7**	1,207,899	386,506	35,367	25,280	421,873	447,153	34.9	**37.0**
1938	13	24.4	8.9	**36.5**	1,259,805	365,852	36,552	27,172	402,404	429,576	31.9	**34.1**
1939	14	24.7	9.0	**36.4**	1,268,760	368,731	39,734	27,330	408,465	435,795	32.2	**34.3**
1940	15	25.2	9.0	**35.7**	1,186,595	325,307	34,895	25,606	360,202	385,808	30.4	**32.5**
1941	16	25.1	8.7	**34.7**	1,149,559	325,761	31,298	21,781	357,059	378,840	31.1	**33.0**
1942	17	25.7	8.8	**34.2**	1,166,630	311,084	29,978	21,030	341,062	362,092	29.2	**31.0**
1943	18	26.0	8.6	**33.1**	1,213,811	339,049	29,609	20,311	368,658	388,969	30.4	**32.0**
1944	19	26.9	8.1	**30.1**	…	…	…	…	…	…	…	**…**
1945	20	29	8.6	**29.7**	…	…	…	…	…	…	…	**…**
1946	21	29.7	7.8	**26.3**	…	…	…	…	…	…	…	**…**
1947	22	29.3	7.3	**24.9**	1,138,238	328,663	30,103	16,553	358,766	375,319	31.5	**33.0**
1948	23	27.9	7.0	**25.1**	950,610	245,001	22,291	13,620	267,292	280,912	28.1	**29.6**
1949	24	27.3	6.3	**23.1**	945,444	257,743	21,668	11,539	279,411	290,950	29.6	**30.8**
1950	25	26.2	6.0	**22.9**	904,876	222,903	19,774	10,212	242,677	252,889	26.8	**27.9**
1951	26	24.1	5.5	**22.8**	838,998	202,499	16,582	8,945	219,081	228,026	26.1	**27.2**
1952	27	21.3	4.1	**19.2**	765,068	158,548	15,317	7,951	173,865	181,816	22.7	**23.8**
1953	28	20.3	3.5	**17.2**	772,547	141,940	15,440	7,174	157,380	164,554	20.4	**21.3**
1954	29	17.8	3.4	**19.1**	721,491	120,182	15,437	6,872	135,619	142,491	18.8	**19.7**
1955	30	15.0	2.9	**19.3**	693,523	99,399	14,240	6,548	113,639	120,187	16.4	**17.3**
1956	31	13.5	2.8	**20.7**	724,460	94,865	13,610	5,704	108,475	114,179	15.0	**15.8**
1957	32	11.9	2.4	**20.2**	752,445	87,064	12,736	5,995	99,800	105,795	13.3	**14.1**
1958	33	11.6	2.2	**19.0**	684,189	76,404	10,530	5,618	86,934	92,552	12.7	**13.5**
1959	34	10.8	2.2	**20.4**	689,959	72,702	9,812	5,937	82,514	88,451	12.0	**12.8**
1960	35	10.7	2.0	**18.7**	706,599	64,692	8,209	5,545	72,901	78,446	10.3	**11.1**
1961	36	11.4	2.0	**17.5**	695,644	58,748	7,113	5,624	65,861	71,485	9.5	**10.3**
1962	37	11.6	2.1	**18.1**	710,265	54,495	5,880	5,207	60,375	65,582	8.5	**9.2**
1963	38	11.3	2.1	**18.6**	670,770	48,539	5,241	4,327	53,780	58,107	8.0	**8.7**
1964	39	11.6	1.7	**14.7**	673,067	44,200	4,982	4,028	49,182	53,210	7.3	**7.9**
1965	40	11.4	1.6	**14.0**	700,438	42,572	4,533	3,621	47,105	50,726	6.7	**7.2**
1966	41	10.7	1.5	**14.0**	670,342	34,585	4,429	3,402	39,014	42,416	5.8	**6.3**
1967	42	10.8	1.7	**15.7**	675,006	36,386	3,905	3,163	40,291	43,454	6.0	**6.4**
1968	43	10.4	1.9	**18.3**	686,555	36,033	3,931	2,750	39,964	42,714	5.8	**6.2**
1969	44	10.9	1.7	**15.6**	693,787	34,248	3,930	2,697	38,178	40,875	5.5	**5.9**
1970	45	11.2	1.9	**17.0**	712,962	32,879	3,809	2,625	36,688	39,313	5.1	**5.5**
1971	46	11.0	1.7	**15.5**	684,521	32,042	3,585	2,343	35,627	37,970	5.2	**5.5**
1972	47	11.0	1.6	**14.5**	683,751	31,266	3,599	2,316	34,865	37,181	5.1	**5.4**
1973	48	11.0	1.7	**15.5**	709,416	31,349	3,624	2,253	34,973	37,226	4.9	**5.2**
1974	49	10.4	1.6	**15.4**	710,510	29,082	3,231	2,039	32,313	34,352	4.5	**4.8**
1975	50	11.0	1.8	**16.4**	702,275	25,884	3,205	2,045	29,089	31,134	4.1	**4.4**

第X章　資　料

（2013 年 6 月）

Ⅰ．過去帳分析一覧表

1．過去帳分析作業について

1）書き写し――年度、成人子供（戒名）区分にそって

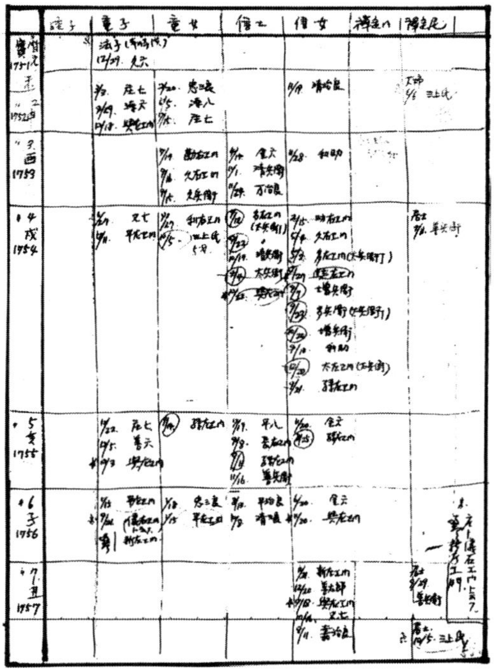

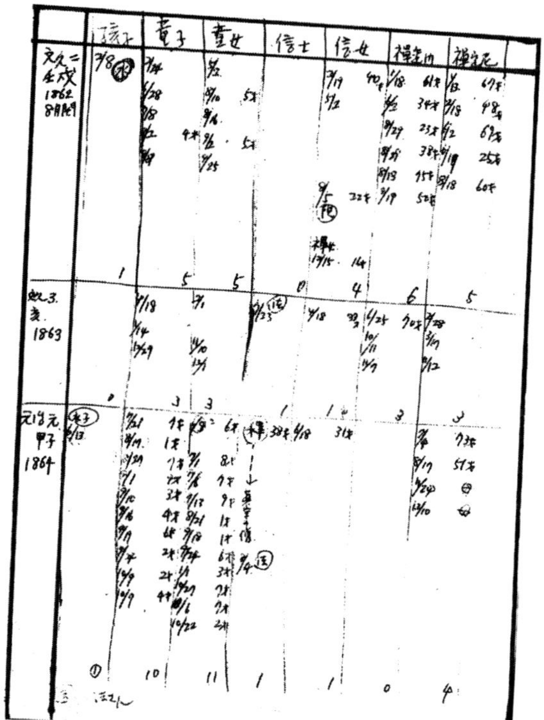

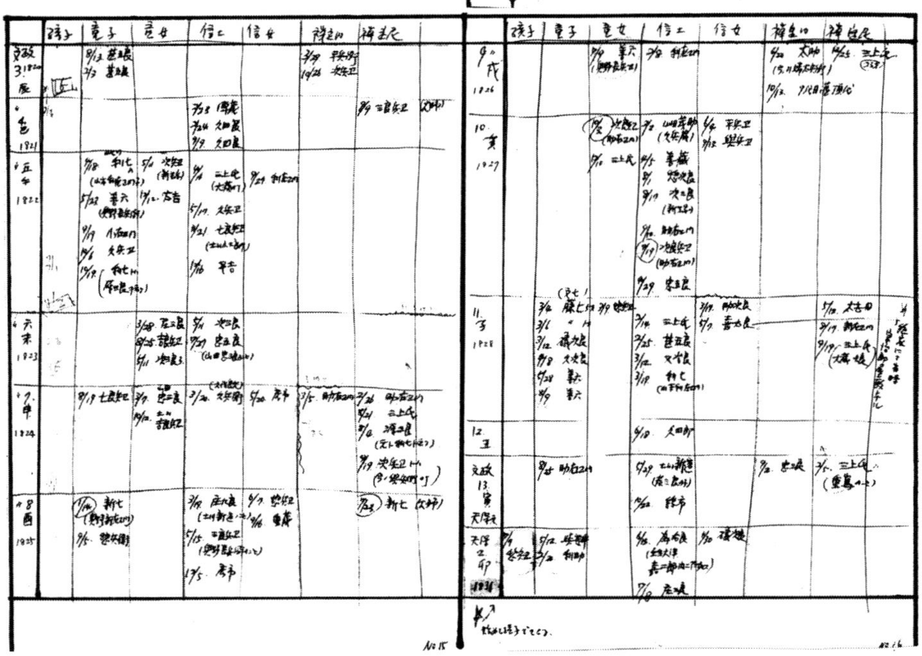

2）年度別、月別、男女別、成人子供別、分析用紙作成と記入──後パソコン入力

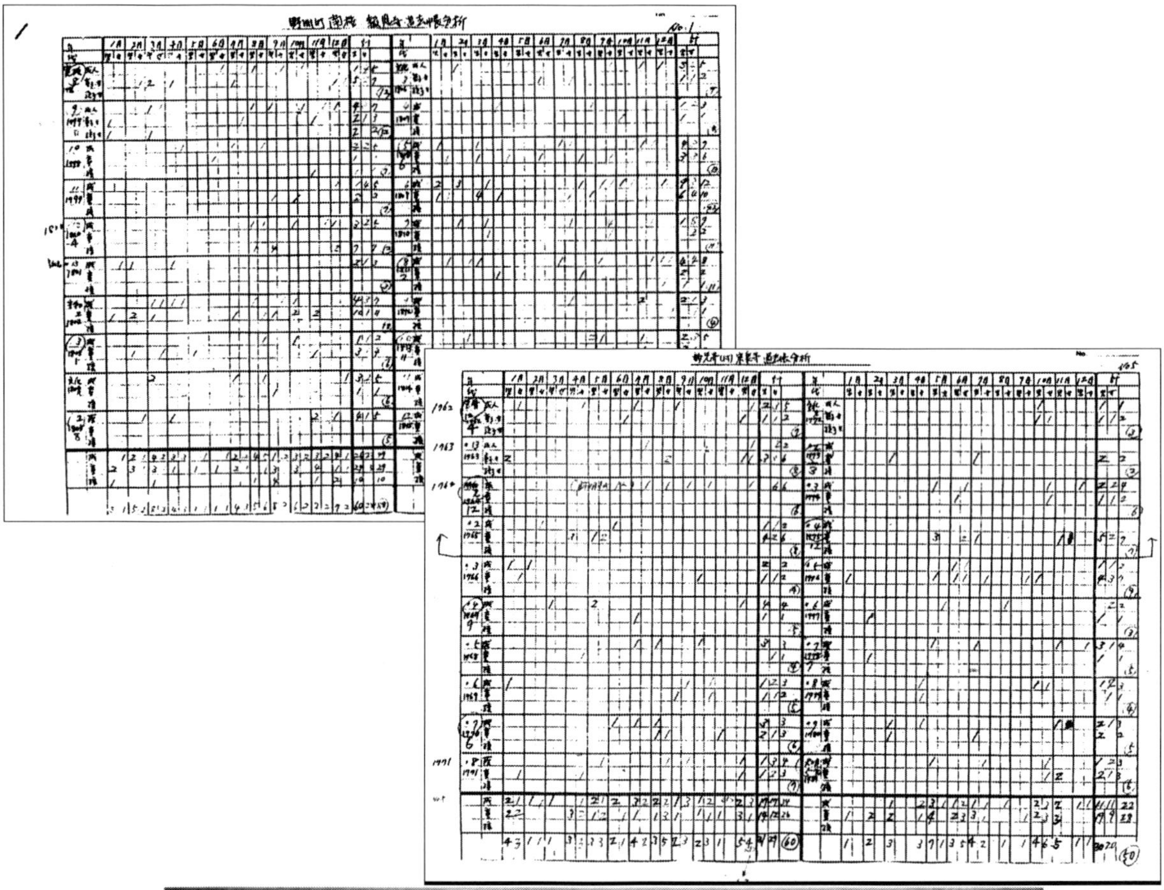

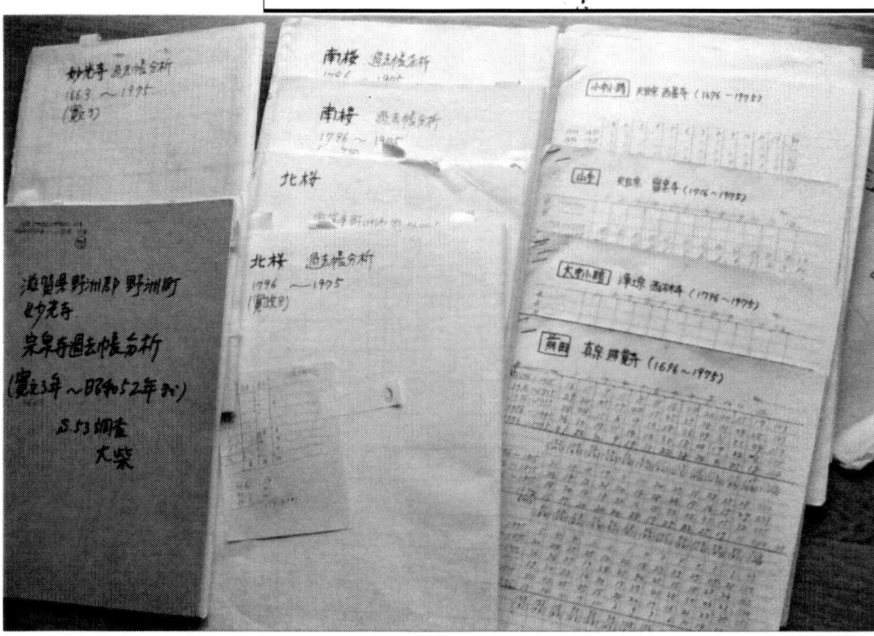

2. 三上地区小中小路　年度別、月別死亡者数一覧表(1676-1975)

1676-1685	1月	2月	3月	4月	5月	6月	7月	8月	9月	10月	11月	12月	
1676 延宝 4		1											1
1677													0
1678													0
1679													0
1680													0
1681 天和 1													0
1682		1						1			1		3
1683	1						1	1					3
1684 貞亨 1	1												1
1685		1						1					2
合計	2	3	0	0	0	0	1	3	0	0	1	0	10

1686-1695	1月	2月	3月	4月	5月	6月	7月	8月	9月	10月	11月	12月	
1686								1					1
1687										1			1
1688 元禄 1								3	1				4
1689	1			1									2
1690							1						1
1691													0
1692		1			1								2
1693											1		1
1694	1												1
1695					1								1
合計	2	1	0	1	2	0	1	4	1	1	1	0	14

1696-1705	1月	2月	3月	4月	5月	6月	7月	8月	9月	10月	11月	12月	
1696	1												1
1697		1					1		1		1		4
1698	1					1					1		3
1699		1			1			1	1		1		5
1700		1						1					2
1701						1	1						2
1702													0
1703	1												1
1704 宝永 1	1		1					1					3
1705				1									1
合計	4	3	1	1	1	2	2	3	2	0	3	0	22

1706-1715	1月	2月	3月	4月	5月	6月	7月	8月	9月	10月	11月	12月	
1706										2	1		3
1707		1		1									2
1708								3			2		5
1709								1			1	3	5
1710	1	2					2		2				7
1711 正徳 1	3			1	1		1	1				1	8
1712									1				1
1713													0
1714					1						1		2
1715	1			1		1	1		1	2		1	8
合計	5	3	0	3	2	1	4	5	4	4	5	5	41

1716-1725	1月	2月	3月	4月	5月	6月	7月	8月	9月	10月	11月	12月	
1716 享保 1			1	1	1								3
1717								1			1		2
1718										1	1	1	3
1719													0
1720			1				2					1	4
1721	1	1					2						4
1722							2	1	1	1			5
1723					1							1	2
1724			1	1	2		1		1	1			7
1725	1	2	1			2	2		1			1	10
合計	2	3	4	2	4	2	9	2	3	3	2	4	40

1726-1735	1月	2月	3月	4月	5月	6月	7月	8月	9月	10月	11月	12月	
1726		1				2							3
1727	1			1	1			1					4
1728				1							1		2
1729									2			1	3
1730					1	1	1					1	4
1731						1	1		2	1			5
1732		1			1				1				3
1733				1				2	1	1			5
1734													0
1735													0
合計	1	2	0	3	3	4	2	3	6	2	1	2	29

1736-1745	1月	2月	3月	4月	5月	6月	7月	8月	9月	10月	11月	12月	
1736 元文 1							1		1		1	1	4
1737	1												1
1738							2			1	1		4
1739									1				1
1740		1				1							2
1741 寛保 1									1				1
1742		2											2
1743				1	1				1				3
1744 延享 1	1		1		1						1		4
1745		1	1				2						4
合計	2	4	2	1	2	1	5	0	4	1	3	1	26

1746-1755	1月	2月	3月	4月	5月	6月	7月	8月	9月	10月	11月	12月	
1746					1		1	2				5	9
1747							1			3		1	5
1748 寛延 1				1				1		1	1	1	5
1749		1					1		2				4
1750	2	1				1				1	1		6
1751 宝暦 1		1	1				1		1				4
1752											2		2
1753							2	1					3
1754				1			1						2
1755	2		1		2			2			1	1	9
合計	4	3	2	2	3	1	7	6	3	5	5	8	49

1756—1765	1月	2月	3月	4月	5月	6月	7月	8月	9月	10月	11月	12月	
1756		1											1
1757				1							1		2
1758		1		1									2
1759		1	1				1				1		4
1760							2				1		3
1761											1		1
1762		1	2							1	1	1	6
1763		2											2
1764 明和 I											1		1
1765	1	1					1		1				4
合計	1	7	3	2	0	0	4	0	1	1	6	1	26

1766-1775	1月	2月	3月	4月	5月	6月	7月	8月	9月	10月	11月	12月	
1766			1										1
1767	1									1			2
1768								2					2
1769							1	1	1				3
1770		1						1					2
1771							1		1			1	3
1772 安永 1					1		1			1		1	4
1773	1				1			1	1		1		5
1774									1	1	1		3
1775									2		1		3
合計	2	1	1	0	2	0	3	5	6	3	3	2	28

1776-1785	1月	2月	3月	4月	5月	6月	7月	8月	9月	10月	11月	12月	
1776			1	1	1	1							4
1777	1			1			2					1	5
1778													0
1779	1	1					1		2				5
1780						1							1
1781　天明　1			1		1			1					3
1782													0
1783			1		1		1	1		1		1	6
1784							1				1		2
1785												2	2
合計	2	1	3	2	3	2	5	2	2	1	1	4	28

1786-1795	1月	2月	3月	4月	5月	6月	7月	8月	9月	10月	11月	12月	
1786	1			1							1		3
1787									1	1			2
1788		1										1	2
1789　寛政　1		1					1	1	1	1			5
1790									1				1
1791										1			1
1792			1				1				1		3
1793													0
1794	1							1		2			4
1795						1	1				1	1	4
合計	2	2	1	1	0	1	3	2	3	5	3	2	25

1796-1805	1月	2月	3月	4月	5月	6月	7月	8月	9月	10月	11月	12月	
1796								1		2		1	4
1797								1					1
1798					1	1			1	1			4
1799		1					1		2		1		5
1800				1			1		1				3
1801　享和　1	1												1
1802												1	1
1803	1	1			1			2					5
1804　文化　I		2	1										3
1805						1							1
合計	2	4	1	1	2	2	2	4	4	3	1	2	28

1806-1815	1月	2月	3月	4月	5月	6月	7月	8月	9月	10月	11月	12月	
1806													0
1807			1										1
1808					2	1						1	4
1809		1			1	1			1				4
1910						1				2	1	1	5
1811		1					1	1					3
1812						1							1
1813					1			1					2
1814			1										1
1815		1				1					1		3
合計	0	3	2	0	4	5	1	2	1	2	2	2	24

1816-1825	1月	2月	3月	4月	5月	6月	7月	8月	9月	10月	11月	12月	
1816				1			1						2
1817								1	1		1		3
1818　文政　1								1		2			3
1819			1	1		1		1				1	5
1820						1			1				2
1821					1								1
1822									1		2		3
1823	2					1	1				2	2	8
1824						2		2	1				5
1825			1										1
合計	2	0	2	2	1	5	2	5	4	2	5	3	33

1826-1835	1月	2月	3月	4月	5月	6月	7月	8月	9月	10月	11月	12月	
1826								1		1			2
1827										1			1
1828		2		1			1						4
1829						1			1				2
1830 天保 1			3						1		1		5
1831						1				1			2
1832			1				1				1		3
1833					1								1
1834													0
1835									1	1	1		3
合計	0	2	4	1	1	2	2	1	3	4	3	0	23

1836-1845	1月	2月	3月	4月	5月	6月	7月	8月	9月	10月	11月	12月	
1836							1						1
1837						2		1					3
1838	1							1					2
1839		1					2		3	1	1	1	9
1840	1			1	1					1			4
1841	2					1		1	2				6
1842	1											1	2
1843				1									1
1844 弘化 1					1			1				1	3
1845		1										1	2
合計	5	2	0	2	2	3	3	4	5	2	1	4	33

1846-1855	1月	2月	3月	4月	5月	6月	7月	8月	9月	10月	11月	12月	
1846	1					1							2
1847		1				1	1	1		1			5
1848 嘉永 1	1						1						2
1849			1						1				2
1850	1		1				1						3
1851	1	1			1		1		1				5
1852				1			1		1				3
1853							1				1		2
1854 安政 1					1	1	1		1				4
1855	1	1										1	3
合計	5	3	2	1	2	3	7	1	4	1	1	1	31

1856-1865	1月	2月	3月	4月	5月	6月	7月	8月	9月	10月	11月	12月	
1856	2			1				1		1			5
1857										1		1	2
1858		1		1					1	1	1		5
1859				2	3	2					1		8
1860 万延 1				1	2			1			1	1	6
1861 文久 1							1					1	2
1862	1								1				2
1863	1			2	1								4
1864 元治 1					1			1			1		3
1865 慶応 1													0
合計	4	1	0	7	7	2	1	3	2	3	4	3	37

1866-1875	1月	2月	3月	4月	5月	6月	7月	8月	9月	10月	11月	12月	
1866					1		1						2
1867			1				1		1		1		4
1868 明治 1								1	1		3		5
1869									1				1
1870			3	2	1			1	1	2			10
1871			1						1	1	1		4
1872	1	2		1						1			5
1873				1		1		1	1		1		5
1874	1	1						1	1		1		5
1875												1	1
合計	2	3	5	4	2	1	2	4	7	4	7	1	42

1876-1885	1月	2月	3月	4月	5月	6月	7月	8月	9月	10月	11月	12月	
1876			1				1						2
1877			1			1							2
1878													0
1879						1			1	1	1		4
1880		2							1				3
1881		1						1					2
1882												1	1
1883	1												1
1884		1		1			1						3
1885		1						1					2
合計	1	5	2	1	0	2	2	2	2	1	1	1	20

1886－1895	1月	2月	3月	4月	5月	6月	7月	8月	9月	10月	11月	12月	
1886	1	1			1								3
1887										1			1
1888										1			1
1889		1							1				2
1890							2						2
1891			1					1					2
1892		1					1					1	3
1893													0
1894					1								1
1895			1										1
合計	1	3	2	0	2	0	3	1	1	2	0	1	16

1896-1905	1月	2月	3月	4月	5月	6月	7月	8月	9月	10月	11月	12月	
1896		1				1			1	1			4
1897	2	1											3
1898		1								1	1		3
1899													0
1900													0
1901	1					1	1		1				4
1902									1				1
1903		1			1	1	1		1				5
1904								1		1	1		3
1905					1		2			1	3		7
合計	3	4	0	0	2	3	4	1	4	4	5	0	30

1906-1915	1月	2月	3月	4月	5月	6月	7月	8月	9月	10月	11月	12月	
1906						1	1			1			3
1907													0
1908							1						1
1909	1			1				1			1		4
1910				1				2	1				4
1911			1			1		1					3
1912 大正 1				1						2			3
1913	1			1						1		1	4
1914						1							1
1915										1			1
合計	2	0	1	4	0	3	2	4	1	5	1	1	24

1916-1925	1月	2月	3月	4月	5月	6月	7月	8月	9月	10月	11月	12月	
1916			1			1				1			3
1917													0
1918				1	1		2				1	1	6
1919	1	1											2
1920	1							1		1			3
1921			1			2					1		4
1922								1					1
1923	1		1										2
1924		2	1										3
1925		1	1							1			3
合計	3	4	5	1	1	3	2	2	0	3	2	1	27

1926−1935	1月	2月	3月	4月	5月	6月	7月	8月	9月	10月	11月	12月	
1926 昭和 1	1	2					1				1		5
1927		1						1					2
1928													0
1929		1		1									2
1930							1	2				1	4
1931		1	1		1			1					4
1932		1				1							2
1933	1	1			1				1				4
1934									2	1	1		4
1935						1							1
合計	2	7	1	1	2	2	2	4	3	1	2	1	28

1936−1945	1月	2月	3月	4月	5月	6月	7月	8月	9月	10月	11月	12月	
1936						1					1	1	3
1937													0
1938		1										3	4
1939		1		1				1					3
1940	1	1								1		1	4
1941				1						1			2
1942			1									1	2
1943		1	1	1	1					1			5
1944			1	1			2		4		1	2	11
1945		1		2	1			1		1	1		7
合計	1	5	3	6	2	1	2	2	4	4	3	8	41

1946−1955	1月	2月	3月	4月	5月	6月	7月	8月	9月	10月	11月	12月	
1946					1								1
1847		2			1								3
1948	1	1	1										3
1949			1			1				1			3
1950			1		1							1	3
1951					1			1			1	1	4
1952	2		1	1						1		2	7
1953										1			1
1954											1		1
1955	1	1									1	1	4
合計	4	4	4	1	4	1	0	1	0	3	3	5	30

1956−1965	1月	2月	3月	4月	5月	6月	7月	8月	9月	10月	11月	12月	
1956											1		1
1957	1					1					2		4
1958	1												1
1959				1								1	2
1960				1									1
1961													0
1962													0
1963	1		1	2								1	5
1964	2												2
1965		1	2									1	4
合計	5	1	3	4	0	1	0	0	0	0	3	3	20

1966−1975	1月	2月	3月	4月	5月	6月	7月	8月	9月	10月	11月	12月	
1966			1				1	1					3
1967													0
1968													0
1969													0
1970		1											1
1971	1		1						1				3
1972												1	1
1973					1								1
1974									1				1
1975						1				1			2
合計	1	1	2	0	1	1	1	1	2	1	0	1	12

3.三上地区前田 年度別、月別死亡者数一覧表（1696-1975）

1696-1705	1月	2月	3月	4月	5月	6月	7月	8月	9月	10月	11月	12月	
1696 元禄 9							1	2		2			5
1697	1	2											3
1698	1					1				1	1	1	5
1699								1	3	2			6
1700				1	1	1	1		1				5
1701		1	1		1		2					3	8
1702				1		1	2	5			1	2	12
1703		1	1			1			1		2		6
1704 宝永 1												1	1
1705	2					1	2	1	3			1	10
合計	4	4	2	2	2	5	8	9	8	5	4	8	61

1706-1715	1月	2月	3月	4月	5月	6月	7月	8月	9月	10月	11月	12月	
1706			2				1		1	1	1	3	9
1707	2			1	1			3	1		4		12
1708	1						1			6		1	9
1709	2		1	1		1	1	1	5	3	1	4	20
1710	1	3	1	3	1				4		1		14
1711 正徳 1			1			1	1	3		1		1	8
1712	1			2	2	1			2				8
1713				1		2			1	2	3		9
1714	4	1	1				2	3		2			13
1715	1	3	1	1	2	1	2	3			1		15
合計	12	7	7	9	6	6	8	13	14	15	11	9	117

1716-1725	1月	2月	3月	4月	5月	6月	7月	8月	9月	10月	11月	12月	
1716 享保 1	1	2	4	3	4	2	1	2	2		3	1	25
1717	4	1	2	1	3			1		1			13
1718	1						2	3	1		1	3	11
1719	1		2		1			2				2	8
1720	1	3	1		1	3	1	1	3	1	2	2	19
1721	1		1				3	2	2	1	3		13
1722		1		1	1			1	3	3		2	12
1723	1							3	2		2	3	11
1724	4	2			2	1	1	7	2		3		22
1725	1	8	4	3		1	4		1		1	2	25
合計	15	17	14	8	12	7	12	22	16	6	15	15	159

1726-1735	1月	2月	3月	4月	5月	6月	7月	8月	9月	10月	11月	12月	
1726	2	1	2				2	4	1		1		13
1727	3		1	1	1				1	4	1	1	13
1728	2	1	1	1	1	1	1			2		1	11
1729		1	1						2				4
1730	2		1	4	4		4	4			2	7	28
1731	1			1		1	1		3			1	8
1732			2	1	3		1			2	1	3	13
1733			1			2	4	3	3	3	2		18
1734	2		1	1		1			1	4	1		11
1735	2		1		1	3		2	1		1		11
合計	14	3	11	9	10	8	13	13	12	15	9	13	130

1736－1745	1月	2月	3月	4月	5月	6月	7月	8月	9月	10月	11月	12月	
1736 元文 1	1			1		1	2	11	1	2	5	6	30
1737	7	5	1	1	1		1		2		3		21
1738	2		1				2	4			1	1	11
1739	1	2			1	1		2	1	3	2	1	14
1740	1	1					2			2			6
1741 寛保 1		1	1	2	1	1	1				1		8
1742		1				1					1		3
1743					2	1	1	3		2		1	10
1744 延享 1			1		1	2							4
1745	1	1	1	2	1					1		1	8
合計	13	11	5	6	7	7	9	20	4	10	13	10	115

1746－1755	1月	2月	3月	4月	5月	6月	7月	8月	9月	10月	11月	12月	
1746						1		2	1	4	8	7	23
1747	3	3			1		1		2	1			11
1748 寛延 1	3	2	1		1	1	3	2	3	9	2	3	30
1749	1	2	1			1		1		1	2		9
1750	2	1	1				1	2	8	1			16
1751 宝暦 1		1	2			2		4	2		1	1	13
1752	2	2	1				2	1	1	2	1		12
1753							1	4		2	3		10
1754	2	1					1		1	1	1	2	9
1755	2	1				1			2		2	1	9
合計	15	13	6	0	2	6	9	16	20	21	20	14	142

1756－1765	1月	2月	3月	4月	5月	6月	7月	8月	9月	10月	11月	12月	
1756	4	3		1		1	1		1		5	1	17
1757		1				1					1		3
1758	2		1		1	1		1	2	2	2	1	13
1759			1					1	1	1	1		5
1760	2		2		1	1	7	3	1		2		19
1761					1		1				1	2	5
1762	1					1	2				1		5
1763					1	1	3		2	1			8
1764 明和 Ⅰ		2					1	1	1		2	4	11
1765	7	10	4	4		1	1	4	1	2		1	35
合計	16	16	8	5	4	7	16	10	9	6	15	9	121

1766－1775	1月	2月	3月	4月	5月	6月	7月	8月	9月	10月	11月	12月	
1766	4	1			1		3	1	1	1			12
1767		1		1		1	2	1	3				9
1768	1		2				3	1	1			1	9
1769	1		2			1		1	2	2	2	1	12
1770	1	1	1		4		1			1		1	10
1771		2	2	3			1	1	1		1		11
1772 安永 1		3	2				1					1	7
1773	2	1	2	1			1	1	1			4	13
1774		1			1		1		1	1	1	1	7
1775	1	4		1	4	1	1	2	4	8	3	4	33
合計	10	14	11	6	10	3	14	8	14	13	7	13	123

1776－1785	1月	2月	3月	4月	5月	6月	7月	8月	9月	10月	11月	12月	
1776		1		1	5		3	2	3		2		17
1777	4	2	1			1	2	1	2	1		2	16
1778	1	2	1	1	1	1	2	2	1	4	1		17
1779	1				1	1		1		1			5
1780		1	1	1				1	2				6
1781 天明 1	2	1			3		1	2	2	1	2	1	15
1782			1	1		1	1	1				1	6
1783	1	2		1	1		2	1		2	1		11
1784	6	2			1	1	2		1	3	3		19
1785	1	1						1		1	1	2	7
合計	16	12	4	5	12	5	13	12	11	13	10	6	119

1786－1795	1月	2月	3月	4月	5月	6月	7月	8月	9月	10月	11月	12月	
1786	1							1	1	7	1	1	12
1787				1	2	2	1			1		2	9
1788	1	1	2		2		1	5	4	9	2	6	33
1789 寛政 1	4		1			2	4	1	2	2	3	2	21
1790	2				1			2	3	4	2	1	15
1791	2	1	2	1		1	1	2		2	1		13
1792		1				1	1	1		1	1		6
1793	2	6		1		1		2	1	1			14
1794	3		2			1	1		2	1	1		11
1795		1	1	1	2			2			4		11
合計	15	10	8	4	7	8	9	16	13	28	15	12	145

1796－1805	1月	2月	3月	4月	5月	6月	7月	8月	9月	10月	11月	12月	
1796	1			1				1	1	1	5		10
1797			1	1	1	1	2	5			1	1	13
1798	1	1		2	1		2	2	2	5			16
1799	1					1	3	7	13	3	1	1	30
1800							2	1			3	5	11
1801 享和 1	1	1					1	1	1	2		1	8
1802	1	1		1		2			1	1			7
1803	2				3		2	2	1		2		12
1804 文化 I	1	1	5	2			2				2	1	14
1805	3		2	2				2	3	2		2	16
合計	11	4	8	9	5	4	14	21	22	14	14	11	137

1806－1815	1月	2月	3月	4月	5月	6月	7月	8月	9月	10月	11月	12月	
1806								1			2		3
1807	1	1				1			1	1		1	6
1808				1	1	1	1						4
1809	5	3	2	1		2		1	1			1	16
1910	1	1		1			1	3	1	2	2		12
1811		2			1				2	1		2	8
1812	1	1		1	1		1				2		7
1813	1			1			1	1	2	6	3	2	17
1814		1			1				1	1	2		6
1815	1		1	3		2	2		1	3		1	14
合計	10	9	3	8	4	6	6	6	9	14	11	7	93

1816－1825	1月	2月	3月	4月	5月	6月	7月	8月	9月	10月	11月	12月	
1816	2	1		3	2		1	3			1	2	15
1817	1		1	1				1			2	2	8
1818 文政 1	1						2	3					6
1819	5			4	1	1	1			1	1	2	16
1820	2					1		2	2	1	1		9
1821	2				1		1	1	2	2			9
1822					1	3		1	1	1	2	3	12
1823	2	2	1	1	1	1	1	1	2	1	2	5	20
1824			2	1	1		1	3		1		1	10
1825			1				2	1		2	1	2	9
合計	15	3	5	10	7	6	9	16	7	9	10	17	114

1826－1835	1月	2月	3月	4月	5月	6月	7月	8月	9月	10月	11月	12月	
1826	1	1		2		1			3	1			9
1827	1	1		1	1	2	2		1			1	10
1828	1	2	1		1			1		1		1	8
1829			1		1		1	2	1	1		1	8
1830 天保 1		1	1		3		7	3	1	1	2	1	20
1831	1			2		1			5			1	10
1832	1	1		2	2		2			2	1		11
1833	4		1	1		1	1	1	1	1	1		12
1834		1	1	1	4	2	4	1				2	16
1835	2	4	3	2	1	1	2	2			1	3	21
合計	11	11	8	11	13	8	19	10	12	7	5	10	125

1836－1845	1月	2月	3月	4月	5月	6月	7月	8月	9月	10月	11月	12月	
1836	1			1			1	1	1		3	3	11
1837	3	1	1	4	4	4	4		1	2		2	26
1838	3	2		2		3	1	2	1			2	16
1839	1				1	1		1		5	2	1	12
1840			3				1		1	2	2	2	11
1841		2		2	2			1	2	2	1	2	14
1842		1					2		1	2		2	8
1843	1		1	1	3	1		1	2	4	1		15
1844 弘化 1				1	3	3		2	3	2	1	5	20
1845		1				1	2	2				2	8
合計	9	7	5	11	13	13	11	10	12	19	10	21	141

1846−1855	1月	2月	3月	4月	5月	6月	7月	8月	9月	10月	11月	12月	
1846				1	1	1		1		1	3	1	9
1847	2	1	1					3	1	2		1	11
1848 嘉永 1	1	2	2	2				1					8
1849	1	2		1	1	1		1	5	2		2	16
1850	2	1			2		1	2	1	3			12
1851		1					1	1	1	2			6
1852		3	2		2		3	1		2		3	16
1853	2	1	1	1	4		2	1	1		2	1	16
1854 安政 1		1	1				2	2				2	8
1855	1	1	2	2		1	1		1	2		1	12
合計	9	13	9	7	10	3	10	13	10	14	5	11	114

1856−1865	1月	2月	3月	4月	5月	6月	7月	8月	9月	10月	11月	12月	
1856	1	1	1	3		2	3	1	1	1		1	15
1857	1	1		3			1	2		3	1	2	14
1858		1			3	2	1		2	1	1		11
1859	1	1	1	1	2				2	1			9
1860 万延 1	1	1	3		1	2	2	2			2	1	15
1861 文久 1	1	1	1		2	1	1		1		2		10
1862	2	1				3	2	6	1	3	2	2	22
1863	1		3		2		1		3				10
1864 元治 1	1	3	6	9	3	4		2		1	1		30
1865 慶応 1	1					1	1	3				1	7
合計	10	10	15	16	13	15	12	16	10	10	9	7	143

1866−1875	1月	2月	3月	4月	5月	6月	7月	8月	9月	10月	11月	12月	
1866	1	1				2	1	1	1		2		9
1867		1			2	1	1		5	5	2	1	18
1868 明治 1	1	1	1	1		3		4	3	2	1	1	18
1869	2				1	2		1			1		7
1870	1	2	1	3	2	4			1	3	3		20
1871	1	1	2				3	3	2	3	1	2	18
1872		1	1		2	1				2			7
1873	3	3	1	2	1	1			3		2	1	17
1874	2		2	1	2		3	1	6	5	1		23
1875		1	1				1	2		2	2		9
合計	11	11	9	7	10	14	9	12	21	22	15	5	146

1876−1885	1月	2月	3月	4月	5月	6月	7月	8月	9月	10月	11月	12月	
1876	1		1	1				2	3	2		1	11
1877	1		1	1	1	1	2	1		1			9
1878			1	3	1	2	1	2	1	2	1	1	15
1879		1	1	2	2	1	2	4	5	5	3	1	27
1880		2		2	1		2	4	1	3	1	2	18
1881	3	2	2	2		1	1	1		2	1		15
1882		1	1				1			2	3	1	9
1883	3	1					1				4	3	12
1884		1	3	1		4		1	2		4	1	17
1885	1	2	1	1	1	4		2	2	1	2		17
合計	9	10	11	13	6	13	10	17	14	18	19	10	150

1886−1895	1月	2月	3月	4月	5月	6月	7月	8月	9月	10月	11月	12月	
1886	1	3	2			1	2	1	4	2	1	2	19
1887		2						2	1		1	1	7
1888		2	1	4	1	1	1	4		1		2	17
1889	2	1		1		1			1	1	3	1	11
1890		1	4	3	1	1	2	1			1	2	16
1891	2	2	1		1	5		2	1	1	1		16
1892	4		2	1	2				2	3	1		15
1893	2	1	3	1			1	1	1	1		2	13
1894			1	1			1		2	1	1	1	8
1895		2		1	1		1	1	2	1	1		10
合計	11	14	14	12	6	9	8	12	14	11	10	11	132

1896−1905	1月	2月	3月	4月	5月	6月	7月	8月	9月	10月	11月	12月	
1896	1	2		2	3	1	1	1		2	1		14
1897		3	1		2		2	1	10	1	1	1	22
1898	1		1	3		3	1	1	1		1	3	15
1899	3	2			1		2	1	3	1	2	5	20
1900	1	1	2		2	1	3		1	1			12
1901	3	2	1	1	2	2	1		3	2	1	3	21
1902	1	1	1					1	1	2	1		8
1903	2		1		5	1	1	1					11
1904	4	3		1		1	2		3	1	1	4	20
1905	1	2	1	2	1	1	1	2	1		2	4	18
合計	17	16	8	9	16	10	14	8	23	10	10	20	161

1906−1915	1月	2月	3月	4月	5月	6月	7月	8月	9月	10月	11月	12月	
1906	1	3	3	1	1	1	2	2	1			3	18
1907	2	2	1	2	2		4	2	1	2		2	20
1908	1	3	2	1	2	1	3	1	5	2	1	2	24
1909	2	4	2	1	2		1	2	1		3	1	19
1910	1	2	6	1	1	5	2					3	21
1911	1	2			5	2	2	2		2	2	1	19
1912　大正 1	2	1	2	1	3	1	2	1	2	1	6		22
1913	3	1		2		2	4	2			3	1	18
1914	5	1	1	1			2	3			2	2	17
1915	1	1	2		2	3	4	2	3	1	1	1	21
合計	19	20	19	10	18	15	26	17	13	8	18	16	199

1916−1925	1月	2月	3月	4月	5月	6月	7月	8月	9月	10月	11月	12月	
1916	2			1		2	1		4	3	1		14
1917	2	3	2	1	3	1	1	3		1	3	2	22
1918		2	2		3		5	1	2	3		4	22
1919	1	1	3	1		1	3	2	1	1	1	3	18
1920	5	2	1		1		2	4		1	1	2	19
1921	2	3	1	2		1	2	3	4	3	2	3	26
1922	1	1		1	2	1	1	4	3	2		1	17
1923					2	1	2	3	1	2		1	12
1924	2	3	1	1	1		2	8	1		2		21
1925	1		1	2		2	2	1	3	1	2	1	16
合計	16	15	11	9	12	9	21	29	19	17	12	17	187

1926−1935	1月	2月	3月	4月	5月	6月	7月	8月	9月	10月	11月	12月	
1926　昭和 1		2	3	1	2	1		2	1	2	3	1	18
1927	1	2	2			2	1			2	2		12
1928	1	1	1			2	1	1		1	2		10
1929	2	1		1	2	2	2	3	1	1	1		16
1930	2	1	3		1	1	2	1	1		1	1	14
1931	4	3	2	2	1		2	2		3	1	2	22
1932		1		1			1						3
1933		2	1		2	1	5	4	3	2	3	1	24
1934	3	2	5	2	1	1		1	3	1	1	1	21
1935							2			1			3
合計	13	15	17	7	9	10	16	14	9	13	14	6	143

1936−1945	1月	2月	3月	4月	5月	6月	7月	8月	9月	10月	11月	12月	
1936	2	2	1	1		1		1	2		1	1	12
1937	1	1	1	1	1	1	1			1	1		9
1938		1	2	3		2	2		1	3	1	2	17
1939	4	2	1			1				2	2		12
1940		2								2	1	2	7
1941	3						1	1	1	1	1		8
1942	1	4	1		2			3			2	2	15
1943			1			2	2					3	8
1944	1		2	3		3	2	4	2	3	5	3	28
1945		1	3	4	3	7	3	1	1	2			25
合計	12	13	12	12	6	17	11	10	7	14	14	13	141

1946－1955	1月	2月	3月	4月	5月	6月	7月	8月	9月	10月	11月	12月	
1946	1	1	4		4			3	2	1	1	1	18
1847	1	1	4	2		2	2	1			1	1	15
1948		2	1	2			2				1	3	11
1949	5		2	1		1	1	1	1	1		1	14
1950		2	1	1	1					1		2	8
1951		1	1	2	2	2	2		1				11
1952	1	1					2			2	1	1	8
1953	1	1		2	1	2		1	2	1	1	1	13
1954	1	1			1			1		1	2	2	9
1955				3							2		5
合計	10	10	13	13	9	7	9	7	6	7	9	12	112

1956－1965	1月	2月	3月	4月	5月	6月	7月	8月	9月	10月	11月	12月	
1956		1					1		2	1	1	1	7
1957	2	2	1		1			3		1	1	1	12
1958		1	2		1		1	1				2	8
1959	5	1		2	2	1				1	3	2	17
1960	2			1			3	1		1		1	9
1961	1	1		1			1	1	1	2	1	3	12
1962		2	3		2		1		1				9
1963	3		1	1		1				1	3		10
1964				1	1	1		1		1	1	1	7
1965		1							2	1	1		5
合計	13	9	7	6	7	3	7	7	6	9	11	11	96

1966－1975	1月	2月	3月	4月	5月	6月	7月	8月	9月	10月	11月	12月	
1966	1	3	1		1								6
1967		1				1				1	1		4
1968		1	1			1	1	1			2		7
1969	1		1	1	2	1	1	1				1	9
1970													0
1971													0
1972													0
1973													0
1974													0
1975													0
合計	2	5	3	1	3	3	2	2	0	1	3	1	26

4．三上地区山出　年度別、月別死亡者数一覧表（1716-1975）

1716-1725	1月	2月	3月	4月	5月	6月	7月	8月	9月	10月	11月	12月	
1716　享保 1		1			1	1	1						4
1717									1				1
1718						1		1	1				3
1719			1									1	2
1720		1			1	1							3
1721													0
1722													0
1723	1	2											3
1724	1	1	1										3
1725													0
合計	2	5	2	0	2	3	1	1	2	0	0	1	19

1726-1735	1月	2月	3月	4月	5月	6月	7月	8月	9月	10月	11月	12月	
1726													0
1727												1	1
1728	1	1		1				1					4
1729	1												1
1730				2	1	1	1						5
1731			1										1
1732													0
1733							1		2				3
1734													0
1735			1	1									2
合計	2	1	2	4	1	1	2	1	2	0	0	1	17

1736−1745	1月	2月	3月	4月	5月	6月	7月	8月	9月	10月	11月	12月	
1736　元文 1								1	2			1	4
1737		1											1
1738											1		1
1739									1				1
1740		1					1						2
1741　寛保 1				1									1
1742			1										1
1743													0
1744　延享 1													0
1745										2			2
合計	0	2	1	1	0	0	1	1	3	2	1	1	13

1746−1755	1月	2月	3月	4月	5月	6月	7月	8月	9月	10月	11月	12月	
1746												1	1
1747	1				1		1		1				4
1748　寛延 1							2	1					3
1749						1							1
1750								2	2			1	5
1751　宝暦 1		1											1
1752						1	1						2
1753			2			1				1			4
1754			1			1	1						3
1755				1		1					1		3
合計	1	1	3	1	1	5	5	3	3	1	1	2	27

1756−1765	1月	2月	3月	4月	5月	6月	7月	8月	9月	10月	11月	12月	
1756	1											1	2
1757	1						1						2
1758	1	1											2
1759					1							2	3
1760								1					1
1761	1				1			1				2	5
1762	2												2
1763								1	2	1		2	6
1764　明和 I								1	1	1			3
1765	1	1		1						1			4
合計	7	2	0	1	2	0	1	4	3	3	0	7	30

1766－1775	1月	2月	3月	4月	5月	6月	7月	8月	9月	10月	11月	12月	
1766						1							1
1767			1				1					1	3
1768									1				1
1769								1					1
1770				1					2				3
1771				1		1	1			1			4
1772 安永 1		2									1	1	4
1773				1		1				1			3
1774	1				1		1			1		1	5
1775									1	2		1	4
合計	1	2	1	3	1	3	3	1	4	5	1	4	29

1776－1785	1月	2月	3月	4月	5月	6月	7月	8月	9月	10月	11月	12月	
1776		1				1	1					1	4
1777				1	1								2
1778						1		1					2
1779													0
1780									1				1
1781 天明 1						1			1	2			4
1782									1				1
1783	1		1		1	1		1		1			6
1784	1			2								1	4
1785		2			1							1	4
合計	2	3	1	3	3	4	1	2	3	3	0	3	28

1786－1795	1月	2月	3月	4月	5月	6月	7月	8月	9月	10月	11月	12月	
1786								1		1	1		3
1787				1			2	2	2			1	8
1788			1		2		1	1	3	1			9
1789 寛政 1					2	1		2		1		1	7
1790							1	1	1	1		1	5
1791			1							1			2
1792								1		1			2
1793	1			1	1								3
1794								1					1
1795						1						1	2
合計	1	0	2	2	5	2	4	9	6	6	1	4	42

1796－1805	1月	2月	3月	4月	5月	6月	7月	8月	9月	10月	11月	12月	
1796													0
1797							1						1
1798			1					1					2
1799									4	2			6
1800				2			2			1		2	7
1801 享和 1	1		1	1		1					1	1	6
1802			2									2	4
1803	1									1			2
1804 文化 I													0
1805			1								2		3
合計	2	0	5	3	0	1	3	1	4	4	3	5	31

1806－1815	1月	2月	3月	4月	5月	6月	7月	8月	9月	10月	11月	12月	
1806		1				1				3	2		7
1807													0
1808	1		1	1		2	1		1	1	1		9
1809				2				1		1			4
1910						1			1	1			3
1811			2		1				1			1	5
1812											1		1
1813	1	2					1		1		2		7
1814									2	2			4
1815													0
合計	2	3	3	3	1	4	2	1	6	8	6	1	40

1816－1825	1月	2月	3月	4月	5月	6月	7月	8月	9月	10月	11月	12月	
1816										1	1		2
1817	1						1	1	1	1	1		6
1818 文政 1							2		1		1	1	5
1819								1			1	2	4
1820						1						1	2
1821			1				2						3
1822		1		1			1			1			4
1823				1					1				2
1824							1			2			3
1825				2			1						3
合計	1	1	1	4	0	1	8	2	3	5	4	4	34

1826－1835	1月	2月	3月	4月	5月	6月	7月	8月	9月	10月	11月	12月	
1826	1						1	1					3
1827			1						1				2
1828			1										1
1829													0
1830 天保 1							2		1		1		4
1831									2				2
1832					1		1			1	1		4
1833						1		1	1				3
1834		1				1	1		1			1	5
1835		2	1	1		1	1	1					7
合計	1	3	3	1	1	3	6	3	6	1	2	1	31

1836－1845	1月	2月	3月	4月	5月	6月	7月	8月	9月	10月	11月	12月	
1836					1				1		1		3
1837				2	1	1							4
1838	1		1			1	1	1					5
1839						1					3	1	5
1840				2							1		3
1841		1										1	2
1842	1			1				2					4
1843								3	2				5
1844 弘化 1			1	1	1				1	1			5
1845					1			1					2
合計	2	1	2	6	4	3	1	7	4	1	5	2	38

1846－1855	1月	2月	3月	4月	5月	6月	7月	8月	9月	10月	11月	12月	
1846		1				1	1						3
1847		1	1	1	1						2		6
1848 嘉永 1	1	1	2			1					1	1	7
1849			1	1				1	2	1			6
1850				1	1	1	1						4
1851		1	1							1			3
1852		1					1	1			1	1	5
1853	2		1		1	1							5
1854 安政 1				1	1			1					3
1855													0
合計	3	5	6	4	4	4	3	3	2	2	4	2	42

1856－1865	1月	2月	3月	4月	5月	6月	7月	8月	9月	10月	11月	12月	
1856						1		1					2
1857						1		1					2
1858	2		1			1		1	1		1	1	8
1859	1		3	1			1	1	2	2	1		12
1860 万延 1		1			1			2					4
1861 文久 1					1			1		1			3
1862			1	1		1		3				1	7
1863		1		1					1			1	4
1864 元治 1		2									1		3
1865 慶応 1								1		1	1	1	4
合計	3	4	5	3	2	4	1	11	4	4	4	4	49

1866－1875	1月	2月	3月	4月	5月	6月	7月	8月	9月	10月	11月	12月	
1866	1												1
1867								2					2
1868　明治 1				1			1		1		1		4
1869	1			2	2				1			1	7
1870				1		1		1		2			5
1871				1		1	1	1	1		1	1	7
1872		1				1		1					3
1873							2					1	3
1874	1			1			1	1				1	5
1875							1						1
合計	3	1	0	6	2	3	6	6	3	2	2	4	38

1876－1885	1月	2月	3月	4月	5月	6月	7月	8月	9月	10月	11月	12月	
1876		3			1				1				5
1877		1					1						2
1878				1			1	1					3
1879		1						1		2	3	1	8
1880	2					1		1	1				5
1881			2		1				1		1	1	6
1882			1							1			2
1883											1	1	2
1884	1	1											2
1885			1						1				2
合計	3	6	4	1	2	1	2	3	4	3	5	3	37

1886－1895	1月	2月	3月	4月	5月	6月	7月	8月	9月	10月	11月	12月	
1886				2				1		1			4
1887		1		1			2		1				5
1888	1	1				1							3
1889			1				1				1	1	4
1890	1			1						1		1	4
1891													0
1892	1		1					2		1		1	6
1893	1	1											2
1894								1			1		2
1895	1					1					1		3
合計	5	3	2	4	0	2	3	4	1	3	3	3	33

1896－1905	1月	2月	3月	4月	5月	6月	7月	8月	9月	10月	11月	12月	
1896		1	1		2			1		1			6
1897	1	1					1	3	3			1	10
1898			1	2						1			4
1899				1	1				1			1	4
1900										1			1
1901	1	1	1		1								4
1902										1			1
1903			1	1						1			3
1904	1		1							1		1	4
1905		1	1				1						3
合計	3	4	6	4	4	0	2	4	4	6	0	3	40

1906－1915	1月	2月	3月	4月	5月	6月	7月	8月	9月	10月	11月	12月	
1906			1	1				1					3
1907		1							1				2
1908						1	1				1		3
1909			1										1
1910	1	1									1		3
1911		1			1							2	4
1912　大正 1			1										1
1913								1		1			2
1914	1		1				1	1					4
1915	1	2		1	2			1					7
合計	3	5	4	2	3	1	2	4	1	1	2	2	30

1916－1925	1月	2月	3月	4月	5月	6月	7月	8月	9月	10月	11月	12月	
1916													0
1917	1					1				1		1	4
1918			1			1				2		1	5
1919		1	1			2	1						5
1920	1	2		1									4
1921	2				1								3
1922	1			1							2		4
1923			1				1	1	2				5
1924		1		1	1		1		2			1	7
1925	1			1			1						3
合計	6	4	3	4	2	4	4	1	4	3	2	3	40

1926－1935	1月	2月	3月	4月	5月	6月	7月	8月	9月	10月	11月	12月	
1926 昭和 1								1		1			2
1927			1										1
1928			1		1								2
1929		1			1	1							3
1930			1	1	1	1						1	5
1931					2				1	1			4
1932			1					1	1				3
1933									1			1	2
1934	1		1		2				1				5
1935	1		1			1		1		1	1		6
合計	2	1	6	1	7	3	0	3	4	3	1	2	33

1936－1945	1月	2月	3月	4月	5月	6月	7月	8月	9月	10月	11月	12月	
1936		3		1		1		1		1			7
1937		1							1	1	1	1	5
1938	1												1
1939			1			1						1	3
1940					1	1	2		1				5
1941			1	1	1				1				4
1942													0
1943	2	1	1				1		1	1			7
1944				1							1		2
1945		1		1									2
合計	3	6	3	4	2	3	3	1	4	3	2	2	36

1946－1955	1月	2月	3月	4月	5月	6月	7月	8月	9月	10月	11月	12月	
1946			1	1			1	1					4
1847	1			1			1		1				4
1948													0
1949			2					1				1	4
1950												1	1
1951						1							1
1952	2												2
1953													0
1954													0
1955				1				1					2
合計	3	0	3	3	0	1	2	3	1	0	0	2	18

1956－1965	1月	2月	3月	4月	5月	6月	7月	8月	9月	10月	11月	12月	
1956								1			2		3
1957			2			1					1		4
1958					1			1					2
1959					1					1			2
1960	1								1			1	3
1961					1								1
1962	2	1	1					1		1		1	7
1963													0
1964	1			1									2
1965					1								1
合計	4	1	3	1	4	1	0	3	1	2	3	2	25

1966－1975	1月	2月	3月	4月	5月	6月	7月	8月	9月	10月	11月	12月	
1966		1								1			2
1967				1									1
1968		2		1	1								4
1969	1					1		1					3
1970							1			1	1		3
1971		1		1					1				3
1972													0
1973								1					1
1974										1			1
1975		1							1				2
合計	1	5	0	3	1	1	1	2	2	3	1	0	20

5．三上地区大中小路　年度別、月別死亡者数一覧表（1796-1975）

1796－1805	1月	2月	3月	4月	5月	6月	7月	8月	9月	10月	11月	12月	
1796　寛政 8	1							1					2
1797		1											1
1798									1		1	1	3
1799									1	1			2
1800	1	1											2
1801　享和 1									1	1		1	3
1802										1		1	2
1803		1	1	1									3
1804　文化　I		1						1					2
1805													0
合計	2	4	1	1	0	0	0	2	3	3	1	3	20

1806－1815	1月	2月	3月	4月	5月	6月	7月	8月	9月	10月	11月	12月	
1806													0
1807					1				1				2
1808		1	1								1	1	4
1809			1									1	2
1910											1		1
1811	1							1	1				3
1812								1					1
1813				1					1	1			3
1814			1										1
1815										2			2
合計	1	1	3	1	1	0	0	2	3	3	2	2	19

1816－1825	1月	2月	3月	4月	5月	6月	7月	8月	9月	10月	11月	12月	
1816												1	1
1817			1							1	1		3
1818　文政 1						1							1
1819												2	2
1820													0
1821							1					2	3
1822										2			2
1823	1		1	2									4
1824													0
1825													0
合計	1	0	2	2	0	1	1	0	0	3	1	5	16

1826－1835	1月	2月	3月	4月	5月	6月	7月	8月	9月	10月	11月	12月	
1826					1		2						3
1827									1		1		2
1828				2			1				2		5
1829					1								1
1830　天保 1				1								1	2
1831	1		1								1	1	4
1832			1										1
1833				2									2
1834	1				1	1		1			1		5
1835	1		1					1		1		1	5
合計	3	0	3	5	3	1	3	2	1	1	5	3	30

1836－1845	1月	2月	3月	4月	5月	6月	7月	8月	9月	10月	11月	12月	
1836	1		1			1			1				4
1837				1		1			1				3
1838			1			1							2
1839	1					1			1				3
1840	1	2					1				1		5
1841				1					1				2
1842			1	1				1	1				4
1843					1				1				2
1844　弘化 1		1	2										3
1845									1				1
合計	3	3	5	3	1	4	1	1	7	0	1	0	29

1846−1855	1月	2月	3月	4月	5月	6月	7月	8月	9月	10月	11月	12月	
1846					1	1			1		1		4
1847					2						1		3
1848 嘉永 1		1				1			1				3
1849				1		1	2		1				5
1850				1		1	1				1		4
1851						1	1				1		3
1852		1						2					3
1853					1			3					4
1854 安政 1		1					1						2
1855			1	1									2
合計	0	3	1	3	4	5	5	5	3	0	4	0	33

1856−1865	1月	2月	3月	4月	5月	6月	7月	8月	9月	10月	11月	12月	
1856					1								1
1857					1					1			2
1858					1	1		1		2			5
1859	1	1									1		3
1860 万延 1							1					1	2
1861 文久 1				1					1				2
1862								5	1	1			7
1863				1				1					2
1864 元治 1	1		1	1	1	2							6
1865 慶応 1					2	1					1	1	5
合計	2	1	1	3	6	4	1	7	2	4	2	2	35

1866−1875	1月	2月	3月	4月	5月	6月	7月	8月	9月	10月	11月	12月	
1866	1								1				2
1867			1			3				1	2	2	9
1868 明治 1			1					1			1		3
1869		1	1			1				1	1		5
1870		1		1	1					3			6
1871	1	1								1	1	1	5
1872												3	3
1873						1				2			3
1874						1		1		2			4
1875				1				1		1	1		4
合計	2	3	3	2	1	6	0	3	1	11	6	6	44

1876−1885	1月	2月	3月	4月	5月	6月	7月	8月	9月	10月	11月	12月	
1876		2			1			1			3		7
1877							1		1				2
1878					1	1		1	1				4
1879		1	1	1			1			1			5
1880	1				2		1				1		5
1881			1								2		3
1882			1			1		1		2			5
1883	1	1					1		1				4
1884								1	1	2			4
1885			3			1							4
合計	2	4	6	1	4	3	4	4	4	5	6	0	43

1886−1895	1月	2月	3月	4月	5月	6月	7月	8月	9月	10月	11月	12月	
1886			1			2					1		4
1887				1		2	1				1		5
1888												1	1
1889										1			1
1890	1										1	1	3
1891			1				1				1		3
1892			2				2	2			1		7
1893	1												1
1894					1				2				3
1895						1	1	1	1				4
合計	2	0	4	1	1	5	5	3	3	1	5	2	32

1896−1905	1月	2月	3月	4月	5月	6月	7月	8月	9月	10月	11月	12月	
1896										1		1	2
1897				1	1				1		3	1	7
1898					1								1
1899				1					1				2
1900	2					1		1	1	1		1	7
1901				1							1	1	3
1902			1				1						2
1903	1			1						1		1	4
1904	1			2	1								4
1905									1				1
合計	4	0	1	6	3	1	1	1	4	3	4	5	33

1906−1915	1月	2月	3月	4月	5月	6月	7月	8月	9月	10月	11月	12月	
1906						1				1		1	3
1907		1							1				2
1908		2							1	1			4
1909		1							1	1			3
1910			1										1
1911							1						1
1912　大正　1				1				1					2
1913		2			1				1	1			5
1914						1	1						2
1915		1								2		4	7
合計	0	7	1	1	1	2	2	1	4	6	0	5	30

1916−1925	1月	2月	3月	4月	5月	6月	7月	8月	9月	10月	11月	12月	
1916	1	1					1		3				6
1917	3			1								1	5
1918		3									2		5
1919			1										1
1920												1	1
1921					2	2	2	4			1		11
1922							1	1					2
1923			1				2	1		1	1		6
1924			1			1	1				1		4
1925			1					1				1	3
合計	4	4	4	1	2	3	7	7	3	1	5	3	44

1926−1935	1月	2月	3月	4月	5月	6月	7月	8月	9月	10月	11月	12月	
1926　昭和　1				1	1	1		2					5
1927								2				1	3
1928					1					1		1	3
1929		1			1			1	1	1	1		6
1930			1					2				1	4
1931						1		1		1			3
1932							2			1			3
1933	1	1				1		1	2				6
1934	1												1
1935		1						2	2				5
合計	2	3	1	1	3	3	2	11	5	4	1	3	39

1936−1945	1月	2月	3月	4月	5月	6月	7月	8月	9月	10月	11月	12月	
1936			1	1	1	1							4
1937				1				1		1			3
1938										2		1	3
1939				1		1				1			3
1940	1	1								1			3
1941						1	1						2
1942					1	1				2			4
1943		1					1						2
1944		1				1		1		1			4
1945			3				1			1	1		6
合計	1	3	4	3	2	5	3	2	0	9	1	1	34

1946－1955	1月	2月	3月	4月	5月	6月	7月	8月	9月	10月	11月	12月	
1946	3			1	1	2		1	1				9
1847		1		1	1	1		1					5
1948		1					1				1		3
1949	2		2				1						5
1950		1		1						1			3
1951	1		1							1			3
1952		1	1	1				1					4
1953									1				1
1954				1					1	1			3
1955						2	2						4
合計	6	4	4	5	2	5	4	3	3	3	1	0	40

1956－1965	1月	2月	3月	4月	5月	6月	7月	8月	9月	10月	11月	12月	
1956		1						1					2
1957					1								1
1958									1				1
1959													0
1960													0
1961										1			1
1962													0
1963													0
1964											1		1
1965	1		1		1						1	1	5
合計	1	1	1	0	2	0	0	1	1	1	2	1	11

1966－1975	1月	2月	3月	4月	5月	6月	7月	8月	9月	10月	11月	12月	
1966			2			1							3
1967	1							1					2
1968													0
1969	1	1	1									1	4
1970		1			1		1	1		1			5
1971	1											1	2
1972									1				1
1973								1	1				2
1974				1						1			2
1975					1							1	2
合計	3	2	3	1	2	1	1	3	2	2	0	3	23

6.妙光寺　年度別、月別、男女別、成人子供別死亡者数一覧表(1696-1975)

1696−1705		1月		2月		3月		4月		5月		6月		7月		8月		9月		10月		11月		12月		計		合計	
		男	女	男	女	男	女	男	女	男	女	男	女	男	女	男	女	男	女	男	女	男	女	男	女	男	女		
1696 元禄 9	成人	1																							1	1	1	2	
	子供																									0	0	0	
	孩・水																									0	0	0	2
1697 元禄10 2月閏	成人						1									1				1						2	1	3	
	子供																									0	0	0	
	孩・水																									0	0	0	3
1698 元禄11	成人								1		1															0	2	2	
	子供																									0	0	0	
	孩・水																									0	0	0	2
1699 元禄12 9月閏	成人																							1		1	0	1	
	子供																			1						1	0	1	
	孩・水																									0	0	0	2
1700 元禄13	成人																									0	0	0	
	子供																									0	0	0	
	孩・水																									0	0	0	0
1701 元禄14	成人	1				1				1	1	1	1			1	1		1		1					5	5	10	
	子供																									0	0	0	
	孩・水																									0	0	0	10
1702 元禄15 8月閏	成人																			1					1	1	1	2	
	子供																							1		1	0	1	
	孩・水																									0	0	0	3
1703 元禄16	成人												1								1		1			0	3	3	
	子供																	1		1						2	0	2	
	孩・水																									0	0	0	5
1704 宝永 1	成人																							1	1	1	1	2	
	子供																									0	0	0	
	孩・水																									0	0	0	2
1705 宝永 2 4月閏	成人												1													0	1	1	
	子供																									0	0	0	
	孩・水																									0	0	0	1
計	成人	2	0	0	0	1	1	0	1	1	2	1	3	0	0	2	1	0	1	2	2	0	1	2	3	11	15	26	
	子供	0	0	0	0	0	0	0	0	0	0	0	0	0	0	0	0	1	0	2	0	0	0	1	0	4	0	4	
	孩・水	0	0	0	0	0	0	0	0	0	0	0	0	0	0	0	0	0	0	0	0	0	0	0	0	0	0	0	
合計		2	0	0	0	1	1	0	1	1	2	1	3	0	0	2	1	1	1	4	2	0	1	3	3	15	15		30

1706−1715		1月		2月		3月		4月		5月		6月		7月		8月		9月		10月		11月		12月		計		合計	
		男	女	男	女	男	女	男	女	男	女	男	女	男	女	男	女	男	女	男	女	男	女	男	女	男	女		
1706 宝永 3	成人										1							1								1	1	2	
	子供																									0	0	0	
	孩・水																									0	0	0	2
1707 宝永 4	成人					1			1																	1	1	2	
	子供																				1					0	1	1	
	孩・水																									0	0	0	3
1708 宝永 5 1月閏	成人																					1				1	0	1	
	子供																									0	0	0	
	孩・水																									0	0	0	1
1709 宝永 6	成人						1			1								1		1						3	1	4	
	子供											1													1	1	1	2	
	孩・水																									0	0	0	6
1710 宝永 7 8月閏	成人					1								1											1	2	1	3	
	子供																									0	0	0	
	孩・水																									0	0	0	3
1711 正徳 1	成人																									0	0	0	
	子供																									0	0	0	
	孩・水																									0	0	0	0
1712 正徳 2	成人		1				1				1															0	3	3	
	子供																									0	0	0	
	孩・水																									0	0	0	3
1713 正徳 3 5月閏	成人											2														2	0	2	
	子供																								1	0	1	1	
	孩・水																									0	0	0	3
1714 正徳 4	成人									1			1					1								2	1	3	
	子供																									0	0	0	
	孩・水																									0	0	0	3
1715 正徳 5	成人																					1			1	1	1	2	
	子供																									0	0	0	
	孩・水																									0	0	0	2
計	成人	0	1	0	0	2	2	0	1	2	2	2	1	1	0	0	0	3	0	1	0	2	0	0	2	13	9	22	
	子供	0	0	0	0	0	0	0	0	0	0	1	0	0	0	0	0	0	0	0	1	0	0	0	2	1	3	4	
	孩・水	0	0	0	0	0	0	0	0	0	0	0	0	0	0	0	0	0	0	0	0	0	0	0	0	0	0	0	
合計		0	1	0	0	2	2	0	1	2	2	3	1	1	0	0	0	3	0	1	1	2	0	0	4	14	12		26

1

1716−1725		1月		2月		3月		4月		5月		6月		7月		8月		9月		10月		11月		12月		計		合計	
		男	女	男	女	男	女	男	女	男	女	男	女	男	女	男	女	男	女	男	女	男	女	男	女	男	女		
1716 享保 1	成人								1						1											0	2	2	
2月閏	子供																	1								1	0	1	
	孩・水																									0	0	0	3
1717 享保 2	成人														1		1									0	2	2	
	子供				1					1						1	1	1								3	2	5	
	孩・水																									0	0	0	7
1718 享保 3	成人							1		1																2	0	2	
10月閏	子供												1													0	1	1	
	孩・水																									0	0	0	3
1719 享保 4	成人																				1	1				1	1	2	
	子供																									0	0	0	
	孩・水																									0	0	0	2
1720 享保 5	成人																					1				1	0	1	
	子供					1			1																	1	1	2	
	孩・水																									0	0	0	3
1721 享保 6	成人											1		1												2	0	2	
7月閏	子供													1												1	0	1	
	孩・水																									0	0	0	3
1722 享保 7	成人																									0	0	0	
	子供						1																			0	1	1	
	孩・水																									0	0	0	1
1723 享保 8	成人																									0	0	0	
	子供																									0	0	0	
	孩・水																									0	0	0	0
1724 享保 9	成人		1															1		1						2	1	3	
4月閏	子供	1														1			1		1					2	2	4	
	孩・水																									0	0	0	7
1725 享保10	成人	1				1						1														3	0	3	
	子供				1	2	1	1	1																	3	3	6	
	孩・水																									0	0	0	9
計	成人	1	1	0	0	1	0	1	1	1	0	2	0	1	2	0	1	1	0	1	1	2	0	0	0	11	6	17	
	子供	1	0	0	2	3	2	1	2	1	0	0	1	1	0	2	1	2	1	0	1	0	0	0	0	11	10	21	
	孩・水	0	0	0	0	0	0	0	0	0	0	0	0	0	0	0	0	0	0	0	0	0	0	0	0	0	0	0	
合計		2	1	0	2	4	2	2	3	2	0	2	1	2	2	2	2	3	1	1	2	2	0	0	0	22	16		38

1726−1735		1月		2月		3月		4月		5月		6月		7月		8月		9月		10月		11月		12月		計		合計	
		男	女	男	女	男	女	男	女	男	女	男	女	男	女	男	女	男	女	男	女	男	女	男	女	男	女		
1726 享保11	成人	1	1																							1	1	2	
	子供															2	1									2	1	3	
	孩・水																									0	0	0	5
1727 享保12	成人	1	1																							1	1	2	
1月閏	子供							1							1				1	1						2	2	4	
	孩・水																									0	0	0	6
1728 享保13	成人																			2				1		3	0	3	
	子供																1									0	1	1	
	孩・水																									0	0	0	4
1729 享保14	成人	1				1			1															1	1	3	2	5	
9月閏	子供												1													0	1	1	
	孩・水																									0	0	0	6
1730 享保15	成人				1						1			1									1		1	1	4	5	
	子供																							1	1	1	1	2	
	孩・水																									0	0	0	7
1731 享保16	成人						1				1						1									0	3	3	
	子供		1																							0	1	1	
	孩・水																									0	0	0	4
1732 享保17	成人		1			1											1								1	1	3	4	
5月閏	子供										1															0	1	1	
	孩・水																									0	0	0	5
1733 享保18	成人			1													1									1	1	2	
	子供											1														1	0	1	
	孩・水																									0	0	0	3
1734 享保19	成人														1		2	1	3		2					1	8	9	
	子供																	4	1	2	1					6	2	8	
	孩・水																									0	0	0	17
1735 享保20	成人				1			1								1	1									2	2	4	
3月閏	子供																									0	0	0	
	孩・水																									0	0	0	4
計	成人	3	3	1	2	2	1	1	1	0	2	0	0	1	1	1	6	1	3	2	2	0	1	2	3	14	25	39	
	子供	0	1	0	0	0	0	1	0	0	1	1	1	0	1	2	2	4	2	3	1	0	0	1	1	12	10	22	
	孩・水	0	0	0	0	0	0	0	0	0	0	0	0	0	0	0	0	0	0	0	0	0	0	0	0	0	0	0	
合計		3	4	1	2	2	1	2	1	0	3	1	1	1	2	3	8	5	5	5	3	0	1	3	4	26	35		61

1736−1745		1月		2月		3月		4月		5月		6月		7月		8月		9月		10月		11月		12月		計		合計	
		男	女	男	女	男	女	男	女	男	女	男	女	男	女	男	女	男	女	男	女	男	女	男	女	男	女		
1736 元文 1	成人															1										1	0	1	
	子供															2										2	0	2	
	孩・水																									0	0	0	3
1737 元文 2	成人	1	1																							1	1	2	
11月閏	子供																									0	0	0	
	孩・水																									0	0	0	2
1738 元文 3	成人				1				1										1							0	3	3	
	子供								1																	0	1	1	
	孩・水																									0	0	0	4
1739 元文 4	成人											1									1	1				2	1	3	
	子供			1	1																					1	1	2	
	孩・水																									0	0	0	5
1740 元文 5	成人											1						1			1					2	1	3	
7月閏	子供		1		1																					0	2	2	
	孩・水																									0	0	0	5
1741 寛保 1	成人		1																							0	1	1	
	子供																									0	0	0	
	孩・水																									0	0	0	1
1742 寛保 2	成人										1							1	1				1			1	3	4	
	子供																	1				1				2	0	2	
	孩・水																									0	0	0	6
1743 寛保 3	成人					1			1							1	1				1		1			2	4	6	
4月閏	子供						1							1			1									1	2	3	
	孩・水																									0	0	0	9
1744 延享 1	成人						1																			0	1	1	
	子供																									0	0	0	
	孩・水																									0	0	0	1
1745 延享 2	成人													2	1											2	1	3	
12月閏	子供	1																								1	0	1	
	孩・水																									0	0	0	4
計	成人	1	2	0	1	1	1	0	2	0	1	2	0	2	1	2	1	2	2	0	3	1	2	0	0	11	16	27	
	子供	1	1	1	2	0	1	0	1	0	0	0	0	1	0	2	1	1	0	0	0	1	0	0	0	7	6	13	
	孩・水	0	0	0	0	0	0	0	0	0	0	0	0	0	0	0	0	0	0	0	0	0	0	0	0	0	0	0	
合計		2	3	1	3	1	2	0	3	0	1	2	0	3	1	4	2	3	2	0	3	2	2	0	0	18	22		40

1746−1755		1月		2月		3月		4月		5月		6月		7月		8月		9月		10月		11月		12月		計		合計	
		男	女	男	女	男	女	男	女	男	女	男	女	男	女	男	女	男	女	男	女	男	女	男	女	男	女		
1746 延享 3	成人										1					2					1					2	2	4	
	子供									1										1						2	0	2	
	孩・水																									0	0	0	6
1747 延享 4	成人						1	1						1												2	1	3	
	子供																								1	0	1	1	
	孩・水																									0	0	0	4
1748 寛延 1	成人		1																		1					0	2	2	
10月閏	子供															1										1	0	1	
	孩・水																									0	0	0	3
1749 寛延 2	成人																									0	0	0	
	子供																									0	0	0	
	孩・水																									0	0	0	0
1750 寛延 3	成人																	2		1	1				1	3	2	5	
	子供												1													0	1	1	
	孩・水																									0	0	0	6
1751 宝暦 1	成人																							1		1	0	1	
6月閏	子供																									0	0	0	
	孩・水																									0	0	0	1
1752 宝暦 2	成人												1										1			0	2	2	
	子供				1	1					1				1			1						1		3	3	6	
	孩・水																									0	0	0	8
1753 宝暦 3	成人							1														2	1			3	1	4	
	子供														1				2							0	3	3	
	孩・水																									0	0	0	7
1754 宝暦 4	成人				1						2				1			3	5	2	1				1	5	11	16	
2月閏	子供											1							1		1			1		2	2	4	
	孩・水																									0	0	0	20
1755 宝暦 5	成人													1			1	2				1	1			4	2	6	
	子供																		1					3		3	1	4	
	孩・水																									0	0	0	10
計	成人	0	1	0	1	0	1	2	0	0	3	0	1	2	1	2	1	7	5	3	4	3	3	1	2	20	23	43	
	子供	0	0	0	1	1	0	0	0	1	1	1	1	0	2	1	0	1	4	1	1	0	0	5	1	11	11	22	
	孩・水	0	0	0	0	0	0	0	0	0	0	0	0	0	0	0	0	0	0	0	0	0	0	0	0	0	0	0	
合計		0	1	0	2	1	1	2	0	1	4	1	2	2	3	3	1	8	9	4	5	3	3	6	3	31	34		65

1756−1765		1月		2月		3月		4月		5月		6月		7月		8月		9月		10月		11月		12月		計		合計	
		男	女	男	女	男	女	男	女	男	女	男	女	男	女	男	女	男	女	男	女	男	女	男	女	男	女		
1756 宝暦 6	成人												1			1							1	1		2	2	4	
11月閏	子供	1	2															1								2	2	4	
	孩・水																									0	0	0	8
1757 宝暦 7	成人														1		1		1		2		1		1	0	7	7	
	子供																									0	0	0	
	孩・水																									0	0	0	7
1758 宝暦 8	成人																					1		1		2	0	2	
	子供				1														2							0	3	3	
	孩・水																									0	0	0	5
1759 宝暦 9	成人										1				1						1				1	0	4	4	
7月閏	子供													1						1				1		3	0	3	
	孩・水																									0	0	0	7
1760 宝暦10	成人			1										1				1					1			3	1	4	
	子供																									0	0	0	
	孩・水																									0	0	0	4
1761 宝暦11	成人							1																	1	1	1	2	
	子供																	3								3	0	3	
	孩・水																									0	0	0	5
1762 宝暦12	成人		1						1					1				1							1	2	3	5	
4月閏	子供												1											1		1	1	2	
	孩・水																									0	0	0	7
1763 宝暦13	成人														1										1	0	2	2	
	子供	2															2							1	1	3	3	6	
	孩・水																									0	0	0	8
1764 明和 1	成人														1		1		1		1				1	0	5	5	
12月閏	子供																									0	0	0	
	孩・水																									0	0	0	5
1765 明和 2	成人				1							1														1	1	2	
	子供							3		1	2															4	2	6	
	孩・水																									0	0	0	8
計	成人	0	1	1	1	0	0	1	1	0	1	1	1	2	4	1	2	2	2	0	4	1	3	2	6	11	26	37	
	子供	3	2	0	1	0	0	3	0	1	2	0	1	1	0	0	2	4	2	1	0	0	0	3	1	16	11	27	
	孩・水	0	0	0	0	0	0	0	0	0	0	0	0	0	0	0	0	0	0	0	0	0	0	0	0	0	0	0	
合計		3	3	1	2	0	0	4	1	1	3	1	2	3	4	1	4	6	4	1	4	1	3	5	7	27	37		64

※月不明1名（1764年成人女1）

1766−1775		1月		2月		3月		4月		5月		6月		7月		8月		9月		10月		11月		12月		計		合計	
		男	女	男	女	男	女	男	女	男	女	男	女	男	女	男	女	男	女	男	女	男	女	男	女	男	女		
1766 明和 3	成人	1		1																						2	0	2	
	子供		1																	1						1	1	2	
	孩・水																									0	0	0	4
1767 明和 4	成人					1				2														1		4	0	4	
9月閏	子供												1												1	0	1	
	孩・水																									0	0	0	5
1768 明和 5	成人													1		1				1						3	0	3	
	子供								1																	0	1	1	
	孩・水																									0	0	0	4
1769 明和 6	成人	1																	1		1					1	2	3	
	子供																1			1						1	1	2	
	孩・水																									0	0	0	5
1770 明和 7	成人											1		1		1										3	0	3	
6月閏	子供															1	1					1				2	1	3	
	孩・水																									0	0	0	6
1771 明和 8	成人										1						1		1					1		1	3	4	
	子供		1						1															1		1	2	3	
	孩・水																									0	0	0	7
1772 安永 1	成人																			1						1	0	1	
	子供																			1	1					1	1	2	
	孩・水																									0	0	0	3
1773 安永 2	成人																									0	0	0	
3月閏	子供					1								1												2	0	2	
	孩・水																									0	0	0	2
1774 安永 3	成人									1			1								1			1		2	2	4	
	子供											1									1					1	1	2	
	孩・水																									0	0	0	6
1775 安永 4	成人																									0	0	0	
12月閏	子供									3			2	1								1				5	2	7	
	孩・水																									0	0	0	7
計	成人	2	0	1	0	1	0	0	0	3	1	1	1	2	0	2	1	0	2	2	2	0	0	3	0	17	7	24	
	子供	0	2	0	0	1	0	0	2	3	0	1	2	3	0	1	1	1	0	2	3	2	0	1	0	15	10	25	
	孩・水	0	0	0	0	0	0	0	0	0	0	0	0	0	0	0	0	0	0	0	0	0	0	0	0	0	0	0	
合計		2	2	1	0	2	0	0	2	6	1	2	3	5	0	3	2	1	2	4	5	2	0	4	0	32	17		49

1776−1785		1月		2月		3月		4月		5月		6月		7月		8月		9月		10月		11月		12月		計		合計	
		男	女	男	女	男	女	男	女	男	女	男	女	男	女	男	女	男	女	男	女	男	女	男	女	男	女		
1776 安永 5	成人											1	1													1	1	2	
	子供	1								1		1	1		1				1	1						4	3	7	
	孩・水																									0	0	0	9
1777 安永 6	成人										1						1									0	2	2	
	子供			1																						1	0	1	
	孩・水																									0	0	0	3
1778 安永 7	成人									1				1								1			1	3	1	4	
7月閏	子供			1																						1	0	1	
	孩・水																									0	0	0	5
1779 安永 8	成人								1											1	1					1	2	3	
	子供								1																	0	1	1	
	孩・水																									0	0	0	4
1780 安永 9	成人					1			1													1				2	1	3	
	子供					1								1												2	0	2	
	孩・水																									0	0	0	5
1781 天明 1	成人									1					1						1					1	2	3	
5月閏	子供																				1	2				2	1	3	
	孩・水																									0	0	0	6
1782 天明 2	成人			1										2		1										4	0	4	
	子供																									0	0	0	
	孩・水																									0	0	0	4
1783 天明 3	成人					1													1			1			1	2	2	4	
	子供																					1				1	0	1	
	孩・水																									0	0	0	5
1784 天明 4	成人	1															1									1	1	2	
1月閏	子供																1							1		1	1	2	
	孩・水																									0	0	0	4
1785 天明 5	成人	1		1										1		1					1					4	1	5	
	子供																			1				1		2	0	2	
	孩・水																									0	0	0	7
計	成人	2	0	2	0	2	0	0	2	2	1	1	1	4	1	2	2	0	1	1	3	3	0	0	2	19	13	32	
	子供	1	0	2	0	1	0	0	1	1	0	1	1	1	1	0	1	0	1	2	1	3	0	2	0	14	6	20	
	孩・水	0	0	0	0	0	0	0	0	0	0	0	0	0	0	0	0	0	0	0	0	0	0	0	0	0	0	0	
合計		3	0	4	0	3	0	0	3	3	1	2	2	5	2	2	3	0	2	3	4	6	0	2	2	33	19		52

1786−1795		1月		2月		3月		4月		5月		6月		7月		8月		9月		10月		11月		12月		計		合計	
		男	女	男	女	男	女	男	女	男	女	男	女	男	女	男	女	男	女	男	女	男	女	男	女	男	女		
1786 天明 6	成人	1			1																			1		2	1	3	
10月閏	子供						1																			0	1	1	
	孩・水																									0	0	0	4
1787 天明 7	成人							1							1							1				2	1	3	
	子供																									0	0	0	
	孩・水																									0	0	0	3
1788 天明 8	成人												2			1	1	1							2	2	5	7	
	子供							1				1	1		1	1	1		1						1	3	5	8	
	孩・水																									0	0	0	15
1789 寛政 1	成人																		1							0	1	1	
6月閏	子供			1		1															1					2	1	3	
	孩・水																									0	0	0	4
1790 寛政 2	成人																			1			1	1		2	1	3	
	子供			1															1							1	1	2	
	孩・水																									0	0	0	5
1791 寛政 3	成人	1				1		1					1													3	1	4	
	子供														1											0	1	1	
	孩・水																									0	0	0	5
1792 寛政 4	成人	1																								1	0	1	
2月閏	子供	1																								1	0	1	
	孩・水																									0	0	0	2
1793 寛政 5	成人				1	1							1	1											2	2	4	6	
	子供	1				1														1						3	0	3	
	孩・水																									0	0	0	9
1794 寛政 6	成人			1		1			1										1							2	2	4	
11月閏	子供																	1								1	0	1	
	孩・水																									0	0	0	5
1795 寛政 7	成人															1					1					1	1	2	
	子供																2									0	2	2	
	孩・水																									0	0	0	4
計	成人	3	0	1	2	3	0	2	1	0	0	0	4	1	1	2	1	1	2	1	1	1	1	2	4	17	17	34	
	子供	2	0	2	0	2	1	1	0	0	0	1	1	0	2	1	3	1	2	1	1	0	0	0	1	11	11	22	
	孩・水	0	0	0	0	0	0	0	0	0	0	0	0	0	0	0	0	0	0	0	0	0	0	0	0	0	0	0	
合計		5	0	3	2	5	1	3	1	0	0	1	5	1	3	3	4	2	4	2	2	1	1	2	5	28	28		56

※月不明2名(1790年男1、同女1)

1796−1805		1月		2月		3月		4月		5月		6月		7月		8月		9月		10月		11月		12月		計		合計	
		男	女	男	女	男	女	男	女	男	女	男	女	男	女	男	女	男	女	男	女	男	女	男	女	男	女		
1796 寛政 8	成人				1																					0	1	1	
	子供							1																		1	0	1	
	孩・水																									0	0	0	2
1797 寛政 9	成人																1									0	1	1	
7月閏	子供												1													0	1	1	
	孩・水																									0	0	0	2
1798 寛政10	成人									1					2		1						1			1	4	5	
	子供													1		1								1		3	0	3	
	孩・水																									0	0	0	8
1799 寛政11	成人																1									0	1	1	
	子供																									0	0	0	
	孩・水																									0	0	0	1
1800 寛政12	成人	1																								1	0	1	
4月閏	子供						1	1	1										1							1	3	4	
	孩・水																									0	0	0	5
1801 享和 1	成人					1																				1	0	1	
	子供																									0	0	0	
	孩・水																									0	0	0	1
1802 享和 2	成人					1		1						1								1				4	0	4	
	子供											1				2										3	0	3	
	孩・水																									0	0	0	7
1803 享和 3	成人									1	1															1	1	2	
1月閏	子供									1						1								1		3	0	3	
	孩・水																									0	0	0	5
1804 文化 1	成人	1		1																						2	0	2	
	子供	1																						1		2	0	2	
	孩・水																									0	0	0	4
1805 文化 2	成人											1									1					1	1	2	
8月閏	子供																									0	0	0	
	孩・水																									0	0	0	2
計	成人	2	0	1	1	2	0	1	0	2	1	1	0	1	2	0	3	0	0	0	1	1	1	0	0	11	9	20	
	子供	1	0	0	0	0	1	2	1	1	0	1	1	1	0	4	0	0	1	0	0	0	0	3	0	13	4	17	
	孩・水	0	0	0	0	0	0	0	0	0	0	0	0	0	0	0	0	0	0	0	0	0	0	0	0	0	0	0	
合計		3	0	1	1	2	1	3	1	3	1	2	1	2	2	4	3	0	1	0	1	1	1	3	0	24	13		37

1806−1815		1月		2月		3月		4月		5月		6月		7月		8月		9月		10月		11月		12月		計		合計	
		男	女	男	女	男	女	男	女	男	女	男	女	男	女	男	女	男	女	男	女	男	女	男	女	男	女		
1806 文化 3	成人														1											0	1	1	
	子供																		1	1						1	1	2	
	孩・水																									0	0	0	3
1807 文化 4	成人													1	1			1					1			2	2	4	
	子供		1							1				1									1			2	2	4	
	孩・水																									0	0	0	8
1808 文化 5	成人										1											1				1	1	2	
6月閏	子供									1												1				2	0	2	
	孩・水																									0	0	0	4
1809 文化 6	成人			1																			1			1	1	2	
	子供							1						1		2										4	0	4	
	孩・水																									0	0	0	6
1810 文化 7	成人																2			1						1	2	3	
	子供				1			1								1										2	1	3	
	孩・水																									0	0	0	6
1811 文化 8	成人			1			1																			1	1	2	
2月閏	子供			1											1				1							1	2	3	
	孩・水																									0	0	0	5
1812 文化 9	成人				1																			1		1	1	2	
	子供																									0	0	0	
	孩・水																									0	0	0	2
1813 文化10	成人								1	1	1		1								1					1	4	5	
11月閏	子供										1															0	1	1	
	孩・水																									0	0	0	6
1814 文化11	成人																									0	0	0	
	子供			1									1													1	1	2	
	孩・水																									0	0	0	2
1815 文化12	成人																									0	0	0	
	子供																									0	0	0	
	孩・水																									0	0	0	0
計	成人	0	0	2	1	0	1	0	1	1	2	0	1	1	2	0	2	1	0	1	1	1	2	1	0	8	13	21	
	子供	0	1	2	1	0	0	2	0	2	1	0	1	2	1	3	0	0	2	1	0	1	1	0	0	13	8	21	
	孩・水	0	0	0	0	0	0	0	0	0	0	0	0	0	0	0	0	0	0	0	0	0	0	0	0	0	0	0	
合計		0	1	4	2	0	1	2	1	3	3	0	2	3	3	3	2	1	2	2	1	2	3	1	0	21	21		42

1816－1825		1月		2月		3月		4月		5月		6月		7月		8月		9月		10月		11月		12月		計		合計	
		男	女	男	女	男	女	男	女	男	女	男	女	男	女	男	女	男	女	男	女	男	女	男	女	男	女		
1816 文化13 8月閏	成人								1								1						1			0	3	3	
	子供							1									1			1						2	1	3	
	孩・水																									0	0	0	6
1817 文化14	成人															1										1	0	1	
	子供					1																				1	0	1	
	孩・水																									0	0	0	2
1818 文政 1	成人														1	1	1	1				1				3	2	5	
	子供		1							1	1					1	2	1								3	4	7	
	孩・水																									0	0	0	12
1819 文政 2 4月閏	成人		1																							0	1	1	
	子供						2					1					1	1								2	3	5	
	孩・水																									0	0	0	6
1820 文政 3	成人					1														1						2	0	2	
	子供			1												1										2	0	2	
	孩・水																									0	0	0	4
1821 文政 4	成人			2														1	1							3	1	4	
	子供																									0	0	0	
	孩・水																									0	0	0	4
1822 文政 5 1月閏	成人							1		1									1			1		1		4	1	5	
	子供							1		1	1							1		2					1	5	2	7	
	孩・水																									0	0	0	12
1823 文政 6	成人									1				1												2	0	2	
	子供						1				1						1									0	3	3	
	孩・水																									0	0	0	5
1824 文政 7 8月閏	成人				1	2					1						2		1							2	5	7	
	子供						1									1					1					1	2	3	
	孩・水																									0	0	0	10
1825 文政 8	成人					1				1			1		1				1					1		3	3	6	
	子供	1								1																2	0	2	
	孩・水																									0	0	0	8
計	成人	0	1	2	1	4	0	1	1	3	1	0	1	1	2	2	4	2	4	1	0	2	1	2	0	20	16	36	
	子供	1	1	1	0	1	4	2	0	3	3	1	0	0	0	3	5	3	0	3	1	0	0	0	1	18	15	33	
	孩・水	0	0	0	0	0	0	0	0	0	0	0	0	0	0	0	0	0	0	0	0	0	0	0	0	0	0	0	
合計		1	2	3	1	5	4	3	1	6	4	1	1	1	2	5	9	5	4	4	1	2	1	2	1	38	31		69

1826－1835		1月		2月		3月		4月		5月		6月		7月		8月		9月		10月		11月		12月		計		合計	
		男	女	男	女	男	女	男	女	男	女	男	女	男	女	男	女	男	女	男	女	男	女	男	女	男	女		
1826 文政 9	成人			1								1								1					1	3	1	4	
	子供														1											0	1	1	
	孩・水																									0	0	0	5
1827 文政10 6月閏	成人			1				2					1			2		2	1							7	2	9	
	子供																				1				1	0	2	2	
	孩・水																									0	0	0	11
1828 文政11	成人			2		2	1				2						1		1							4	5	9	
	子供					3	1	1		1						1										6	1	7	
	孩・水																									0	0	0	16
1829 文政12	成人											1														1	0	1	
	子供																									0	0	0	
	孩・水																									0	0	0	1
1830 天保 1 3月閏	成人				1					1								1		1						3	1	4	
	子供																1									0	1	1	
	孩・水																									0	0	0	5
1831 天保 2	成人											1		1									1			2	1	3	
	子供			1						1																2	0	2	
	孩・水													1												1	0	1	6
1832 天保 3 11月閏	成人								1								1									0	2	2	
	子供						1								1											0	2	2	
	孩・水																			1						1	0	1	5
1833 天保 4	成人			1																						1	0	1	
	子供									1			1													1	1	2	
	孩・水																									0	0	0	3
1834 天保 5	成人										1											1		1		2	1	3	
	子供																									0	0	0	
	孩・水																									0	0	0	3
1835 天保 6 7月閏	成人										1			1		1	1							1		3	2	5	
	子供					1						1														2	0	2	
	孩・水																									0	0	0	7
計	成人	0	0	5	1	2	1	2	1	1	4	3	1	2	0	3	3	3	2	2	0	1	1	2	1	26	15	41	
	子供	0	0	1	0	4	2	1	0	3	0	1	1	0	2	1	1	0	0	0	1	0	0	0	1	11	8	19	
	孩・水	0	0	0	0	0	0	0	0	0	0	0	0	1	0	0	0	0	0	1	0	0	0	0	0	2	0	2	
合計		0	0	6	1	6	3	3	1	4	4	4	2	3	2	4	4	3	2	3	1	1	1	2	2	39	23		62

1836−1845		1月		2月		3月		4月		5月		6月		7月		8月		9月		10月		11月		12月		計		合計		
		男	女	男	女	男	女	男	女	男	女	男	女	男	女	男	女	男	女	男	女	男	女	男	女	男	女			
1836 天保 7	成人	1																								1	0	1		
	子供																									0	0	0		
	孩・水																									0	0	0	1	
1837 天保 8	成人		1															1					1				2	1	3		
	子供																									0	0	0		
	孩・水																									0	0	0	3	
1838 天保 9	成人	1												2		1									1			1	2	4	6		
4月閏	子供																								1		1	0	2	2		
	孩・水																									0	0	0	8	
1839 天保10	成人		1																1				1					0	3	3		
	子供																									0	0	0		
	孩・水																									0	0	0	3	
1840 天保11	成人					1																					1	0	1		
	子供					1																	1				2	0	2		
	孩・水																									0	0	0	3	
1841 天保12	成人					1										1											1	1	2		
1月閏	子供						1				1						1		1								1	3	4		
	孩・水																									0	0	0	6	
1842 天保13	成人															1	1		1							2	1	3		
	子供									1						1												1	1	2		
	孩・水																									0	0	0	5	1
1843 天保14	成人																			1							1	0	1		
9月閏	子供																			1							1	0	1		
	孩・水																									0	0	0	2	
1844 弘化 1	成人																									0	0	0		
	子供																									0	0	0		
	孩・水																									0	0	0	0	
1845 弘化 2	成人															1											0	1	1		
	子供																									0	0	0		
	孩・水																									0	0	0	1	
計	成人	2	2	0	0	2	0	0	0	0	0	0	2	0	4	1	1	3	0	0	1	2	0	0	1	10	11	21		
	子供	0	0	0	0	1	1	0	0	1	1	0	0	0	1	1	0	1	1	0	0	1	1	0	1	5	6	11		
	孩・水	0	0	0	0	0	0	0	0	0	0	0	0	0	0	0	0	0	0	0	0	0	0	0	0	0	0	0		
合計		2	2	0	0	3	1	0	0	1	1	0	2	0	5	2	1	4	1	0	1	3	1	0	2	15	17		32	1

※月、性不明の孩・水1名（1842年1）

1846−1855		1月		2月		3月		4月		5月		6月		7月		8月		9月		10月		11月		12月		計		合計		
		男	女	男	女	男	女	男	女	男	女	男	女	男	女	男	女	男	女	男	女	男	女	男	女	男	女			
1846 弘化 3	成人																	1			1					1	1	2		
5月閏	子供																									0	0	0		
	孩・水																									0	0	0	2	
1847 弘化 4	成人											1															1	0	1		
	子供																							1				1	0	1		
	孩・水				1																							1	0	1	3	1
1848 嘉永 1	成人																			2							2	0	2		
	子供		1									1	1						1							1		2	3	5		
	孩・水																									0	0	0	7	
1849 嘉永 2	成人																									0	0	0		
4月閏	子供									1																		1	0	1		
	孩・水																									0	0	0	1	
1850 嘉永 3	成人																			1						2			1	2	3		
	子供																					1							1	0	1		
	孩・水																									0	0	0	4	
1851 嘉永 4	成人						1																			1	0	2	2		
	子供																					1							1	0	1		
	孩・水																									0	0	0	3	1
1852 嘉永 5	成人						1		1		1															1	0	4	4		
2月閏	子供									1														1		1		3	0	3		
	孩・水																									0	0	0	7	2
1853 嘉永 6	成人		1															1									0	2	2		
	子供																										2	0	2	2		
	孩・水																		1								1		1	1	2	6	
1854 安政 1	成人																									0	0	0		
7月閏	子供																									0	0	0		
	孩・水											1															1	0	1	1	
1855 安政 2	成人										1										2	1					1	3	4		
	子供																						1	1				1	1	2		
	孩・水									1																		1	0	1	7	
計	成人	0	1	0	0	0	2	0	1	0	2	1	0	0	0	0	2	3	2	2	0	0	2	0	2	6	14	20		
	子供	0	1	0	0	0	0	0	0	2	0	1	1	0	0	0	1	0	0	2	1	3	0	2	2	10	6	16		
	孩・水	0	0	1	0	0	0	0	0	1	0	1	0	0	0	0	1	0	0	0	0	0	0	1	0	4	1	5		
合計		0	2	1	0	0	2	0	1	3	2	3	1	0	0	0	4	3	2	4	1	3	2	3	4	20	21		41	4

※月、性不明の孩・水4名（1847年1，1851年1，1852年2）

1856−1865		1月		2月		3月		4月		5月		6月		7月		8月		9月		10月		11月		12月		計		合計		
		男	女	男	女	男	女	男	女	男	女	男	女	男	女	男	女	男	女	男	女	男	女	男	女	男	女			
1856 安政 3	成人													1						1						2	0	2		
	子供	1													1				1							1	2	3		
	孩・水																									0	0	0	5	
1857 安政 4	成人			1						1			1										1			2	2	4		
5月閏	子供																									0	0	0		
	孩・水																									0	0	0	4	
1858 安政 5	成人								1						1			1		1						2	2	4		
	子供			1																						1	0	1		
	孩・水																							1		1	0	1	6	
1859 安政 6	成人							1												1						2	0	2		
	子供						1		1																	0	2	2		
	孩・水																									0	0	0	4	
1860 万延 1	成人																									0	0	0		
3月閏	子供																									0	0	0		
	孩・水																									0	0	0	0	
1861 文久 1	成人															1							1			1	1	2		
	子供																									0	0	0		
	孩・水																						1			0	1	1	3	
1862 文久 2	成人																	1							1	1	1	2		
8月閏	子供																									0	0	0		
	孩・水																									0	0	0	2	1
1863 文久 3	成人			1							1	1		1												3	1	4		
	子供																1					1				1	1	2		
	孩・水																									0	0	0	6	
1864 元治 1	成人													1					1							1	1	2		
	子供	1		1																			1			2	1	3		
	孩・水																									0	0	0	5	
1865 慶応 1	成人																	1								1	0	1		
5月閏	子供														1											0	1	1		
	孩・水																									0	0	0	2	1
計	成人	0	0	2	0	0	0	1	1	1	1	1	1	3	1	1	0	3	1	3	0	0	2	0	1	15	8	23		
	子供	2	0	2	0	0	1	0	1	0	0	0	0	0	2	0	1	0	1	0	0	1	1	0	0	5	7	12		
	孩・水	0	0	0	0	0	0	0	0	0	0	0	0	0	0	0	0	0	0	0	0	0	1	1	0	1	1	2		
合計		2	0	4	0	0	1	1	2	1	1	1	1	3	3	1	1	3	2	3	0	1	4	1	1	21	16		37	2

※月、性不明の孩・水2名(1862年1, 1865年1)

1866−1875		1月		2月		3月		4月		5月		6月		7月		8月		9月		10月		11月		12月		計		合計	
		男	女	男	女	男	女	男	女	男	女	男	女	男	女	男	女	男	女	男	女	男	女	男	女	男	女		
1866 慶応 2	成人				1					1			1						1							1	3	4	
	子供																									0	0	0	
	孩・水																									0	0	0	4
1867 慶応 3	成人							1					2													1	2	3	
	子供						1																	1		1	1	2	
	孩・水																	1								1	0	1	6
1868 明治 1	成人																		1					1		1	1	2	
4月閏	子供	1																								1	0	1	
	孩・水																									0	0	0	3
1869 明治 2	成人																					1	1			1	1	2	
	子供																									0	0	0	
	孩・水												1													0	1	1	3
1870 明治 3	成人		1			1									1				1							1	3	4	
10月閏	子供												1												1	0	2	2	
	孩・水															1										1	0	1	7
1871 明治 4	成人												1												1	0	2	2	
	子供			1																						1	0	1	
	孩・水																									0	0	0	3
1872 明治 5	成人																									0	0	0	
	子供																									0	0	0	
	孩・水																									0	0	0	0
1873 明治 6	成人							1	1									1	1							2	2	4	
	子供																			1						1	0	1	
	孩・水																							1		1	0	1	6
1874 明治 7	成人				1		1								1	1		2				1		1		5	3	8	
	子供																									0	0	0	
	孩・水																									0	0	0	8
1875 明治 8	成人																									0	0	0	
	子供					1																				1	0	1	
	孩・水																									0	0	0	1
計	成人	0	1	0	2	1	1	2	1	1	0	0	4	0	2	1	0	3	4	0	0	2	1	2	1	12	17	29	
	子供	1	0	1	0	1	1	0	0	0	0	0	1	0	0	0	0	0	0	1	0	0	0	1	1	5	3	8	
	孩・水	0	0	0	0	0	0	0	0	0	0	0	1	0	0	1	0	1	0	0	0	0	0	1	0	3	1	4	
合計		1	1	1	2	2	2	2	1	1	0	0	6	0	2	2	0	4	4	1	0	2	1	4	2	20	21		41

1876－1885		1月		2月		3月		4月		5月		6月		7月		8月		9月		10月		11月		12月		計		合計		
		男	女	男	女	男	女	男	女	男	女	男	女	男	女	男	女	男	女	男	女	男	女	男	女	男	女			
1876 明治 9	成人							1																		1	0	1		
	子供																								1	0	1	1		
	孩・水	1																								1	0	1	3	
1877 明治10	成人								1									1					1			1	2	3		
	子供														1											0	1	1		
	孩・水																									0	0	0	4	
1878 明治11	成人																									0	0	0		
	子供	1														1	1									2	1	3		
	孩・水																									0	0	0	3	
1879 明治12	成人	1														1									1	2	1	3		
	子供																									0	0	0		
	孩・水																									0	0	0	3	
1880 明治13	成人					1			1										1						1	1	3	4		
	子供																									0	0	0		
	孩・水																									0	0	0	4	
1881 明治14	成人	1					1	1														1				3	1	4		
	子供																									0	0	0		
	孩・水																									0	0	0	4	
1882 明治15	成人	1																							1	1	1	2		
	子供																									0	0	0		
	孩・水																							1		1	0	1	3	
1883 明治16	成人	1										1														2	0	2		
	子供		1									1							1							1	2	3		
	孩・水					1																				1	0	1	6	
1884 明治17	成人					1										1					1					2	1	3		
	子供																					1				1	0	1		
	孩・水																									0	0	0	4	
1885 明治18	成人																	1								1	0	1		
	子供							1		1																2	0	2		
	孩・水																									0	0	0	3	3
計	成人	4	0	0	0	2	1	2	2	0	0	1	0	0	0	2	0	2	1	0	1	1	1	0	3	14	9	23		
	子供	1	1	0	0	0	0	1	0	1	0	1	0	0	1	1	1	0	1	0	0	1	0	0	1	6	5	11		
	孩・水	1	0	0	0	1	0	0	0	0	0	0	0	0	0	0	0	0	0	0	0	0	0	1	0	3	0	3		
合計		6	1	0	0	3	1	3	2	1	0	2	0	0	1	3	1	2	2	0	1	2	1	1	4	23	14		37	3

※月、性不明の孩・水3名（1885年3）

1886－1895		1月		2月		3月		4月		5月		6月		7月		8月		9月		10月		11月		12月		計		合計		
		男	女	男	女	男	女	男	女	男	女	男	女	男	女	男	女	男	女	男	女	男	女	男	女	男	女			
1886 明治19	成人																									0	0	0		
	子供					1																				1	0	1		
	孩・水																									0	0	0	1	
1887 明治20	成人					1															1					1	1	2		
	子供																									0	0	0		
	孩・水																									0	0	0	2	
1888 明治21	成人						1					1														1	1	2		
	子供																									0	0	0		
	孩・水																									0	0	0	2	2
1889 明治22	成人											1				1			1							2	1	3		
	子供																									0	0	0		
	孩・水														1											0	1	1	4	
1890 明治23	成人			1	1																					1	1	2		
	子供													1										1		2	0	2		
	孩・水																									0	0	0	4	
1891 明治24	成人																									0	0	0		
	子供		1																							0	1	1		
	孩・水																									0	0	0	1	
1892 明治25	成人					1							1		1								1			1	3	4		
	子供	1				1																				2	0	2		
	孩・水											1			1											1	1	2	8	
1893 明治26	成人				1			1											2	2	2	1				4	5	9		
	子供														1			1			1					1	2	3		
	孩・水																									0	0	0	12	2
1894 明治27	成人																									0	0	0		
	子供											1														1	0	1		
	孩・水			1			1								1											1	2	3	4	
1895 明治28	成人																									0	0	0		
	子供																									0	0	0		
	孩・水																									0	0	0	0	
計	成人	0	0	1	2	2	1	1	0	0	0	2	1	0	1	1	0	0	3	2	3	1	1	0	0	10	12	22		
	子供	1	1	0	0	2	0	0	0	0	0	1	0	1	1	0	0	1	0	0	1	0	0	1	0	7	3	10		
	孩・水	0	0	1	0	0	1	0	0	0	0	1	0	0	3	0	0	0	0	0	0	0	0	0	0	2	4	6		
合計		1	1	2	2	4	2	1	0	0	0	4	1	1	5	1	0	1	3	2	4	1	1	1	0	19	19		38	4

※月、性不明の孩・水4名（1888年2，1893年2）

1896−1905		1月		2月		3月		4月		5月		6月		7月		8月		9月		10月		11月		12月		計		合計		
		男	女	男	女	男	女	男	女	男	女	男	女	男	女	男	女	男	女	男	女	男	女	男	女	男	女			
1896 明治29	成人				1																					0	1	1		
	子供																									0	0	0		
	孩・水																									0	0	0	1	
1897 明治30	成人																									0	0	0		
	子供			1																						1	0	1		
	孩・水																									0	0	0	1	
1898 明治31	成人																									0	0	0		
	子供										1															0	1	1		
	孩・水																									0	0	0	1	
1899 明治32	成人																									0	0	0		
	子供																									0	0	0		
	孩・水																									0	0	0	0	
1900 明治33	成人				1						1							1		1						2	2	4		
	子供																	1								1	0	1		
	孩・水																	1								1	0	1	6	
1901 明治34	成人			1		1					1															2	1	3		
	子供																									0	0	0		
	孩・水																									0	0	0	3	
1902 明治35	成人												1													0	1	1		
	子供											1														1	0	1		
	孩・水			1								1														2	0	2	4	
1903 明治36	成人		1				1			1														1	1	2	3	5		
	子供																									0	0	0		
	孩・水																									0	0	0	5	
1904 明治37	成人							1																		1	0	1		
	子供									1																1	0	1		
	孩・水																									0	0	0	2	2
1905 明治38	成人								1		1													1		1	2	3		
	子供																									0	0	0		
	孩・水																									0	0	0	3	
計	成人	0	1	1	2	1	1	1	1	1	3	0	1	0	0	0	0	1	0	1	0	0	0	2	1	8	10	18		
	子供	0	0	1	0	0	0	0	0	1	1	1	0	0	0	0	0	1	0	0	0	0	0	0	0	4	1	5		
	孩・水	0	0	1	0	0	0	0	0	0	0	1	0	0	0	0	0	1	0	0	0	0	0	0	0	3	0	3		
合計		0	1	3	2	1	1	1	1	2	4	2	1	0	0	0	0	3	0	1	0	0	0	2	1	15	11		26	2

※月、性不明の孩・水2名(1904年2)

1906−1915		1月		2月		3月		4月		5月		6月		7月		8月		9月		10月		11月		12月		計		合計		
		男	女	男	女	男	女	男	女	男	女	男	女	男	女	男	女	男	女	男	女	男	女	男	女	男	女			
1906 明治39	成人				1	1										1	1							1		3	2	5		
	子供																									0	0	0		
	孩・水																									0	0	0	5	
1907 明治40	成人										1							1						1		2	1	3		
	子供																1	1						1		2	1	3		
	孩・水																									0	0	0	6	
1908 明治41	成人		1																						1	0	2	2		
	子供																									0	0	0		
	孩・水																							1		1	0	1	3	
1909 明治42	成人																									0	0	0		
	子供																									0	0	0		
	孩・水																									0	0	0	0	
1910 明治43	成人				1					1				1											1	2	2	4		
	子供																									0	0	0		
	孩・水					1																				1	0	1	5	
1911 明治44	成人	1												1		1			1						1	3	2	5		
	子供																							2		2	0	2		
	孩・水																									0	0	0	7	
1912 大正 1	成人												1													0	1	1		
	子供															1										1	0	1		
	孩・水																									0	0	0	2	
1913 大正 2	成人				1				1										1			1				1	3	4		
	子供																									0	0	0		
	孩・水																									0	0	0	4	
1914 大正 3	成人													1			1		2							1	3	4		
	子供					1																				1	0	1		
	孩・水		1																							0	1	1	6	1
1915 大正 4	成人					1																				1	0	1		
	子供												1													0	1	1		
	孩・水																									0	0	0	2	1
計	成人	1	1	0	3	2	0	0	1	1	1	0	1	3	0	2	2	1	4	0	0	1	0	2	3	13	16	29		
	子供	0	0	0	0	1	0	0	0	0	0	0	1	0	0	1	1	1	0	0	0	0	0	3	0	6	2	8		
	孩・水	0	1	0	0	1	0	0	0	0	0	0	0	0	0	0	0	0	0	0	0	0	0	1	0	2	1	3		
合計		1	2	0	3	4	0	0	1	1	1	0	2	3	0	3	3	2	4	0	0	1	0	6	3	21	19		40	2

※月、性不明の孩・水2名(1914年1, 1915年1)

1916−1925		1月		2月		3月		4月		5月		6月		7月		8月		9月		10月		11月		12月		計		合計		
		男	女	男	女	男	女	男	女	男	女	男	女	男	女	男	女	男	女	男	女	男	女	男	女	男	女			
1916 大正 5	成人																			2						2	0	2		
	子供						1																			0	1	1		
	孩・水																									0	0	0	3	
1917 大正 6	成人																									0	0	0		
	子供																									0	0	0		
	孩・水																									0	0	0	0	
1918 大正 7	成人								1												2	1				1	3	4		
	子供				1																					0	1	1		
	孩・水							1												1			1			2	1	3	8	
1919 大正 8	成人			1																1	1					2	1	3		
	子供																									0	0	0		
	孩・水							1																		1	0	1	4	1
1920 大正 9	成人																									0	0	0		
	子供																									0	0	0		
	孩・水																									0	0	0	0	
1921 大正10	成人						1	1			1															1	2	3		
	子供																									0	0	0		
	孩・水					1																				1	0	1	4	
1922 大正11	成人						1																			0	1	1		
	子供																									0	0	0		
	孩・水																							1		1	0	1	2	
1923 大正12	成人				1											1										1	1	2		
	子供						1																			0	1	1		
	孩・水																				1					0	1	1	4	
1924 大正13	成人																			1						1	0	1		
	子供																									0	0	0		
	孩・水			1																						1	0	1	2	
1925 大正14	成人									1												1				2	0	2		
	子供																									0	0	0		
	孩・水																	1								1	0	1	3	
計	成人	0	0	1	1	0	2	1	1	1	1	0	0	0	0	1	0	0	0	4	3	2	0	0	0	10	8	18		
	子供	0	0	0	1	0	2	0	0	0	0	0	0	0	0	0	0	0	0	0	0	0	0	0	0	0	3	3		
	孩・水	0	0	1	0	1	0	2	0	0	0	0	0	0	0	0	0	1	0	1	1	0	1	1	0	7	2	9		
合計		0	0	2	2	1	4	3	1	1	1	0	0	0	0	1	0	1	0	5	4	2	1	1	0	17	13		30	1

※月、性不明の孩・水1名（1919年1）

1926−1935		1月		2月		3月		4月		5月		6月		7月		8月		9月		10月		11月		12月		計		合計		
		男	女	男	女	男	女	男	女	男	女	男	女	男	女	男	女	男	女	男	女	男	女	男	女	男	女			
1926 昭和 1	成人														1							1				1	1	2		
	子供																									0	0	0		
	孩・水																									0	0	0	2	
1927 昭和 2	成人																							1		1	0	1		
	子供						1																		1	0	2	2		
	孩・水																									0	0	0	3	
1928 昭和 3	成人			1						1							1							1		3	1	4		
	子供																									0	0	0		
	孩・水													1												1	0	1	5	
1929 昭和 4	成人									1																1	0	1		
	子供	1												1												2	0	2		
	孩・水																									0	0	0	3	
1930 昭和 5	成人	1	1																1							1	2	3		
	子供																									0	0	0		
	孩・水																									0	0	0	3	
1931 昭和 6	成人							1	1					1			1									2	2	4		①
	子供																				1					0	1	1		
	孩・水																							1		1	0	1	6	
1932 昭和 7	成人			1		1						1					1									3	1	4		
	子供																									0	0	0		
	孩・水													1												1	0	1	5	
1933 昭和 8	成人						1																			0	1	1		
	子供																									0	0	0		
	孩・水					1																				1	0	1	2	
1934 昭和 9	成人																			1	2					1	2	3		
	子供																									0	0	0		
	孩・水			1																						1	0	1	4	
1935 昭和10	成人	1					1	1																		2	1	3		
	子供																									0	0	0		
	孩・水																									0	0	0	3	
計	成人	2	1	2	0	1	2	2	1	2	0	1	0	1	1	0	3	0	1	1	2	1	0	2	0	15	11	26		
	子供	1	0	0	0	0	1	0	0	0	0	0	0	1	0	0	0	0	0	0	1	0	0	0	1	2	3	5		
	孩・水	0	0	1	0	1	0	0	0	0	0	0	0	2	0	0	0	0	0	0	0	0	0	1	0	5	0	5		
合計		3	1	3	0	2	3	2	1	2	0	1	0	4	1	0	3	0	1	1	3	1	0	3	1	22	14		36	①

※戦死者1931年男①

1936−1945		1月		2月		3月		4月		5月		6月		7月		8月		9月		10月		11月		12月		計		合計		
		男	女	男	女	男	女	男	女	男	女	男	女	男	女	男	女	男	女	男	女	男	女	男	女	男	女			
1936 昭和11	成人								1		1																	0	2	2		
	子供																									0	0	0		
	孩・水																									0	0	0	2	
1937 昭和12	成人			1								1				1		1			1					4	1	5		
	子供																									0	0	0		
	孩・水																									0	0	0	5	
1938 昭和13	成人																				1					0	1	1		
	子供																									0	0	0		
	孩・水																									0	0	0	1	
1939 昭和14	成人								1			1						1				1				3	1	4		
	子供															1		1								2	0	2		
	孩・水																									0	0	0	6	
1940 昭和15	成人				1																					0	1	1		
	子供																									0	0	0		
	孩・水															1										1	0	1	2	
1941 昭和16	成人			1								1												1		3	0	3		
	子供																1									0	1	1		
	孩・水																									0	0	0	4	1
1942 昭和17	成人	1																						1	1	2	1	3		
	子供							1			1															1	1	2		
	孩・水																									0	0	0	5	
1943 昭和18	成人	2	1			1	1			1														1		5	2	7		
	子供																									0	0	0		
	孩・水																									0	0	0	7	
1944 昭和19	成人	1																				1				2	0	2		②
	子供																	1								1	0	1		
	孩・水																									0	0	0	3	1
1945 昭和20	成人		1				1	1	1		1				1			1								2	5	7		②
	子供																									0	0	0		
	孩・水																									0	0	0	7	
計	成人	4	2	2	1	1	2	1	3	1	2	3	0	0	1	1	0	3	0	0	2	2	0	3	1	21	14	35		
	子供	0	0	0	0	0	0	1	0	0	1	0	0	0	0	1	1	2	0	0	0	0	0	0	0	4	2	6		
	孩・水	0	0	0	0	0	0	0	0	0	0	0	0	0	0	1	0	0	0	0	0	0	0	0	0	1	0	1		
合計		4	2	2	1	1	2	2	3	1	3	3	0	0	1	3	1	5	0	0	2	2	0	3	1	26	16		42	2④

※月、性不明の孩・水2名（1941年1，1944年1）、戦死者④名（1944年9月男②、1945年5月男①・同8月男①）

1946−1955		1月		2月		3月		4月		5月		6月		7月		8月		9月		10月		11月		12月		計		合計		
		男	女	男	女	男	女	男	女	男	女	男	女	男	女	男	女	男	女	男	女	男	女	男	女	男	女			
1946 昭和21	成人				1						1	1														1	2	3		①
	子供																									0	0	0		
	孩・水																									0	0	0	3	
1947 昭和22	成人										1				1		1							1		1	3	4		
	子供															1										1	0	1		
	孩・水																									0	0	0	5	2
1948 昭和23	成人																				1					0	1	1		
	子供															1										1	0	1		
	孩・水																									0	0	0	2	
1949 昭和24	成人		1																							0	1	1		①
	子供																									0	0	0		
	孩・水		1																							0	1	1	2	
1950 昭和25	成人							1																		1	0	1		
	子供																									0	0	0		
	孩・水																									0	0	0	1	
1951 昭和26	成人		1													1										1	1	2		
	子供																					1				1	0	1		
	孩・水																									0	0	0	3	
1952 昭和27	成人																									0	0	0		
	子供																									0	0	0		
	孩・水																									0	0	0	0	
1953 昭和28	成人																									0	0	0		
	子供																									0	0	0		
	孩・水																									0	0	0	0	
1954 昭和29	成人																	1								1	0	1		
	子供																									0	0	0		
	孩・水																							1		1	0	1	2	
1955 昭和30	成人																			1						1	0	1		
	子供																									0	0	0		
	孩・水																									0	0	0	1	
計	成人	0	2	0	1	0	0	1	0	0	2	1	0	0	1	1	1	1	0	1	1	0	0	1	0	6	8	14		
	子供	0	0	0	0	0	0	0	0	0	0	0	0	0	0	2	0	0	0	0	0	1	0	0	0	3	0	3		
	孩・水	0	1	0	0	0	0	0	0	0	0	0	0	0	0	0	0	0	0	0	0	0	0	1	0	1	1	2		
合計		0	3	0	1	0	0	1	0	0	2	1	0	0	1	3	1	1	0	1	1	1	0	2	0	10	9		19	2②

※月、性不明の孩・水2名(1947年2)、戦死者②名（1946年6月成人男①、1949年2月成人男①）

1956−1965		1月		2月		3月		4月		5月		6月		7月		8月		9月		10月		11月		12月		計		合計	
		男	女	男	女	男	女	男	女	男	女	男	女	男	女	男	女	男	女	男	女	男	女	男	女	男	女		
1956 昭和31	成人																1									0	1	1	
	子供																									0	0	0	
	孩・水																									0	0	0	1
1957 昭和32	成人																									0	0	0	
	子供																									0	0	0	
	孩・水																									0	0	0	0
1958 昭和33	成人																									0	0	0	
	子供																									0	0	0	
	孩・水																									0	0	0	0
1959 昭和34	成人															1				1						2	0	2	
	子供																									0	0	0	
	孩・水																									0	0	0	2
1960 昭和35	成人																									0	0	0	
	子供																									0	0	0	
	孩・水																									0	0	0	0
1961 昭和36	成人																									0	0	0	
	子供																									0	0	0	
	孩・水		2																							0	2	2	2
1962 昭和37	成人																						1	1		1	1	2	
	子供																									0	0	0	
	孩・水																									0	0	0	2
1963 昭和38	成人								1						1											0	2	2	
	子供																									0	0	0	
	孩・水																									0	0	0	2
1964 昭和39	成人			1								1		1												3	0	3	
	子供																									0	0	0	
	孩・水																									0	0	0	3
1965 昭和40	成人				1												1									0	2	2	
	子供																									0	0	0	
	孩・水																									0	0	0	2
計	成人	0	0	1	1	0	0	0	1	0	0	1	0	1	1	1	2	0	0	1	0	0	1	1	0	6	6	12	
	子供	0	0	0	0	0	0	0	0	0	0	0	0	0	0	0	0	0	0	0	0	0	0	0	0	0	0	0	
	孩・水	0	2	0	0	0	0	0	0	0	0	0	0	0	0	0	0	0	0	0	0	0	0	0	0	0	2	2	
合計		0	2	1	1	0	0	0	1	0	0	1	0	1	1	1	2	0	0	1	0	0	1	1	0	6	8		14

1966−1975		1月		2月		3月		4月		5月		6月		7月		8月		9月		10月		11月		12月		計		合計	
		男	女	男	女	男	女	男	女	男	女	男	女	男	女	男	女	男	女	男	女	男	女	男	女	男	女		
1966 昭和41	成人																									0	0	0	
	子供																									0	0	0	
	孩・水																									0	0	0	0
1967 昭和42	成人																							1		1	0	1	
	子供																									0	0	0	
	孩・水																									0	0	0	1
1968 昭和43	成人																			1						1	0	1	
	子供																									0	0	0	
	孩・水																									0	0	0	1
1969 昭和44	成人											1					1									1	1	2	
	子供																									0	0	0	
	孩・水																									0	0	0	2
1970 昭和45	成人										1															0	1	1	
	子供																									0	0	0	
	孩・水																									0	0	0	1
1971 昭和46	成人													1												1	0	1	
	子供																									0	0	0	
	孩・水																									0	0	0	1
1972 昭和47	成人												1													0	1	1	
	子供																									0	0	0	
	孩・水																									0	0	0	1
1973 昭和48	成人								2																	0	2	2	
	子供																									0	0	0	
	孩・水	1																								1	0	1	3
1974 昭和49	成人									1					1							1				2	1	3	
	子供																									0	0	0	
	孩・水																									0	0	0	3
1975 昭和50	成人																									0	0	0	
	子供																									0	0	0	
	孩・水																									0	0	0	0
計	成人	0	0	0	0	0	0	0	2	1	1	1	1	1	1	0	1	0	0	1	0	1	0	1	0	6	6	12	
	子供	0	0	0	0	0	0	0	0	0	0	0	0	0	0	0	0	0	0	0	0	0	0	0	0	0	0	0	
	孩・水	1	0	0	0	0	0	0	0	0	0	0	0	0	0	0	0	0	0	0	0	0	0	0	0	1	0	1	
合計		1	0	0	0	0	0	0	2	1	1	1	1	1	1	0	1	0	0	1	0	1	0	1	0	7	6		13

7. 北桜 年度別、月別、男女別、成人子供別死亡者数一覧表(1796-1975)

1796−1805		1月		2月		3月		4月		5月		6月		7月		8月		9月		10月		11月		12月		計		合計	
		男	女	男	女	男	女	男	女	男	女	男	女	男	女	男	女	男	女	男	女	男	女	男	女	男	女		
1796 寛政 8	成人								1								1					1				1	2	3	
	子供						1							1		1										2	1	3	
	孩・水																									0	0	0	6
1797 寛政 9 7月閏	成人	1	1																							1	1	2	
	子供															1	1									1	1	2	
	孩・水																									0	0	0	4
1798 寛政10	成人			1																						1	0	1	
	子供																									0	0	0	
	孩・水																									0	0	0	1
1799 寛政11	成人					1									1				2							1	3	4	
	子供				1											1				2						3	1	4	
	孩・水																									0	0	0	8
1800 寛政12 4月閏	成人					1				1										1						3	0	3	
	子供								1								1									0	2	2	
	孩・水																									0	0	0	5
1801 享和 1	成人														1		1					1		1		2	2	4	
	子供																									0	0	0	
	孩・水																									0	0	0	4
1802 享和 2	成人					1				1											1	1				3	1	4	
	子供	1					1			1								1								3	1	4	
	孩・水																									0	0	0	8
1803 享和 3 1月閏	成人								1	1			1													1	2	3	
	子供				1			1			1	1	1	2												4	3	7	
	孩・水																									0	0	0	10
1804 文化 1	成人			1								1						1		1	1				1	4	2	6	
	子供							1																		1	0	1	
	孩・水																									0	0	0	7
1805 文化 2 8月閏	成人						1									1	1						1			1	3	4	
	子供																									0	0	0	
	孩・水																									0	0	0	4
計	成人	1	1	2	0	3	1	0	2	3	0	1	1	0	2	1	3	1	2	2	2	3	1	1	1	18	16	34	
	子供	1	0	0	2	0	2	2	1	1	1	1	1	3	0	3	2	1	0	2	0	0	0	0	0	14	9	23	
	孩・水	0	0	0	0	0	0	0	0	0	0	0	0	0	0	0	0	0	0	0	0	0	0	0	0	0	0	0	
合計		2	1	2	2	3	3	2	3	4	1	2	2	3	2	4	5	2	2	4	2	3	1	1	1	32	25		57

1806−1815		1月		2月		3月		4月		5月		6月		7月		8月		9月		10月		11月		12月		計		合計	
		男	女	男	女	男	女	男	女	男	女	男	女	男	女	男	女	男	女	男	女	男	女	男	女	男	女		
1806 文化 3	成人					1																1				2	0	2	
	子供																									0	0	0	
	孩・水																									0	0	0	2
1807 文化 4	成人			1																						1	0	1	
	子供																									0	0	0	
	孩・水																									0	0	0	1
1808 文化 5 6月閏	成人																									0	0	0	
	子供	2							1														1			2	2	4	
	孩・水																									0	0	0	4
1809 文化 6	成人	1	1											1										1		3	1	4	
	子供						1			1																1	1	2	
	孩・水																									0	0	0	6
1810 文化 7	成人	1						1		1								1								4	0	4	
	子供													1						1						2	0	2	
	孩・水																									0	0	0	6
1811 文化 8 2月閏	成人				1							1			1			1								2	2	4	
	子供			1			1	1				1					1									3	2	5	
	孩・水																									0	0	0	9
1812 文化 9	成人																	1		1						2	0	2	
	子供																									0	0	0	
	孩・水																									0	0	0	2
1813 文化10 11月閏	成人																			1						1	0	1	
	子供							1																		1	0	1	
	孩・水																									0	0	0	2
1814 文化11	成人	1	1	1			1																			2	2	4	
	子供																									0	0	0	
	孩・水																									0	0	0	4
1815 文化12	成人																									0	0	0	
	子供														1											0	1	1	
	孩・水																									0	0	0	1
計	成人	3	2	2	1	1	1	1	0	1	0	1	0	1	1	0	0	3	0	2	0	1	0	1	0	17	5	22	
	子供	2	0	1	0	0	2	2	1	1	0	1	0	1	1	0	1	0	0	1	0	0	1	0	0	9	6	15	
	孩・水	0	0	0	0	0	0	0	0	0	0	0	0	0	0	0	0	0	0	0	0	0	0	0	0	0	0	0	
合計		5	2	3	1	1	3	3	1	2	0	2	0	2	2	0	1	3	0	3	0	1	1	1	0	26	11		37

1816−1825		1月		2月		3月		4月		5月		6月		7月		8月		9月		10月		11月		12月		計		合計	
		男	女	男	女	男	女	男	女	男	女	男	女	男	女	男	女	男	女	男	女	男	女	男	女	男	女		
1816 文化13 8月閏	成人							1																		1	0	1	
	子供																									0	0	0	
	孩・水																									0	0	0	1
1817 文化14	成人							1												1						2	0	2	
	子供																									0	0	0	
	孩・水																									0	0	0	2
1818 文政 1	成人							2				1			1						1					3	2	5	
	子供							1		2												1				4	0	4	
	孩・水																									0	0	0	9
1819 文政 2 4月閏	成人									1																1	0	1	
	子供																									0	0	0	
	孩・水																									0	0	0	1
1820 文政 3	成人									1		1					1	1					1			3	2	5	
	子供																				1					0	1	1	
	孩・水																									0	0	0	6
1821 文政 4	成人				1			1										1								2	1	3	
	子供																		1	1						1	1	2	
	孩・水																									0	0	0	5
1822 文政 5 1月閏	成人																									0	0	0	
	子供	1												1												2	0	2	
	孩・水																									0	0	0	2
1823 文政 6	成人			1																						1	0	1	
	子供		1								1			1	2											1	4	5	
	孩・水																									0	0	0	6
1824 文政 7 8月閏	成人																	1								1	0	1	
	子供						1										1									0	2	2	
	孩・水																									0	0	0	3
1825 文政 8	成人					1																				1	0	1	
	子供					1		1						1		1										4	0	4	
	孩・水																									0	0	0	5
計	成人	0	0	1	1	1	0	5	0	2	0	2	0	0	1	0	1	3	0	1	1	0	1	0	0	15	5	20	
	子供	1	1	0	0	1	1	2	0	2	1	0	0	3	2	1	1	0	1	1	1	1	0	0	0	12	8	20	
	孩・水	0	0	0	0	0	0	0	0	0	0	0	0	0	0	0	0	0	0	0	0	0	0	0	0	0	0	0	
合計		1	1	1	1	2	1	7	0	4	1	2	0	3	3	1	2	3	1	2	2	1	1	0	0	27	13		40

1826−1835		1月		2月		3月		4月		5月		6月		7月		8月		9月		10月		11月		12月		計		合計	
		男	女	男	女	男	女	男	女	男	女	男	女	男	女	男	女	男	女	男	女	男	女	男	女	男	女		
1826 文政 9	成人				1									2								1				3	1	4	
	子供										1											1				1	1	2	
	孩・水																									0	0	0	6
1827 文政10 6月閏	成人							1		1																2	0	2	
	子供																									0	0	0	
	孩・水			1																						1	0	1	3
1828 文政11	成人							2										1	1		1					3	2	5	
	子供															1										1	0	1	
	孩・水																									0	0	0	6
1829 文政12	成人			1			1	1																		2	1	3	
	子供		1						1						1						1					0	4	4	
	孩・水																									0	0	0	7
1830 天保 1 3月閏	成人																									0	0	0	
	子供						2													1		1	1			2	3	5	
	孩・水																									0	0	0	5
1831 天保 2	成人																									0	0	0	
	子供							1						1												2	0	2	
	孩・水																									0	0	0	2
1832 天保 3 11月閏	成人			1															1			1				2	1	3	
	子供	1																				1				2	0	2	
	孩・水																									0	0	0	5
1833 天保 4	成人			1																						1	0	1	
	子供			1				1																		2	0	2	
	孩・水																									0	0	0	3
1834 天保 5	成人										1						1									0	2	2	
	子供		1	2				1	1	1	2	1	1													5	5	10	
	孩・水																									0	0	0	12
1835 天保 6 7月閏	成人				1								1											1		1	2	3	
	子供	1																								1	0	1	
	孩・水																									0	0	0	4
計	成人	0	0	3	2	0	1	4	0	1	1	0	1	2	0	0	1	1	2	0	1	2	0	1	0	14	9	23	
	子供	2	2	3	0	0	2	3	2	1	3	1	1	1	1	1	0	0	0	1	1	3	1	0	0	16	13	29	
	孩・水	0	0	1	0	0	0	0	0	0	0	0	0	0	0	0	0	0	0	0	0	0	0	0	0	1	0	1	
合計		2	2	7	2	0	3	7	2	2	4	1	2	3	1	1	1	1	2	1	2	5	1	1	0	31	22		53

1836−1845		1月		2月		3月		4月		5月		6月		7月		8月		9月		10月		11月		12月		計		合計	
		男	女	男	女	男	女	男	女	男	女	男	女	男	女	男	女	男	女	男	女	男	女	男	女	男	女		
1836 天保 7	成人			1															1				1			1	2	3	
	子供																									0	0	0	
	孩・水																									0	0	0	3
1837 天保 8	成人		1				1			1			1		1											1	4	5	
	子供			1	1																					1	1	2	
	孩・水																									0	0	0	7
1838 天保 9	成人						1			1	1													1		2	2	4	
4月閏	子供						1																			0	1	1	
	孩・水																									0	0	0	5
1839 天保10	成人													1	1	1			2							2	3	5	
	子供		2																		2				2	0	6	6	
	孩・水																									0	0	0	11
1840 天保11	成人														1							3				3	1	4	
	子供														1											0	1	1	
	孩・水																									0	0	0	5
1841 天保12	成人	1																				1				2	0	2	
1月閏	子供							1										4		6			1		2	11	3	14	
	孩・水																									0	0	0	16
1842 天保13	成人																	1			1		1			1	2	3	
	子供		1																							0	1	1	
	孩・水																									0	0	0	4
1843 天保14	成人											2											1			2	1	3	
9月閏	子供																									0	0	0	
	孩・水																									0	0	0	3
1844 弘化 1	成人		1		1						2											1	1			1	5	6	
	子供	1													1	1										2	1	3	
	孩・水																									0	0	0	9
1845 弘化 2	成人	1				1								1								1			1	4	1	5	
	子供							1						1		2										4	0	4	
	孩・水																									0	0	0	9
計	成人	2	2	1	1	1	2	0	0	2	3	2	1	2	3	1	0	1	3	0	1	6	4	1	1	19	21	40	
	子供	1	3	1	1	0	1	2	0	0	0	0	0	1	2	3	0	4	0	6	2	0	1	0	4	18	14	32	
	孩・水	0	0	0	0	0	0	0	0	0	0	0	0	0	0	0	0	0	0	0	0	0	0	0	0	0	0	0	
合計		3	5	2	2	1	3	2	0	2	3	2	1	3	5	4	0	5	3	6	3	6	5	1	5	37	35		72

1846−1855		1月		2月		3月		4月		5月		6月		7月		8月		9月		10月		11月		12月		計		合計	
		男	女	男	女	男	女	男	女	男	女	男	女	男	女	男	女	男	女	男	女	男	女	男	女	男	女		
1846 弘化 3	成人				1		1											2				1				3	2	5	
5月閏	子供					1												1		1						3	0	3	
	孩・水																									0	0	0	8
1847 弘化 4	成人	1									1															1	1	2	
	子供	1																								1	0	1	
	孩・水																									0	0	0	3
1848 嘉永 1	成人								1		1												1			0	3	3	
	子供			1						1	1															2	1	3	
	孩・水																									0	0	0	6
1849 嘉永 2	成人					1		1												1						3	0	3	
4月閏	子供								1		1															0	2	2	
	孩・水																									0	0	0	5
1850 嘉永 3	成人																			1			1	1		2	1	3	
	子供														1	1										1	1	2	
	孩・水																									0	0	0	5
1851 嘉永 4	成人													1					1					1		2	1	3	
	子供		1	1			1																			1	2	3	
	孩・水																									0	0	0	6
1852 嘉永 5	成人		1						1																	0	2	2	
2月閏	子供				1														1				1			0	3	3	
	孩・水																									0	0	0	5
1853 嘉永 6	成人					1				2								1		1		2				7	0	7	
	子供	1						1			1	2	4		1					1						5	6	11	
	孩・水																									0	0	0	18
1854 安政 1	成人	1							1													1				2	1	3	
7月閏	子供																						1			0	1	1	
	孩・水																									0	0	0	4
1855 安政 2	成人	1			1												1	1								2	2	4	
	子供							1																		1	0	1	
	孩・水											1										1				2	0	2	7
計	成人	3	1	0	2	2	1	1	3	2	2	0	0	1	0	0	1	4	1	3	0	4	2	2	0	22	13	35	
	子供	2	1	2	1	1	1	2	1	1	3	2	4	0	2	1	0	1	1	2	0	0	2	0	0	14	16	30	
	孩・水	0	0	0	0	0	0	0	0	0	0	1	0	0	0	0	0	0	0	0	0	1	0	0	0	2	0	2	
合計		5	2	2	3	3	2	3	4	3	5	3	4	1	2	1	1	5	2	5	0	5	4	2	0	38	29		67

1856−1865		1月		2月		3月		4月		5月		6月		7月		8月		9月		10月		11月		12月		計		合計	
		男	女	男	女	男	女	男	女	男	女	男	女	男	女	男	女	男	女	男	女	男	女	男	女	男	女		
1856 安政 3	成人								1										1		1			2		2	3	5	
	子供																									0	0	0	
	孩・水															1								1		2	0	2	7
1857 安政 4	成人		1		1				1																	0	3	3	
5月閏	子供						1															1		1		2	1	3	
	孩・水																									0	0	0	6
1858 安政 5	成人	1			1							1				1	1						2			3	4	7	
	子供																									0	0	0	
	孩・水																									0	0	0	7
1859 安政 6	成人									1										1				1		3	0	3	
	子供						2									1										1	2	3	
	孩・水																									0	0	0	6
1860 万延 1	成人																									0	0	0	
3月閏	子供																							1		1	0	1	
	孩・水																									0	0	0	1
1861 文久 1	成人	1			1		1							1												2	2	4	
	子供																									0	0	0	
	孩・水																									0	0	0	4
1862 文久 2	成人	1			1										1			1			1					2	3	5	
8月閏	子供																1	1	2						1	1	4	5	
	孩・水																									0	0	0	10
1863 文久 3	成人												1				1							2		2	2	4	
	子供																				1					0	1	1	
	孩・水																									0	0	0	5
1864 元治 1	成人												1													0	1	1	
	子供					1	1				1															1	2	3	
	孩・水																									0	0	0	4
1865 慶応 1	成人				1								1							1						1	2	3	
5月閏	子供									2	2						1									2	3	5	
	孩・水																									0	0	0	8
計	成人	3	1	0	5	0	1	0	2	1	0	1	3	1	1	1	2	1	1	2	2	0	2	5	0	15	20	35	
	子供	0	0	0	0	1	4	0	0	2	3	0	0	0	0	1	2	1	2	0	1	1	0	2	1	8	13	21	
	孩・水	0	0	0	0	0	0	0	0	0	0	0	0	0	0	1	0	0	0	0	0	0	0	1	0	2	0	2	
合計		3	1	0	5	1	5	0	2	3	3	1	3	1	1	3	4	2	3	2	3	1	2	8	1	25	33		58

1866−1875		1月		2月		3月		4月		5月		6月		7月		8月		9月		10月		11月		12月		計		合計	
		男	女	男	女	男	女	男	女	男	女	男	女	男	女	男	女	男	女	男	女	男	女	男	女	男	女		
1866 慶応 2	成人					1	1																			1	1	2	
	子供		1																	1			1			1	2	3	
	孩・水																									0	0	0	5
1867 慶応 3	成人			1														1								2	0	2	
	子供																									0	0	0	
	孩・水																									0	0	0	2
1868 明治 1	成人													1												1	0	1	
4月閏	子供													1												1	0	1	
	孩・水																									0	0	0	2
1869 明治 2	成人							1			1	1										1			1	3	2	5	
	子供					1		1																		2	0	2	
	孩・水																									0	0	0	7
1870 明治 3	成人													2				1								3	0	3	
10月閏	子供			1	1	2															1				1	3	3	6	
	孩・水																									0	0	0	9
1871 明治 4	成人				1					1							2						2			1	5	6	
	子供													1				1						1		3	0	3	
	孩・水																									0	0	0	9
1872 明治 5	成人				1																					0	1	1	
	子供			1						1																2	0	2	
	孩・水																									0	0	0	3
1873 明治 6	成人	1				1				1																3	0	3	
	子供																				1	1			1	1	2	3	
	孩・水																									0	0	0	6
1874 明治 7	成人												1										1			0	2	2	
	子供							1																1	1	2	1	3	
	孩・水																									0	0	0	5
1875 明治 8	成人																									0	0	0	
	子供	1								1		1												2		5	0	5	
	孩・水																									0	0	0	5
計	成人	1	0	1	2	2	1	1	0	2	1	1	1	3	0	0	2	2	0	0	0	1	3	0	1	14	11	25	
	子供	1	1	2	1	3	0	2	0	2	0	1	0	2	0	0	0	1	0	1	2	1	1	4	3	20	8	28	
	孩・水	0	0	0	0	0	0	0	0	0	0	0	0	0	0	0	0	0	0	0	0	0	0	0	0	0	0	0	
合計		2	1	3	3	5	1	3	0	4	1	2	1	5	0	0	2	3	0	1	2	2	4	4	4	34	19		53

1876−1885		1月		2月		3月		4月		5月		6月		7月		8月		9月		10月		11月		12月		計		合計	
		男	女	男	女	男	女	男	女	男	女	男	女	男	女	男	女	男	女	男	女	男	女	男	女	男	女		
1876 明治 9	成人																									0	0	0	
	子供					1																				1	0	1	
	孩・水																									0	0	0	1
1877 明治10	成人		1		1														1				1	1	1	1	5	6	
	子供												1								1				1	0	3	3	
	孩・水																									0	0	0	9
1878 明治11	成人			3		1				1										1						6	0	6	
	子供																1						1			0	2	2	
	孩・水															1										1	0	1	9
1879 明治12	成人			1						1		1		1		1			1			2		1	1	8	2	10	
	子供					1							1			1							1			2	2	4	
	孩・水																					1				1	0	1	15
1880 明治13	成人															1				1						2	0	2	
	子供	1																1	1		1					2	2	4	
	孩・水																									0	0	0	6
1881 明治14	成人												1	1		1	2	2				1				5	3	8	
	子供	1								1									1	1						3	1	4	
	孩・水																									0	0	0	12
1882 明治15	成人						1		1		1			1					1							1	4	5	
	子供																									0	0	0	
	孩・水																									0	0	0	5
1883 明治16	成人																			1						1	0	1	
	子供		1		1																					0	2	2	
	孩・水																									0	0	0	3
1884 明治17	成人	1		1									2	1		2										5	2	7	
	子供					1																				1	0	1	
	孩・水																									0	0	0	8
1885 明治18	成人		1										1				1									0	3	3	
	子供					1				1	1		1								1					2	3	5	
	孩・水																									0	0	0	8
計	成人	1	2	5	1	1	1	0	1	2	1	1	4	4	0	5	3	2	3	3	0	3	1	2	2	29	19	48	
	子供	2	1	0	1	4	0	0	0	2	1	0	3	0	0	1	1	1	2	1	3	0	2	0	1	11	15	26	
	孩・水	0	0	0	0	0	0	0	0	0	0	0	0	0	0	1	0	0	0	0	0	1	0	0	0	2	0	2	
合計		3	3	5	2	5	1	0	1	4	2	1	7	4	0	7	4	3	5	4	3	4	3	2	3	42	34		76

1886−1895		1月		2月		3月		4月		5月		6月		7月		8月		9月		10月		11月		12月		計		合計	
		男	女	男	女	男	女	男	女	男	女	男	女	男	女	男	女	男	女	男	女	男	女	男	女	男	女		
1886 明治19	成人		1				1								1	1	1									1	4	5	
	子供						1								1										1	0	3	3	
	孩・水																									0	0	0	8
1887 明治20	成人									1		1								1						3	0	3	
	子供		1												1											0	2	2	
	孩・水							1																		1	0	1	6
1888 明治21	成人	1		1			1		1		1	2												1		5	3	8	
	子供																									0	0	0	
	孩・水											1								1						2	0	2	10
1889 明治22	成人						1			1													1			1	2	3	
	子供	1				1										1										3	0	3	
	孩・水																						1			0	1	1	7
1890 明治23	成人	1	1		1																				1	1	3	4	
	子供			1								1						1		1		1	1		2	5	3	8	
	孩・水																			1						1	0	1	13
1891 明治24	成人	1							1						1	1								2		4	2	6	
	子供	1							1																	1	1	2	
	孩・水																									0	0	0	8
1892 明治25	成人						1	1		1						1										3	1	4	
	子供											1				1			1			1			1	3	2	5	
	孩・水																									0	0	0	9
1893 明治26	成人																					1				1	0	1	
	子供																							1		1	0	1	
	孩・水																									0	0	0	2
1894 明治27	成人																									0	0	0	
	子供			1															1					1		2	1	3	
	孩・水																									0	0	0	3
1895 明治28	成人					1													1							1	1	2	
	子供																									0	0	0	
	孩・水																									0	0	0	2
計	成人	3	2	1	1	1	4	1	2	3	1	3	0	0	2	3	1	0	1	1	0	1	1	3	1	20	16	36	
	子供	2	1	2	0	1	1	0	1	0	0	2	0	0	2	2	0	1	2	1	0	2	1	2	4	15	12	27	
	孩・水	0	0	0	0	0	0	1	0	0	0	1	0	0	0	0	0	0	0	2	0	0	1	0	0	4	1	5	
合計		5	3	3	1	2	5	2	3	3	1	6	0	0	4	5	1	1	3	4	0	3	3	5	5	39	29		68

1896−1905		1月		2月		3月		4月		5月		6月		7月		8月		9月		10月		11月		12月		計		合計	
		男	女	男	女	男	女	男	女	男	女	男	女	男	女	男	女	男	女	男	女	男	女	男	女	男	女		
1896 明治29	成人													1						1						2	0	2	
	子供			1							1		1													1	2	3	
	孩・水													1									1			1	1	2	7
1897 明治30	成人										1													1		1	1	2	
	子供												1													0	1	1	
	孩・水					1																				1	0	1	4
1898 明治31	成人	1							1					1			1									2	2	4	
	子供													1												1	0	1	
	孩・水				1				1													1		1		2	2	4	9
1899 明治32	成人																									0	0	0	
	子供																									0	0	0	
	孩・水				1	1							1										1		1	1	4	5	5
1900 明治33	成人		1	1			1																1			1	3	4	
	子供				1																					0	1	1	
	孩・水																									0	0	0	5
1901 明治34	成人			1		1										1						1			1	4	1	5	
	子供					1																				1	0	1	
	孩・水				1			1										2								3	1	4	10
1902 明治35	成人								1															1		1	1	2	
	子供	1																					1			1	1	2	
	孩・水					1																				1	0	1	5
1903 明治36	成人	1	1																		1					1	2	3	
	子供									1	1															1	1	2	
	孩・水		1																							0	1	1	6
1904 明治37	成人		1													2					1					2	2	4	
	子供											1													1	1	1	2	
	孩・水																									0	0	0	6
1905 明治38	成人			1							1		1		1							1				2	3	5	
	子供		1								1															0	2	2	
	孩・水					1																				1	0	1	8
計	成人	2	3	3	0	1	1	0	2	0	2	0	1	2	1	3	1	0	0	1	2	2	1	2	1	16	15	31	
	子供	1	1	1	1	1	0	0	0	1	3	1	2	1	0	0	0	0	0	0	0	0	1	0	1	6	9	15	
	孩・水	0	1	0	3	4	0	1	1	0	0	0	1	1	0	0	0	2	0	0	0	1	2	1	1	10	9	19	
合計		3	5	4	4	6	1	1	3	1	5	1	4	4	1	3	1	2	0	1	2	3	4	3	3	32	33		65

1906−1915		1月		2月		3月		4月		5月		6月		7月		8月		9月		10月		11月		12月		計		合計	
		男	女	男	女	男	女	男	女	男	女	男	女	男	女	男	女	男	女	男	女	男	女	男	女	男	女		
1906 明治39	成人				1						1															0	2	2	
	子供							1								1										2	0	2	
	孩・水																1								1	0	2	2	6
1907 明治40	成人										1		1	1						1						2	2	4	
	子供																		1							0	1	1	
	孩・水													1	1											1	1	2	7
1908 明治41	成人	1																1				1				3	0	3	
	子供					1											1									1	1	2	
	孩・水																									0	0	0	5
1909 明治42	成人						1	1				1						1								3	1	4	
	子供				1																					0	1	1	
	孩・水								1																	0	1	1	6
1910 明治43	成人	1	1				1			2							1						1		1	3	5	8	
	子供											1		1												2	0	2	
	孩・水				1									1												1	1	2	12
1911 明治44	成人	1								1																2	0	2	
	子供																									0	0	0	
	孩・水																									0	0	0	2
1912 大正 1	成人										1				1											0	2	2	
	子供								1		1				1		1									0	4	4	
	孩・水																					1		1		2	0	2	8
1913 大正 2	成人		1					2							1				1							2	3	5	
	子供																									0	0	0	
	孩・水			1	1																					1	1	2	7
1914 大正 3	成人								1		1		1													0	3	3	
	子供																									0	0	0	
	孩・水				1	1						1		1												3	1	4	7
1915 大正 4	成人					2			2	1	1				1			1	1	1						5	5	10	
	子供		1						1																	0	2	2	
	孩・水							1		1																2	0	2	14
計	成人	3	2	0	1	2	2	3	3	4	5	1	2	1	3	0	1	3	2	2	0	1	1	0	1	20	23	43	
	子供	0	1	0	1	1	0	1	2	0	1	1	0	1	1	1	2	0	1	0	0	0	0	0	0	5	9	14	
	孩・水	0	0	1	3	1	0	1	1	1	0	1	0	3	1	0	1	0	0	0	0	1	0	1	1	10	7	17	
合計		3	3	1	5	4	2	5	6	5	6	3	2	5	5	1	4	3	3	2	0	2	1	1	2	35	39		74

1916−1925		1月		2月		3月		4月		5月		6月		7月		8月		9月		10月		11月		12月		計		合計	
		男	女	男	女	男	女	男	女	男	女	男	女	男	女	男	女	男	女	男	女	男	女	男	女	男	女		
1916 大正 5	成人		1												1							1			1	1	3	4	
	子供						2	1									1				1					1	4	5	
	孩・水									1																1	0	1	10
1917 大正 6	成人	1							1			1	1		1											2	3	5	
	子供																	2	1			1				3	1	4	
	孩・水																									0	0	0	9
1918 大正 7	成人							1		1			1							1					1	3	2	5	
	子供	1										1	1								1		1			2	3	5	
	孩・水																									0	0	0	10
1919 大正 8	成人			3	2					1			1											1		5	3	8	
	子供				1																					0	1	1	
	孩・水		1		1									1												1	2	3	12
1920 大正 9	成人	1	2	1		1										1				1						5	2	7	
	子供													1												1	0	1	
	孩・水	1							1			1		1								1				4	1	5	13
1921 大正10	成人			2		1									1	1				1						5	1	6	
	子供					1	1			1																2	1	3	
	孩・水	2			1															1						3	1	4	13
1922 大正11	成人	1		1		1											1									3	1	4	
	子供																									0	0	0	
	孩・水				2								1	1												1	3	4	8
1923 大正12	成人	1	1												1					1						2	2	4	
	子供																									0	0	0	
	孩・水					1				1																2	0	2	6
1924 大正13	成人							1					1				1	1								2	2	4	
	子供																									0	0	0	
	孩・水															1										1	0	1	5
1925 大正14	成人									1									1	1						2	1	3	
	子供																		1							0	1	1	
	孩・水																									0	0	0	4
計	成人	4	4	7	2	3	0	2	1	3	0	1	4	0	4	2	2	1	1	5	0	1	0	1	2	30	20	50	
	子供	1	0	0	1	1	3	1	0	1	0	1	1	1	0	0	1	2	2	0	2	1	1	0	0	9	11	20	
	孩・水	3	1	0	4	1	0	0	1	2	0	1	1	3	0	1	0	0	0	1	0	1	0	0	0	13	7	20	
合計		8	5	7	7	5	3	3	2	6	0	3	6	4	4	3	3	3	3	6	2	3	1	1	2	52	38		90

1926−1935		1月		2月		3月		4月		5月		6月		7月		8月		9月		10月		11月		12月		計		合計	
		男	女	男	女	男	女	男	女	男	女	男	女	男	女	男	女	男	女	男	女	男	女	男	女	男	女		
1926 昭和 1	成人										1										1					0	2	2	
	子供																1							1		1	1	2	
	孩・水	1						1																		2	0	2	6
1927 昭和 2	成人								1										1						1	0	3	3	
	子供																									0	0	0	
	孩・水											1														1	0	1	4
1928 昭和 3	成人										1	1	1											1	1	2	3	5	
	子供																									0	0	0	
	孩・水											1						1		1						3	0	3	8
1929 昭和 4	成人		1																	1						1	1	2	
	子供											1														1	0	1	
	孩・水																									0	0	0	3
1930 昭和 5	成人			1								1		1		1									1	4	1	5	
	子供																									0	0	0	
	孩・水																			1						1	0	1	6
1931 昭和 6	成人	1	1			1				2						1										5	1	6	
	子供																									0	0	0	
	孩・水																									0	0	0	6
1932 昭和 7	成人			1															2							1	2	3	
	子供														1											0	1	1	
	孩・水																1			1						1	1	2	6
1933 昭和 8	成人					1														1			1			2	1	3	
	子供																						1			0	1	1	
	孩・水		1																							0	1	1	5
1934 昭和 9	成人							2		1					1			1								4	1	5	
	子供																									0	0	0	
	孩・水										1														1	0	2	2	7
1935 昭和10	成人		2			1								1	1				1				1			2	5	7	
	子供																									0	0	0	
	孩・水																									0	0	0	7
計	成人	1	4	2	0	3	0	2	1	3	2	2	1	2	2	2	0	1	4	2	1	0	2	1	3	21	20	41	
	子供	0	0	0	0	0	0	0	0	0	0	1	0	0	1	0	1	0	0	0	0	0	1	1	0	2	3	5	
	孩・水	1	1	0	0	0	0	1	0	0	1	2	0	0	0	0	1	1	0	3	0	0	0	0	1	8	4	12	
合計		2	5	2	0	3	0	3	1	3	3	5	1	2	3	2	2	2	4	5	1	0	3	2	4	31	27		58

1936−1945		1月		2月		3月		4月		5月		6月		7月		8月		9月		10月		11月		12月		計		合計		
		男	女	男	女	男	女	男	女	男	女	男	女	男	女	男	女	男	女	男	女	男	女	男	女	男	女			
1936 昭和11	成人										1		1								1					0	3	3		
	子供					1								1												2	0	2		
	孩・水																			1						1	0	1	6	
1937 昭和12	成人						1												1	1				1		2	2	4		①
	子供																									0	0	0		
	孩・水								1																	0	1	1	5	
1938 昭和13	成人							1	1									1	2		1					2	4	6		
	子供																						1			0	1	1		
	孩・水																									0	0	0	7	
1939 昭和14	成人								1					1			1									1	2	3		
	子供																1									0	1	1		
	孩・水																									0	0	0	4	
1940 昭和15	成人						1		1									2					1			2	3	5		
	子供																									0	0	0		
	孩・水																									0	0	0	5	
1941 昭和16	成人		1		1	1															1	2	1			3	4	7		
	子供																									0	0	0		
	孩・水																					1			1	1	1	2	9	
1942 昭和17	成人						1	1	1							1										2	2	4		①
	子供	1									1													1		2	1	3		
	孩・水																									0	0	0	7	
1943 昭和18	成人						1	1		1								1						1		4	1	5		
	子供											1														1	0	1		
	孩・水					1																				1	0	1	7	
1944 昭和19	成人		1													1	1					1			1	2	3	5		①
	子供																1								1	0	2	2		
	孩・水																									0	0	0	7	
1945 昭和20	成人		2				1																			0	3	3		③
	子供															1										1	0	1		
	孩・水																									0	0	0	4	
計	成人	0	4	0	1	1	5	3	4	1	1	0	1	1	0	2	2	4	3	1	3	3	2	2	1	18	27	45		
	子供	1	0	0	0	1	0	0	0	0	1	1	0	1	0	1	2	0	0	0	0	0	1	1	1	6	5	11		
	孩・水	0	0	0	0	1	0	0	1	0	0	0	0	0	0	0	0	0	0	1	0	1	0	0	1	3	2	5		
合計		1	4	0	1	3	5	3	5	1	2	1	1	2	0	3	4	4	3	2	3	4	3	3	3	27	34		61	⑥

※戦死者⑥名（1937年12月男①、1942年8月男①、1944年7月男①、1945年3月男②同4月男①）

1946−1955		1月		2月		3月		4月		5月		6月		7月		8月		9月		10月		11月		12月		計		合計		
		男	女	男	女	男	女	男	女	男	女	男	女	男	女	男	女	男	女	男	女	男	女	男	女	男	女			
1946 昭和21	成人		1													1	1			1						2	2	4		
	子供					1																				1	0	1		
	孩・水																									0	0	0	5	
1947 昭和22	成人		1							1			1			1		1						1		4	2	6		③
	子供			2																						2	0	2		
	孩・水																									0	0	0	8	
1948 昭和23	成人						1				1	2			1							3			1	5	4	9		
	子供																									0	0	0		
	孩・水																									0	0	0	9	
1949 昭和24	成人		1								1	1													1	1	3	4		
	子供																									0	0	0		
	孩・水																									0	0	0	4	
1950 昭和25	成人																		1			1				1	1	2		
	子供																									0	0	0		
	孩・水																									0	0	0	2	
1951 昭和26	成人									1																1	0	1		
	子供																									0	0	0		
	孩・水																									0	0	0	1	
1952 昭和27	成人													1												1	0	1		
	子供																									0	0	0		
	孩・水																									0	0	0	1	
1953 昭和28	成人			1			1							1	1		1									2	3	5		
	子供																									0	0	0		
	孩・水																									0	0	0	5	
1954 昭和29	成人													1												1	0	1		
	子供			1																						1	0	1		
	孩・水																									0	0	0	2	
1955 昭和30	成人			1												1					1	1	1	1		4	2	6		
	子供																									0	0	0		
	孩・水				1																					0	1	1	7	
計	成人	0	3	2	0	0	2	0	0	2	2	3	1	3	2	3	2	1	1	1	1	5	1	2	2	22	17	39		
	子供	0	0	3	0	1	0	0	0	0	0	0	0	0	0	0	0	0	0	0	0	0	0	0	0	4	0	4		
	孩・水	0	0	0	1	0	0	0	0	0	0	0	0	0	0	0	0	0	0	0	0	0	0	0	0	0	1	1		
合計		0	3	5	1	1	2	0	0	2	2	3	1	3	2	3	2	1	1	1	1	5	1	2	2	26	18		44	③

※戦死者③名（1947年4月成人男2、同12月成人男1）

1956−1965		1月		2月		3月		4月		5月		6月		7月		8月		9月		10月		11月		12月		計		合計	
		男	女	男	女	男	女	男	女	男	女	男	女	男	女	男	女	男	女	男	女	男	女	男	女	男	女		
1956 昭和31	成人													1			1				1					1	2	3	
	子供																									0	0	0	
	孩・水					1																				1	0	1	4
1957 昭和32	成人			1				1																	1	2	1	3	
	子供																									0	0	0	
	孩・水																				1					0	1	1	4
1958 昭和33	成人				1										1				1	1						1	3	4	
	子供																									0	0	0	
	孩・水																									0	0	0	4
1959 昭和34	成人						1																			0	1	1	
	子供																									0	0	0	
	孩・水																									0	0	0	1
1960 昭和35	成人		1			1			1																1	1	3	4	
	子供																									0	0	0	
	孩・水																									0	0	0	4
1961 昭和36	成人					1								1				1						1		4	0	4	
	子供																									0	0	0	
	孩・水																									0	0	0	4
1962 昭和37	成人									1		1														2	0	2	
	子供																									0	0	0	
	孩・水																									0	0	0	2
1963 昭和38	成人						1			1												1				2	1	3	
	子供																									0	0	0	
	孩・水																									0	0	0	3
1964 昭和39	成人						1					1											1			1	2	3	
	子供																									0	0	0	
	孩・水															1										1	0	1	4
1965 昭和40	成人								1																	0	1	1	
	子供																									0	0	0	
	孩・水																									0	0	0	1
計	成人	0	1	1	1	2	3	1	2	2	0	2	0	2	1	0	1	1	1	1	1	1	1	1	2	14	14	28	
	子供	0	0	0	0	0	0	0	0	0	0	0	0	0	0	0	0	0	0	0	0	0	0	0	0	0	0	0	
	孩・水	0	0	0	0	1	0	0	0	0	0	0	0	0	0	1	0	0	0	0	1	0	0	0	0	2	1	3	
合計		0	1	1	1	3	3	1	2	2	0	2	0	2	1	1	1	1	1	1	2	1	1	1	2	16	15		31

1966−1975		1月		2月		3月		4月		5月		6月		7月		8月		9月		10月		11月		12月		計		合計	
		男	女	男	女	男	女	男	女	男	女	男	女	男	女	男	女	男	女	男	女	男	女	男	女	男	女		
1966 昭和41	成人																1							1		1	1	2	
	子供																									0	0	0	
	孩・水																									0	0	0	2
1967 昭和42	成人																									0	0	0	
	子供					1																			1	1	1	2	
	孩・水																									0	0	0	2
1968 昭和43	成人		2								1												1			0	4	4	
	子供														1											0	1	1	
	孩・水																									0	0	0	5
1969 昭和44	成人	1		1								1				1				1					1	5	1	6	
	子供																									0	0	0	
	孩・水																									0	0	0	6
1970 昭和45	成人					1				1		1											1		1	3	2	5	
	子供																									0	0	0	
	孩・水																									0	0	0	5
1971 昭和46	成人											1			1										1	1	2	3	
	子供																									0	0	0	
	孩・水																							1		1	0	1	4
1972 昭和47	成人													1									1			1	1	2	
	子供																									0	0	0	
	孩・水																									0	0	0	2
1973 昭和48	成人	1		1																				1		3	0	3	
	子供																									0	0	0	
	孩・水																									0	0	0	3
1974 昭和49	成人																				1					0	1	1	
	子供																									0	0	0	
	孩・水																									0	0	0	1
1975 昭和50	成人			2		1											1	1						1		5	1	6	
	子供									1														1		2	0	2	
	孩・水																									0	0	0	8
計	成人	2	2	4	0	2	0	0	0	1	1	3	0	1	1	1	2	1	0	1	1	0	3	3	3	19	13	32	
	子供	0	0	0	0	1	0	0	0	1	0	0	0	0	1	0	0	0	0	0	0	0	0	1	1	3	2	5	
	孩・水	0	0	0	0	0	0	0	0	0	0	0	0	0	0	0	0	0	0	0	0	0	0	1	0	1	0	1	
合計		2	2	4	0	3	0	0	0	2	1	3	0	1	2	1	2	1	0	1	1	0	3	5	4	23	15		38

8. 南桜　年度別、月別、男女別、成人子供別死亡者数一覧表(1796-1975)

1796-1805		1月		2月		3月		4月		5月		6月		7月		8月		9月		10月		11月		12月		計		合計		
		男	女	男	女	男	女	男	女	男	女	男	女	男	女	男	女	男	女	男	女	男	女	男	女	男	女			
1796 寛政 8	成人												1		1	1			1		1					1	4	5		
	子供				1	2		1						1										1	1	5	2	7		
	孩・水																									0	0	0	12	1
1797 寛政 9	成人					1	1									1		1			1		1	1		4	3	7		
7月閏	子供	1													1							1				2	1	3		
	孩・水	1				1																				2	0	2	12	
1798 寛政10	成人			1					1					1			1					1				3	2	5		
	子供											1														1	0	1		
	孩・水																					1				1	0	1	7	
1799 寛政11	成人								1		1				1		1							1		1	4	5		
	子供																	1		1						2	0	2		
	孩・水																									0	0	0	7	
1800 寛政12	成人															1	1			1			1	1		3	2	5		
4月閏	子供																									0	0	0		
	孩・水															1		4						2		7	0	7	12	
1801 享和 1	成人		1	1				1																		2	1	3		
	子供																									0	0	0		
	孩・水																									0	0	0	3	
1802 享和 2	成人					1	1	1	1							1			1	1						4	3	7		
	子供	1		2		1								1			1	1		2		2				10	1	11		
	孩・水																									0	0	0	18	
1803 享和 3	成人																1			1						1	1	2		
1月閏	子供			1			1			1												1				3	1	4		
	孩・水																									0	0	0	6	
1804 文化 1	成人					2								1			1								1	3	2	5		
	子供																	1								1	0	1		
	孩・水																									0	0	0	6	
1805 文化 2	成人				1			1														2		1		4	1	5		
8月閏	子供																									0	0	0		
	孩・水																									0	0	0	5	
計	成人	0	1	2	1	4	2	3	3	0	1	0	1	2	2	4	5	1	2	3	2	3	2	4	1	26	23	49		
	子供	2	0	3	1	3	1	1	0	1	0	1	0	2	1	0	1	3	0	3	0	4	0	1	1	24	5	29		
	孩・水	1	0	0	0	1	0	0	0	0	0	0	0	0	0	1	0	4	0	0	0	1	0	2	0	10	0	10		
合計		3	1	5	2	8	3	4	3	1	1	1	1	4	3	5	6	8	2	6	2	8	2	7	2	60	28		88	1

※月、性不明の水1名(1796年)

1806−1815		1月		2月		3月		4月		5月		6月		7月		8月		9月		10月		11月		12月		計		合計	
		男	女	男	女	男	女	男	女	男	女	男	女	男	女	男	女	男	女	男	女	男	女	男	女	男	女		
1806 文化 3	成人			1					1										1			1		1		3	2	5	
	子供											1			1											1	1	2	
	孩・水																									0	0	0	7
1807 文化 4	成人							1									1						1			1	2	3	
	子供																			1						1	0	1	
	孩・水																									0	0	0	4
1808 文化 5	成人	1				1								1	1						1	1	1			4	3	7	
6月閏	子供		1			1			1			1				1			1							3	3	6	
	孩・水																									0	0	0	13
1809 文化 6	成人	2		3			1									1		1	1	1	1			1		9	3	12	
	子供	1	2			4		1							1		1									6	4	10	
	孩・水																									0	0	0	22
1810 文化 7	成人			1			1								1				4		1		1			1	8	9	
	子供						1												1							0	2	2	
	孩・水																									0	0	0	11
1811 文化 8	成人		1		1	1								1				1					1	1	1	4	4	8	
2月閏	子供							1								1										2	0	2	
	孩・水																							1		1	0	1	11
1812 文化 9	成人														1							2				2	1	3	
	子供																								1	0	1	1	
	孩・水																									0	0	0	4
1813 文化10	成人				1												2	1				1				2	3	5	
11月閏	子供			1															1			1				2	1	3	
	孩・水																									0	0	0	8
1814 文化11	成人	1		1							1			1		1	1					1			1	5	3	8	
	子供																									0	0	0	
	孩・水																									0	0	0	8
1815 文化12	成人			1				1		1		1					1					2		1	1	7	2	9	
	子供													2								1				3	0	3	
	孩・水																									0	0	0	12
計	成人	4	1	7	2	2	2	2	1	1	1	1	0	3	3	2	5	3	6	1	3	8	4	4	3	38	31	69	
	子供	1	3	1	0	5	1	2	1	0	0	2	0	2	2	2	1	0	3	1	0	2	0	0	1	18	12	30	
	孩・水	0	0	0	0	0	0	0	0	0	0	0	0	0	0	0	0	0	0	0	0	0	0	1	0	1	0	1	
合計		5	4	8	2	7	3	4	2	1	1	3	0	5	5	4	6	3	9	2	3	10	4	5	4	57	43		100

1816−1825		1月		2月		3月		4月		5月		6月		7月		8月		9月		10月		11月		12月		計		合計	
		男	女	男	女	男	女	男	女	男	女	男	女	男	女	男	女	男	女	男	女	男	女	男	女	男	女		
1816 文化13	成人	1	1											1			1	1			1				1	3	4	7	
8月閏	子供											1						1								2	0	2	
	孩・水																		1					1		1	1	2	11
1817 文化14	成人	1	1												1			1				2	1		1	4	4	8	
	子供				2			1															1			1	3	4	
	孩・水																									0	0	0	12
1818 文政1	成人	1	1		2		1			1	1	1	2	1				1	2	1	1	1				7	10	17	
	子供	1	1		1	1	2		1							1		1								4	5	9	
	孩・水																					1				1	0	1	27
1819 文政2	成人		2												2		1	2	2		1					2	8	10	
4月閏	子供															3		1	3	1						5	3	8	
	孩・水																									0	0	0	18
1820 文政3	成人	1			1										1			3				1	1	1		6	3	9	
	子供		1													1							1			1	2	3	
	孩・水																									0	0	0	12
1821 文政4	成人	1		1	1	1	1	1	1	1				1	1	2	1		1			1		1		10	6	16	
	子供	1																	1			1				2	1	3	
	孩・水																									0	0	0	19
1822 文政5	成人		1		1		2		1							1		1								2	5	7	
1月閏	子供								1							2		1					1	1	1	4	3	7	
	孩・水																									0	0	0	14
1823 文政6	成人	1		1												1		1	1					1	1	5	2	7	
	子供					1		1					1					1							1	3	2	5	
	孩・水																									0	0	0	12
1824 文政7	成人			1									1	1			3		2	1	2			2	1	5	9	14	
8月閏	子供											1				3										4	0	4	
	孩・水																									0	0	0	18
1825 文政8	成人			1	1															3	1				1	4	3	7	
	子供	1					1																	1		2	1	3	
	孩・水																									0	0	0	10
計	成人	6	6	4	6	1	4	1	2	2	1	1	3	4	5	4	6	10	8	5	6	5	2	5	5	48	54	102	
	子供	3	2	0	3	2	3	2	2	0	0	2	1	0	0	10	0	5	4	1	0	1	3	2	2	28	20	48	
	孩・水	0	0	0	0	0	0	0	0	0	0	0	0	0	0	0	0	0	1	0	0	1	0	1	0	2	1	3	
合計		9	8	4	9	3	7	3	4	2	1	3	4	4	5	14	6	15	13	6	6	7	5	8	7	78	75		153

1826−1835		1月		2月		3月		4月		5月		6月		7月		8月		9月		10月		11月		12月		計		合計	
		男	女	男	女	男	女	男	女	男	女	男	女	男	女	男	女	男	女	男	女	男	女	男	女	男	女		
1826 文政9	成人			1	1										2		1		1			1				2	5	7	
	子供		2																					1		1	2	3	
	孩・水																									0	0	0	10
1827 文政10	成人	1	1			1					2	2			1			1		1			1			6	5	11	
6月閏	子供										1												1			0	2	2	
	孩・水		1	1													2									1	3	4	17
1828 文政11	成人		1				1	1						2	2											3	4	7	
	子供					1		1	1	3		1			1	2	4								1	8	7	15	
	孩・水													1												1	0	1	23
1829 文政12	成人		1		1	1											1		1	1						2	4	6	
	子供		1											1			1				2					1	4	5	
	孩・水																									0	0	0	11
1830 天保1	成人						1	1	2	1	2			2	1		1	1	3				1			5	11	16	
3月閏	子供				2							1					1					2				3	3	6	
	孩・水								1																	0	1	1	23
1831 天保2	成人	1											1	1					2			4	4	1	2	7	9	16	
	子供					1					1									1			1			2	2	4	
	孩・水							1																		1	0	1	21
1832 天保3	成人	1		1								2						1	1		1	3	2			8	4	12	
11月閏	子供	1	2		1	1																1	1		1	3	5	8	
	孩・水																				1					0	1	1	21
1833 天保4	成人					1	1			1		1		1	4			1		1		2		1		9	5	14	
	子供		2							1			1	1				1		1						4	3	7	
	孩・水																								1	0	1	1	22
1834 天保5	成人	2			2	5	2				2			1												8	6	14	
	子供			1	1	1	3	2	2	4		1				2									1	11	7	18	
	孩・水																									0	0	0	32
1835 天保6	成人								1				1		2			1						1		2	4	6	
7月閏	子供	1					1						1													1	2	3	
	孩・水																									0	0	0	9
計	成人	5	3	2	4	8	5	2	3	2	6	5	2	7	12	0	3	5	8	3	1	10	8	3	2	52	57	109	
	子供	2	7	1	4	4	4	3	3	8	2	3	2	2	1	4	6	1	0	2	2	3	3	1	3	34	37	71	
	孩・水	0	1	1	0	0	0	1	1	0	0	0	0	1	0	0	2	0	0	0	1	0	0	0	1	3	6	9	
合計		7	11	4	8	12	9	6	7	10	8	8	4	10	13	4	11	6	8	5	4	13	11	4	6	89	100		189

1836−1845		1月		2月		3月		4月		5月		6月		7月		8月		9月		10月		11月		12月		計		合計	
		男	女	男	女	男	女	男	女	男	女	男	女	男	女	男	女	男	女	男	女	男	女	男	女	男	女		
1836 天保 7	成人							1	1						2	1										2	3	5	
	子供						2								1				1							0	4	4	
	孩・水																									0	0	0	9
1837 天保 8	成人	1								1		1	1	2	1	1	1		3			1				7	6	13	
	子供			1	2						1			1	1			2	1							4	5	9	
	孩・水																									0	0	0	22
1838 天保 9 4月閏	成人					1			1				1	1	2											2	4	6	
	子供		1													1								1	1	2	2	4	
	孩・水																									0	0	0	10
1839 天保10	成人		1		1	4							1	1		1									2	6	5	11	
	子供													1			1	1						1		3	1	4	
	孩・水																									0	0	0	15
1840 天保11	成人													1				1	1		1			1		3	2	5	
	子供															1							1			1	1	2	
	孩・水																									0	0	0	7
1841 天保12 1月閏	成人				1		1								1	1	1	1						1		3	4	7	
	子供			1								1														2	0	2	
	孩・水													1				1								2	0	2	11
1842 天保13	成人		1		1			1				1		2		4	3	3	3		1	3	1			14	10	24	
	子供			1										1		1						2				5	0	5	
	孩・水			1																						1	0	1	30
1843 天保14 9月閏	成人	1		1		1	1		1				1			1	1	5			1		1			9	6	15	
	子供							1						1	1	1										3	1	4	
	孩・水																									0	0	0	19
1844 弘化 1	成人						1		1		1				1	1	2			1	1	2		1		5	7	12	
	子供			1							1	1							1	1						3	2	5	
	孩・水	1																1								2	0	2	19
1845 弘化 2	成人							1		1								2					1			4	1	5	
	子供						2		5	4	7	2												1		7	14	21	
	孩・水																									0	0	0	26
計	成人	2	2	1	3	6	3	3	4	2	1	2	4	7	7	10	8	12	7	1	4	6	3	3	2	55	48	103	
	子供	0	1	4	2	0	4	1	5	4	9	4	0	4	3	4	1	3	3	1	0	2	1	3	1	30	30	60	
	孩・水	1	0	1	0	0	0	0	0	0	0	0	0	1	0	0	0	2	0	0	0	0	0	0	0	5	0	5	
合計		3	3	6	5	6	7	4	9	6	10	6	4	12	10	14	9	17	10	2	4	8	4	6	3	90	78		168

1846−1855		1月		2月		3月		4月		5月		6月		7月		8月		9月		10月		11月		12月		計		合計	
		男	女	男	女	男	女	男	女	男	女	男	女	男	女	男	女	男	女	男	女	男	女	男	女	男	女		
1846 弘化 3 5月閏	成人	1				1					1	1	1			1	1				1			1		5	4	9	
	子供					2		1			1													1		4	1	5	
	孩・水									1																1	0	1	15
1847 弘化 4	成人							1				1				1			1			1				4	1	5	
	子供	1							1	2	1		1					2					1			5	4	9	
	孩・水																									0	0	0	14
1848 嘉永 1	成人		1		1					1	1				1	1						1		1		4	4	8	
	子供							1						1		1						1				4	0	4	
	孩・水			1																						1	0	1	13
1849 嘉永 2 4月閏	成人	1						1			1						2		2	2	2					4	7	11	
	子供			1						1				1		1		3			1		1			7	2	9	
	孩・水	1																								1	0	1	21
1850 嘉永 3	成人						1					1					1	1						1	1	3	3	6	
	子供		1																	1		2				3	1	4	
	孩・水																									0	0	0	10
1851 嘉永 4	成人		1										1						1							0	3	3	
	子供					1	1											2								3	1	4	
	孩・水																									0	0	0	7
1852 嘉永 5 2月閏	成人		1			2									1			1	2				1			3	5	8	
	子供										1												1		1	0	3	3	
	孩・水																									0	0	0	11
1853 嘉永 6	成人				1			1				1	1	1		2		1		1		1	1			8	3	11	
	子供											1									1					1	1	2	
	孩・水	1																		1						2	0	2	15
1854 安政 1 7月閏	成人							1						2						1			1			4	1	5	
	子供						1							1							1	1				2	2	4	
	孩・水																			1		1				2	0	2	11
1855 安政 2	成人			1	1		1		1					1	1		1		2							2	7	9	
	子供	1															1			1						2	1	3	
	孩・水																							1		1	0	1	13
計	成人	2	3	1	3	3	2	4	1	1	3	4	3	4	3	5	5	3	8	4	3	3	3	3	1	37	38	75	
	子供	2	1	1	0	3	2	2	1	3	3	1	1	3	0	2	1	7	0	2	3	4	3	1	1	31	16	47	
	孩・水	2	0	1	0	0	0	0	0	1	0	0	0	0	0	0	0	0	0	2	0	1	0	1	0	8	0	8	
合計		6	4	3	3	6	4	6	2	5	6	5	4	7	3	7	6	10	8	8	6	8	6	5	2	76	54		130

1856−1865		1月		2月		3月		4月		5月		6月		7月		8月		9月		10月		11月		12月		計		合計		
		男	女	男	女	男	女	男	女	男	女	男	女	男	女	男	女	男	女	男	女	男	女	男	女	男	女			
1856 安政 3	成人		1								1	1		1			1			1		2		1	2	6	5	11		
	子供		1	1		3	5		2						1											4	9	13		
	孩・水																									0	0	0	24	
1857 安政 4 5月閏	成人	1		2		1		1			2	1			1	1		1		1	1		2		1	9	7	16		
	子供		1						1	1							1									1	3	4		
	孩・水															2										2	0	2	22	
1858 安政 5	成人	1		1					1	1	1					3	1		1		2				2	6	8	14		
	子供									1	1														1	1	2	3		
	孩・水			1																						1	0	1	18	
1859 安政 6	成人											1						1	1	1		1		1	1	5	2	7		
	子供											1														1	0	1		
	孩・水																							1	1	1	1	2	10	
1860 万延 1 3月閏	成人					1	2								1			2								3	3	6		
	子供		1											3						1					1	4	2	6		
	孩・水			1															1							1	1	2	14	
1861 文久 1	成人	1	1	2							2		1							1						4	4	8		
	子供																									0	0	0		
	孩・水																									0	0	0	8	
1862 文久 2 8月閏	成人	1	1		2						1	1	2			3	2	1							1	6	9	15		
	子供			1							1	1		1		2	2		2							5	5	10		
	孩・水																									0	0	0	25	1
1863 文久 3	成人				1		1		1			1		1						1		1	1			4	4	8		
	子供	1			1			1															1	1	1	3	3	6		
	孩・水																									0	0	0	14	
1864 元治 1	成人												1		1	1	1						1		1	1	5	6		
	子供		1										1	1	3	2	1	5	2	2	3					10	11	21		
	孩・水																									0	0	0	27	1
1865 慶応 1 5月閏	成人					1					1							1				1				3	1	4		
	子供									1												1			1	2	1	3		
	孩・水		1													1							1			1	2	3	10	
計	成人	4	3	5	3	3	3	1	2	1	8	5	4	2	3	8	5	6	2	5	3	5	4	2	8	47	48	95		
	子供	1	4	2	1	3	5	1	3	3	2	2	1	5	4	4	4	5	4	3	3	1	1	1	4	31	36	67		
	孩・水	0	1	2	0	0	0	0	0	0	0	0	0	0	0	3	0	0	1	0	0	0	1	1	1	6	4	10		
合計		5	8	9	4	6	8	2	5	4	10	7	5	7	7	15	9	11	7	8	6	6	6	4	13	84	88		172	2

※月、性不明の孩・水2名(1862年1, 1864年1)

1866−1875		1月		2月		3月		4月		5月		6月		7月		8月		9月		10月		11月		12月		計		合計		
		男	女	男	女	男	女	男	女	男	女	男	女	男	女	男	女	男	女	男	女	男	女	男	女	男	女			
1866 慶応 2	成人												2		1	1					3	1			2	2	8	10		
	子供			1																						1	0	1		
	孩・水																				1					0	1	1	12	1
1867 慶応 3	成人	1		1				1									1			1	2		2	1	1	5	6	11		
	子供				2			1				1					1	1								3	3	6		
	孩・水																									0	0	0	17	
1868 明治 1 4月閏	成人			1	2		1								3	2	1	1								4	7	11		
	子供	1	1		1																					1	2	3		
	孩・水																	1						1	1	2	1	3	17	1
1869 明治 2	成人		1	1					1			1	1	2				1			1		1	1		6	5	11		
	子供								1									1	1						1	1	3	4		
	孩・水																									0	0	0	15	
1870 明治 3 10月閏	成人	2	2				1	1		1										1	1		1			5	5	10		
	子供			1												2			1	1		1		1		6	1	7		
	孩・水																									0	0	0	17	
1871 明治 4	成人											2			2											2	2	4		
	子供	1		1								2		1												5	0	5		
	孩・水					1																				1	0	1	10	
1872 明治 5	成人		2									1			1	2	1	1		2		2				8	4	12		
	子供	1								2			1							1						4	1	5		
	孩・水													1	1											1	1	2	19	
1873 明治 6	成人											1		1			2		1							2	3	5		
	子供			1							1											1				2	1	3		
	孩・水					1						1														2	0	2	10	
1874 明治 7	成人						1	2	1							1			1		1	2				5	4	9		
	子供																			1				1		2	0	2		
	孩・水															1				1						2	0	2	13	
1875 明治 8	成人			1		1			1					1	1			1			1					4	3	7		
	子供						1							2		1	1	1					1	1		5	3	8		
	孩・水											1								1						2	0	2	17	
計	成人	3	5	4	2	1	3	4	3	1	0	5	3	4	8	6	5	4	2	4	9	5	4	2	3	43	47	90		
	子供	3	1	4	3	0	1	1	1	2	1	3	1	3	0	3	2	3	2	3	0	2	1	3	1	30	14	44		
	孩・水	0	0	0	0	2	0	0	0	0	0	2	0	1	1	1	0	1	0	2	1	0	0	1	1	10	3	13		
合計		6	6	8	5	3	4	5	4	3	1	10	4	8	9	10	7	8	4	9	10	7	5	6	5	83	64		147	2

※月、性不明の孩・水2名(1866年1, 1868年1)

1876－1885		1月		2月		3月		4月		5月		6月		7月		8月		9月		10月		11月		12月		計		合計		
		男	女	男	女	男	女	男	女	男	女	男	女	男	女	男	女	男	女	男	女	男	女	男	女	男	女			
1876 明治 9	成人																					1	1		2	1	3	4		
	子供													2											1	2	1	3		
	孩・水	1			1																					1	1	2	9	1
1877 明治10	成人	1			1							1		1		1								2		6	1	7		
	子供																1									0	1	1		
	孩・水				1																					0	1	1	9	
1878 明治11	成人		1				1				1		1	1				1	1		1		1			2	7	9		
	子供						1		1									1							1	1	3	4		
	孩・水									1															1	1	1	2	15	
1879 明治12	成人	1	1									1	1	1								1	2			4	4	8		
	子供						1				2					2										2	3	5		
	孩・水																						1	1		1	1	2	15	3
1880 明治13	成人				1		1	1	1		1		1	1	2		1	2				1				5	8	13		
	子供					1																1				2	0	2		
	孩・水		1					1																		1	1	2	17	1
1881 明治14	成人	1				1		1		1								1			1			1		6	1	7		
	子供									1		1														2	0	2		
	孩・水					1				1	1			1											1	3	2	5	14	2
1882 明治15	成人	3					1		1				1				1				1		1	1		4	6	10		
	子供								1				1	1							1					1	3	4		
	孩・水											1												1		2	0	2	16	
1883 明治16	成人	1		1	1		1			1		1			1		2	1		1					1	6	6	12		
	子供													1										1		2	0	2		
	孩・水		1														1								1	0	3	3	17	1
1884 明治17	成人			1		1	1	1			1		2		2		3	1					1	1	1	5	11	16		
	子供			1	1								1		2				1					1	1	2	6	8		
	孩・水																			1	1			1		2	1	3	27	2
1885 明治18	成人									1		1	2	1			1		1							3	4	7		
	子供			1																				1		2	0	2		
	孩・水										1															0	1	1	10	1
計	成人	7	2	2	3	2	5	3	2	3	3	4	8	5	5	1	8	6	2	1	3	3	6	5	4	42	51	93		
	子供	0	0	2	1	1	2	0	2	1	2	1	2	4	2	2	1	1	1	0	1	1	0	3	3	16	17	33		
	孩・水	1	2	0	2	1	0	1	0	2	2	1	0	1	0	0	1	0	0	1	1	0	1	3	3	11	12	23		
合計		8	4	4	6	4	7	4	4	6	7	6	10	10	7	3	10	7	3	2	5	4	7	11	10	69	80		149	11

※月、性不明の孩・水11名（18761年1、1879年3、1880年1、1881年2、1883年1，1884年2，1885年1）

※ナガレカンジョウの記載4名（1880年7月成人女1，1883年成人女1，1884年3月成人女1・同7月成人女1）

1886－1895		1月		2月		3月		4月		5月		6月		7月		8月		9月		10月		11月		12月		計		合計	
		男	女	男	女	男	女	男	女	男	女	男	女	男	女	男	女	男	女	男	女	男	女	男	女	男	女		
1886 明治19	成人			1						3				1	1								1			5	2	7	
	子供			1				1				2														4	0	4	
	孩・水																									0	0	0	11
1887 明治20	成人						1			1							1									1	2	3	
	子供		2		1	1	1		1														1	1		2	6	8	
	孩・水																									0	0	0	11
1888 明治21	成人				1					2				1	1					1						4	2	6	
	子供							1								1			1					1		3	1	4	
	孩・水																									0	0	0	10
1889 明治22	成人										1		1	1		1	1		1						1	2	5	7	
	子供	1	1												2							1				2	3	5	
	孩・水																									0	0	0	12
1890 明治23	成人						1	1	1		1	1	1							1	1					3	5	8	
	子供										1					1	1									1	2	3	
	孩・水		1																							0	1	1	12
1891 明治24	成人		1		1			1	1	2					1	1			2	1						5	6	11	
	子供	1				1		2			2													1		5	2	7	
	孩・水			1			1																			1	1	2	20
1892 明治25	成人	1						1			1		1		1		1									2	4	6	
	子供	3				1			1					1								2		1		8	1	9	
	孩・水													1												1	0	1	16
1893 明治26	成人	1	1	2	1	1						1									1	1	1			6	4	10	
	子供	1	1			2					1			1		1	1		1	1				1	3	7	7	14	
	孩・水																									0	0	0	24
1894 明治27	成人			1	1						1							1			1					2	3	5	
	子供		1	1								1														2	1	3	
	孩・水																									0	0	0	8
1895 明治28	成人														1	2			1				1	1		3	3	6	
	子供	2	1		1		1									1			1	1						4	4	8	
	孩・水																									0	0	0	14
計	成人	2	2	4	4	1	2	3	2	8	4	2	3	3	5	4	3	1	4	3	3	1	3	1	1	33	36	69	
	子供	8	6	2	2	5	2	4	2	0	4	3	0	2	2	4	2	0	3	2	0	3	1	5	3	38	27	65	
	孩・水	0	1	1	0	0	1	0	0	0	0	0	0	1	0	0	0	0	0	0	0	0	0	0	0	2	2	4	
合計		10	9	7	6	6	5	7	4	8	8	5	3	6	7	8	5	1	7	5	3	4	4	6	4	73	65		138

1896−1905		1月		2月		3月		4月		5月		6月		7月		8月		9月		10月		11月		12月		計		合計		
		男	女	男	女	男	女	男	女	男	女	男	女	男	女	男	女	男	女	男	女	男	女	男	女	男	女			
1896　明治29	成人				1			1						1				1			1		1			3	3	6		
	子供		1			1		3	1				1						1	1		1				6	4	10		
	孩・水																									0	0	0	16	
1897　明治30	成人				1									2			1		1					1		3	3	6		
	子供	2		1	1	2						1										1				7	1	8		
	孩・水																									0	0	0	14	
1898　明治31	成人						1				1					2				1		1				4	2	6		
	子供	1					1		2	1					1										1	2	5	7		
	孩・水																									0	0	0	13	
1899　明治32	成人									2	1															2	1	3		
	子供													1												1	0	1		
	孩・水				2							2						1		1				2	1	6	3	9	13	2
1900　明治33	成人		1						1			1					1	2		1			1			4	4	8		
	子供																1									0	1	1		
	孩・水		1																		1					0	2	2	11	
1901　明治34	成人	1	2	1			1		1		1	1	1						2			1		1		5	8	13		
	子供																									0	0	0		
	孩・水	1		1		1																	1			3	1	4	17	
1902　明治35	成人	1					2				1			2		1	1	1	1				1			5	6	11		
	子供													1												1	0	1		
	孩・水		1				1		1						1				1					1		1	5	6	18	3
1903　明治36	成人				1						1					1	1		4		1					1	8	9		
	子供																									0	0	0		
	孩・水																								1	0	1	1	10	
1904　明治37	成人		2		2	1				1					2		1	1		1						4	7	11		
	子供															1		1								2	0	2		
	孩・水		1		3					1															1	1	5	6	19	1
1905　明治38	成人		1	2	1	1				1		1				1	1	1				1				8	3	11		
	子供					1	1		1																	1	2	3		
	孩・水														1				1							0	2	2	16	
計	成人	2	6	3	6	2	4	1	2	4	5	3	1	5	2	5	6	6	8	3	2	3	3	2	0	39	45	84		
	子供	3	1	1	1	4	2	3	4	1	0	1	1	2	1	1	1	1	1	1	0	2	0	0	1	20	13	33		
	孩・水	1	3	1	5	1	1	0	1	1	0	2	0	0	2	0	0	1	2	1	1	0	1	3	3	11	19	30		
合計		6	10	5	12	7	7	4	7	6	5	6	2	7	5	6	7	8	11	5	3	5	4	5	4	70	77		147	6

※月、性不明の孩・水6名(1899年2, 1902年3, 1904年1)

1906−1915		1月		2月		3月		4月		5月		6月		7月		8月		9月		10月		11月		12月		計		合計		
		男	女	男	女	男	女	男	女	男	女	男	女	男	女	男	女	男	女	男	女	男	女	男	女	男	女			
1906　明治39	成人	1			2		1	2		2	1			1	1	1			2				2			7	9	16		
	子供																		1							0	1	1		
	孩・水		1												1											0	2	2	19	
1907　明治40	成人	1						2						2		1	1		2	1					1	7	4	11		
	子供																								1	0	1	1		
	孩・水	1		2						1				1	1											5	1	6	18	1
1908　明治41	成人		1			1						1		3	1		1					2	1			7	4	11		
	子供												1				1									0	2	2		
	孩・水			1	1						1													1		2	2	4	17	1
1909　明治42	成人			1			1										1	3	1		3				1	4	7	11		
	子供													2	2	1	1	1	1	1	2				1	5	7	12		
	孩・水	1		1									1		1											2	2	4	27	
1910　明治43	成人				1	2		1			1		1			1				2	1		2			6	6	12		
	子供		1		1					1					1									1	1	2	4	6		
	孩・水			1																1					1	2	1	3	21	3
1911　明治44	成人		1			2												1			1					3	2	5		
	子供																						1			0	1	1		
	孩・水	2							1																	2	1	3	9	
1912　大正 1	成人															2			1			1	3			3	4	7		
	子供																									0	0	0		
	孩・水																							1		1	0	1	8	1
1913　大正 2	成人	1						1					1									1		1	1	4	2	6		
	子供		2						1					1	3								1			1	7	8		
	孩・水												1													0	1	1	15	2
1914　大正 3	成人								1	2	1													1		3	2	5		
	子供			1											1	1										2	1	3		
	孩・水																									0	0	0	8	
1915　大正 4	成人						1		1			1	1				1		1	1				1		3	5	8		
	子供					1		1		1					1									1		4	1	5		
	孩・水																									0	0	0	13	
計	成人	3	2	1	3	5	3	6	2	4	3	2	3	6	2	5	4	4	7	4	5	4	8	3	3	47	45	92		
	子供	0	3	1	1	1	0	1	1	2	0	0	1	3	8	2	2	1	2	1	2	0	2	2	3	14	25	39		
	孩・水	4	1	5	1	0	0	0	1	1	1	0	2	1	3	0	0	0	0	1	0	0	0	2	1	14	10	24		
合計		7	6	7	5	6	3	7	4	7	4	2	6	10	13	7	6	5	9	6	7	4	10	7	7	75	80		155	8

※月、性不明の孩・水8名(1907年1, 1908年1, 1910年3, 1912年1, 1913年2)

1916−1925		1月		2月		3月		4月		5月		6月		7月		8月		9月		10月		11月		12月		計		合計	
		男	女	男	女	男	女	男	女	男	女	男	女	男	女	男	女	男	女	男	女	男	女	男	女	男	女		
1916 大正 5	成人	1		1			1	1					1				1	1						1		5	3	8	
	子供		1				1	1	1				1							1						2	4	6	
	孩・水		1																					3		3	1	4	18
1917 大正 6	成人			1		1						1	1		1	1	1	1	1		1	1				6	5	11	
	子供			1					1																	1	1	2	
	孩・水		1	1	1				1	1															1	2	4	6	19
1918 大正 7	成人			1		1	3		1	1			2	1		1	1	1			1	1	1	1		8	9	17	
	子供					1	1				1			2	1					1		1	1			5	4	9	
	孩・水				1			1	1											1				1	1	3	3	6	32
1919 大正 8	成人	1		1	1				2				2	1		1		1			1			1		6	6	12	
	子供		1											1		1	1						1		1	2	4	6	
	孩・水				1											1		1	1			1	1	1		4	3	7	25
1920 大正 9	成人	1	2	1	1		1		1		1								1		1				1	2	9	11	
	子供		2	3										1					1			1		1		6	3	9	
	孩・水	1			1										1		1	1								2	3	5	25
1921 大正10	成人	1		1		1	2		1		1		1						2			1	1		1	4	9	13	
	子供									1		1														2	0	2	
	孩・水	1	1					1					1				1			1				1		4	3	7	22
1922 大正11	成人	1							1			1	1		1	1						1			1	4	4	8	
	子供																									0	0	0	
	孩・水	1									1		1					1				1		2		5	2	7	15
1923 大正12	成人		1	1												1					2		1		1	2	5	7	
	子供									1																1	0	1	
	孩・水														1	2							2		1	2	4	6	14
1924 大正13	成人			1	1	1	1									2			2							4	4	8	
	子供																			1				1		2	0	2	
	孩・水				1											1	1									1	2	3	13
1925 大正14	成人			1								1	2		1	1		1				1				5	3	8	
	子供							1										1								2	0	2	
	孩・水			1			1					1						1			1	1				4	2	6	16
計	成人	5	3	9	3	4	8	1	6	1	2	3	10	2	3	8	3	5	6	0	6	5	3	3	4	46	57	103	
	子供	0	4	4	0	1	2	2	2	2	1	1	1	4	1	1	1	1	1	3	0	2	2	2	1	23	16	39	
	孩・水	3	3	2	5	0	1	2	2	1	1	1	2	0	2	4	3	4	1	2	1	3	3	8	3	30	27	57	
合計		8	10	15	8	5	11	5	10	4	4	5	13	6	6	13	7	10	8	5	7	10	8	13	8	99	100		199

1926−1935		1月		2月		3月		4月		5月		6月		7月		8月		9月		10月		11月		12月		計		合計		
		男	女	男	女	男	女	男	女	男	女	男	女	男	女	男	女	男	女	男	女	男	女	男	女	男	女			
1926 昭和 1	成人			1				1	1			1		1		1	1	1		1		1		2	1	10	3	13		
	子供					1								1												2	0	2		
	孩・水				1																					0	1	1	16	1
1927 昭和 2	成人	1	2			1		1		1	1								1					1		5	4	9		
	子供																									0	0	0		
	孩・水	1			1	1																				2	1	3	12	
1928 昭和 3	成人	1					1			1	1				1	1				1	1	2		1		7	4	11		
	子供							1														1				2	0	2		
	孩・水			1								1	1							1						3	1	4	17	
1929 昭和 4	成人	1	1				1	1	1		1		1												1	2	6	8		
	子供						1					2														2	1	3		
	孩・水						1																	1		1	1	2	13	
1930 昭和 5	成人	1	1			1													1						1	2	3	5		
	子供														1											0	1	1		
	孩・水				1				1																	0	2	2	8	1
1931 昭和 6	成人					1	1	1	1	1					1									1		4	3	7		
	子供													2							1					2	1	3		
	孩・水							1						1	1		2			1						3	3	6	16	1
1932 昭和 7	成人		1			1	1												1	1					1	2	4	6		
	子供		1								1															0	2	2		
	孩・水		1			1			1			1	1					1							1	3	4	7	15	1
1933 昭和 8	成人							1			1						1		2			1	1		1	2	6	8		
	子供																			1						1	0	1		
	孩・水		1			2					1	1														3	2	5	14	
1934 昭和 9	成人									1		3				1	1	1					1		1	6	3	9		
	子供				1																					0	1	1		
	孩・水		1										1								1		2	1	1	1	6	7	17	1
1935 昭和10	成人	1								1	1		1			1		1							2	4	4	8		
	子供																									0	0	0		
	孩・水																						1	1		1	1	2	10	
計	成人	5	5	1	0	4	4	5	3	5	5	4	2	1	2	4	3	3	5	3	1	4	2	5	8	44	40	84		
	子供	0	1	0	1	1	1	1	0	0	1	2	0	3	1	0	0	0	0	1	1	1	0	0	0	9	6	15		
	孩・水	1	3	1	3	4	1	1	2	0	1	3	3	1	1	0	2	1	0	2	1	0	3	3	2	17	22	39		
合計		6	9	2	4	9	6	7	5	5	7	9	5	5	4	4	5	4	5	6	3	5	5	8	10	70	68		138	5

※月、性不明の孩・水5名(1926年1, 1930年1, 1931年1, 1932年1, 1934年1)

1936－1945		1月		2月		3月		4月		5月		6月		7月		8月		9月		10月		11月		12月		計		合計		
		男	女	男	女	男	女	男	女	男	女	男	女	男	女	男	女	男	女	男	女	男	女	男	女	男	女			
1936 昭和11	成人									1		1										1	1			3	1	4		
	子供																									0	0	0		
	孩・水						1	2		1											2					3	3	6	10	2
1937 昭和12	成人		1		1		1							1						1	2	1				3	5	8		
	子供					1	1								1											1	2	3		
	孩・水		1	1									1												2	1	4	5	16	2
1938 昭和13	成人				1			1	2			1		2	1			2	1		1	2	2	2	1	10	9	19		
	子供																									0	0	0		
	孩・水		1	1																						1	1	2	21	2
1939 昭和14	成人									2								1				1	1		1	4	2	6		
	子供			1												1										2	0	2		
	孩・水	1			1																				1	1	2	3	11	1
1940 昭和15	成人	1	2			1		2	1				1	1				1					1		1	6	6	12		
	子供																									0	0	0		
	孩・水					1																1				2	0	2	14	2
1941 昭和16	成人	1		1			1			1							1		2		1	2				5	5	10		
	子供				1						1		1													0	3	3		
	孩・水																			1			1			1	1	2	15	
1942 昭和17	成人	1						1	1	1						1					1	1	1	1	1	6	4	10		
	子供		1			1																				1	1	2		
	孩・水		2			1	1				1						1									1	5	6	18	2
1943 昭和18	成人		1					1									1	1								2	2	4		①
	子供						2							1												1	2	3		
	孩・水		1		1																					0	2	2	9	
1944 昭和19	成人	1			1	1				3				1					2	2			1	1	1	9	5	14		⑦
	子供																								1	0	1	1		
	孩・水		1																							0	1	1	16	1
1945 昭和20	成人	1	2		1		2		1											1	1	2				4	7	11		⑧
	子供					1		1											2	1						3	2	5		
	孩・水																									0	0	0	16	1
計	成人	5	6	1	4	2	4	5	5	8	0	2	1	5	1	1	2	5	5	4	6	10	7	4	5	52	46	98		
	子供	0	1	1	1	3	3	1	0	0	1	0	1	1	1	1	0	0	2	1	0	0	0	0	1	8	11	19		
	孩・水	1	6	2	2	2	2	2	0	1	1	0	1	0	0	0	1	0	0	1	2	1	1	0	3	10	19	29		
合計		6	13	4	7	7	9	8	5	9	2	2	3	6	2	2	3	5	7	6	8	11	8	4	9	70	76		146	13⑯

※月、性不明の孩・水13名(1936年2, 1937年2, 1938年2, 1939年1, 1940年2, 1942年2, 1944年1, 1945年1)

※戦死者16名(1943年成人男1, 1944年成人男7, 1945年成人男8)

1946－1955		1月		2月		3月		4月		5月		6月		7月		8月		9月		10月		11月		12月		計		合計		
		男	女	男	女	男	女	男	女	男	女	男	女	男	女	男	女	男	女	男	女	男	女	男	女	男	女			
1946 昭和21	成人	1			2						1	1	1	2	1				1	1	1		3			5	10	15		①
	子供																									0	0	0		
	孩・水											1														1	0	1	16	1
1947 昭和22	成人	1				3															1					4	1	5		①
	子供																									0	0	0		
	孩・水	1																								1	0	1	6	
1948 昭和23	成人				1								1					1	1		1					1	4	5		
	子供																									0	0	0		
	孩・水				1																					0	1	1	6	
1949 昭和24	成人					2											2					1			3	3	5	8		
	子供																		1							0	1	1		
	孩・水																									0	0	0	9	
1950 昭和25	成人		2							1				1							1			1	1	3	4	7		
	子供			1																						1	0	1		
	孩・水																							1		1	0	1	9	
1951 昭和26	成人																	1								1	0	1		
	子供		1												1											0	2	2		
	孩・水										1															0	1	1	4	
1952 昭和27	成人									1										1	1					2	1	3		
	子供																									0	0	0		
	孩・水										1															0	1	1	4	
1953 昭和28	成人	1		1				1				1						2	1			1				7	1	8		
	子供																									0	0	0		
	孩・水						1																			0	1	1	9	
1954 昭和29	成人					1					1									1	1	1				3	2	5		
	子供															1										1	0	1		
	孩・水																					1		2		3	0	3	9	
1955 昭和30	成人					2		1												1						4	0	4		
	子供		1																							0	1	1		
	孩・水																									0	0	0	5	
計	成人	3	2	1	3	8	0	2	0	2	2	2	2	3	1	0	2	4	3	4	6	3	3	1	4	33	28	61		
	子供	0	2	1	0	0	0	0	0	0	0	0	0	0	1	1	0	0	1	0	0	0	0	0	0	2	4	6		
	孩・水	1	0	0	1	0	1	0	0	0	2	1	0	0	0	0	0	0	0	0	0	1	0	3	0	6	4	10		
合計		4	4	2	4	8	1	2	0	2	4	3	2	3	2	1	2	4	4	4	6	4	3	4	4	41	36		77	1②

※月、性不明の孩・水1名(1946年1)　　※戦死者2名(1946年10月成人男子1, 1947年4月成人男子1)

1956−1965		1月		2月		3月		4月		5月		6月		7月		8月		9月		10月		11月		12月		計		合計		
		男	女	男	女	男	女	男	女	男	女	男	女	男	女	男	女	男	女	男	女	男	女	男	女	男	女			
1956 昭和31	成人					1		2										1		1		1				6	0	6		
	子供																									0	0	0		
	孩・水											1														1	0	1	7	
1957 昭和32	成人	1	2					1																		2	2	4		
	子供																									0	0	0		
	孩・水																									0	0	0	4	1
1958 昭和33	成人			1		1			3				1	1			2	1								4	6	10		
	子供																									0	0	0		
	孩・水																									0	0	0	10	
1959 昭和34	成人															1		1			1					2	1	3		
	子供																								1	0	1	1		
	孩・水														1											0	1	1	5	
1960 昭和35	成人				1			1		1					1				1		1				1	2	5	7		
	子供																									0	0	0		
	孩・水																									0	0	0	7	
1961 昭和36	成人					1				1		1			2					1			1			4	3	7		
	子供			1																						1	0	1		
	孩・水																1									0	1	1	9	
1962 昭和37	成人		1																							0	1	1		
	子供		1																							0	1	1		
	孩・水														1											0	1	1	3	
1963 昭和38	成人			1		1				1						1							1			4	1	5		
	子供																									0	0	0		
	孩・水																									0	0	0	5	1
1964 昭和39	成人		2					1		1	2	1											1			3	5	8		
	子供																									0	0	0		
	孩・水				1																					0	1	1	9	
1965 昭和40	成人	2				1	1			1	1										1					4	3	7		
	子供																									0	0	0		
	孩・水															1										1	0	1	8	
計	成人	3	5	2	1	5	1	5	3	5	3	2	1	1	3	2	2	3	1	2	3	1	3	0	1	31	27	58		
	子供	0	1	1	0	0	0	0	0	0	0	0	0	0	0	0	0	0	0	0	0	0	0	0	1	1	2	3		
	孩・水	0	0	0	1	0	0	0	0	0	0	1	0	0	2	1	1	0	0	0	0	0	0	0	0	2	4	6		
合計		3	6	3	2	5	1	5	3	5	3	3	1	1	5	3	3	3	1	2	3	1	3	0	2	34	33		67	2

※月・性不明の孩・水2名(1957年1, 1963年1)

1966−1975		1月		2月		3月		4月		5月		6月		7月		8月		9月		10月		11月		12月		計		合計		
		男	女	男	女	男	女	男	女	男	女	男	女	男	女	男	女	男	女	男	女	男	女	男	女	男	女			
1966 昭和41	成人			1																	1					1	1	2		
	子供																									0	0	0		
	孩・水																									0	0	0	2	1
1967 昭和42	成人				1					1					1								1	1		2	3	5		
	子供																									0	0	0		
	孩・水																									0	0	0	5	2
1968 昭和43	成人						1													1					1	1	2	3		
	子供																									0	0	0		
	孩・水																									0	0	0	3	1
1969 昭和44	成人							3													1			1		4	1	5		
	子供																									0	0	0		
	孩・水																									0	0	0	5	
1970 昭和45	成人					1				1		1				1							2			4	2	6		
	子供																									0	0	0		
	孩・水													1	1											1	1	2	8	
1971 昭和46	成人				1	1	1	1				3														5	2	7		
	子供																									0	0	0		
	孩・水																									0	0	0	7	1
1972 昭和47	成人						1	1					1													1	2	3		
	子供																									0	0	0		
	孩・水																									0	0	0	3	1
1973 昭和48	成人											1		1		1							1			3	1	4		
	子供																									0	0	0		
	孩・水																									0	0	0	4	1
1974 昭和49	成人			1					1						1					1				1		3	2	5		
	子供																									0	0	0		
	孩・水																									0	0	0	5	1
1975 昭和50	成人	1			1	1		2			1									1		1				6	2	8		
	子供																									0	0	0		
	孩・水				1																					0	1	1	9	
計	成人	1	0	2	3	3	3	7	1	2	1	5	1	1	2	2	0	0	0	3	2	1	4	3	1	30	18	48		
	子供	0	0	0	0	0	0	0	0	0	0	0	0	0	0	0	0	0	0	0	0	0	0	0	0	0	0	0		
	孩・水	0	0	0	1	0	0	0	0	0	0	0	0	1	1	0	0	0	0	0	0	0	0	0	0	1	2	3		
合計		1	0	2	4	3	3	7	1	2	1	5	1	2	3	2	0	0	0	3	2	1	4	3	1	31	20		51	8

※月、性不明の孩・水8名(1966年1, 1967年2, 1968年1、1971年1, 1972年1, 1973年1, 1974年1)

(補記)

過去帳調査時に筆者のミスで1923,24,25年（大正12,13,14）の記載もれがあったことが、1988年以降に確かめられた。
以下に、1923,24,25年を欠いた死亡数値と、次ページに1923,24,25年間の死亡数値を記しておく。合わせた10年間は、296ページにあり。
すでに報告の論文(本文第1章、Ⅱ章、Ⅲ章、Ⅳ章、Ⅴ章)は、1923,24,25年の数値を欠いているが、結論に差異がないことを確かめた。

1916−1925		1月		2月		3月		4月		5月		6月		7月		8月		9月		10月		11月		12月		計		合計	
		男	女	男	女	男	女	男	女	男	女	男	女	男	女	男	女	男	女	男	女	男	女	男	女	男	女		
1916 大正 5	成人	1		1			1	1					1				1	1						1		5	3	8	
	子供		1				1	1	1				1							1						2	4	6	
	孩・水		1																					3		3	1	4	18
1917 大正 6	成人			1		1						1	1		1	1	1	1	1		1	1				6	5	11	
	子供			1					1																	1	1	2	
	孩・水		1	1	1				1	1															1	2	4	6	19
1918 大正 7	成人			1		1	3		1	1			2	1		1	1	1			1	1	1	1		8	9	17	
	子供					1	1				1			2	1					1		1	1			5	4	9	
	孩・水				1			1	1											1				1	1	3	3	6	32
1919 大正 8	成人	1		1	1				2				2	1		1		1			1			1		6	6	12	
	子供		1											1		1	1						1		1	2	4	6	
	孩・水				1											1		1	1			1	1	1		4	3	7	25
1920 大正 9	成人	1	2	1	1		1		1		1								1		1				1	2	9	11	
	子供		2	3										1					1			1		1		6	3	9	
	孩・水	1			1										1		1	1								2	3	5	25
1921 大正10	成人	1		1		1	2		1		1		1						2			1	1		1	4	9	13	
	子供									1		1														2	0	2	
	孩・水	1	1					1					1				1			1				1		4	3	7	22
1922 大正11	成人	1							1			1	1		1	1						1			1	4	4	8	
	子供																									0	0	0	
	孩・水	1									1		1					1				1		2		5	2	7	15
1923 大正12	成人																												
	子供																												
	孩・水																												
1924 大正13	成人																												
	子供																												
	孩・水																												
1925 大正14	成人																												
	子供																												
	孩・水																												
計	成人	5	2	6	2	3	7	1	6	1	2	2	8	2	2	4	3	4	4	0	4	4	2	3	3	35	45	80	
	子供	0	4	4	0	1	2	1	2	1	1	1	1	4	1	1	1	0	1	2	0	2	2	1	1	18	16	34	
	孩・水	3	3	1	4	0	0	2	2	1	1	0	2	0	1	1	2	3	1	2	0	2	1	8	2	23	19	42	
合計		8	9	11	6	4	9	4	10	3	4	3	11	6	4	6	6	7	6	4	4	8	5	12	6	76	80		156

1923 大正12	成人		1	1												1					2		1		1	2	5	7	
	子供									1																1	0	1	
	孩・水														1	2							2		1	2	4	6	14
1924 大正13	成人			1	1	1	1									2			2							4	4	8	
	子供																			1				1		2	0	2	
	孩・水				1											1	1									1	2	3	13
1925 大正14	成人			1								1	2		1	1		1				1				5	3	8	
	子供							1										1								2	0	2	
	孩・水			1			1					1						1			1	1				4	2	6	16
計	成人	0	1	3	1	1	1	0	0	0	0	1	2	0	1	4	0	1	2	0	2	1	1	0	1	11	12	23	
	子供	0	0	0	0	0	0	1	0	1	0	0	0	0	0	0	0	1	0	1	0	0	0	1	0	5	0	5	
	孩・水	0	0	1	1	0	1	0	0	0	0	1	0	0	1	3	1	1	0	0	1	1	2	0	1	7	8	15	
合計		0	1	4	2	1	2	1	0	1	0	2	2	0	2	7	1	3	2	1	3	2	3	1	2	23	20		43

9．三上地域（三上地区、妙光寺・北桜・南桜地区）年度別、成人・子供別死亡者数一覧表（1663-1975）

※不明子（性、死亡月あるいは性・死亡月共不明）および戦死者（○内）は欄外に記し総死亡数とは別にした。不明子のほとんどは孩子・水子である。

※妙は妙光寺、北は北桜、南は南桜の略。

	三上地区						妙光寺・北桜・南桜地区											三上地域死亡者		
	小中小路	前田	山出	大中小路	合計	不明子、○戦死者	妙光寺	内子供	北桜	内子供	南桜	内子供	合計	内子供	不明子○戦死者 妙	北	南	総合計	不明	○戦死者
1663 寛文							1						1					1		
1665							2						2					2		
1670							1						1					1		
1671							1						1					1		
1676 延宝	1				1		1						1					2		
1677	0				0		0						0					0		
1678	0				0		1						1					1		
1679	0				0		2						2					2		
1680	0				0		1						1					1		
1681 天和	0				0		2						2					2		
1682	3				3		1						1					4		
1683	3				3		2						2					5		
1684	1				1		0						0					1		
1685	2				2		2						2					4		
1686	1				1		0						0					1		
1687	1				1		3						3					4		
1688 元禄	4				4		0						0					4		
1689	2				2		1						1					3		
1690	1				1		2						2					3		
1691	0				0		1						1					1		
1692	2				2		0						0					2		
1693	1				1		0						0					1		
1694	1				1		1						1					2		
1695	1				1		2						2					3		
1696	1	5			6		2						2					8		
1697	4	3			7		3						3					10		
1698	3	5			8		2						2					10		
1699	5	6			11		2	1					2	1				13		
1700	2	5			7		0						0					7		
1701	2	8			10		10						10					20		
1702	0	12			12		3	1					3	1				15		
1703	1	6			7		5	2					5	2				12		
1704 宝永	3	1			4		2						2					6		
1705	1	10			11		1						1					12		
1706	3	9			12		2						2					14		
1707	2	12			14		3	1					3	1				17		
1708	5	9			14		1						1					15		
1709	5	20			25		6	2					6	2				31		
1710	7	14			21		3						3					24		
1711 正徳	8	8			16		0						0					16		
1712	1	8			9		3						3					12		
1713	0	9			9		3	1					3	1				12		
1714	2	13			15		3						3					18		
1715	8	15			23		2						2					25		

1716 享保	3	25	4		32		3	1					3	1				35		
1717	2	13	1		16		7	5					7	5				23		
1718	3	11	3		17		3	1					3	1				20		
1719	0	8	2		10		2						2					12		
1720	4	19	3		26		3	2					3	2				29		
1721	4	13	0		17		3	1					3	1				20		
1722	5	12	0		17		1	1					1	1				18		
1723	2	11	3		16		0						0					16		
1724	7	22	3		32		7	4					7	4				39		
1725	10	25	0		35		9	6					9	6				44		
1726	3	13	0		16		5	3					5	3				21		
1727	4	13	1		18		6	4					6	4				24		
1728	2	11	4		17		4	1					4	1				21		
1729	3	4	1		8		6	1					6	1				14		
1730	4	28	5		37		7	2					7	2				44		
1731	5	8	1		14		4	1					4	1				18		
1732	3	13	0		16		5	1					5	1				21		
1733	5	18	3		26		3	1					3	1				29		
1734	0	11	0		11		17	8					17	8				28		
1735	0	11	2		13		4	0					4	0				17		
1736 元文	4	30	4		38		3	2					3	2				41		
1737	1	21	1		23		2	0					2	0				25		
1738	4	11	1		16		4	1					4	1				20		
1739	1	14	1		16		5	2					5	2				21		
1740	2	6	2		10		5	2					5	2				15		
1741 寛保	1	8	1		10		1	0					1	0				11		
1742	2	3	1		6		6	2					6	2				12		
1743	3	10	0		13		9	3					9	3				22		
1744 延享	4	4	0		8		1	0					1	0				9		
1745	4	8	2		14		4	1					4	1				18		
1746	9	23	1		33		6	2					6	2				39		
1747	5	11	4		20		4	1					4	1				24		
1748 寛延	5	30	3		38		3	1					3	1				41		
1749	4	9	1		14		0	0					0	0				14		
1750	6	16	5		27		6	1					6	1				33		
1751 宝暦	4	13	1		18		1	0					1	0				19		
1752	2	12	2		16		8	6					8	6				24		
1753	3	10	4		17		7	3					7	3				24		
1754	2	9	3		14		20	4					20	4				34		
1755	9	9	3		21		10	4					10	4				31		
1756	1	17	2		20		8	4					8	4				28		
1757	2	3	2		7		7	0					7	0				14		
1758	2	13	2		17		5	3					5	3				22		
1759	4	5	3		12		7	3					7	3				19		
1760	3	19	1		23		4	0					4	0				27		
1761	1	5	5		11		5	3					5	3				16		
1762	6	5	2		13		7	2					7	2				20		
1763	2	8	6		16		8	6					8	6				24		
1764 明和	1	11	3		15		5	0					5	0	1			20	1	
1765	4	35	4		43		8	6					8	6				51		

1766	1	12	1		14		4	2					4	2				18		
1767	2	9	3		14		5	1					5	1				19		
1768	2	9	1		12		4	1					4	1				16		
1769	3	12	1		16		5	2					5	2				21		
1770	2	10	3		15		6	3					6	3				21		
1771	3	11	4		18		7	3					7	3				25		
1772 安永	4	7	4		15		3	2					3	2				18		
1773	5	13	3		21		2	2					2	2				23		
1774	3	7	5		15		6	2					6	2				21		
1775	3	33	4		40		7	7					7	7				47		
1776	4	17	4		25		9	7					9	7				34		
1777	5	16	2		23		3	1					3	1				26		
1778	0	17	2		19		5	1					5	1				24		
1779	5	5	0		10		4	1					4	1				14		
1780	1	6	1		8		5	2					5	2				13		
1781 天明	3	15	4		22		6	3					6	3				28		
1782	0	6	1		7		4	0					4	0				11		
1783	6	11	6		23		5	1					5	1				28		
1784	2	19	4		25		4	2					4	2				29		
1785	2	7	4		13		7	2					7	2				20		
1786	3	12	3		18		4	1					4	1				22		
1787	2	9	8		19		3	0					3	0				22		
1788	2	33	9		44		15	8					15	8				59		
1789 寛政	5	21	7		33		4	3					4	3				37		
1790	1	15	5		21		5	2					5	2	2			26	2	
1791	1	13	2		16		5	1					5	1				21		
1792	3	6	2		11		2	1					2	1				13		
1793	0	14	3		17		9	3					9	3				26		
1794	4	11	1		16		5	1					5	1				21		
1795	4	11	2		17		4	2					4	2				21		
1796	4	10	0	2	16		2	1	6	3	12	7	20	11			1	36	1	
1797	1	13	1	1	16		2	1	4	2	12	5	18	8				34		
1798	4	16	2	3	25		8	3	1	0	7	2	16	5				41		
1799	5	30	6	2	43		1	0	8	4	7	2	16	6				59		
1800	3	11	7	2	23		5	4	5	2	12	7	22	13				45		
1801 享和	1	8	6	3	18		1	0	4	0	3	0	8	0				26		
1802	1	7	4	2	14		7	3	8	4	18	11	33	18				47		
1803	5	12	2	3	22		5	3	10	7	6	4	21	14				43		
1804 文化	3	14	0	2	19		4	2	7	1	6	1	17	4				36		
1805	1	16	3	0	20		2	0	4	0	5	0	11	0				31		
1806	0	3	7	0	10		3	2	2	0	7	2	12	4				22		
1807	1	6	0	2	9		8	4	1	0	4	1	13	5				22		
1808	4	4	9	4	21		4	2	4	4	13	6	21	12				42		
1809	4	16	4	2	26		6	4	6	2	22	10	34	16				60		
1810	5	12	3	1	21		6	3	6	2	11	2	23	7				44		
1811	3	8	5	3	19		5	3	9	5	11	3	25	11				44		
1812	1	7	1	1	10		2	0	2	0	4	1	8	1				18		
1813	2	17	7	3	29		6	1	2	1	8	3	16	5				45		
1814	1	6	4	1	12		2	2	4	0	8	0	14	2				26		
1815	3	14	0	2	19		0	0	1	1	12	3	13	4				32		

1816	2	15	2	1	20		6	3	1	0	11	4	18	7				38		
1817	3	8	6	3	20		2	1	2	0	12	4	16	5				36		
1818 文政	3	6	5	1	15		12	7	9	4	27	10	48	21				63		
1819	5	16	4	2	27		6	5	1	0	18	8	25	13				52		
1820	2	9	2	0	13		4	2	6	1	12	3	22	6				35		
1821	1	9	3	3	16		4	0	5	2	19	3	28	5				44		
1822	3	12	4	2	21		12	7	2	2	14	7	28	16				49		
1823	8	20	2	4	34		5	3	6	5	12	5	23	13				57		
1824	5	10	3	0	18		10	3	3	2	18	4	31	9				49		
1825	1	9	3	0	13		8	2	5	4	10	3	23	9				36		
1826	2	9	3	3	17		5	1	6	2	10	3	21	6				38		
1827	1	10	2	2	15		11	2	3	1	17	6	31	9				46		
1828	4	8	1	5	18		16	7	6	1	23	16	45	24				63		
1829	2	8	0	1	11		1	0	7	4	11	5	19	9				30		
1830 天保	5	20	4	2	31		5	1	5	5	23	7	33	13				64		
1831	2	10	2	4	18		6	3	2	2	21	5	29	10				47		
1832	3	11	4	1	19		5	3	5	2	21	9	31	14				50		
1833	1	12	3	2	18		3	2	3	2	22	8	28	12				46		
1834	0	16	5	5	26		3	0	12	10	32	18	47	28				73		
1835	3	21	7	5	36		7	2	4	1	9	3	20	6				56		
1836	1	11	3	4	19		1	0	3	0	9	4	13	4				32		
1837	3	26	4	3	36		3	0	7	2	22	9	32	11				68		
1838	2	16	5	2	25		8	2	5	1	10	4	23	7				48		
1839	9	12	5	3	29		3	0	11	6	15	4	29	10				58		
1840	4	11	3	5	23		3	2	5	1	7	2	15	5				38		
1841	6	14	2	2	24		6	4	16	14	11	4	33	22				57		
1842	2	8	4	4	18		5	2	4	1	30	6	39	9	1			57	1	
1843	1	15	5	2	23		2	1	3	0	19	4	24	5				47		
1844 弘化	3	20	5	3	31		0	0	9	3	19	7	28	10				59		
1845	2	8	2	1	13		1	0	9	4	26	21	36	25				49		
1846	2	9	3	4	18		2	0	8	3	15	6	25	9				43		
1847	5	11	6	3	25		3	2	3	1	14	9	20	12	1			45	1	
1848 嘉永	2	8	7	3	20		7	5	6	3	13	5	26	13				46		
1849	2	16	6	5	29		1	1	5	2	21	10	27	13				56		
1850	3	12	4	4	23		4	1	5	2	10	4	19	7				42		
1851	5	6	3	3	17		3	1	6	3	7	4	16	8	1			33	1	
1852	3	16	5	3	27		7	3	5	3	11	3	23	9	2			50	2	
1853	2	16	5	4	27		6	4	18	11	15	4	39	19				66		
1854 安政	4	8	3	2	17		1	1	4	1	11	6	16	8				33		
1855	3	12	0	2	17		7	3	7	3	13	4	27	10				44		
1856	5	15	2	1	23		5	3	7	2	24	13	36	18				59		
1857	2	14	2	2	20		4	0	6	3	22	6	32	9				52		
1858	5	11	8	5	29		6	2	7	0	18	4	31	6				60		
1859	8	9	12	3	32		4	2	6	3	10	3	20	8				52		
1860 万延	6	15	4	2	27		0	0	1	1	14	8	15	9				42		
1861 文久	2	10	3	2	17		3	1	4	0	8	0	15	1				32		
1862	2	22	7	7	38		2	0	10	5	25	10	37	15	1		1	75	2	
1863	4	10	4	2	20		6	2	5	1	14	6	25	9				45		
1864 元治	3	30	3	6	42		5	3	4	3	27	21	36	27			1	78	1	
1865 慶応	0	7	4	5	16		2	1	8	5	10	6	20	12	1			36	1	

1866	2	9	1	2	14		4	0	5	3	12	2	21	5			1	35	1	
1867	4	18	2	9	33		6	3	2	0	17	6	25	9				58		
1868 明治	5	18	4	3	30		3	1	2	1	17	6	22	8			1	52	1	
1869	1	7	7	5	20		3	1	7	2	15	4	25	7				45		
1870	10	20	5	6	41		7	3	9	6	17	7	33	16				74		
1871	4	18	7	5	34		3	1	9	3	10	6	22	10				56		
1872	5	7	3	3	18		0	0	3	2	19	7	22	9				40		
1873	5	17	3	3	28		6	2	6	3	10	5	22	10				50		
1874	5	23	5	4	37		8	0	5	3	13	4	26	7				63		
1875	1	9	1	4	15		1	1	5	5	17	10	23	16				38		
1876	2	11	5	7	25		3	2	1	1	9	5	13	8			1	38	1	
1877	2	9	2	2	15		4	1	9	3	9	2	22	6				37		
1878	0	15	3	4	22		3	3	9	3	15	6	27	12				49		
1879	4	27	8	5	44		3	0	15	5	15	7	33	12			3	77	3	
1880	3	18	5	5	31		4	0	6	4	17	4	27	8			1	58	1	
1881	2	15	6	3	26		4	0	12	4	14	7	30	11			2	56	2	
1882	1	9	2	5	17		3	1	5	0	16	6	24	7				41		
1883	1	12	2	4	19		6	4	3	2	17	5	26	11			1	45	1	
1884	3	17	2	4	26		4	1	8	1	27	11	39	13			2	65	2	
1885	2	17	2	4	25		3	2	8	5	10	3	21	10	3		1	46	4	
1886	3	19	4	4	30		1	1	8	3	11	4	20	8				50		
1887	1	7	5	5	18		2	0	6	3	11	8	19	11				37		
1888	1	17	3	1	22		2	0	10	2	10	4	22	6	2			44	2	
1889	2	11	4	1	18		4	1	7	4	12	5	23	10				41		
1890	2	16	4	3	25		4	2	13	9	12	4	29	15				54		
1891	2	16	0	3	21		1	1	8	2	20	9	29	12				50		
1892	3	15	6	7	31		8	4	9	5	16	10	33	19				64		
1893	0	13	2	1	16		12	3	2	1	24	14	38	18	2			54	2	
1894	1	8	2	3	14		4	4	3	3	8	3	15	10				29		
1895	1	10	3	4	18		0	0	2	0	14	8	16	8				34		
1896	4	14	6	2	26		1	0	7	5	16	10	24	15				50		
1897	3	22	10	7	42		1	1	4	2	14	8	19	11				61		
1898	3	15	4	1	23		1	1	9	5	13	7	23	13				46		
1899	0	20	4	2	26		0	0	5	5	13	10	18	15			2	44	2	
1900	0	12	1	7	20		6	2	5	1	11	3	22	6				42		
1901	4	21	4	3	32		3	0	10	5	17	4	30	9				62		
1902	1	8	1	2	12		4	3	5	3	18	7	27	13			3	39	3	
1903	5	11	3	4	23		5	0	6	3	10	1	21	4				44		
1904	3	20	4	4	31		2	1	6	2	19	8	27	11	2		1	58	3	
1905	7	18	3	1	29		3	0	8	3	16	5	27	8				56		
1906	3	18	3	3	27		5	0	6	4	19	3	30	7				57		
1907	0	20	2	2	24		6	3	7	3	18	7	31	13			1	55	1	
1908	1	24	3	4	32		3	1	5	2	17	6	25	9			1	57	1	
1909	4	19	1	3	27		0	0	6	2	27	16	33	18				60		
1910	4	21	3	1	29		5	1	12	4	21	9	38	14			3	67	3	
1911	3	19	4	1	27		7	2	2	0	9	4	18	6				45		
1912 大正	3	22	1	2	28		2	1	8	6	8	1	18	8			1	46	1	
1913	4	18	2	5	29		4	0	7	2	15	9	26	11			2	55	2	
1914	1	17	4	2	24		6	2	7	4	8	3	21	9	1			45	1	
1915	1	21	7	7	36		2	1	14	4	13	5	29	10	1			65	1	

1916	3	14	0	6	23		3	1	10	6	18	10	31	17				54		
1917	0	22	4	5	31		0	0	9	4	19	8	28	12				59		
1918	6	22	5	5	38		8	4	10	5	32	15	50	24				88		
1919	2	18	5	1	26		4	1	12	4	25	13	41	18	1			67	1	
1920	3	19	4	1	27		0	0	13	6	25	14	38	20				65		
1921	4	26	3	11	44		4	1	13	7	22	9	39	17				83		
1922	1	17	4	2	24		2	1	8	4	15	7	25	12				49		
1923	2	12	5	6	25		4	2	6	2	14	7	24	11				49		
1924	3	21	7	4	35		2	1	5	1	13	5	20	7				55		
1925	3	16	3	3	25		3	1	4	1	16	8	23	10				48		
1926 昭和	5	18	2	5	30		2	0	6	4	16	3	24	7			1	54	1	
1927	2	12	1	3	18		3	2	4	1	12	3	19	6				37		
1928	0	10	2	3	15		5	1	8	3	17	6	30	10				45		
1929	2	16	3	6	27		3	2	3	1	13	5	19	8				46		
1930	4	14	5	4	27		3	0	6	1	8	3	17	4			1	44	1	
1931	4	22	4	3	33		6	2	6	0	16	9	28	11	①		1	61	1	①
1932	2	3	3	3	11		5	1	6	3	15	9	26	13			1	37	1	
1933	4	24	2	6	36		2	1	5	2	14	6	21	9				57		
1934	4	21	5	1	31		4	1	7	2	17	8	28	11			1	59	1	
1935	1	3	6	5	15		3	0	7	0	10	2	20	2				35		
1936	3	12	7	4	26		2	0	6	3	10	6	18	9			2	44	2	
1937	0	9	5	3	17		5	0	5	1	16	8	26	9		①	2	43	2	①
1938	4	17	1	3	25		1	0	7	1	21	2	29	3			2	54	2	
1939	3	12	3	3	21		6	2	4	1	11	5	21	8			1	42	1	
1940	4	7	5	3	19		2	1	5	0	14	2	21	3			2	40	2	
1941	2	8	4	2	16		4	1	9	2	15	5	28	8	1			44	1	
1942	2	15	0	4	21	┐	5	2	7	3	18	8	30	13		①	2	51	2	①
1943	5	8	7	2	22	│	7	0	7	2	9	5	23	7			①	45		①
1944	11	28	2	4	45	│	3	1	7	2	16	2	26	5	1②	①	1⑦	71	2	⑩
1945	7	25	2	6	40	│	7	0	4	1	16	5	27	6	②	③	1⑧	67	1	⑬
1946	1	18	4	9	32	│	3	0	5	1	16	1	24	2	①		1①	56	1	②
1947	3	15	4	5	27	│	5	1	8	2	6	1	19	4	2	③	①	46	2	④
1948	3	11	0	3	17	│	2	1	9	0	6	1	17	2				34		
1949	3	14	4	5	26	┘㉟	2	1	4	0	9	1	15	2	①			41		①
1950	3	8	1	3	15		1	0	2	0	9	2	12	2				27		
1951	4	11	1	3	19		3	1	1	0	4	3	8	4				27		
1952	7	8	2	4	21		0	0	1	0	4	1	5	1				26		
1953	1	13	0	1	15		0	0	5	0	9	1	14	1				29		
1954	1	9	0	3	13		2	1	2	1	9	4	13	6				26		
1955	4	5	2	4	15		1	0	7	1	5	1	13	2				28		
1956	1	7	3	2	13		1	0	4	1	7	1	12	2				25		
1957	4	12	4	1	21		0	0	4	1	4	0	8	1			1	29	1	
1958	1	8	2	1	12		0	0	4	0	10	0	14	0				26		
1959	2	17	2	0	21		2	0	1	0	5	2	8	2				29		
1960	1	9	3	0	13		0	0	4	0	7	0	11	0				24		
1961	0	12	1	1	14		2	2	4	0	9	2	15	4				29		
1962	0	9	7	0	16		2	0	2	0	3	2	7	2				23		
1963	5	10	0	0	15		2	0	3	0	5	0	10	0			1	25	1	
1964	2	7	2	1	12		3	0	4	1	9	1	16	2				28		
1965	4	5	1	5	15		2	0	1	0	8	1	11	1				26		

1966	3	6	2	3	14		0	0	2	0	2	0	4	0			1	18	1	
1967	0	4	1	2	7		1	0	2	2	5	0	8	2			2	15	2	
1968	0	7	4	0	11		1	0	5	1	3	0	9	1			1	20	1	
1969	0	9	3	4	16		2	0	6	0	5	0	13	0				29		
1970	1	0	3	5	9		1	0	5	0	8	2	14	2				23		
1971	3	0	3	2	8		1	0	4	1	7	0	12	1			1	20	1	
1972	1	0	0	1	2		1	0	2	0	3	0	6	0			1	8	1	
1973	1	0	1	2	4		3	1	3	0	4	0	10	1			1	14	1	
1974	1	0	1	2	4		3	0	1	0	5	0	9	0			1	13	1	
1975	2	0	2	2	6		0	0	8	2	9	1	17	3				23		
合計	837	3,592	820	555	5,804	㉟	1,164	416	1,042	415	2,414	932	4,620	1,763	26⑦	⑨	59 ⑱	10,424	85	㉟+㉞
	三上地区総死亡者数 5,804 この中に戦死者㉟名が含まれる※						妙光寺・北桜・南桜地区総死亡者数 4,620　＋不明子26、59＋戦死者⑦,⑨,⑱											三上地域総死亡者数 10,424　＋不明子85＋ ※　戦死者㉞		
	5,804						4,739 この内子供死亡者数1,848（（1,763+不明子85）											10,543		

10. 妙光寺・北桜・南桜地区
年度別総死亡者数および子供死亡数・指数・割合一覧表（1663-1975）

※不明子（性、死亡月あるいは性・死亡月共不明の孩子・水子がほとんど）は子供死亡数に加えた。戦死者（○内）は成人死亡数に加えた。
※死亡指数は1716年以降について、1716～1795年、1796年～1875年、1876～1975年の各平均死亡者数に対して各年度の死亡数を除した値で、1.2以上を記した。

	妙光寺・北桜・南桜地区死亡者数												子供死亡			
	妙光寺		北桜		南桜		合計		○戦死・不明子			総死亡数		指数	割合	割合
		内子供		内子供		内子供		内子供	妙光寺	北桜	南桜	成人・戦死者 子供・不明子	子供・不明子	（1.2以上）	年毎 %	10年毎 %
1663 寛文	1						1					1				
1665	2						2					2				
1670	1						1					1				
1671	1						1					1				
1676 延宝	1						1					1				
1677	0						0					0				
1678	1						1					1				
1679	2						2					2				
1680	1						1					1				
1681 天和	2						2					2				
1682	1						1					1				
1683	2						2					2				
1684	0						0					0				
1685	2						2					2				
1686	0						0					0				
1687	3						3					3				
1688 元禄	0						0					0				
1689	1						1					1				
1690	2						2					2				
1691	1						1					1				
1692	0						0					0				
1693	0						0					0				
1694	1						1					1				
1695	2						2					2				
1696	2						2					2				
1697	3						3					3				
1698	2						2					2				
1699	2	1					2	1				2	1			
1700	0						0					0				
1701	10						10					10				
1702	3	1					3	1				3	1			
1703	5	2					5	2				5	2			4
1704 宝永	2						2					2				30
1705	1						1					1				(13.3)
1706	2						2					2				
1707	3	1					3	1				3	1			
1708	1						1					1				
1709	6	2					6	2				6	2			
1710	3						3					3				
1711 正徳	0						0					0				
1712	3						3					3				
1713	3	1					3	1				3	1			4
1714	3						3					3				26
1715	2						2					2				(15.4)

1716 享保	3	1					3	1				3	1		33.3	
1717	7	5					7	5				7	5	2.27	71.4	
1718	3	1					3	1				3	1		33.3	
1719	2						2					2	0		0	
1720	3	2					3	2				3	2		66.7	
1721	3	1					3	1				3	1		33.3	
1722	1	1					1	1				1	1		100	
1723	0						0					0	0		0	21
1724	7	4					7	4				7	4	1.82	57.1	38
1725	9	6					9	6				9	6	2.73	66.7	(55.3)
1726	5	3					5	3				5	3	1.36	60.0	
1727	6	4					6	4				6	4	1.82	66.7	
1728	4	1					4	1				4	1		25.0	
1729	6	1					6	1				6	1		16.7	
1730	7	2					7	2				7	2		28.6	
1731	4	1					4	1				4	1		25.0	
1732	5	1					5	1				5	1		20.0	
1733	3	1					3	1				3	1		33.3	22
1734	17	8					17	8				17	8	3.64	47.1	61
1735	4	0					4	0				4	0		0.0	(36.1)
1736 元文	3	2					3	2				3	2		66.7	
1737	2	0					2	0				2	0		0.0	
1738	4	1					4	1				4	1		25.0	
1739	5	2					5	2				5	2		40.0	
1740	5	2					5	2				5	2		40.0	
1741 寛保	1	0					1	0				1	0		0.0	
1742	6	2					6	2				6	2		33.3	
1743	9	3					9	3				9	3	1.36	33.3	13
1744 延享	1	0					1	0				1	0		0.0	40
1745	4	1					4	1				4	1		25.0	(32.5)
1746	6	2					6	2				6	2		33.3	
1747	4	1					4	1				4	1		25.0	
1748 寛延	3	1					3	1				3	1		33.3	
1749	0	0					0	0				0	0		0	
1750	6	1					6	1				6	1		16.7	
1751 宝暦	1	0					1	0				1	0		0.0	
1752	8	6					8	6				8	6	2.73	75.0	
1753	7	3					7	3				7	3	1.36	42.9	22
1754	20	4					20	4				20	4	1.82	20.0	65
1755	10	4					10	4				10	4	1.82	40.0	(33.8)
1756	8	4					8	4				8	4	1.82	50.0	
1757	7	0					7	0				7	0		0.0	
1758	5	3					5	3				5	3	1.36	60.0	
1759	7	3					7	3				7	3	1.36	42.9	
1760	4	0					4	0				4	0		0.0	
1761	5	3					5	3				5	3	1.36	60.0	
1762	7	2					7	2				7	2		28.6	
1763	8	6					8	6				8	6	2.73	75.0	28
1764 明和	5	0					5	0	1			6	1		16.7	65
1765	8	6					8	6				8	6	2.73	75.0	(43.1)

1766	4	2					4	2				4	2		50.0	
1767	5	1					5	1				5	1		20.0	
1768	4	1					4	1				4	1		25.0	
1769	5	2					5	2				5	2		40.0	
1770	6	3					6	3				6	3	1.36	50.0	
1771	7	3					7	3				7	3	1.36	42.9	
1772 安永	3	2					3	2				3	2		66.7	
1773	2	2					2	2				2	2		100.0	25
1774	6	2					6	2				6	2		33.3	49
1775	7	7					7	7				7	7	3.18	100.0	(51.0)
1776	9	7					9	7				9	7	3.18	77.8	
1777	3	1					3	1				3	1		33.3	
1778	5	1					5	1				5	1		20.0	
1779	4	1					4	1				4	1		25.0	
1780	5	2					5	2				5	2		40.0	
1781 天明	6	3					6	3				6	3	1.36	50.0	
1782	4	0					4	0				4	0		0.0	
1783	5	1					5	1				5	1		20.0	20
1784	4	2					4	2				4	2		50.0	52
1785	7	2					7	2				7	2		28.6	(38.5)
1786	4	1					4	1				4	1		25.0	
1787	3	0					3	0				3	0		0.0	
1788	15	8					15	8				15	8	3.64	53.3	
1789 寛政	4	3					4	3				4	3	1.36	75.0	
1790	5	2					5	2	2			7	4	1.82	57.1	
1791	5	1					5	1				5	1		20.0	
1792	2	1					2	1				2	1		50.0	
1793	9	3					9	3				9	3	1.36	33.3	24
1794	5	1					5	1				5	1		20.0	58
1795	4	2					4	2				4	2		50.0	(41.4)

1796	2	1	6	3	12	7	20	11			1	21	12		57.1	
1797	2	1	4	2	12	5	18	8				18	8		44.4	
1798	8	3	1	0	7	2	16	5				16	5		31.3	
1799	1	0	8	4	7	2	16	6				16	6		37.5	
1800	5	4	5	2	12	7	22	13				22	13	1.26	59.1	
1801 享和	1	0	4	0	3	0	8	0				8	0		0.0	
1802	7	3	8	4	18	11	33	18				33	18	1.75	54.5	
1803	5	3	10	7	6	4	21	14				21	14	1.36	66.7	80
1804 文化	4	2	7	1	6	1	17	4				17	4		23.5	183
1805	2	0	4	0	5	0	11	0				11	0		0.0	(43.7)
1806	3	2	2	0	7	2	12	4				12	4		33.3	
1807	8	4	1	0	4	1	13	5				13	5		38.5	
1808	4	2	4	4	13	6	21	12				21	12		57.1	
1809	6	4	6	2	22	10	34	16				34	16	1.55	47.1	
1810	6	3	6	2	11	2	23	7				23	7		30.4	
1811	5	3	9	5	11	3	25	11				25	11		44.0	
1812	2	0	2	0	4	1	8	1				8	1		12.5	
1813	6	1	2	1	8	3	16	5				16	5		31.3	67
1814	2	2	4	0	8	0	14	2				14	2		14.3	179
1815	0	0	1	1	12	3	13	4				13	4		30.8	(37.4)

1816	6	3	1	0	11	4	18	7				18	7		38.9	
1817	2	1	2	0	12	4	16	5				16	5		31.3	
1818 文政	12	7	9	4	27	10	48	21				48	21	2.04	43.8	
1819	6	5	1	0	18	8	25	13				25	13	1.26	52.0	
1820	4	2	6	1	12	3	22	6				22	6		27.3	
1821	4	0	5	2	19	3	28	5				28	5		17.9	
1822	12	7	2	2	14	7	28	16				28	16	1.55	57.1	
1823	5	3	6	5	12	5	23	13				23	13	1.26	56.5	104
1824	10	3	3	2	18	4	31	9				31	9		29.0	262
1825	8	2	5	4	10	3	23	9				23	9		39.1	(39.7)
1826	5	1	6	2	10	3	21	6				21	6		28.6	
1827	11	2	3	1	17	6	31	9				31	9		29.0	
1828	16	7	6	1	23	16	45	24				45	24	2.33	53.3	
1829	1	0	7	4	11	5	19	9				19	9		47.4	
1830 天保	5	1	5	5	23	7	33	13				33	13	1.26	39.4	
1831	6	3	2	2	21	5	29	10				29	10		34.5	
1832	5	3	5	2	21	9	31	14				31	14	1.36	45.2	
1833	3	2	3	2	22	8	28	12				28	12		42.9	131
1834	3	0	12	10	32	18	47	28				47	28	2.72	59.6	304
1835	7	2	4	1	9	3	20	6				20	6		30.0	(43.1)
1836	1	0	3	0	9	4	13	4				13	4		30.8	
1837	3	0	7	2	22	9	32	11				32	11		34.4	
1838	8	2	5	1	10	4	23	7				23	7		30.4	
1839	3	0	11	6	15	4	29	10				29	10		34.5	
1840	3	2	5	1	7	2	15	5				15	5		33.3	
1841	6	4	16	14	11	4	33	22				33	22	2.14	66.7	
1842	5	2	4	1	30	6	39	9	1			40	10		25.0	
1843	2	1	3	0	19	4	24	5				24	5		20.8	109
1844 弘化	0	0	9	3	19	7	28	10				28	10		35.7	273
1845	1	0	9	4	26	21	36	25				36	25	2.43	69.4	(40.0)
1846	2	0	8	3	15	6	25	9				25	9		36.0	
1847	3	2	3	1	14	9	20	12	1			21	13	1.26	61.9	
1848 嘉永	7	5	6	3	13	5	26	13				26	13	1.26	50.0	
1849	1	1	5	2	21	10	27	13				27	13	1.26	48.1	
1850	4	1	5	2	10	4	19	7				19	7		36.8	
1851	3	1	6	3	7	4	16	8	1			17	9		52.9	
1852	7	3	5	3	11	3	23	9	2			25	11		44.0	
1853	6	4	18	11	15	4	39	19				39	19	1.84	48.7	112
1854 安政	1	1	4	1	11	6	16	8				16	8		50.0	242
1855	7	3	7	3	13	4	27	10				27	10		37.0	(46.3)
1856	5	3	7	2	24	13	36	18				36	18	1.75	50.0	
1857	4	0	6	3	22	6	32	9				32	9		28.1	
1858	6	2	7	0	18	4	31	6				31	6		19.4	
1859	4	2	6	3	10	3	20	8				20	8		40.0	
1860 万延	0	0	1	1	14	8	15	9				15	9		60.0	
1861 文久	3	1	4	0	8	0	15	1				15	1		6.7	
1862	2	0	10	5	25	10	37	15	1		1	39	17	1.65	43.6	
1863	6	2	5	1	14	6	25	9				25	9		36.0	118
1864 元治	5	3	4	3	27	21	36	27			1	37	28	2.72	75.7	271
1865 慶応	2	1	8	5	10	6	20	12	1			21	13	1.26	61.9	(43.5)

1866	4	0	5	3	12	2	21	5			1	22	6		27.3	
1867	6	3	2	0	17	6	25	9				25	9		36.0	
1868 明治	3	1	2	1	17	6	22	8			1	23	9		39.1	
1869	3	1	7	2	15	4	25	7				25	7		28.0	
1870	7	3	9	6	17	7	33	16				33	16	1.55	48.5	
1871	3	1	9	3	10	6	22	10				22	10		45.5	
1872	0	0	3	2	19	7	22	9				22	9		40.9	
1873	6	2	6	3	10	5	22	10				22	10		45.5	99
1874	8	0	5	3	13	4	26	7				26	7		26.9	243
1875	1	1	5	5	17	10	23	16				23	16	1.55	69.6	(40.7)
1876	3	2	1	1	9	5	13	8			1	14	9		64.3	
1877	4	1	9	3	9	2	22	6				22	6		27.3	
1878	3	3	9	3	15	6	27	12				27	12	1.41	44.4	
1879	3	0	15	5	15	7	33	12			3	36	15	1.76	41.7	
1880	4	0	6	4	17	4	27	8			1	28	9		32.1	
1881	4	0	12	4	14	7	30	11			2	32	13	1.53	40.6	
1882	3	1	5	0	16	6	24	7				24	7		29.2	
1883	6	4	3	2	17	5	26	11			1	27	12	1.41	44.4	112
1884	4	1	8	1	27	11	39	13			2	41	15	1.76	36.6	276
1885	3	2	8	5	10	3	21	10	3		1	25	14	1.65	56.0	(40.6)
1886	1	1	8	3	11	4	20	8				20	8		40.0	
1887	2	0	6	3	11	8	19	11				19	11	1.29	57.9	
1888	2	0	10	2	10	4	22	6	2			24	8		33.3	
1889	4	1	7	4	12	5	23	10				23	10		43.5	
1890	4	2	13	9	12	4	29	15				29	15	1.76	51.7	
1891	1	1	8	2	20	9	29	12				29	12	1.41	41.4	
1892	8	4	9	5	16	10	33	19				33	19	1.53	57.6	
1893	12	3	2	1	24	14	38	18	2			40	20	2.35	50.0	121
1894	4	4	3	3	8	3	15	10				15	10		66.7	248
1895	0	0	2	0	14	8	16	8				16	8		50.0	(48.8)
1896	1	0	7	5	16	10	24	15				24	15	1.76	62.5	
1897	1	1	4	2	14	8	19	11				19	11	1.29	57.9	
1898	1	1	9	5	13	7	23	13				23	13	1.53	56.5	
1899	0	0	5	5	13	10	18	15			2	20	17	2.0	85.0	
1900	6	2	5	1	11	3	22	6				22	6		27.3	
1901	3	0	10	5	17	4	30	9				30	9		30.0	
1902	4	3	5	3	18	7	27	13			3	30	16	1.88	53.3	
1903	5	0	6	3	10	1	21	4				21	4		19.0	113
1904	2	1	6	2	19	8	27	11	2		1	30	14	1.65	46.7	246
1905	3	0	8	3	16	5	27	8				27	8		29.6	(45.9)
1906	5	0	6	4	19	3	30	7				30	7		23.3	
1907	6	3	7	3	18	7	31	13			1	32	14	1.65	43.8	
1908	3	1	5	2	17	6	25	9			1	26	10		38.5	
1909	0	0	6	2	27	16	33	18				33	18	2.12	54.5	
1910	5	1	12	4	21	9	38	14			3	41	17	2	41.5	
1911	7	2	2	0	9	4	18	6				18	6		33.3	
1912 大正	2	1	8	6	8	1	18	8			1	19	9		47.4	
1913	4	0	7	2	15	9	26	11			2	28	13	1.53	46.4	115
1914	6	2	7	4	8	3	21	9	1			22	10		45.5	279
1915	2	1	14	4	13	5	29	10	1			30	11	1.29	36.7	(41.2)

1916	3	1	10	6	18	10	31	17				31	17	2	54.8	
1917	0	0	9	4	19	8	28	12				28	12	1.41	42.9	
1918	8	4	10	5	32	15	50	24				50	24	2.82	48.0	
1919	4	1	12	4	25	13	41	18	1			42	19	2.24	45.2	
1920	0	0	13	6	25	14	38	20				38	20	2.35	52.6	
1921	4	1	13	7	22	9	39	17				39	17	2	43.6	
1922	2	1	8	4	15	7	25	12				25	12	1.41	48.0	
1923	4	2	6	2	14	7	24	11				24	11	1.29	45.8	149
1924	2	1	5	1	13	5	20	7				20	7		35.0	320
1925	3	1	4	1	16	8	23	10				23	10		43.5	(46.6)
1926 昭和	2	0	6	4	16	3	24	7			1	25	8		32.0	
1927	3	2	4	1	12	3	19	6				19	6		31.6	
1928	5	1	8	3	17	6	30	10				30	10		33.3	
1929	3	2	3	1	13	5	19	8				19	8		42.1	
1930	3	0	6	1	8	3	17	4			1	18	5		27.8	
1931	6	2	6	0	16	9	28	11	①		1	30	12	1.41	40.0	
1932	5	1	6	3	15	9	26	13			1	27	14	1.65	51.9	
1933	2	1	5	2	14	6	21	9				21	9		42.9	86
1934	4	1	7	2	17	8	28	11			1	29	12	1.41	41.4	238
1935	3	0	7	0	10	2	20	2				20	2		10.0	(36.1)
1936	2	0	6	3	10	6	18	9			2	20	11	1.29	55.0	
1937	5	0	5	1	16	8	26	9		①	2	29	11	1.29	37.9	
1938	1	0	7	1	21	2	29	3			2	31	5		16.1	
1939	6	2	4	1	11	5	21	8			1	22	9		40.9	
1940	2	1	5	0	14	2	21	3			2	23	5		21.7	
1941	4	1	9	2	15	5	28	8	1			29	9		31.0	
1942	5	2	7	3	18	8	30	13		①	2	33	15	1.76	45.5	
1943	7	0	7	2	9	5	23	7			①	24	7		29.2	86
1944	3	1	7	2	16	2	26	5	1 ②	①	1 ⑦	38	7		18.4	290
1945	7	0	4	1	16	5	27	6	②	③	1 ⑧	41	7		17.1	(29.7)
1946	3	0	5	1	16	1	24	2	①		1 ①	27	3		11.1	
1947	5	1	8	2	6	1	19	4	2	③	①	25	6		24.0	
1948	2	1	9	0	6	1	17	2				17	2		11.8	
1949	2	1	4	0	9	1	15	2	①			16	2		12.5	
1950	1	0	2	0	9	2	12	2				12	2		16.7	
1951	3	1	1	0	4	3	8	4				8	4		50.0	
1952	0	0	1	0	4	1	5	1				5	1		20.0	
1953	0	0	5	0	9	1	14	1				14	1		7.1	29
1954	2	1	2	1	9	4	13	6				13	6		46.2	150
1955	1	0	7	1	5	1	13	2				13	2		15.4	(19.3)
1956	1	0	4	1	7	1	12	2				12	2		16.7	
1957	0	0	4	1	4	0	8	1			1	9	2		22.2	
1958	0	0	4	0	10	0	14	0				14	0		0.0	
1959	2	0	1	0	5	2	8	2				8	2		25.0	
1960	0	0	4	0	7	0	11	0				11	0		0.0	
1961	2	2	4	0	9	2	15	4				15	4		26.7	
1962	2	0	2	0	3	2	7	2				7	2		28.6	
1963	2	0	3	0	5	0	10	0			1	11	1		9.1	16
1964	3	0	4	1	9	1	16	2				16	2		12.5	114
1965	2	0	1	0	8	1	11	1				11	1		9.1	(14.0)

1966	0	0	2	0	2	0	4	0			1	5	1		20.0	
1967	1	0	2	2	5	0	8	2			2	10	4		40.0	
1968	1	0	5	1	3	0	9	1			1	10	2		20.0	
1969	2	0	6	0	5	0	13	0				13	0		0.0	
1970	1	0	5	0	8	2	14	2				14	2		14.3	
1971	1	0	4	1	7	0	12	1			1	13	2		15.4	
1972	1	0	2	0	3	0	6	0			1	7	1		14.3	
1973	3	1	3	0	4	0	10	1			1	11	2		18.2	18
1974	3	0	1	0	5	0	9	0			1	10	1		10.0	110
1975	0	0	8	2	9	1	17	3				17	3		17.6	(16.4)
合計	1,164	416	1,042	415	2,414	932	4,620	1,763	26⑦	⑨	59 ⑱	※ 4,739	※ 1,848			

※ 総死亡者数 4,739＝4,620＋85（不明子26＋59）＋34（戦死者⑦+⑨＋⑱）、このうち子供死亡者数は1,763＋85（不明子26＋59）=1,848。

妙光寺・北桜・南桜地区総死亡者数内訳

旧村	内訳	総死亡者数	内子供死亡者数
妙光寺	1,164 + 不明26 + 戦死者⑦	1,197	416 + 不明子26
北桜	1,042 + 戦死者⑨	1,051	415
南桜	2,414 + 不明子59 + 戦死者⑱	2,491	932 + 不明子59
合計	4,620 + 不明子85 + 戦死者㉞	4,739	1,763 + 不明子85 = 1,848

11. 三上地域（三上地区、妙光寺・北桜・南桜地区）年度別総死亡者数・指数一覧表（1663-1975）

※死亡者指数は 1696 ～ 1715 年、1716 ～ 1795 年、1796 年～ 1875 年、1876 ～ 1975 年の各平均死亡者数に対して各年度の死亡数を除した値。
※死亡者指数は 1.2 以上を記載。

	三上地区死亡数						妙光寺・北桜・南桜地区死亡数					三上地域死亡者総数（成人・戦死者、子供・不明子）	
	小中小路	前田	山出	大中小路	合計	指数	妙光寺	北桜	南桜	合計	指数	死亡数	指数
1663 寛文							1			1		1	
1665							2			2		2	
1670							1			1		1	
1671							1			1		1	
1676 延宝	1				1		1			1		2	
1677	0				0		0			0		0	
1678	0				0		1			1		1	
1679	0				0		2			2		2	
1680	0				0		1			1		1	
1681 天和	0				0		2			2		2	
1682	3				3		1			1		4	
1683	3				3		2			2		5	
1684	1				1		0			0		1	
1685	2				2		2			2		4	
1686	1				1		0			0		1	
1687	1				1		3			3		4	
1688 元禄	4				4		0			0		4	
1689	2				2		1			1		3	
1690	1				1		2			2		3	
1691	0				0		1			1		1	
1692	2				2		0			0		2	
1693	1				1		0			0		1	
1694	1				1		1			1		2	
1695	1				1		2			2		3	
1696	1	5			6		2			2		8	
1697	4	3			7		3			3		10	
1698	3	5			8		2			2		10	
1699	5	6			11		2			2		13	
1700	2	5			7		0			0		7	
1701	2	8			10		10			10	3.57	20	1.34
1702	0	12			12		3			3		15	
1703	1	6			7		5			5	1.79	12	
1704 宝永	3	1			4		2			2		6	
1705	1	10			11		1			1		12	
1706	3	9			12		2			2		14	
1707	2	12			14		3			3		17	
1708	5	9			14		1			1		15	
1709	5	20			25	2.07	6			6	2.14	31	2.08
1710	7	14			21	1.74	3			3		24	1.61
1711 正徳	8	8			16	1.32	0			0		16	
1712	1	8			9		3			3		12	
1713	0	9			9		3			3		12	
1714	2	13			15	1.24	3			3		18	1.21
1715	8	15			23	1.91	2			2		25	1.68

1716 享保	3	25	4		32	1.69	3			3		35	1.45
1717	2	13	1		16		7			7	1.30	23	
1718	3	11	3		17		3			3		20	
1719	0	8	2		10		2			2		12	
1720	4	19	3		26	1.38	3			3		29	1.20
1721	4	13	0		17		3			3		20	
1722	5	12	0		17		1			1		18	
1723	2	11	3		16		0			0		16	
1724	7	22	3		32	1.69	7			7	1.30	39	1.61
1725	10	25	0		35	1.85	9			9	1.67	44	1.82
1726	3	13	0		16		5			5		21	
1727	4	13	1		18		6			6		24	
1728	2	11	4		17		4			4		21	
1729	3	4	1		8		6			6		14	
1730	4	28	5		37	1.96	7			7	1.30	44	1.82
1731	5	8	1		14		4			4		18	
1732	3	13	0		16		5			5		21	
1733	5	18	3		26	1.38	3			3		29	1.20
1734	0	11	0		11		17			17	3.15	28	
1735	0	11	2		13		4			4		17	
1736 元文	4	30	4		38	2.01	3			3		41	1.69
1737	1	21	1		23	1.22	2			2		25	
1738	4	11	1		16		4			4		20	
1739	1	14	1		16		5			5		21	
1740	2	6	2		10		5			5		15	
1741 寛保	1	8	1		10		1			1		11	
1742	2	3	1		6		6			6		12	
1743	3	10	0		13		9			9	1.67	22	
1744 延享	4	4	0		8		1			1		9	
1745	4	8	2		14		4			4		18	
1746	9	23	1		33	1.75	6			6		39	1.61
1747	5	11	4		20		4			4		24	
1748 寛延	5	30	3		38	2.01	3			3		41	1.69
1749	4	9	1		14		0			0		14	
1750	6	16	5		27	1.43	6			6		33	1.36
1751 宝暦	4	13	1		18		1			1		19	
1752	2	12	2		16		8			8	1.48	24	
1753	3	10	4		17		7			7	1.30	24	
1754	2	9	3		14		20			20	3.70	34	1.40
1755	9	9	3		21		10			10	1.85	31	1.28
1756	1	17	2		20		8			8	1.48	28	
1757	2	3	2		7		7			7	1.30	14	
1758	2	13	2		17		5			5		22	
1759	4	5	3		12		7			7	1.30	19	
1760	3	19	1		23	1.22	4			4		27	
1761	1	5	5		11		5			5		16	
1762	6	5	2		13		7			7	1.30	20	
1763	2	8	6		16		8			8	1.48	24	
1764 明和	1	11	3		15		6			6		21	
1765	4	35	4		43	2.28	8			8	1.48	51	2.11

1766	1	12	1		14		4			4		18	
1767	2	9	3		14		5			5		19	
1768	2	9	1		12		4			4		16	
1769	3	12	1		16		5			5		21	
1770	2	10	3		15		6			6		21	
1771	3	11	4		18		7			7	1.30	25	
1772 安永	4	7	4		15		3			3		18	
1773	5	13	3		21		2			2		23	
1774	3	7	5		15		6			6		21	
1775	3	33	4		40	2.12	7			7	1.30	47	1.94
1776	4	17	4		25	1.32	9			9	1.67	34	1.40
1777	5	16	2		23	1.22	3			3		26	
1778	0	17	2		19		5			5		24	
1779	5	5	0		10		4			4		14	
1780	1	6	1		8		5			5		13	
1781 天明	3	15	4		22		6			6		28	
1782	0	6	1		7		4			4		11	
1783	6	11	6		23	1.22	5			5		28	
1784	2	19	4		25	1.32	4			4		29	1.20
1785	2	7	4		13		7			7	1.30	20	
1786	3	12	3		18		4			4		22	
1787	2	9	8		19		3			3		22	
1788	2	33	9		44	2.33	15			15	2.78	59	2.44
1789 寛政	5	21	7		33	1.75	4			4		37	1.53
1790	1	15	5		21		7			7	1.30	28	
1791	1	13	2		16		5			5		21	
1792	3	6	2		11		2			2		13	
1793	0	14	3		17		9			9	1.67	26	
1794	4	11	1		16		5			5		21	
1795	4	11	2		17		4			4		21	

1796	4	10	0	2	16		2	6	13	21		37	
1797	1	13	1	1	16		2	4	12	18		34	
1798	4	16	2	3	25		8	1	7	16		41	
1799	5	30	6	2	43	1.92	1	8	7	16		59	1.26
1800	3	11	7	2	23		5	5	12	22		45	
1801 享和	1	8	6	3	18		1	4	3	8		26	
1802	1	7	4	2	14		7	8	18	33	1.35	47	
1803	5	12	2	3	22		5	10	6	21		43	
1804 文化	3	14	0	2	19		4	7	6	17		36	
1805	1	16	3	0	20		2	4	5	11		31	
1806	0	3	7	0	10		3	2	7	12		22	
1807	1	6	0	2	9		8	1	4	13		22	
1808	4	4	9	4	21		4	4	13	21		42	
1809	4	16	4	2	26		6	6	22	34	1.39	60	1.28
1810	5	12	3	1	21		6	6	11	23		44	
1811	3	8	5	3	19		5	9	11	25		44	
1812	1	7	1	1	10		2	2	4	8		18	
1813	2	17	7	3	29	1.29	6	2	8	16		45	
1814	1	6	4	1	12		2	4	8	14		26	
1815	3	14	0	2	19		0	1	12	13		32	

1816	2	15	2	1	20		6	1	11	18		38	
1817	3	8	6	3	20		2	2	12	16		36	
1818 文政	3	6	5	1	15		12	9	27	48	1.96	63	1.34
1819	5	16	4	2	27	1.21	6	1	18	25		52	
1820	2	9	2	0	13		4	6	12	22		35	
1821	1	9	3	3	16		4	5	19	28		44	
1822	3	12	4	2	21		12	2	14	28		49	
1823	8	20	2	4	34	1.52	5	6	12	23		57	1.22
1824	5	10	3	0	18		10	3	18	31	1.27	49	
1825	1	9	3	0	13		8	5	10	23		36	
1826	2	9	3	3	17		5	6	10	21		38	
1827	1	10	2	2	15		11	3	17	31	1.27	46	
1828	4	8	1	5	18		16	6	23	45	1.84	63	1.34
1829	2	8	0	1	11		1	7	11	19		30	
1830 天保	5	20	4	2	31	1.38	5	5	23	33	1.35	64	1.36
1831	2	10	2	4	18		6	2	21	29		47	
1832	3	11	4	1	19		5	5	21	31	1.27	50	
1833	1	12	3	2	18		3	3	22	28		46	
1834	0	16	5	5	26		3	12	32	47	1.92	73	1.56
1835	3	21	7	5	36	1.61	7	4	9	20		56	1.20
1836	1	11	3	4	19		1	3	9	13		32	
1837	3	26	4	3	36	1.61	3	7	22	32	1.31	68	1.45
1838	2	16	5	2	25		8	5	10	23		48	
1839	9	12	5	3	29	1.29	3	11	15	29		58	1.24
1840	4	11	3	5	23		3	5	7	15		38	
1841	6	14	2	2	24		6	16	11	33	1.35	57	1.22
1842	2	8	4	4	18		6	4	30	40	1.63	58	1.24
1843	1	15	5	2	23		2	3	19	24		47	
1844 弘化	3	20	5	3	31	1.38	0	9	19	28		59	1.26
1845	2	8	2	1	13		1	9	26	36	1.47	49	
1846	2	9	3	4	18		2	8	15	25		43	
1847	5	11	6	3	25		4	3	14	21		46	
1848 嘉永	2	8	7	3	20		7	6	13	26		46	
1849	2	16	6	5	29	1.29	1	5	21	27		56	1.20
1850	3	12	4	4	23		4	5	10	19		42	
1851	5	6	3	3	17		4	6	7	17		34	
1852	3	16	5	3	27		9	5	11	25		52	
1853	2	16	5	4	27		6	18	15	39	1.59	66	1.41
1854 安政	4	8	3	2	17		1	4	11	16		33	
1855	3	12	0	2	17		7	7	13	27		44	
1856	5	15	2	1	23		5	7	24	36	1.47	59	1.26
1857	2	14	2	2	20		4	6	22	32	1.31	52	
1858	5	11	8	5	29	1.29	6	7	18	31	1.27	60	1.28
1859	8	9	12	3	32	1.43	4	6	10	20		52	
1860 万延	6	15	4	2	27	1.21	0	1	14	15		42	
1861 文久	2	10	3	2	17		3	4	8	15		32	
1862	2	22	7	7	38	1.70	3	10	26	39	1.59	77	1.64
1863	4	10	4	2	20		6	5	14	25		45	
1864 元治	3	30	3	6	42	1.87	5	4	28	37	1.51	79	1.69
1865 慶応	0	7	4	5	16		3	8	10	21		37	

1866	2	9	1	2	14		4	5	13	22		36	
1867	4	18	2	9	33	1.47	6	2	17	25		58	1.24
1868 明治	5	18	4	3	30	1.34	3	2	18	23		53	
1869	1	7	7	5	20		3	7	15	25		45	
1870	10	20	5	6	41	1.83	7	9	17	33	1.35	74	1.58
1871	4	18	7	5	34	1.52	3	9	10	22		56	1.20
1872	5	7	3	3	18		0	3	19	22		40	
1873	5	17	3	3	28	1.25	6	6	10	22		50	
1874	5	23	5	4	37	1.65	8	5	13	26		63	1.34
1875	1	9	1	4	15		1	5	17	23		38	
1876	2	11	5	7	25		3	1	10	14		39	
1877	2	9	2	2	15		4	9	9	22		37	
1878	0	15	3	4	22		3	9	15	27	1.20	49	
1879	4	27	8	5	44	1.97	3	15	18	36	1.59	80	1.77
1880	3	18	5	5	31	1.39	4	6	18	28	1.23	59	1.31
1881	2	15	6	3	26		4	12	16	32	1.41	58	1.29
1882	1	9	2	5	17		3	5	16	24		41	
1883	1	12	2	4	19		6	3	18	27	1.20	46	
1884	3	17	2	4	26		4	8	29	41	1.81	67	1.49
1885	2	17	2	4	25		6	8	11	25		50	
1886	3	19	4	4	30	1.34	1	8	11	20		50	
1887	1	7	5	5	18		2	6	11	19		37	
1888	1	17	3	1	22		4	10	10	24		46	
1889	2	11	4	1	18		4	7	12	23		41	
1890	2	16	4	3	25		4	13	12	29	1.28	54	
1891	2	16	0	3	21		1	8	20	29	1.28	50	
1892	3	15	6	7	31	1.39	8	9	16	33	1.45	64	1.42
1893	0	13	2	1	16		14	2	24	40	1.76	56	1.24
1894	1	8	2	3	14		4	3	8	15		29	
1895	1	10	3	4	18		0	2	14	16		34	
1896	4	14	6	2	26		1	7	16	24		50	
1897	3	22	10	7	42	1.88	1	4	14	19		61	1.35
1898	3	15	4	1	23		1	9	13	23		46	
1899	0	20	4	2	26		0	5	15	20		46	
1900	0	12	1	7	20		6	5	11	22		42	
1901	4	21	4	3	32		3	10	17	30	1.32	62	
1902	1	8	1	2	12		4	5	21	30	1.32	42	
1903	5	11	3	4	23		5	6	10	21		44	
1904	3	20	4	4	31	1.38	4	6	20	30	1.32	61	1.35
1905	7	18	3	1	29	1.30	3	8	16	27	1.20	56	1.24
1906	3	18	3	3	27	1.21	5	6	19	30	1.32	57	1.26
1907	0	20	2	2	24		6	7	19	32	1.41	56	1.24
1908	1	24	3	4	32	1.43	3	5	18	26		58	1.29
1909	4	19	1	3	27		0	6	27	33	1.45	60	1.33
1910	4	21	3	1	29		5	12	24	41	1.80	70	1.55
1911	3	19	4	1	27	1.21	7	2	9	18		45	
1912 大正	3	22	1	2	28	1.25	2	8	9	19		47	
1913	4	18	2	5	29	1.29	4	7	17	28	1.23	57	1.26
1914	1	17	4	2	24		7	7	8	22		46	
1915	1	21	7	7	36	1.61	3	14	13	30	1.32	66	1.46

1916	3	14	0	6	23		3	10	18	31	1.37	54	1.20
1917	0	22	4	5	31	1.38	0	9	19	28	1.23	59	1.31
1918	6	22	5	5	38	1.70	8	10	32	50	2.20	88	1.95
1919	2	18	5	1	26		5	12	25	42	1.85	68	1.51
1920	3	19	4	1	27	1.21	0	13	25	38	1.67	65	1.44
1921	4	26	3	11	44	1.97	4	13	22	39	1.72	83	1.84
1922	1	17	4	2	24		2	8	15	25		49	
1923	2	12	5	6	25		4	6	14	24		49	
1924	3	21	7	4	35		2	5	13	20		55	1.22
1925	3	16	3	3	25		3	4	16	23		48	
1926 昭和	5	18	2	5	30	1.34	2	6	17	25		55	1.22
1927	2	12	1	3	18		3	4	12	19		37	
1928	0	10	2	3	15		5	8	17	30	1.32	45	
1929	2	16	3	6	27	1.21	3	3	13	19		46	
1930	4	14	5	4	27	1.21	3	6	9	18		45	
1931	4	22	4	3	33	1.48	7	6	17	30	1.28	63	1.39
1932	2	3	3	3	11		5	6	16	27	1.20	38	
1933	4	24	2	6	36	1.61	2	5	14	21		57	1.26
1934	4	21	5	1	31	1.38	4	7	18	29	1.28	60	1.33
1935	1	3	6	5	15		3	7	10	20		35	
1936	3	12	7	4	26		2	6	12	20		46	
1937	0	9	5	3	17		5	6	18	29	1.32	46	
1938	4	17	1	3	25		1	7	23	31	1.37	56	
1939	3	12	3	3	21		6	4	12	22		43	
1940	4	7	5	3	19		2	5	16	23		42	
1941	2	8	4	2	16		5	9	15	29	1.28	45	
1942	2	15	0	4	21		5	8	20	33	1.45	54	1.20
1943	5	8	7	2	22		7	7	10	24		46	
1944	11	28	2	4	45	2.01	6	8	24	38	1.67	83	1.84
1945	7	25	2	6	40	1.79	9	7	25	41	1.81	81	1.80
1946	1	18	4	9	32	1.43	4	5	18	27	1.20	59	1.31
1947	3	15	4	5	27	1.21	7	11	7	25		52	
1948	3	11	0	3	17		2	9	6	17		34	
1949	3	14	4	5	26	※	3	4	9	16		42	
1950	3	8	1	3	15		1	2	9	12		27	
1951	4	11	1	3	19		3	1	4	8		27	
1952	7	8	2	4	21		0	1	4	5		26	
1953	1	13	0	1	15		0	5	9	14		29	
1954	1	9	0	3	13		2	2	9	13		26	
1955	4	5	2	4	15		1	7	5	13		28	
1956	1	7	3	2	13		1	4	7	12		25	
1957	4	12	4	1	21		0	4	5	9		30	
1958	1	8	2	1	12		0	4	10	14		26	
1959	2	17	2	0	21		2	1	5	8		29	
1960	1	9	3	0	13		0	4	7	11		24	
1961	0	12	1	1	14		2	4	9	15		29	
1962	0	9	7	0	16		2	2	3	7		23	
1963	5	10	0	0	15		2	3	6	11		26	
1964	2	7	2	1	12		3	4	9	16		28	
1965	4	5	1	5	15		2	1	8	11		26	

1966	3	6	2	3	14		0	2	3	5		19	
1967	0	4	1	2	7		1	2	7	10		17	
1968	0	7	4	0	11		1	5	4	10		21	
1969	0	9	3	4	16		2	6	5	13		29	
1970	1	0	3	5	9		1	5	8	14		23	
1971	3	0	3	2	8		1	4	8	13		21	
1972	1	0	0	1	2		1	2	4	7		9	
1973	1	0	1	2	4		3	3	5	11		15	
1974	1	0	1	2	4		3	1	6	10		14	
1975	2	0	2	2	6		0	8	9	17		23	
合計	837	3,592	820	555	5,804		1,197	1,051	2,491	4,739		10,543	

※三上地区の戦死者35名はこの間に含まれている。

Ⅱ．調査ノート、写真、その他

1．疱瘡の民俗、疱瘡人形

疱瘡(天然痘)は1980（昭和55）年にＷＨＯにより撲滅宣言が出されて以降、過去の病気になっている。疱瘡は極めて感染力の強い急性伝染病であり、以前においては流行の猛威により多数の死者を出す最も恐れられた疫病の一つであった。過去帳や宗門帳などによる周期的な多死亡の多くは、疱瘡による場合が予想されるものが見られる。以下、疱瘡の民俗慣行について記す。疱瘡の症状の赤い発疹によることから、予防や退参のための対処法として赤色の呪物が用いられたと思われる。※以下の話者は三上地域における明治20年代から大正生まれまでの人たちである。話者の敬称は略した。複数の人の共通した語りは話者の名前を省略した。

1）天然痘の神様（瘡神(くさがみ)さんとも云う）

場所：北桜後藤茂右衛門宅の前の道に、１メートルほどの石灯篭が立っている。文化２年建と記された愛宕大明神の石灯篭と並び、左側に疱瘡神が立っている（**写真１.**）。

起源：慶応３年卯年、天然痘の神様として後藤茂右衛門家の先祖が建立・寄進したものだという。

2）「疱瘡見舞い」、疱瘡神・疱瘡人形・猩々さん（写真２.）（写真３.）

（１） 北桜　後藤やゑ　大正元年生まれ談（栗東町から嫁ぐ）：昔は疱瘡（天然痘）が流行ると、守山本町の朝日屋で疱瘡神(ほうそうがみ)さん（疱瘡人形とも云った）を買ってきて祀ったという。種痘が行われるようになってからも（２歳になると種痘を行った）疱瘡神さん（疱瘡人形）を買ってきて祀った。疱瘡神さん（男女一対の神様）はサンダワラの上に載せて、一週間（種痘を行ってから判定するまでの期間）家の床の間に祀っておく。その間、疱瘡神さんにお供え物をして疱瘡の安全・無事をお願いする。疱瘡の判定が済むと疱瘡神さんを送った。この日は、疱瘡神さんを送る日と云った。疱瘡神さんを送る日は、赤飯を炊いて祝いお供えし、疱瘡神さんは在所のはずれ（村の出口の灯篭のところ）へ持って行き山の口の方へ送った。疱瘡見舞いの行事は、戦前までは必ずどこでも村中で行ったが、戦後になってはあまりやらなくなった。

（２） 南桜　西村昇之助　明治39年１月生まれ談：現在29歳になる息子（昭和27年生まれ）が種痘の時、疱瘡神を買ってきて祀った。サンダワラの上に神さんを置いて、前に赤紙で幣束を立てカワラケには小豆ご飯を供えた。嫁の実家からは「疱瘡見舞」(以下の３）参照）と云ってダンゴをもらった。判定の日には、疱瘡神を辻へ持って行って送った。これは、子供についた疫神を村はずれに送り出すと云う意味である。

（３）妙光寺　川端ちか　明治33年生まれ談：種痘をするとき、疱瘡神（猩猩神さん、猩猩さんとも云う）を買ってきて祀る。臼の中にサンダワラを置き、その上に赤紙を敷いて疱瘡神を置き、前にカワラケを置く。毎日、お神酒と小豆のご飯を供える。嫁の親元からは「疱瘡見舞」が届く。「疱瘡見舞」は白、赤、青のダンゴをもってくるので、それを親類・近所へ配る。１週間後の判定の日には、「疱瘡返し」をする。「疱瘡返し」には、疱瘡神をサンダワラに載せて村の三辻（お盆のオショウライサンを送る場所と同じ）に返しにいき、その辻に流す。疱瘡神は、草津の「川源」、守山の「朝日屋」、今宿の「舟橋屋」に売っていた。

（４）妙光寺　川端はな　明治41年生まれ談：第１子のとき、疱瘡したことを知らせると親元から疱瘡神さんと疱瘡団子が届けられた。１週目に疱瘡返しをするが、その後も２週間は疱瘡神を祀っていた。送るときは小豆ご飯を炊いて送った。

（５）妙光寺　川端しげ　明治35年生まれ談：種痘接種のときは、疱瘡神（ほうそうがみ）さんを買ってきて祀る。嫁の実家から、「疱瘡見舞い」の花団子が届けられ、それを親類に配った（次の３）参照。

３）「疱瘡見舞い」の記録

K・T家文書『昭和八年三月廿六日　ほーそ』（T・Y夫婦の第一子の種痘接種のときの記録）

大中小路　山崎吉右衛門ヨリ（嫁の親元）見舞いとして花団子百弐拾個頂キ

お寺	七つ（檀家総代をしていたので）
嘉次郎	七つ（オモシンルイ）
忠三郎	七つ（オモシンルイ）
源三郎	七つ（オモシンルイ）
ゆばや	七つ（分家）
藤三郎	七つ（おばあさんの仲人）
新宅	七つ（分家）
となり	七つ（シンルイ）
権四郎	九つ（シンルイ　姑の実家の本家）
野田	十つ（シンルイ）
臼井	十つ（父親の友人）
虫生藤五郎	十つ（シンルイ　姑の実家）
中畑・田中	十つ

※以上の（　）内は文書記録にはないもので筆者の調査により当家との関係を知るために付記した。嫁の親元から届けられた見舞の花団子は、親類・本家・分家・友人などに配られた。

4）東海道・中山道の荒物屋に置かれていた疱瘡神（写真２.）（写真３.）

疱瘡人形の「疱瘡神」は、「猩々さん」とも云われた（上記）。

疱瘡人形は、中山道守山宿の「朝日屋」（**写真４.**）（**写真５.**）、中山道今宿の「舟橋屋」（**写真６.**）（**写真７.**）、東海道と中山道の合流地点・草津宿の「川源」（**写真８.**）（**写真９.**）に売られていた（共に、古い荒物屋）。「朝日屋」「舟橋屋」「川源」は共に中山道沿いにある古くからの荒物屋で（**略地図.** 参照）、三上地域の人たちにとって馴染みの店であった。昭和55、56年の調査時、中山道今宿の舟橋屋では、すでに疱瘡神は売られていなかったが、守山の「朝日屋」と草津の「川源」では疱瘡神が売られていた。当時の店主の話によると「最近は購入する人もなく疱瘡神は忘れ去られているが、郷土玩具として買いに来る人がたまにいる」とのことであった。疱瘡神は、人形玩具となっていた。

昭和56年8月、中山道と東海道分岐点にある「川源」に売られていた疱瘡人形の箱の中に赤紙の栞が入っていて、疱瘡神（猩々さん）の由来が記してあった（草津文化財委員による）。参考までに、次に記しておく。

表紙：表と裏

張子人形　猩々　のしおり

“萬代までの竹の葉の酒
くめどもちきず、のめども変わらぬ、
秋の夜の盃…… “
謡曲「猩猩」より

江州草津宿
川端屋源造
千百七番

しおり中の本文：

張子人形「猩々」　日本郷土玩具

子どもがかかれば最後、命とりになった疱瘡は親にとっては、最も恐ろしい流行病であった。そしてそれを防ぐには、疱瘡神を追い払うための「まじない」が唯一の方法でしかなかった。

この張子人形「猩々」はそんな親の思いをこめて作られた草津地方特有のもので、江戸時代の初期、東海道と中山道の分岐点となる草津宿で創り出されたものである。上は真紅の衣、下は群青の綿入り、白袴姿のかれんな童姿の猩々が、右手に柄杓、左手に盃を持って酒樽の上に立ちそばに「起上り」がひかえるという素朴な人形である。

謡曲「猩猩」の孝子高風の物語りから取材された人形であるが、くめども尽きぬ親の思いをこめ、「起上り」には風雪、疾病に耐えぬく七転八起のたくましさを願ったのであろう。

明治以後種痘の普及によって天然痘の恐怖はなくなったが、昔からの伝統として、子どもが種痘を受けると、母の実家から、この「猩々」に男は「ピンピン馬」、女には「ピンピン鯛」を贈ることが、最近まで広く行われていた。

贈られた家では七日間、かまどの上などに丁重にまつり

その後は、村境の辻々で疱瘡送りをしたものである。

疱瘡神は赤色とだるまを恐れるとの言い伝えから、人形も、敷紙も赤、捧げるご飯も赤飯、それに、酒を喰めば喰むほど赤くなる猩々と、ユーモアと風刺もかねた雅味に富んだ信仰人形である。

草津文化財専門委員　水野全雄

販売元　　川端屋源造（川源）

滋賀県草津市草津１丁目２－３

℡（07756）2－0063

写真１．北桜にある「瘡神（くさがみ）さん」　昭和56年３月

左側の石塔に

「疱神大明神　慶応三卯年」

とある。

写真２．(左)、写真３．(右)　疱瘡神・猩々さん　昭和56年３月

草津の「川源」にあった「猩々さん」

守山の「朝日屋」にあった「猩々さん」

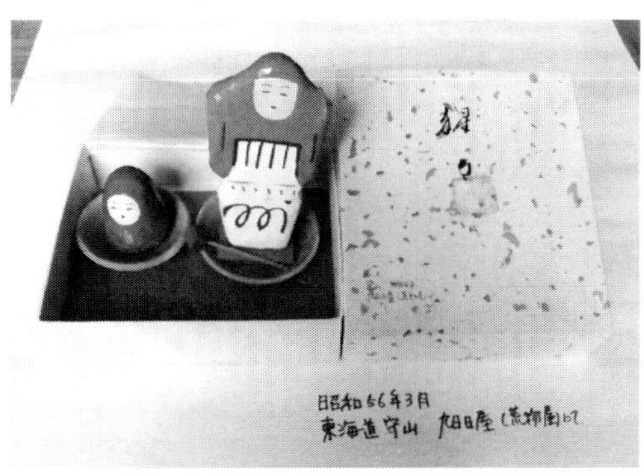

中山道、東海道（略図）および守山の「朝日屋」、今宿の「舟橋屋」、草津の「川源」の位置（○印）
行畑の北側を東海道本線が、南側を東海道新幹線が走っている。東海道本線はほぼ中山道に沿って走っている。

守山宿――先方は今宿、草津宿へとつづく

写真４.（左）、写真５.（右）中山道守山の「朝日屋」
現在の東海道本線の守山駅から北側に数分歩くと中山道に突き当たる。突き当たり中山道沿いにある。

昭和 56 年３月

平成 25 年５月 26 日

写真6.（左）、写真7.（右）中山道今宿の「舟橋屋」（荒物屋）　平成25年5月

守山の朝日屋から中山道を草津方面に30分ほど歩いた今宿の交差点の場所にある。昭和56年時は店があり舟橋屋の主の妻と話した。

右は建替え、左の建物は昭和56年時のまま

左側の古い建物、前の道は前方中山道守山方面へ

写真8.（左）、写真9.（右）東海道と中山道合流地・草津の「川源」　昭和56年3月

東海道本線草津駅から中山道を京都方向に歩き、草津川を抜けると中山道と東海道が合流する草津宿にでる。中山道と東海道分岐点に「川源」がある。「川源」（写真）前の左方向は京都方面へ、右は草津川（天井川）のトンネルを抜け中山道今宿、守山宿を経て野洲方面へ、手前は東海道石部宿方面へ。

中山道と東海道の合流地点にある「川源」

塔は道標――草津川の土手から

２．コレラ病発生・予防に関する文書、隔離病舎

初めに、コレラの知識および流行を概観しておこう。コレラは、コレラ菌が原因でコレラ菌の産生する毒素（コレラエンテロトキシン）によって起こる下痢を主症状とする伝染病。発症までの潜伏期は通常１～２日、主症状は下痢・嘔吐、水様下痢便は白色ないし灰白色で米のとぎ汁様、脱水症状（血圧下降・チアノーゼ・四肢冷・目のくぼみを伴う顔貌、いわゆる「コレラ顔貌」）など。疾病史では、インドのベンガル地域の風土病的性格の伝染病であったものが、19 世紀に近代文明の流れに伴い初めて国際舞台に登場してきたと云われる。

日本でのコレラは、安政５年（1858 の「安政コレラ」）に最大の流行が云われている。記録によると、長崎入港船から持ち込まれ九州、四国、大阪、京都、江戸さらに函館にまで全土におよび多数の死者をだし、コロリと呼ばれ恐れられた。コレラは、その後の文久２年（1862）、明治 10 年（1877）、明治 12 年（1879）、明治 15 年（1882）、明治 19 年（1886）、明治 23,24 年（1890,91）、明治 28 年（1895）と大流行を繰り返した。コレラ菌がコッホにより発見させたのは、1884 年第５次パンデミー（1881–96）の時である。

１）コレラ発生・予防に関する文書

三上地域では、明治 16 年（1883）の**「虎列剌病鑑識表」**（表１.）と明治 23 年（1890）における**「(題欠）虎列剌病発生・摂生に関して三上村役場から常設委員へ通達」**（表３.）の文書が残っている。当時の衛生観念、治療・予防観念を知ることができる。明治 16 年（1883）の「虎列剌病鑑識表」は、医師によるもので一般庶民のための衛生・啓蒙教育として、虎列剌と假性虎列剌、および霍乱の鑑識表を示している。次に、明治 23 年（1890）における文書（題欠)」は、三上村役場が虎列剌病発生と摂生および警察官の臨検に関して常設委員（地区の係）へ通達を出したものである。

（非販賣）

北桜村戸長役場印

虎列刺病鑑識表

	眞性虎列刺	假性虎列刺	霍亂
(1)	流行性ニメ著シク傳染性ヲ有ス	虎列刺病毒ニ感染シテ發ス	感冒若クハ暴食ニ由リ發ス
(2)	大抵瀉痢ヲ以テ始マル或ハ惡心嘔吐ヲ兼ヌルアリ	同上	大概悪心嘔吐ヲ以テ始マル
(3)	皮膚速ニ厥冷シ粘汗ヲ被リ其弾力ヲ失フガ故ニ之ヲ按スシハ軟泥ノ如ク撮起スレハ暫ク皺襞ヲ止ム手腕ノ皮膚皺紋ヲ生シ溺屍ノ状ヲ為ス皮色鉛灰色ヲ現ス	皮膚全ク弾力ヲ失ハズ皮色著シク變ナシ眼窩陥稍ヤ青輪ヲ呈ス	厥冷シ或ハ發熱ス皮膚弾力ヲ失フヿナシ
(4)	顔貌殊ニ鼻ハ尖リ眼窩陥没青輪ヲ暈ス唇青色ニメ一異「コレラ」顔ナル者ヲ呈ス	衰脱ヲ呈スルモ變色ヲ呈スルニ至ラス	鼻尖リ眼窩陥没頬顴隆起スレモ一異色ヲ現ハサス或ハ反テ潮紅スルアリ
(5)	舌白苔ヲ被リ其運動自由ナラズ頬渇極メテ甚タシ	口渇稍々輕シ	口渇アリ或ハ欠クヿアリ
(6)	聲音嘶或ハ失声ス	稍々嘶嗄ス	虚脱甚シキ者ノ他尋常嘶嗄スルヿナシ
(7)	苦悶呼吸困難状ヲ来シ上腹ヲ壓セハ一層亢進ス	著シキ呼吸速迫ヲ覺ヘス	胃部苦悶ヲ訴フレトモ嘔吐スレハ緩解ス
(8)	腹痛ハ欠如ス（稀ニ臍傍ニ微痛アリ）	疝痛努責ナシ	腹痛殊ニ胃部ニ於テス
(9)	上下肢殊ニ腓腸ノ諸筋ニ劇シテ疼痛性痙攣ヲ發ス	往々之ヲ起ス	稀ニ腓腹ニ發スルヿアリ
(10)	吐瀉物ハ本病固有ノ米泔汁様トナル	吐瀉物ハ始メ胆汁色ヲ帯フルモ将ニ眞症ニ遷ラントスル時ハ米泔汁様トナル	終始胆汁色ヲ失フヿナシ
(11)	多クハ頭痛ヲ訴ヘス神識爽然トシテ久シク其害ヲ被ラス	神経系ニ變態ナシ	頭痛ヲ伴ヒ神識鬱閉スルヿアリ
(12)	尿分泌閉止ス但シ排泄スル時ハ蛋白ヲ含有ス	尿量減少シ必ス蛋白分ヲ含ム（時トメ閉止スルヿアリ）	尿分泌閉止セス
(13)	涙ノ分泌欠乏スルヲ以テ眼球結膜共ニ乾燥ス	乾燥スルニ至ラス	潤澤アリ或ハ反テ烱々タルヿアリ
(14)	嘔吐容易ナリ	同上	嘔気嘔吐アリテ煩悶ス
(15)	脉心悸共ニ亢進スレトモ速ニ微弱トナリ觸知スヘカラサルニ至ル	脉細小ニメカナシ	重症ニメ虚脱ニ陥ル時ノミ細小ニメ糸ノ如クナル

明治十六年十月一日

滋賀群膳所
野洲郡吉見村寄留
医業 村治僊造

表1．明治16年（1883）「虎列刺病鑑識表」（北桜　後藤茂右衛門家文書）

表2．明治16年の「虎列剌病鑑識表」の要約（筆者による）

	眞性コレラ	仮性コレラ	霍乱
(1) 原因	流行性，著しい伝染性	コレラ病毒に感染	感冒、暴食
(2) 初期症状	下痢に始まり、悪心嘔吐	左に同じ	悪心嘔吐
(3) 皮膚	冷、粘汗、弾力失い軟泥の如くつまむと皺がそのまま残り屍状、鉛灰色	弾力失わず、色は著しい変化なし、眼窩陥没・青輪	冷あるいは発熱、弾力失わず
(4) 顔貌	コレラ顔（鼻尖・眼窩陥没・青輪・唇青色）呈す	左の顔貌やや。衰退するも変色呈せず	左の顔貌やや。変色呈せず反って紅潮
(5) 舌	白舌、運動不自由、甚しい口渇	口渇軽度	口渇欠くことあり
(6) 声	嗄声、失声	やや嗄れる	虚脱甚しき者以外嗄声なし
(7) 呼吸	苦悶呼吸困難、上腹圧すと一層亢進	著しい呼吸速迫なし	胃部苦悶訴えるが嘔吐すれば緩解
(8) 腹痛	欠如（稀に臍傍に微痛）	疝痛努責なし	殊に胃部にあり
(9) 筋肉痛	上下肢殊に腓腹諸筋に劇痛、痙攣発す	往々、左に同じ	稀に腓腹に発す
(10) 吐瀉物	本病固有の米泔汁様	始胆汁色、眞症コレラに移行すると米泔汁様	終始胆汁色
(11) 頭痛、神経	多くは頭痛なく神経爽然、害なし	神経系に変態なし	頭痛・神経鬱閉することあり
(12) 排尿	分泌閉止、排泄尿は蛋白含有	尿量減少（時に閉止）、蛋白含有	分泌閉止なし
(13) 眼球結膜	涙分泌欠乏・眼球結膜乾燥	乾燥に至らず	潤沢、反って烱々のことあり
(14) 嘔吐	容易なり	左に同じ	嘔気嘔吐あり苦しい
(15) 脈拍	脈拍心悸亢進し微弱、触れなくなる	細小、力なし	重症・虚脱時のみ細小にして糸の如し

滋賀県野洲郡
三上村役場
明治廿三年七月廿四日

去月以来長崎地方ニ於テ虎列刺病発生爾来病勢
極メテ猖獗為ニ追々他地方ヘ蔓延シ已ニ目下京阪等
ニモ日々数名ノ患者有之依テ何時縣下ヘ侵入スルノ不幸ヲ
視ルモ難保牽ニ夫而已ナラス各地ヨリノ報告ニ依ル□ハ傳
染ニアラズシテ往々特発スルモノ不尠是レ他ナシ全ク是業ノ原
因ハ平素ノ不摂生ヨリ衣食住ノ如何ニ外ナラザルハ信シテ
疑ハサルヲ以テ豫ラカシ子其摂生方ヲ示ス左ノ如シ

第一　各自ノ家屋内ハ日々清潔ニ掃除シ極メテ空気
ノ流通ヲ宜シクシテ邸宅内ノ溝渠又ハ□井先等ヲ
思水ノ溜マラザル様深ク注意スベシ

第二　不消化ノ食物仮令章魚老海焼鯖等其他
不熟ノ果物等類ハ当分可成食セザル方宜シトス
亦食スルモ其良否ニ吟味シ決シテ多食スベカラス

第三　餅団子麺類等ノ如キハ就中消化ノ遅キモノ
ユヘ多食セサハ様注意スベシ

第四　其他外食物ノ何タルヲ不問總テ其良否ノ如何ニ注意
ヲ要スルハ論ヲ待タザルモ腐破ニ傾キ安キモノハ就中
注意スベシ

右件々ハ豫防ノ大要ヲ相示シ□造ニテ実ニ目下各自
ノ注意スベリ急務ナルハ敢テ蝶々ヲ待タザル而巳ナラス第一
項ニ掲ケル清潔法ハ差向其筋ヘ報導都合モ有之ニ付
本日中ニ施行方御取斗其上日尚ホ御報告ニ預リ慶果
シテ然ル上ハ警察官立會ノ上各戸ニ就キ臨検可致
候條右□□□御示シ置相成度其段特ニ及御照
會候や

明治廿三年
七月廿四日　　三上村長田中直道　印

常設委員
山田忠次郎殿

表3．明治23年（1890）「（題欠）虎列刺病発生について、三上村役場から常設委員へ通達」（妙光寺　山田俊夫家文書）

２）文書の要約と解説

明治 16 年（1883）の「虎列刺病鑑識表」（**表１.**）の文書の後に、筆者による文書の要約を添えた（**表２.**）。この文書は、医師によるものでカタカナ書きは、一般庶民用に書かれたものである。当時の医学知識と一般庶民の理解の様子が覗かれる。当時の消化器系症状を呈する病気のほとんどは霍乱とされていたようであるが、新たにコレラの猛威が現れた為にコレラと霍乱の識別が示されたと云える。ここでは医学的に詳細な症状鑑別が記され、コレラについては特有な「コレラ顔貌」「米のとぎ汁様吐瀉物」「コレラ嗄声（させい）」（下痢便と性状の記載は無い）が記されている。識別の症状の排尿については詳しいが、排便（下痢便と性状）についての記載が無い（この点、理由は不明）。当時の知識においては**コレラの原因はコレラ病毒に因る、霍乱は感冒・暴食に因る**としている。

次に、明治 23 年（1890）における文書（題欠）（**表３.**）は、三上村役場が虎列刺病発生と摂生に関して常設委員（各地区の係）へ通達を出したものである。

冒頭に記された、去月長崎に発生したコレラが猛威をふるい蔓延し京阪にも侵入してきているというのは、明治 23,24 年（1890,91）パンデミーの時である。当時の知識においては**コレラは伝染病ではない、コレラの原因は平素の不摂生に因る衣食住の如何に因る**としている。従って、摂生に注意することとして ①家屋の清潔―掃除・空気の流通を良くし、水場は溜め水をせずに流れを良くする ②不消化の食べ物、魚・エビ・焼鯖、不熟の果物等は食べない方が良い、食の良否は吟味して食べる、多食はいけない ③餅・団子・麺類の如きは消化が遅いために多食しないように ④腐り易い食物は注意すべし、以上を挙げている。そして、急いで常設委員は、各家において本日中に清潔法の実施が行われるように取り計らい、実施の確認・報告が済み次第、警察官立会いの上各戸に就き臨検を行うと記されている。コレラ病の対策は急務であり、警察業務として行われた。

コレラが我が国において蔓延したのは、幕末動乱期のなかで事件があいついだ時代であった。この時期、急激に嘔気・嘔吐・下痢を生じ手足冷却と衰弱・痺で絶命する疫病をコロリと呼び、コロリ事件の恐怖と惨状の様子は『武江年表』（1998 復刻）にも記録されている。当時は、コロリの病原体についての知識は医師でさえもっていなかった。民衆は病因について、毒物混入（何者かの仕業）、妖怪変化の仕業、魚類（鮮魚や生魚に因る毒）、水毒などが噂され信じられた（立川　1976:142-156）。明治 16 年の医師による「虎列刺病鑑識表」は、病因の知識は欠如しているものの鑑識症状の詳細で正確な観察事項が記されている。そして、庶民一般のために庶民の言葉でカナ書きが付記されている。明治 23 年の文書には、原因は平素の不摂生と衣食住の如何に因るとして予防のための摂生事項が記されている。それらは地域の生活背景が伺えるものである。

３）隔離病舎

三上地域におるコレラ感染・流行は明治 12 年のクライシス年が想定されるが、上記の文書内容から推察すると、明治 12 年当時コレラとチフス（北桜の窒扶斯流行の文書あり）が区別されていたかどうか疑われる。

伝染病の猛威に対して、昭和になってからは赤島の隔離病舎が使われていた話を聞く。恐らく、赤島の隔離病舎は昭和になってから建てられたのではないだろうか。コレラ流行時に隔離病舎が使われたという伝承もあり、明治12年の当時は隔離の対処法を経験的に行っていたと思われるが（伝染病のとき寺のお堂に寝かしたという伝承など）、赤島の隔離病舎が使われていたかどうかは不明である。

昭和初期に伝染病が流行して「隔離病舎へ送られた」話は多々聞かれる。例えば、「昭和の２、３年頃、タケナガ筋に赤痢が発生し４人が隔離病舎へ入った」「昭和８年頃チフスが南桜で発生し赤島へ入った」（南桜）、「昭和８年にチフスが発生し２名が隔離病舎で死んだ」（北桜）、「大正になりチフスが流行り死人がでた」（妙光寺）、また、『語り部に聞く「激動の時代・戦中・戦後」21世紀の三上を支える人たちへ送る』（平成20年度三上老人倶楽部編・著　平成21年３月）に次の記事がみられる。

「隔離病院　R・H（談）：昭和７、８年頃に、三上地区の伝染病患者を隔離するため『隔離病舎』が建っていた。チフスが流行、三上でも何人かの人が罹患して入院したり亡くなった人もあった。大東亜戦争が始まってから終戦直後にかけて、その付近の土地『赤島』が畑に開墾された。開墾の仕事は国民学校高学年の生徒が行った。開墾した畑には『サツマイモ』や大根などを植えた。サツマイモは焼き芋や蒸し芋にして食べた。また、火葬にするため**焼き場ザンマイ**もあったと聞いている。」※「焼き場ザンマイ」とは、感染を防ぐために病人の死体を焼いてサンマイに埋葬したことを云っている。

また「昭和初めに腸パラチフス、疫痢、赤痢が流行って多数死んだという。赤島病院へ行くとただ寝ているだけで死に行くようなもの、帰ってこられない、病院と云っても医者や看護婦がいるのでもない、守番がいたが守番も恐ろしがって嫌がった、病人の食事は家族が運んで行ったが恐ろしくて必死だった。隔離病舎の赤島病院は戦後になって山出に移した、現在『作業場・ふれあい精米所』になっているが（**写真１.**）、建物の骨組みは昔のまま、小さいものだった」（山出　寺垣吉左衛門　昭和５年生まれ　平成25年５月24日談）。

写真１．赤島河原にあった「隔離病舎」の建物　平成25年5月

現在は山出の「作業所・ふれあい精米所」になっている――前方道路左
左は三上山

3．産育の民俗

※話者は明治20年代から大正生まれまでの人たちである。話者の敬称は略した。
複数の人の共通した語りは話者を省略した。

1）「月厄」「月のもの」「堕胎」「計画的出産」

・「月のもの」が「ある」「ない」と云った、初潮は20歳、閉経は33歳だった、子供は5人産んだが3人は水子だった（南桜　萩原みさ　明治26年生まれ談）。

・「月やく（厄）」はいつも遅れがちだが3日で終わり何ともなかった、子供は5人産んで5番目は41歳のときの子供、「つわり」はどんなものか知らない（南桜　桜井ふみ　明治40年生まれ談）。

・「月やく」は3日くらいで終わる、昔は今の人のように長くない、何ともなかった。（妙光寺　川端りえ　明治41年生まれ談）。

・子沢山（こだくさん）で多かったが、子供を「間引く」ことは聞かなかった、できたらできたで「捨吉」「捨よ」とか名前を付け育てた、子が出来ないようにする工夫や予防の考えはなかった。できた子を流すことはよくない、そんなことはしない。

・今の中絶と云うことは聞いたことがない、できたら産んで育てるのが当たり前だった、一度だけ“なかさはったから（亡くした・中絶したから）具合悪い”という人の噂を聞いたことがある（北桜　後藤やゑ　大正2年生まれ談）。

・お地蔵さんに願掛けして“あずかってもらう”（流産の願掛けのこと ※次の「子安地蔵堂」参照）と云う人の話を聞いた（妙光寺　川端しげ　明治33年生まれ談）。

・“針刺して流した人がいた”と云うことを聞いたことはあるが（北桜　間宮ます　明治27年生まれ談）。

2）妊娠、出産予定日から出産まで

・嫁入りの朝は餅つきをし、「あんころ餅」ときまっていた。

・“何月に産む”とだけ言った、生まれる日にちまでは分からない、「月のもの」がなくなってから10月目（とつきめ）を生まれる月とした。

・子供が出来たとき知らせるのは、まず親元、次に主人、次に姑の順であった。姑には世話を頼むことになるので「たのみます」と挨拶する。「身ごもる」（子供ができる）と、辻町のお地蔵さん※へ安産祈願にいく、お守札をもらってきて腹帯の下に入れ、身につけておいた。毎月28日の「お不動さん」（縁日）にも安産祈願する人もある。

※辻町のお地蔵さん（**写真1．**）は、野洲町辻町の西徳寺中にある「子安地蔵堂」のこと。縁起によると、

行基菩薩の作といわれていて、「信長の比叡山三千坊」の焼き討ちの後に不思議に無傷で焼け残った尊像であると云われ、地域の人々に厚く信仰されている。特にお産に優れたご利益があり、「安産はもとより、子宝のない人には子を授け、あずかってほしい人には胎児をおあずかりになり、母乳のとぼしいひとには乳を施され、弱い子は丈夫に育つよう、全く地蔵経に説かれているお慈悲をそのままお示し下さっているのです」（昭和 57 年２月調査、子安地蔵堂「略縁起」および聞きとり調査による。以上の文中の「**あずかってほしい人には胎児をおあずかりになり**」というのは流産を願う人のことであると云う。下線は筆者による。）

・「ヤツキゴ（８月児）は育っても、ココノツキゴ（９月児）は育たない」とよく言った。
・お産のとき具合が悪くなった者は一生の病になる、一生ついてまわる、と云われていた。重い物を持つのは良くないと云われ気をつけた。“仕事はえらい（たくさん）した方がお産が楽になる”と云われていて、せっせと働いた。仕事は普段と変わりなく働き、産気づくまで働いていた。
・最初の子は２月生まれた、晩まで耕作していた、腹痛がしてきて“フロに入って温まれ”といわれて風呂（フロカイト）に行き、帰って来て 12 時頃生まれた。２番目は 11 月生まれ、霜の日だった、田刈を終えて作付をしていたが腹痛がしてきたので家に帰り、産婆さんをたのんで昼 12 時頃に生まれた。３番目は６月の田植え終(じま)いの時で早魃でボチボチ植えていた、腹痛がしてきたので家に帰り産婆さんに来てもらい生まれた。（南桜　間宮ます　明治 27 年生まれ談）。
・「つわり」と云うことは昔から云った、自分はつわりがひどかった、１番目の子は 11 月出産した、田植、草取りの時分まで（妊娠５か月目は６月だった）ひどかった、６月時分は４時に起きて草取りをした、目が回るし暑くなると胸がおどり、くらくらしてくる、酷い人は「ロアゲ」（もどす、嘔吐）するといったが、自分は「ロアゲ」することはなかた、２番目の子は、７月に出産した、産むまで田草取りをした、日が暮れるまで我慢して仕事をしていた、「もう出るわ」と云って田から、ちょこちょこ走りで家まで着いて産んだ（南桜　南井さと　明治 31 年生まれ談）。

３）出産、産後

・出産は産室でする、座産であった、昔は８日目のオボヤコボチまでは横に寝ない（「横寝」しないという）。
・産室で出産する、畳の上に莚を敷き、その上に藁を炊いた藁灰を敷き、その上にボロ布を敷き（灰が散らないように、動いても大丈夫なようにしっかり布で覆う）その上で産む。産婆さんが来るまでには産み終っている人が多かった。お産が終わると、隣に用意しておいた布団に母･子ともに移る（妙光寺　土川はる　明治 37 年生まれ談）。
・仏間の後ろが若夫婦の寝室になっていて自分の寝室でお産は行う、お産があると、あとの宮参りまで夫や子供たちは別の部屋に移って寝た（北桜　太田よね　明治 35 年生まれ談)。

- 出産は座産、昔は座る方角が決まっていた(北桜　太田よね　明治 35 年生まれ談)。
- 胎盤はユナトリがきてもっていった。
- 座産で産後の三日間は座ったままの姿勢でいた、「横になると乳がアガル(出なくなる)」と云い横にならなかった、高枕でねることはあったが。

4) 産後最初の沐浴

- **3日目**に初めて産婦は湯に入る。児と母親の湯をそれぞれ用意する。母親は、大ダライ(産婦専用のタライ、嫁入り道具の一つの「3組のタライ」のうちの一つ)(**写真2.**)で、産婆さんが腰湯を遣わしてくれる。庭の陽だまりの好いところに大ダライをだして行う、冬でも温(ぬ)くい湯に入ると気持ちよかった、湯は干した大根葉(赤葉)を煮出した「干し菜の湯(赤葉の湯)」※　を用意する、産婆さんは腰から上手に摩ってくれて、体が楽になって気持ちが良かった。

※「干し菜の湯(赤葉の湯)」は、普段に家族が入る風呂にも用いた、家によって湯に入れる材料が多少違うが、だいたいは大根葉を主に、ミカンの皮、生姜の葉、ヨモギ、無花果の葉などを乾燥させて叺に入れて保存しておいたものを、袋に入れて煮出し風呂に入れる。ヨモギは土用に野洲川の土手に取りに行った。

- **6日目**まで、毎日産婆さんがきて親に腰湯を遣わしてくれる。
- **7日目**は、日柄が良くないと云って、親も子も湯は休む。

5) オボヤモチ

- 出産後3－4日頃に親元から、お鏡餅(1合取りが3重ね、鏡のような丸い餅)が届けられる。産婦に力がつくようにと届けられ産婦が主に食べる。親類、近所へも「おすそ分け」する。

6) オボヤコボチ(産後の8日目)

- 母・子は別々に寝ていたが、オボヤコボチ(産後8日目)が済むと子供もハタ(傍)に母・子一緒に寝る。昔は産後の8日間は横に寝ないで座ったまま、布団を高く積んでもたれて仰向けに寝ていた。オボヤコボチが過ぎると産婦は初めて横になって寝た。また、子供を連れて実家に休みに帰った(間宮ます　明治 27 年生まれ談)。
- 産婆さんがきて子供を湯に入れ母親に腰湯を遣わしてくれるのは、8日目で終了する。その後の母親の入浴は自宅で「干し菜の湯」に入る。フロカイト(もらい風呂)へは 30 日過ぎて行った。
- 腰湯はタライの中に座る、肩から湯を掛けるが主に下を洗う、あまり「血が若い」のに風呂でズーットする(のぼせる)とかなわんから、腰湯が一番良い(北桜　太田よね　明治 35 年生まれ談)。

7）産後のカミイレ

・産後の３日目にカミイレ（神入れ）を行う、お産のケガレのため３日間は神様に家から出ていてもらい、３日目には神様に家に入ってもらう、実家でお産のときは実家でカミイレを行う、神棚に米、お神酒をお供えして神主に祝詞をあげてもらう（南桜　西村昇之助　明治39年生まれ談）。

・カミイレをオボヤにいる間の３日目〜８日目までの間に行う。神主さん、親戚、親元、身内を招いて御馳走を食べてもらう、子供が氏子になったというお祝いと思う（北桜　太田よね　明治35年生まれ談）。

8）子供の宮参り（男子31日目、女子33日目）

・カミイレが終わると、「宮参り」（男子31日目、女子33日目）までは実家へ帰る。

・一般に「宮参り」が過ぎたら、ぼちぼち野良仕事にでた。

9）イミアケ（産後75日目）

・産後の75日は「ユ（イ）ミノウチ（忌の内）」と云った、力仕事や気張ることはユミアケまではしてはいけないと煩く云った、一般にイミアケまでは旦那は寄せなかった（南桜　萩原みさ　明治26年生まれ談）。

・「産後の75日は、こけた橋もおこさん」（壊れた橋も放っておけ）と云った。気張ることはしないように注意い、周囲からも注意された。

・産後４日目に田草取りの人におやつを作り田に持って行ったら、「そんなことはするな」と皆に怒られた（妙光寺　山田おしん　明治25年生まれ談）。

10）産後の薬

・産婦は、まわた薬（**写真３.**）を飲まされた。子供は、ダラスケ・ダラニスケ（**写真４.**）を湯にといてガーゼに染ませて吸わせた、これをゴコと云った、母乳が出るようになるまで産婆さんが必ずゴコを吸わせた。薬は産婆さんがもってきて飲ませてくれた。子供は、生まれて２－３日間はゴコと湯を時々吸わせるだけ、３日目頃からは母乳が出るようになるので乳を飲ませる。

11）産後の食事

・お粥に梅干し、カツオ、玉子を食べる。

・産後に良い食べ物は、かつお、ちりめんじゃこ、玉子、にしん（鰊）、ズイキなど。特に、ズイキは必ず食べた。産後にはズイキを食べると古い血がおりて良いと云った、赤芋のズイキが良かった。ズイキと鰊（にしん）は、親元（実家）からも届けられた。

・産後に良くないとされた食べ物は、コンニャク、鯖（さば）、鰤（ぶり）、タコ、イカ、鰯（いわし）、柿、新漬（新しい漬物は良くない、古漬なら良い）、新米。特に「青もの」（鯖、鰤など）は良くないと云った。

12）産後の養生

・産後の養生は、昔からやかましく云った。「とうの芋」のズイキ（赤芋、赤い色をしている）は「古血おろし」「産後の毒養生」（古い汚れた毒の血を排出してきれいにする）と云われ、また、ニシンは「力がつく」と云われ、必ずズイキとニシンは食べた。

・産後は、重いものは絶対に持つな、漬物石でも持ったらあかん、ナスビが下がるから（子宮脱のこと）と煩く云った、「ナスビ（子宮）が下がった」「ナスビが出た」「あの人はナスビが出て歩きはるのにじゃまになるやろ」など聞いた（妙光寺　川端はな明治41年生まれ談）。

13）子供のオクイゾメ（お食初め）

・生後100日目に赤子を箕の中に座らせ、その前に膳（「オクイゾメの膳」という）を用意して赤子に食べさせる真似をする、第1子の膳は嫁の親元から届く、オクイゾメには実家の母親を必ず呼ぶ、膳は赤飯・うどん・焼き物（魚）・石が準備される、うどんは「細う長う」を願い子供を前に座らせ子供にも食べさせ、実家の母親と家族と共に食べる、石は野洲川から拾ってきて塩でお浄めしてから、子供の歯が強い良い歯であることを願いその石を口に入れて噛ませる真似をした、箕に座らせるのは“実がいるように”と云った。

14）母乳、離乳、母乳不足のときの「練り粉」、「もらい乳」

・６か月までは母乳のみ、６か月過ぎると粥、果物の汁など吸わせた、姑が見てくれて母親は野良仕事にでる、姑も野良に出るとか見る人がいないとき、子供は「ふごう」（**写真５.**）の中で放っておかれる、オムツもそのままで放っておかれるからオムツかぶれになる、オムツかぶれはテンカフを叩くくらいで放っておく。

・乳で困る人（母乳不足）がいた、一方で子供を亡くして乳が張る人がいるとその人から「もらい乳」をした。「もらい乳」で育った児は、その母乳の児と「乳（ち）きょうだい」と云った。

・初産で乳が張って困る人（乳の道が開いてなくて困る人）は、大きい児に吸ってもらうと良く出るようになった。

・母乳不足には、米を石臼で細かく挽いて、もち米の粉を混ぜて重湯にして、かき回しゆっくり溶いて水状にして（「練り粉」と云った）与えたが、「練り粉」では身に付かないので痩せた児が多い。「もらい乳」をした方が良い。

・「未熟児は育たない」と云われていた。

15）特に丈夫に育って欲しい児・虚弱な子などの「捨て子」・「拾い親」

- その子が丈夫に元気に育ってほしいと特に願うとき（例えば、虚弱児、やっと恵まれた児、一人児、跡取り児、など）、子沢山で丈夫に育った児にあやかり丈夫な子供の身に付けていた物を貰い受けて、その児の身につけると丈夫に育つと信じられている。また、そのような児の場合、いったん捨て児をして子沢山で欠けることなく丈夫な児を育てている母親に拾ってもらう（※擬制的親子関係になる）ことで達者な強い児になると信じられている。そのため、丈夫な児の着物などを貰い受けたり、「捨て児」・「拾い児」をする習慣があった。
- 南井家は養子が２代続き３代目のときに念願の男子が生まれた（昭和 10 年生まれ A 児）、A 児の祖母が A 児の健康と無事を願って南井こつるさんを訪れ“子供の古着をほしい”と云ってきた、こつるさんは欠けた子供がなく産んだ子が全員たっしゃであったから、あやかってそのような子供の着たものを着せたい（そうすれば丈夫に育つ）と云うことで頼まれた（南桜　南井こつる　明治 25 年生まれ談）。
- 自分は菩提寺（旧村）の在所から嫁に来て、２番目の児が（男子　跡取り）大正 15 年１月 22 日に生まれた、ちょうど同じ菩提寺の在所から南桜へ嫁に来た同級生の B さんも同じ日に男子を出産した。“同じ日にお産があると勝負があって良くない・同じに生まれて勝ち負けがあってはいけない”と云い一人をほかした（捨てた、「捨て児」をすること）、自分の長男は跡取りで達者に育ってもらわないと困るので無事を願い、昔からの習慣で「捨て子」をして拾ってもらった。「拾い親」は、子供が達者で良く育っている南井たっさんに頼んだ。自分の夫も生まれたとき、跡取りで丈夫に育つようにと云って「捨て児」で拾ってもらったと云う（南桜　南井こつる　明治 25 年生まれ談）。
- 「捨て子」をするときの方法は、生後３日目に赤子を**箕に入**れて、道の三つ辻にほかして置く（捨てておく）、あらかじめ打合わせておいて拾ってくれる人は**蓑を着**て家の影から見ていて、辻に捨てて行く児を直ぐに出て行って「まあ、こんなところに子供がいらるわ」と云って拾う。拾う人は児を貰ったことにして「拾い親」になり自分の家に寝かしておく、後から「あんたとこの（家の）児だってなあ」といって戻してくれる。「拾い親」には料理屋で本膳で接待し、両家は濃い親類（**一俵親類**）になる。「拾い親」は子供をよけい（多く）産んで達者に育っている人を頼む。拾われた子と「拾い親」とは一生親子の付き合いをし、15 年間の盆・正月には必ず挨拶に行く、挨拶に行くと「拾い親」は必ず着物を準備しておく。「拾い親」の子供たちとは一生「義きょうだい」の付き合いをし、家同志は親戚付き合いをする。この関係は、在所中の人たちが知っていてくれる。拾われた子と「拾い親」・「義きょうだい」の呼び方は、他人と同じ呼び方をする。

16)「ふごう」(写真５.)

・「ふごう」は藁で編んだ保育器で実家から届けられる、２つ作っておいて１つは子供を入れ一つは日に乾しておき交互に使う、子供は誕生くらいまで「ふごう」に入れておく。

・「ふごう」の中は、一番下にすぐった藁を敷き、その上に布を１－２枚敷く、その上に子供を座わらせる、子供のお尻は１枚の布（オシメ）で覆い着物はまくり上げて座らせる（排泄物は下の藁にしみて湿気を吸う）、「ふごう」はアンカ炬燵に入れておくから仕事から帰って来て子供を出すと湯気がたって温かかった。

・授乳のとき子供を抱き上げなくても母親が「ふごう」の側に座って（子供は「ふごう」の中でそのまま）授乳して、また野良へ行く。

17) 子の成長、育児

・50 日もすると目がみえてくる、100 日もすると首が座る、７か月すると「えんこ」（座る）するようになり後すぐ這うようになる、１年から１年半で歩くようになる、おねしょ（夜尿）は4歳くらいまでしていた。

・暑い時期に生まれた児は発育がおくれる、寒い時期に生まれた児は発育が良い。

・子供はいらわん方が良い（余計にさわらない方が良い）、いらうと余計に手が掛る。

・大概「子守り」を雇っておいた、年寄りがいる家でも「子守り」がいた、「子守り」は近所の子もいたが他所の菩提寺（ぼだいじ）（村）、正福寺（しょうふくじ）（村）あたりからも来ていた。

18) 子育て事例

・子供が続けて生まれた、自分で全部育てた、乳母車に４人載せて野良に行き仕事中は放っておく、下の児は「ふごう」に入れて家に置いたが誕生近くなると動いて危険なので、たすき掛けに帯で括りつけて外にでないようにしておいた。夫が牛で田鋤の時は立ち仕事なので子供を背負って田仕事をした、自分は鍬で耕すときは背負うことができない（妙光寺　土川はる　明治 37 年生まれ談）。

・子供を７人産んだがどの子のときも乳が十分足りた、乳が無くて困る人がいて３人の児に飲ませてやった。長女を９月１日に出産したときは、１か月養生してから田刈に出たからちょうど良かった。５人目は 10 月 18 日出産で“明日から稲刈り”というときだった、忙しい時期で落ち着かなかったが舅が子供好きの人で毎日子供を湯にいれて世話してくれた、自分が田にいるとき舅が子供の乳を飲ませに田まで負ぶってきてくれた、年毎に生まれると自分は寝ていて、夫が夜中起きて子供の世話をした（妙光寺　川端ちか　明治 33 年生まれ談）。

写真１．辻町のお地蔵さん（子安地蔵堂）
昭和 57 年２月

写真２．タライ　昭和 55 年３月

タライ（大、中、小）は嫁入り道具の一つであった。大ダライ（左）は腰湯、湯灌、種籾を浸けるときに使った。

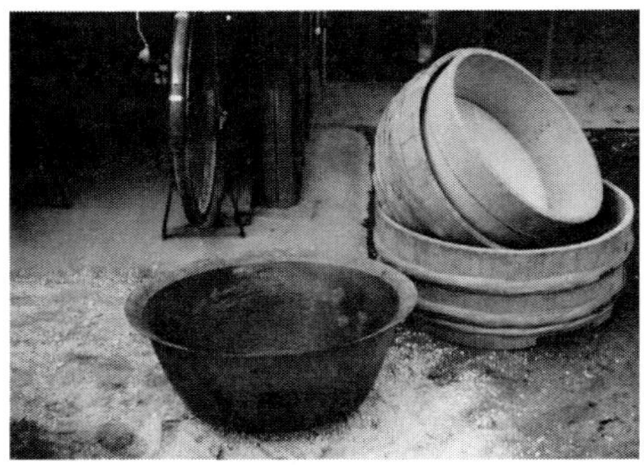

写真３．まわた薬　昭和 56 年３月

写真４．ダラニスケ　昭和 56 年３月

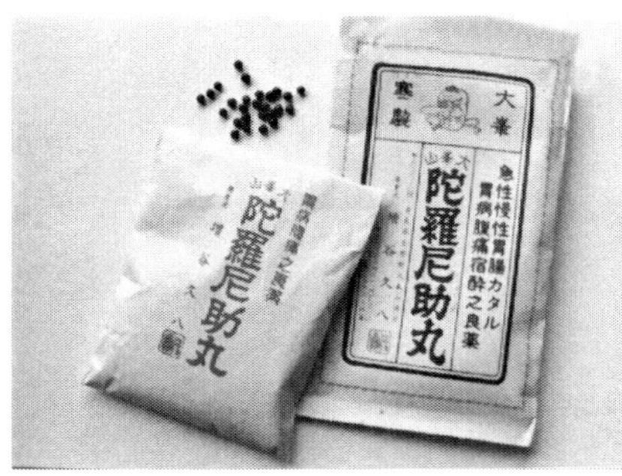

写真５．ふごう　平成 25 年５月

4．食生活—カロリー摂取など

人々のふだんの食事とカロリー摂取はどのようであったか、また、農繁期には１日の睡眠時間が３－４時間で、14－16 時間の激労働が続いたという生活を支えるカロリー、栄養摂取はどうであったのか。以下は、昭和 20 年代頃までの一般的食生活である。

1）ふだんの食事

ふだんは麦飯を食べる、ヨバした麦（麦を洗って水を入れてふやけるまで放置しておく）を、笊に挙げて水を切っておいたものを米と一緒に炊く。ご飯に入れて焚くのは大麦で、小麦は粉にして食べた。

普段の一食は、麦飯（５－６膳）、味噌汁（３－４杯）、漬物—夏はドブ漬（粕味噌漬け）のナス、キユリなど、冬はタクワン漬である。粕漬けは客用に使い普段は食べない。夕食はうどんを食べた。副食としての野菜の煮つけ（ナス、カボチャ、ユウガオなどを醤油で味付ける）や焼魚（主に鯖や干物）は、御馳走の部類で稀になる。ただし、春から夏の時期には川魚を比較的多く食べることができた。

一食に５－６膳の麦飯を食べる、どんなに少なくも３膳はたべた。1 食に３－５合分は食べた。在所の寄合いに夕飯を用意するときは、一人５合（750ｇ）平均の米を炊いた。

１日３回食がふつうだが、農繁期・労働の激しいときは、２回のコビルが加わり１日５回食べた。コビルには、米粉で作るダンゴ、おにぎり、さつまいも、などが一般的であった。ダンゴは忙しい時期は３日分を作り置きしておいて食べる。ダンゴには、きな粉（大豆原料）や砂糖味噌を付けて食べた。

「井掘り」に弁当持ちで行くときは、３回分の麦飯（朝、コビル、昼）で１升分が入る「メンツ」（**写真１.**）に詰めて背負って行く。おかずは塩サケ、梅干し、漬物。

2）ハレの日の食事

ハレの日の食は、「さくらの餅」（南桜）と云われる如くに三上地域においては餅が代表的である。餅は、白餅・あんこ餅・かしわ餅・大福餅・雑煮餅・しるこ餅など、醤油、砂糖、きな粉、ゴマ、小豆、味噌などと組合わせて多様な食べ方がある。また、赤飯・寿司・カヤクご飯・そうめんはハレの食になる。山芋や里芋、人参、大根、牛蒡などの食材を使った煮つけなど、また、豆腐、わかめもハレの食になる。煮つけに油を使うのはハレのときで、普段の食に油を使うことはなかった。

ハレの日に魚（購入したもの）や鶏肉（自家製）を食べるようになったのは、昭和 30 年以降のことで、それ以前にはハレの日でも魚や鶏肉を食べることは稀なことであった。

3）栄養摂取

（1）タンパク質、脂質の摂取

タンパク源は魚類、鶏肉、卵、大豆類に代表される。摂取の様子を見よう。

魚類：野洲川にダムが完成する昭和 30 年以前までは、6月頃から在所の小川に魚が上がってきた、野洲川の魚を取ってくるのは子供の仕事だった、野洲川でとれる魚はアユ・カマツカ・ハヤ・ハス・コイ・ゴリ・モロコ・ナマズ・ムツ（川魚のムツ）・フナ・ヒバラブナ・イカキなどであった。5月、村に水が入る頃から6月、7月、8月、9月の間は、村内の小川でも取れたのでおかずになった。とくにイカキは、小川に沢山上がってきてタチの笊ですくうと家中で食べられた。また、シジミ、ドジョウ、タニシが春から夏までは良くとれた、ドジョウ（7月土用のころ川に下りてきて冬は田の中で暮らし春先に田で子を産む）やタニシは春先に田で増殖する。7月から 10 月上旬までは摂りやすく、食べることができた。冬期間になると琵琶湖方面からの行商があり、塩サケ・タラ・鯖・鰯、干物を買って食べた。

肉類：戦前までの食習慣に肉食はなかった。肉食は例外的であった。肉といえばカシワ肉（鶏）のことで、まれにカシワを祭リのときに食べることがあったが、そのときは納屋の隅でたべた、仏壇の前ではたべない、現在でもスキヤキのとき仏壇の戸を閉める人もいる。一般的ではないが明治の終わり頃までは冬になると、兎狩りをして食べる人もいた。

鶏卵：卵は貴重品でハレの日以外は病気の時や産後の養生に食べ、普段は食べない。

大豆類、ゴマ：大豆、小豆、ゴマが食されていた。特にゴマの栽培は古くからおこなわれていて、折々にゴマの和え物や擦って味噌汁に入れたりして食べた。

油：「野菜を炊くとき、ちょっと落すと味が良い」と云って数滴落として食べることがあったが、それ以外に摂ることはなかった。菜種油は食用が目的ではなく燈油として交換した。天ぷらや炒め物として油を使用するようになったのは、昭和 30 年代以降になってのことで、それまでは油を現在のように摂ることはなかった。

調味料：醤油（自家製の麦から作る）・味噌（自家製の豆から作る）と塩であった。

以上から分かるように、ふだんの食事におけるタンパク質、脂肪質は、ほとんど植物性食品から摂取され、動物性は季節の魚に限られる。

（2）ハレの日のタンパク質、脂質の摂取

月に1－2回は祭り行事があり御馳走をたべる。御馳走には、餅、豆腐、魚、鶏肉、寿司・そうめん・かやくご飯、山芋・里芋・ジャガイモ・人参・大根・牛蒡・かぶなど、汁の実には豆腐・わかめが使われる。餅や赤飯に小豆・ゴマ・大豆などが使われ、汁に豆腐が使用されることで植物性タンパク源を、ふだんより多く摂取している。また、ハレの日には動物性タンパク源の魚類、稀にカシワ肉の摂取がある。また、4月3日の節句には「タニシのしぐれ炊き」にして、必ずタニシを食べることになっていた（お雛様に供えた後に、家の者が食べる、「流行病い（はやりやまい）」や「水あたり」にならないと云われた）。また、土用に

は、「土用のニュウメン」（ドジョウとカボチャ、ナス、芋の味噌汁にそうめんを入れて煮込んだものを、力が付くようにと云い、親類も呼び合って食べた）を食べた。

以上、ハレの日にはふだんよりタンパク質・脂質の摂取量が多くなる。その源は主に大豆・小豆・ゴマ類と魚であった。

4）カロリー摂取量

『食品成分表』（香川芳子監修『食品成分表 2013 本表編』および『食品成分表 2013 資料編』女子栄養大学出版部）を参考に、当時の摂取カロリーを概算すると次のようになる。

〈ふだんの１日３回食分―朝、昼、夜〉3,834～5,750 ㎉

内わけ：朝と昼はそれぞれ、５分の麦飯（３－６膳）・味噌汁（3－4 杯）・漬物として。

〈麦飯３－６膳（3－5 合分）〉**1,362 ㎉～2,270 ㎉**

精白米１合（150ｇ）＝534 ㎉、おおむぎ（押し麦）１合（110ｇ）＝374 ㎉を基に、

麦飯３合（米 1.5 合＋麦 1.5 合）は 801 ㎉＋561 ㎉＝1,362 ㎉、

麦飯５合（米 2.5 合＋麦 2.5 合）は 1335 ㎉＋935 ㎉＝2,270 ㎉とした。

〈味噌汁 3－4 杯〉**130 ㎉**

味噌 45ｇで 80 ㎉、実の野菜 50 ㎉として計算した。

〈漬物〉**50 ㎉**とした。

以上の 1,362 ㎉～2,270 ㎉ + 130 ㎉ + 50 ㎉ = 1542～2450 ㎉（朝・昼２回で）3,084～4,900 ㎉

夜：うどん（煮込みうどん３－５杯分）**750～850 ㎉**

うどん３玉（380ｇ）648 ㎉ + 実の野菜と味噌で 100～200 ㎉ = およそ 750～850 ㎉とした。

朝・昼２回分の 3,084～4,900 ㎉ に 750～850 ㎉を加えると 3,834～5,750 ㎉となる。

〈コビル〉２回分 1000～2000 ㎉が加わると、１日に 5,000～8,000 ㎉

内わけ：例えば、団子５個（およそ 250ｇ、400 ㎉）あるいはおにぎり（およそ 250ｇ、400 ㎉）にきな粉（およそきな粉 20ｇ＋砂糖）あるいは砂糖味噌（およそ味噌 45ｇ＋砂糖）をつけて食べると（それぞれ 100 ㎉）、こびる１回で 500 ㎉、この２倍食べたとして 1,000 ㎉、２回分では 1000～2000 ㎉となる。従って、農繁期はコビルの２回食が加わると、3,834～5,750 ㎉ + 1000～2000 ㎉ = およそ 4,834～7,750 ㎉／１日 となる。

〈寄合のとき〉米飯 2,670 ㎉、その他副食 1,000 ㎉以上、１食 3,670 ㎉以上

内わけ：１人に付き米５合平均炊いた、と云うことから１回分（精白米 750ｇ）のカロリーは 2,670 ㎉となる。これに味噌汁３－４杯の 130 ㎉、漬物の 50 ㎉が加わると 2,850 ㎉となる。寄合では、一般に味噌汁に豆腐が入り、副食には煮物やゴマ、豆類がプラスされ御馳走になるので米飯以外に 1,000 ㎉以上がプラスされ、全体ではおよそ 3,670 ㎉以上を１食に摂取したであろう。

〈井掘（いのぼり）のとき〉３回食分で 4,800 ㎉

内わけ：一番メンツに３回食分（朝、コビル、昼で約１升分）をセンドカゴに背負って出掛けたとい

う。(筆者がメンツの寸法に合わせた容器で試みた結果、麦の割合が４分以上だとメンツに１升分が入り切らないが、麦４分までの麦飯だと１升炊きの飯がメンツに入る。従って、米６合・麦４合の１升炊きでカロリー計算すると次のようになる)　精白米６合（900g）3,204 kcal、押し麦４合（440ｇ）1,496 kcal、併せて 4,700 kcalとなる。これに副食の塩鮭１切れ（50－60ｇ）と梅干し、漬物で、およそ 100 kcalが加わると、３回分全体で 4,800 kcalほどの摂取になる（井掘り作業は早朝の暗い内から昼頃までの激労働)。帰宅すると昼食（場合により)、コビル、夕食の２～３食が加わり１日分になる。

以上の状況を大雑把にみると、１回食で約 1,500～2,500 kcal、１日３回食全体では約 4,000～6,000 kcal 摂取した。農繁期には、こびる２回で 1,000～2,000 kcal が加わり、**１日に約 5,000～8,000 kcal** は摂取することになる。そして、カロリー源は圧倒的に米・麦の炭水化物に依存していた。米・麦飯摂取量の多さは意外に思えるが、長時間激労働を支えるカロリー源を概算してみると妥当な摂取量になる。１日の「推定エネルギー必要量(estimated energy requirement：ＥＥＲ)」から概算すると（以下※)、**男は 8,100 kcal／日、女は=6,900 kcal／**日のエネルギーが必要と推定されるから、多量な米飯摂取は労働に見合った量と分かる。

※「推定エネルギー必要量（ＥＥＲ)」(基礎代謝量×身体活動レベル）から、必要エネルギーを概算すると次のようである。年齢は 30 歳～49 歳の成人男女として計算した。年齢 30 歳～49 歳の基礎代謝量は、男 1,530 kg／日、女 1,150 kg／日、身体活動レベルは「長時間持続可能な運動・労働など中強度の活動(普通歩行を含む)（4.5：3.0～5.9)、「頻繁に休みが必要な運動・労働など高強度の活動（7.0：6.0 以上）の活動分類（以上『食品成分表 2013 資料編』による）から、活動レベル 6.0 として計算した値は、男 1,530 kg×6=8,100 kcal／日、女 1,150 kg×6=6,900 kcal／日となる。

以上から、三上地域における昭和 20－30 年代頃までの食生活は次の様であったと云える。

１）カロリー源は圧倒的に米、そして麦の炭水化物による。

２）タンパク質・脂質の摂取は大豆・小豆・ゴマなど植物性が主で魚類はたまに摂取し、ハレの日には魚や肉（鶏肉)・卵が摂取された。

３）油質の摂取は、魚・肉や他の食物に由来するもの以外に油の摂取はなかった。

４）月 1－2 回のハレの食には、タンパク質と脂質が日常より多く摂取された。

５）摂取カロリーはふだん １ 日 4,000～６,000kcal 平均、農繁期や「井掘」作業時には 5,000～8,000 kcal以上を摂取していた。この摂取カロリーは当時の労働時間と質に見合ったものであった。

写真１.(左)、写真２.(右) センドカゴとメンツ

天野宇右衛門氏宅で　昭和51年8月

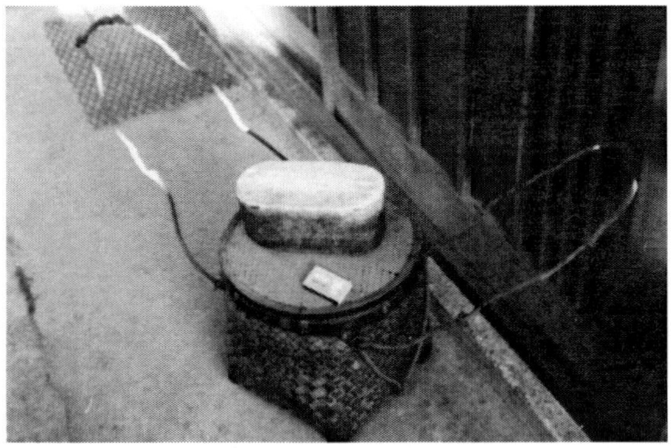

（メンツの寸法）

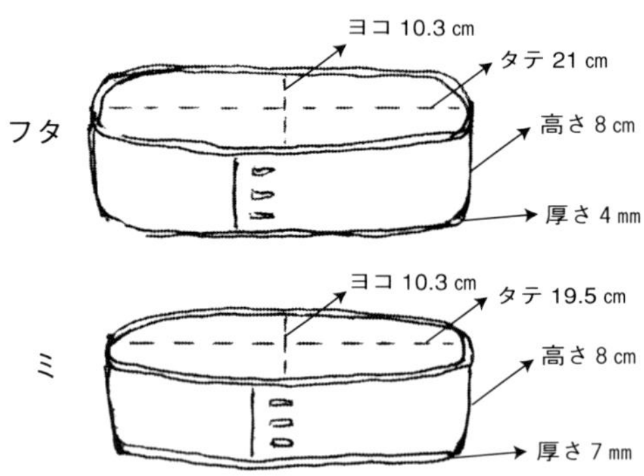

（センドカゴ）

フタとミに、それぞれ麦飯をつめると一升分が入る。
フタとミを合わせて、まん中に梅干しを入れて押さえる。
フタとミを合わせたメンツをセンドカゴに入れて、それをジョレンの柄に下げて背負い「井堀（イノボリ）」に出掛けた。

写真３.(左)、写真４.(右)「井堀」用のジョレン
昭和51年8月

5．まわた薬、陀羅尼助、神教丸、萬病感応丸、サイカク

野洲の行畑（ゆきはた）にある古くからの薬屋・久徳屋は中山道沿いにある（**略地図**）（**写真１．**）（**写真２．**）。久徳屋で人々が買い求め利用されていた主な薬には、順血五番湯（まわた薬）（**写真３．**）、陀羅尼助（**写真４．**）、神教丸（**写真５．**）、萬病感応丸（**写真６．**）、サイカク（**写真７．**）があった。これら薬の歴史は古く、近江から全国に普及していったものが多いと言われる。昭和51年から58年の調査当時、これらの薬は店頭に置かれ販売されていた。

※2013年（平成25）５月調査時、久徳薬屋は駐車場「久徳ガレージ」となっていた。平成10年頃に薬屋は廃業したとのことであった。昭和20年代になって久徳薬屋から分家したという永寿薬局が野洲駅近くの中山道沿いに繁盛しているが、平成25年現在、久徳薬屋に売られていた昔の薬はなかった。

野洲の久徳屋、略地図

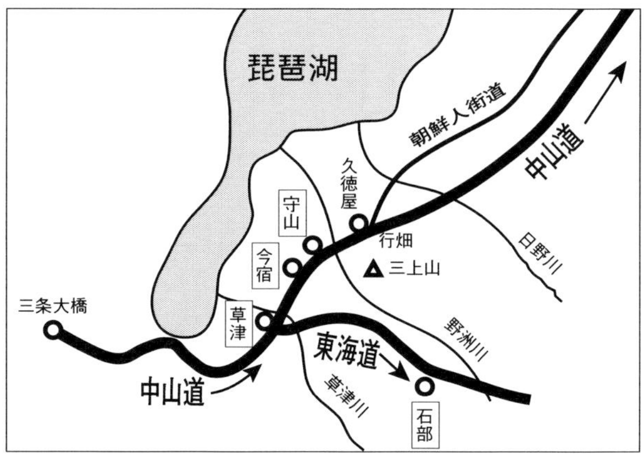

写真１．(左)、写真２．(右)　野洲の久徳屋　昭和51年８月、平成25年５月

昭和51年当時の久徳屋

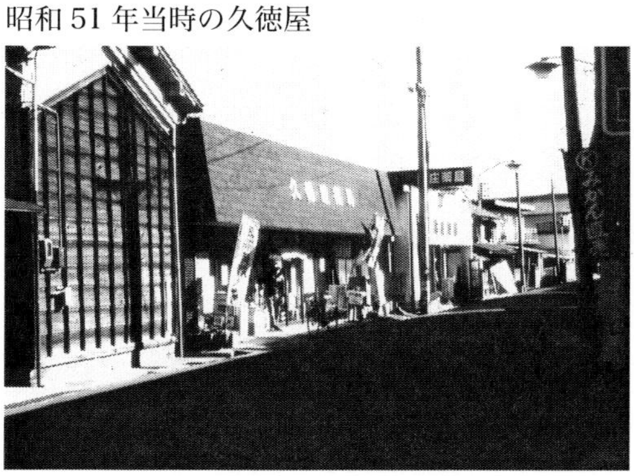

平成25年時の「久徳ガレージ」

写真３．順血五番湯（まわた薬） 昭和 56 年３月

『滋賀の薬業史』(1975：65) によると、五番湯の起源は彦根藩に仕えた三浦家家伝薬として1615 年（元和元）ごろに作られたと云われる。効能は打身・きず・落馬・骨違・悪血・この痛み・産前産後血の道・頭痛の妙薬として愛用されてきた。

写真４．陀羅尼助・陀羅尼助丸 昭和 56 年３月

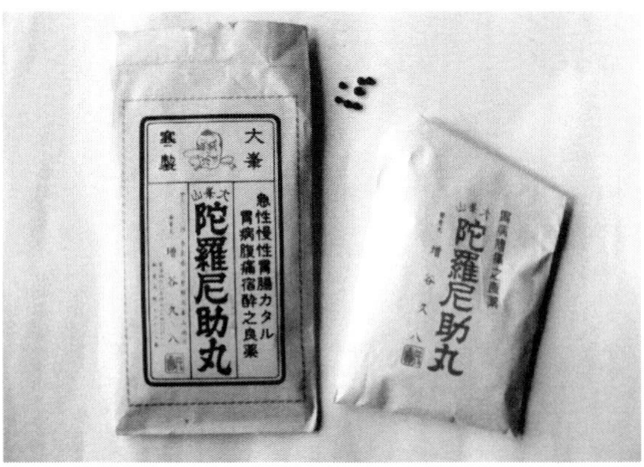

『滋賀の薬業史』(1975:34-36) によると、陀羅尼助の起源は役の行者の創出によると伝えられる修験行者に始まり、大峯山登拝者の増加とともに全国各地にひろめられたと云われる。

写真５．神教丸 昭和 56 年３月

『滋賀の薬業史』(1975：36,58) によると、神教丸の起源は 1658 年（万治元）前後ともいわれ、多賀神社の“神教”によって創られたとされる「神教はら薬」「赤玉神教丸」と同じ系統の薬。腹痛など胃腸の万病に用いられた。

写真６．萬病感応丸　昭和 56 年３月

『滋賀の薬業史』(1975:62-63) によると、萬病感応丸の起源は近江日野町の正野家の初代が 1714 年（正徳４）に創出したもので、「日野売薬」として全国各地に運ばれたと云われる。万病の薬として用いられた。

写真７．サイカク—小児の麻疹の薬袋　昭和 56 年３月

表

裏

用法および用量

１日0.3～0.5ｇを水300cc（約一合半）で200cc（約一合）になるまで煎じ１日３回食間に服用

適　用

解熱・鎮静・解毒・特に小児の麻疹など（ハシカ）

（ハシカ）

51.1.20,000

６．弔い―地蔵盆、屋敷先祖、サンマイ（埋墓）

弔いの儀礼の中で「地蔵盆」「屋敷先祖」「サンマイ」について、昭和51から58年当時とその後の様子を写真と共に以下に記す。※「地蔵盆」「屋敷先祖」「サンマイ」は、山梨県、長野県あたりでは馴染みがない。

調査地における**地蔵盆、屋敷先祖、サンマイ**は当地域における多産多死、および大家族規模の暮らしと密接ではなかったかと考える。つまり、**地蔵盆**は夥しい子供死亡（流・早・死産や水子、孩子、桜子、童子―以上は子の替りに女の字も記される）の存在が母親・女性を中心とした地蔵信仰、地蔵盆・地蔵祭りに発展し盛んであったのではないか。また、**屋敷先祖**については、疫病流行に伴う多数の死者に因る絶家や空家がしばしば存在したから、屋敷先祖祭祀が生まれ盆行事に定着したのではないか。また、**サンマイ**については、現在から比べると夥しい多数の死者に遭遇することが日常的で、(高温多湿な調査地においては特に）腐臭や経験的に衛生上の理由から、ムラ外れに「ホカス」埋墓を設けることになったのではないかと推察する（寺檀制度が生まれ発展して寺に石塔を建立し参るようになってもサンマイは並行して存続した)。これらは、現段階では仮説的感想として記しておく。

１）地蔵盆（昭和51～58年調査時）

地蔵盆は各ムラで１か所に集められた地蔵や無縁仏の前に女性と子供が中心に集まり、地蔵（流・早・死産の孩子・水子・桜子などによる）や無縁仏の供養と共に子供の成長・安全や安産や子育ての無事を祈願する祭りである。８月お盆の後の23日，あるいは24日に行われる。

地蔵盆の世話役は若いお嫁さんたちが行い、中心になって御詠歌を唱え弔い祈願するのはおばあさんたちである。とくに御詠歌の主導者は最長老のおばあさんが行っている（**写真１.**）。

三上地域においては、田畑や庭など掘るといたる所からお地蔵さんや無縁仏（石仏）が出てくると云う。それら地蔵や無縁仏を、ムラ（地区）ごと一か所に集めて置いてある。地蔵堂が建っている所もある。お地蔵さんは“子供を守ってくれる”と云われている。お地蔵さんの前の広場は子供が寄ってきて、子供の遊び場になっている（**写真２.**）（**写真３.**）。

近年になって、寺での水子供養や地蔵祭りも盛んになった（**写真４.**）。

写真１．地蔵盆
昭和 53 年８月

写真２．ムラのお地蔵さんと子供たち
（妙光寺）
昭和 54 年３月

写真３．お地蔵さん
（大中小路の地蔵堂）
昭和 54 年３月

写真４．寺での水子供養
昭和 53 年８月

2）屋敷先祖（昭和 51～58 年調査時）

屋敷先祖の祀りはお盆に行われる。基本的には住む人が居なくなった家屋敷の後に新たな人が住んだとき、現住人が先の家の先祖を祀るものである。(上野の調査によると、土地を媒介としないで親類関係に基づく屋敷先祖など多様な形態もあるが、「基本的には自家の系譜につながる先祖のほかに、以前の屋敷居住者の先祖を合わせて祭祀する祖先崇拝の一形態」と述べている（上野和男　1977「南桜の隠居制家族と屋敷先祖祭祀」『近江村落社会の研究』第２号.参照)。これは、「無縁になって弔う人が居なくなった後に住む者が恨らまれないように行う」とも云われているように、死に絶えた家屋敷の先祖を弔う意味がある。

屋敷先祖のある家では､お盆に自家の先祖と屋敷の先祖の名前をそれぞれ書いた経木塔婆を仏壇の正面に飾り祀る。お盆の施餓鬼にはオショウライサン（御先祖）を送る。オショウライサン送リの日には､仏壇の前に座り先祖(経木塔婆)に挨拶してから御詠歌を唱え送る。その際、おばあさんが主導で御詠歌を唱える、おばあさんの次に嫁が座り、その次に夫・男が座る **(写真５.)**。その後、先祖（経木塔婆）を１尺ほどのアサガラのタイマツに結わえ飾りつけたものを寺に持参し祀る。屋敷先祖のある家では、屋敷の先祖と自家の先祖と２つの先祖を祀る **(写真６.)**。２つの屋敷先祖を祀り自家の先祖と合せて３つの先祖（経木塔婆）を祀る家もある。お施餓鬼には、檀家の人たちがそれぞれ経木塔婆（先祖）を手にオショウライサン送リに寺にやってくる **(写真７.)**。

写真５. オショウライサン送リの日の朝　　昭和 53 年８月

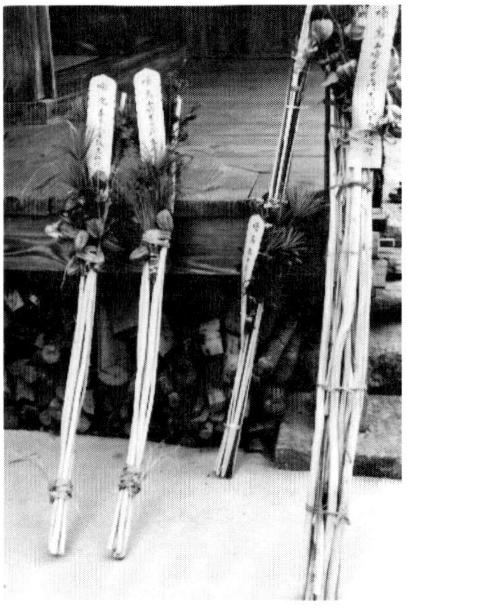

写真６. 屋敷先祖（大中小路の西林寺にて）
昭和 53 年８月

写真7．お施餓鬼
昭和53年8月

3）サンマイ（埋墓）

サンマイはムラから離れた山裾や川向うに位置した場所にあり、各ムラの寺ごとではなく一般に2-3のムラで共有あるいは隣接してある。サンマイはホカス（放る、捨てる）墓、寺の墓はお参りする墓で清浄墓とも云われる。サンマイは死者を埋める場所で、昔は個人的な所有・区画がなく、古い場所を選んで穴掘りし死者を埋めたと云われる。サンマイへのお参りは、埋めた後はそのまま、あるいは一週目毎49日まで、百ケ日と弔い上げがすむまで、また、年中行事として元旦とお盆、月の1日にお参りする家もあるなど一定していない。

※遺体を埋葬・参詣する場所を墓と言うが、遺体の埋葬と参詣が同じ1か所である墓と遺体の埋葬と参詣が別々の場所にある墓とを持つ地域が見られる。今日の学会では、前者を単墓制、後者を両墓制と言い、両墓制（「埋め墓」「詣り墓」）の分布は、近畿地方に最も濃厚に見られ、そこから東西に離れると疎になり九州、東北には皆無に近くなる、ということが言われている（福田アジヲ　2004『寺・墓・先祖の民俗学』大河書房　参照）。近江地域は、両墓制の地域である。

三上地域においては、遺体を埋葬する場所（「埋め墓」）は**サンマイ**と云われ村外れのヤマやノハラにある。一方、先祖代々の石塔を立て参詣する墓（「詣り墓」）は菩提寺の境内にある（前田の照覚寺の檀家のみ火葬でサンマイがなく単墓制である）。

平成になって土葬から火葬が一般的になると、葬送儀礼は一変した。以下に、近江村落調査を開始した1976年（昭和51）から2013年現在に至る間のサンマイの変化の様子を示す。

（1）昭和51～58年当時のサンマイ

北桜と南桜はサンマイを共有していた。サンマイは、両村の外れ（中間あたり）の草と薮で覆われているノハラの場所にあり、遺体はサンマイへ運ばれるとオモシンルイが最近埋葬した地点は除けて草むらに穴掘りして埋葬した。埋葬地には「ツカ」（竹で円錐形の囲いを作り周囲を縄でグルグル巻く）を立てる（**写真8.**）（**写真9.**）（**写真10.**）。サンマイには「ツカ」が立ち、「ツカ」が朽ちると埋葬した場所も不明になり忘れ去られる。妙光寺のサンマイは、村外れの山の傾斜地にある。三上の大中小路と小中小路のサンマイは、赤土原にあり、東林寺と山手のサンマイは口の河原にある。三上の前田（浄土真宗照覚寺檀家）のみ例外的に単墓制であり、照覚寺境内に墓地・墓がある。

昭和51年（1976）から昭和56年（1981）に社会伝承研究会の三上地域村落調査が行われたが、丁度その頃からサンマイの様子が急速に変化し始めていた。サンマイは区画されず特定していないのが原則であったと云うが、サンマイの場所が特定され、区画を区切り、清掃し、お参りの花を手向け、石塔を建てるなどの変化が現れていた。南桜・北桜と比較して、三上地区あたりでは早期に（昭和10年代ころから）サンマイの家（個）別所有区画が行われ始めていたと云われる**（写真11）（写真12）（写真13）**。

土葬から火葬になったのは墓園ができた平成元年（1989）から一般化していった。火葬になるとサンマイの「ツカ」は消えていった。

写真８　北桜と南桜のサンマイ　昭和53年８月

北桜のサンマイ（写真手前）と南桜のサンマイ（草藪の向こう側・林の側）。
北桜のサンマイは墓掃除（ヤマ掃除とも云われた）の草刈の後である。墓掃除は８月の上旬に行われていた。

写真９.（左）、写真10.（右）　北桜と南桜のサンマイ　昭和53年８月

写真 11.（左）、写真 12.（右）　三上のサンマイ　昭和 53 年 8 月

小中小路と大中小路のサンマイ。戦前までは墓石を建てることを禁止していたと云うが、石塔が立ち並び区画整理がされ始めている。土葬の時の「ツカ」は朽ち果てるままであったが、石を置き花や水など供え清掃し整え区画して、そこに石塔を建てるようになった。

写真 13.　三上のサンマイ　平成 10 年 3 月

平成10年時には
すべて区画されていた

（2）「さくら墓園」の新設、サンマイの現在

北桜・南桜のサンマイが、新しく墓園として新装されることになり着工工事が始まったのは 1987 年（昭和 62）11 月 20 日である。南桜・北桜（A区画）の墓園が完成したのは、1989 年（平成元）5 月 1 日と云われる。もともと、北桜、南桜のサンマイがあった地域一帯は、天井川であった大山川上流にあたり大山川の改修工事（昭和 48 年に着工し昭和 56 年に完成）から始まり、「さくら公園」（野洲市営、環境課所属）として計画され

た。この「さくら公園」の中に墓園（「さくら墓園」と云われる）がある**（写真 14）（写真 15）**。「さくら墓園」は、野洲市民の希望者に提供することになっていて、全墓園（A～F区画）は平成 17 年 3 月 31 日に完成した（以上、平成 25 年 3 月 14 日 野洲市役所環境課による）。

「さくら墓園」は南桜・北桜のサンマイを取り込んで、その上に作られたために、まず、最初にサンマイの整理が行われた。「サンマイを掘り起こしたとき不明の人骨と生々しい人骨は焼いて灰にし、それらをまとめて一ヵ所に埋葬した。所有者の判明できる人骨は各家が引き取り、各自の新たなサンマイ（墓園）にいれた、新たなサンマイへは灰をいれておくようにした」（平成 10 年 3 月、北桜の後藤茂右衛門氏　63 歳、談）という。

2013 年（平成 25）調査時の様子：平成になり火葬が一般的になり、「サンマイ」に替わって「墓園」が作られると土葬に伴う従来の葬送儀礼は一変した。「サンマイ」に替わって「墓園」の語が生まれ、死者は告別式の後に火葬されてから 100 日目あるいは 1 周忌、3 周忌に墓園に納骨するのが一般的になった。墓参りは、墓園と寺の墓と両方とも行われている。

写真 14.（左）、写真 15.（右）「さくら墓園」に生まれ変わったサンマイ
平成 10 年 3 月 13 日

7．腰曲がり

近江村落調査（昭和 51〜56 年）の頃、農作業姿勢による高齢の女性たちの「腰曲がり」は普通のことであり、高齢女性が乳母車に掴まって歩く姿が当たり前に見られた。

2013 年の調査時（昭和元年生まれは 87 歳になる）、ムラは変化し高齢の女性たちの「腰曲がり」や乳母車姿は昔より少なくなっていた。

写真１．(左上)、写真２．(右上)、写真３．(左下)、写真４．(右下)「腰曲がり」の女性たち
妙光寺の地蔵盆にて　昭和 53 年８月

写真５．「腰曲がり」の女性たち
北桜の小路で　昭和 53 年３月

写真６.（左）、写真７.（右）　三上、妙光寺にて　　昭和 56 年３月

写真８.　腰をのばして立つ— 76 歳

妙光寺の道で　　昭和 53 年８月

写真９.　鋤を支えに立つ— 74 歳

南桜にて　昭和 53 年８月

雄鋤（耕作、コウビンをたてるときに使用—左手）
雌鋤（耕作のときに使用—右手 ）の説明をしてくれた。

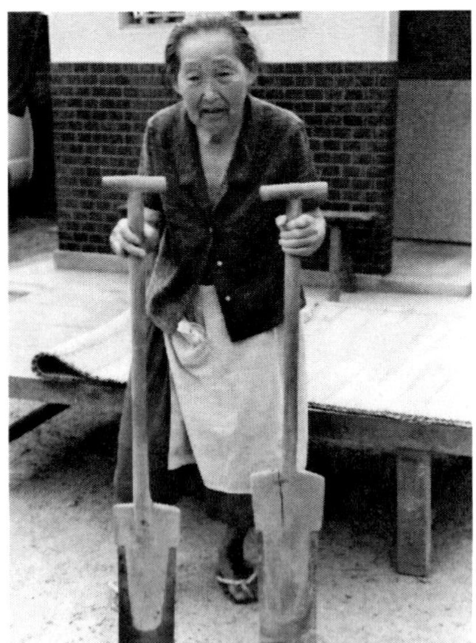

写真 10.　田起こし作業の男性

三上にて　昭和 55 年３月

結び

1981 年（共同調査終了）以降の近江農村の変化：本研究は、ほぼ 1700 年から 1975 年までの伝統的穀倉地帯における農村社会と人々を対象にしている。1975 年以降の、近江農村社会の変化は著しい。

社会伝承研究会の共同調査は 1976～1981 年の間であった。この 7 年後の 1988 年（昭和 63）に三上に行ったときは、「墓地公園」の建設が一年前から行われていて、また、従来の農業経営が変化する話が聞かれた。17 年後の 1998 年（平成 10）に三上に行ったときは、ゆとりのある人・調査の相手をして下さる人が少なくなり、調査の意図を説明しても「そんなことを聞いて何になる？」「どこから金を貰ってる？」「あんたもモノ好きだ」などと言われるなど、以前には聞かれることのなかった会話がでてきた。科学技術の進歩・発展に伴う世界的変化の流れのなかで、決定的なことは伝統的穀倉地帯を誇ってきた米どころ三上地域の農業が、従来の戸別生産経営から一村一農場の「生産組合」に変わったことが挙げられる。それにより、農業労働は賃金で支払われ（サラリーマン化）米は買うことになった。従来からの農業経営・形態が変わり、大規模機械化農業が徹底した。そして、農作業に伴う年中行事や儀礼は形骸化し自ずと消えていき、農具が消え、農業用語は消え、農村社会の関係は消えていく。また、1980 年代以降は土葬から火葬が一般化してサンマイ（埋墓）は墓園になり、サンマイの言葉が消えると共に葬送儀礼は変貌した。なお、また、過去帳の閲覧が不可能になり、一方で寺の荒廃が進行する中で過去帳の散逸もある。暮らしの変化と共に人々の意識・精神生活も変化する。従来の「農家」「農民」「農村」「村社会」は変貌し、消え去ることになる。

本研究は、このような変化以前の“1975 年から遡り 1700 年頃まで”の伝統的米作農業で生きた人々の死亡の動向や構造、および暮らしと病気・対処法を調査したものである。

今後の課題：死亡動向は人々の暮らしと密接である。また、暮らしの中から健康・病気は生まれる。多産多死・農繁期出産・母性健康障害は、ほぼ 18 世紀から明治・大正期までの三上地域の農業形態と暮らしに特有な結果と云えるだろう。暮らしの背景には食糧増産と 2 毛作農業の発展、殊に菜種油の需要と社会経済の発展が存在していたであろうと推察するが、触れなかった。また、三上地域の多産多死と大家族規模については、全国的な家族研究と合わせて見ていく必要がある。また、主眼とする暮らしと精神生活についても予定していたが触れなかった。以上は、今後の宿題として残っている。

三上農村の急速な変貌は世界的潮流の中にあり、変貌する人々の暮らしと共に意識・精神生活、健康・病気（実態も観念も）は変化している。急速な変化のなか、人々の多忙と気忙しさは加速している。忙しく何処に行く？ 忙しく走ってどうする？ なんで？ そのまま行ったらどうなる？ 走る気持を突き動かすモノは？ 急かされる源は？ **気付かない・返り見ない内に**「病気」「落とし穴」に嵌っていないか？ 立ち止まってこれらを見よう、そのために昔の人の暮らしと健康・病気も見ておこう、先祖（自分自身・人）が苦しんだ病気と暮らしの様子を、消え去らないうちに調査しておこう。というのが、「そんなことを聞いてなんになる？」の答えです。「どこからも金をもらっていません」「モノ好き」です。

お世話になった話者の皆様：共同調査のとき、また、その後も個人的に数回（1988年、1998年、2013年、2014年）三上を訪れ地域の皆様方には大変お世話になりました。お世話になった三上地域の各寺の住職様・ご家族の皆様はじめ、地域の皆様方には心より厚くお礼申し上げます。ここには主な話者のお名前を挙げさせていただき、全員のお名前は割愛させていただくことをお詫び申し上げます。また、一部の方々ですが手元にあった写真を添えさせて頂きました。敬称は略させて頂きました。順不同、（　）内は生年。

南　　桜—・報恩寺先代住職（明治）　・萩原みさ（明治26年）　・間宮ます（明治27年）
・南井治之助（明治30年）　・西村昇之助（明治30年）　・南井さと（明治31年）
・南井こつる（明治35年）　・間宮富三郎（明治38年）　・桜井ふみ（明治40年）
・間宮登明子（明治43年）　・南井春江（大正3年）　・天野宇右衛門（大正4年）
・西村くに（大正10年）
北　　桜—・太田とよ（明治35年）　・太田よね（明治35年）　・青木治之丞（明治40年）
・坂口順吉（明治40）　・後藤清太郎（明治45年）　・後藤やゑ（大正2年）
・粂川豊治　・後藤茂右衛門
妙 光 寺—・山田おしん（明治25年）　・川端ちか（明治33年）　・川端しげ（明治 35 年）
・土川はる（明治37年）　・川端はな（明治41年）　・山田俊夫（大正）
大中小路—・太田まさ（明治32年）　・山崎たき（明治33年）
小中小路—・高崎ふで（明治29年）　・市木　修
前　　田—・照覚寺住職前田正明

次の方々にもお世話になりましたことを厚くお礼申し上げます。
行畑—・浮気與作（明治34年）　・中畑秀夫（明治）　・寺井秀七朗（明治）
甲賀郡石部町—・常楽寺若林法印　・竹内淳一　・小島忠行
栗太郡栗東町—・長徳寺住職　・〈目川〉鎌田友之
近江八幡市小舟木町—・植村安太郎（明治）　・井狩もと（明治）

なお、また平成25年時には主に次の方々にもお世話になり有難うございました。
南　　桜—・間宮正雄（昭和）　・間宮扶美代（昭和）　・南井茂登男（昭和）
・南井武夫（昭和）
山　　出—・寺堀吉左衛門（昭和）　・寺堀清美（昭和）
大中小路—・太田ふじ（昭和）

（話者）昭和 51 年 8 月、昭和 53 年 3 月、撮影

萩原みさ（明治 26 年生）

間宮ます（明治 27 年生）

高崎ふで（明治 29 年生）

南井治之助（明治 30 年生）

南井こつる（明治 35 年生）

後藤やゑ（大正 2 年生）

西村昇之助（明治 30 年生）
“米作り百姓だから”と稲藁で十二支を創作

太田とよ（明治 35 年生）と調査者

川端ちか（明治 33 年生）

川端しげ（明治 35 年生）

妙光寺にて話者（明治生）と調査者

（三上地域の寺）　昭和 51 年～平成 25 年撮影

住職様はじめ、ご家族の皆様には
大変お世話になりました。
どうもありがとうございました。

宝泉寺（山出）

西林寺（大中小路）

宗泉寺（妙光寺）

西養寺（小中小路）

多聞寺（北桜）

照覚寺（前田）

報恩寺（南桜）

おわりに

過去帳の資料的価値を無駄にしないように整理しようと思い立った時から、私事・介護や雑事に追われる中で数十年が経過した。調査ノートや写真が紛失していたり、再調査が必要になっても叶わなかったり、過去帳の再調査ができなかったりと、思う様に事が運ばない中で、稚拙なまま何とか資料報告として整えることになった。

Ⅳ章については、当時大変お世話になりました一橋大学の斎藤　修先生に厚くお礼申し上げます。また、**Ⅵ章**については（10年以上前になるが）、『人口学研究』に投稿しコメントを頂きながら中断し放置していたもので、鬼頭 宏先生はじめ編集の先生には、お詫びと共に深く御礼申し上げます。なお、本論全体について鬼頭 宏先生には御助言と励ましを頂きましたことを重ねて深く感謝申し上げます。また、滋賀県統計協会統計課の仏性さん、小林さんには統計資料の件でお世話になり誠に有り難うございました。

なお、また、この調査が実現できたのは共同研究を可能にした社会伝承研究会の諸先輩の学問への熱意・信念が貫かれていたからであり、その懐の中で自由に調査が出来たからこそ可能になったことでした。冒頭の「はじめに」述べた伝承研究会を紹介して下さった恩師・松園万亀雄先生、そして、伝承研究会の創始者の福田アジオ、上野和男、高桑守史の諸氏をはじめ会の先輩の皆様方には心よりお礼申し上げます。

最後に、過去帳故人の皆様方、そして調査でお世話になり故人となられた皆様方のご冥福を心よりお祈り申し上げます。

2014年1月に101歳で逝去した母と同年10月に98歳で逝去した義母の冥福を、そして、総ての人々の幸せと平和を祈りつつ。また、今年になって一層のこと人が招く温暖化と環境破壊による災害、そして戦争、地震や火山噴火も頻発していますが、ヒトによる人類および総ての幸せと平和のための学問が発展しますように切に祈りつつ。

2014年11月7日

大柴弘子

社会伝承研究会「近江村落調査」
昭和52年8月　調査参加者
西山やよい　福田アジオ　竹本康博　牧田 勲　上野和男
桜井純子　小松理子　大柴弘子　斎藤弘美　遠藤孝子
（常宿にしていた中山道行畑の松本家旅館前にて）

〈著者紹介〉

大柴弘子（おおしば　ひろこ）

1941年生まれる。
1962年日本国有鉄道中央鉄道病院看護婦養成所、1966年埼玉県立女子公衆衛生専門学院、1977年武蔵大学人文学部社会学科、各卒。
1994-2002年東京都立大学大学院修士課程卒、同大学院博士課程単位取得退学（社会人類学専攻）。
職歴：大宮鉄道病院、佐久総合病院健康管理部および日本農村医学研究所、南相木村、信州大学医療技術短期大学部（看護学）、神奈川県社会保険協会健康相談室、昭和大学保健医療学部兼任講師（医療人類学）、各勤務。社会保険横浜中央看護専門学校、東京女子医科大学看護短期大学、厚生省看護研修研究センター等非常勤講師。現在、湖南治療文化研究所主幹（保健師、医学博士）。

18世紀以降近江農村における死亡動向
および暮らし・病気・対処法

定価（本体2800円＋税）

乱丁・落丁はお取り替えします。

2015年1月15日初版第1刷発行
2019年3月31日初版第2刷発行
著　者　大柴弘子
発行者　百瀬精一
発行所　鳥影社（www.choeisha.com）
〒160-0023　東京都新宿区西新宿3-5-12トーカン新宿7F
電話　03（5948）6470，FAX 03（5948）6471
〒392-0012　長野県諏訪市四賀229-1（本社・編集室）
電話 0266（53）2903，FAX 0266（58）6771
印刷・製本　石川特殊特急製本株式会社

ISBN978-4-86265-450-2 C0021